Die Energiewende als Exportschlager?

Europäische Hochschulschriften Recht

European University Studies in Law

Publications Universitaires Européennes de Droit

Band/Volume **6214**

Witold Kabacinski

Die Energiewende als Exportschlager?

Eine rechtsvergleichende Untersuchung der deutsch-polnischen Vorschriften zum Übertragungsnetzausbau im Lichte einer sicheren Elektrizitätsversorgung und unter Berücksichtigung des europäischen Rechtsrahmens

PETER LANG

Bibliografische Information der Deutschen Nationalbibliothek
Die Deutsche Nationalbibliothek verzeichnet diese Publikation in der Deutschen Nationalbibliografie; detaillierte bibliografische Daten sind im Internet über http://dnb.d-nb.de abrufbar.

Zugl.: Chemnitz, Techn. Univ., Diss., 2020

Ch 1
ISSN 0531-7312
ISBN 978-3-631-83669-9 (Print)
E-ISBN 978-3-631-84153-2 (E-PDF)
E-ISBN 978-3-631-84154-9 (EPUB)
E-ISBN 978-3-631-84155-6 (MOBI)
DOI 10.3726/b17830

Peter Lang – Berlin · Bern · Bruxelles · New York · Oxford · Warszawa · Wien

Diese Publikation wurde begutachtet.

www.peterlang.com

Dank

Meinen herzlichen Dank schulde ich Herrn *Prof. Dr. Ludwig Gramlich* und Herrn *Prof. Dr. Wojciech Lisiewicz* für die engagierte und unkomplizierte Betreuung meiner Dissertation und des Promotionsverfahrens.

Gewidmet ist dieses Buch meiner Frau, ohne deren tatkräftige Unterstützung diese Arbeit nicht möglich gewesen wäre.

Waghäusel, im August 2020 *Witold Kabacinski*

Inhaltsverzeichnis

Abkürzungsverzeichnis

A	
ACER	Agentur für die Zusammenarbeit der Energieregulierungsbehörden
AWZ	Ausschließliche Wirtschaftszone
B	
BfN	Bundesamt für Naturschutz
BFO	Bundesfachplan Offshore
BIP	Bruttoinlandsprodukt
BNetzA	Bundesnetzagentur
BSH	Bundesamt für Seeschifffahrt und Hydrographie
E	
EE	Erneuerbare Energien
EE-Anlage	Erneuerbare Energien-Anlage
ESW	Entwicklungsstrategie der Woiwodschaften
EUP 2020	Energieversorgungssicherheit und Umwelt – eine Perspektive bis 2020
H	
HGÜ	Höchstspannungs-Gleichstrom-Übertragung
I	
IEKP	Integrierte Energie- und Klimaprogramm
IUP	Infrastruktur- und Umweltprogramm
K	
KFRL	Konzept über die Festlegungen der Raumbewirtschaftung des Landes
KFRW	Konzept über die Festlegungen der Raumbewirtschaftung der Woiwodschaften
N	
NEP Strom	Netzentwicklungsplan an Land
NSA	Naczelny Sąd Administracyjny (Oberstes Verwaltungsgericht)
NSOG	Electricity Northern Seas Offshore Grid
O	
O-NEP	Netzentwicklungsplanes für die nahen Küstengewässer
P	
PCI	Project of Common Interest
PLN	Złoty (Polnische Währung)

S

SÜN	Sondergesetz Übertragungsnetz
SUP	Strategischen Umweltprüfung

T

TEN-E-Verordnung	Verordnung (EU) Nr. 347/2013

U

ÜNEP	Übertragungsnetzentwicklungsplan
UVP	Umweltverträglichkeitsprüfung

W

WSA	Wojewódzki Sąd Administracyjny (Verwaltungsgericht der Woiwodschaft)

Abbildungsverzeichnis

Glossar

Entscheidung Ein Verwaltungsakt i. S. d. polnischen Rechtsordnung. Entspricht dem deutschen Verwaltungsakt nach Maßgabe des § 35 VwVfG.

Kassationsklage Ein förmlicher gerichtlicher Rechtsbehelf in der polnischen Rechtsordnung gegen ein erstinstanzliches Urteil. Entspricht der deutschen Berufungsklage.

Oberstes Verwaltungsgericht (Naczelny Sąd Administracyjny) Das Oberste Verwaltungsgericht ist in Polen die höchste gerichtliche Instanz in Verwaltungssachen. Entspricht dem Bundesverwaltungsgericht in Deutschland.

Starosta Starosta bezeichnet einen Landrat in Polen. Er verwaltet einen Landkreis (poln. *Powiat*).

Verwaltungsgericht der Woiwodschaft (Wojewódzki Sąd Administracyjny) Das Verwaltungsgericht der Woiwodschaft ist in Polen die erste gerichtliche Instanz in Verwaltungssachen. Entspricht einem Verwaltungsgericht in Deutschland. In Polen gibt es 16 Verwaltungsgerichte, entsprechend der Anzahl an Woiwodschaften.

Woiwode Der Woiwode übt die Funktion des Aufsichtsorgans über die Einheiten der territorialen Selbstverwaltung der Woiwodschaft aus. Er ist der Vertreter des Ministerrates in der Woiwodschaft und Vorgesetzter der integrierten Regierungsverwaltung.

Woiwodschaft Eine Woiwodschaft bezeichnet einen Regierungsbezirk als oberste Stufe der territorialen Gliederung Polens. Nächstkleinere Selbstverwaltungseinheit ist der Landkreis (poln. *Powiat*). Derzeit gibt es in Polen 16 Woiwodschaften.

Teil 1: Einleitung

A. Problemaufriss

„Nur wenn es uns in Deutschland und Europa gelingt zu zeigen, dass wirtschaftlicher Erfolg nicht verringert wird, sondern – im Gegenteil – ausgebaut werden kann durch die Energiewende und eine nachhaltige Energieversorgung, nur dann werden wir andere Länder finden, die uns folgen.“[1]

Der verheerende Reaktorunfall im japanischen Fukushima im März 2011 führte zu einem Wendepunkt in der deutschen Energiepolitik. Mit einem parteiübergreifenden politischen Konsens und mit breiter Zustimmung in der deutschen Bevölkerung[2] beschloss die Bundesregierung kurze Zeit nach der Nuklearkatastrophe die Beschleunigung des bereits generell festgelegten Atomausstiegs und damit die Umgestaltung der in Deutschland bestehenden Energieversorgung primär aus fossilen Energieträgern und Kernenergie zu einer Energieversorgung gestützt auf Erneuerbare Energien und nachhaltige Energieeinsparungen[3]. Damit wurde der Umbau einer neuen Energieversorgung eingeleitet, der im Allgemeinen mit dem Begriff der „Energiewende“ assoziiert wird[4]. Seither stellt die Energiewende alle Beteiligten vor große Herausforderungen bei der Sicherstellung einer zuverlässigen Elektrizitätsversorgung. Dabei wirken sich insbesondere die Stilllegung der Kernkraftwerke, der starke Ausbau von Windenergieanlagen im Norden und in der Mitte Deutschlands sowie die damit zusammenhängende Verdrängung der konventionellen Kraftwerke aus dem Strommarkt negativ auf die Elektrizitätsversorgungssicherheit aus. In diesem Zusammenhang nimmt der Übertragungsnetzausbau eine ganz besondere Rolle ein[5]. Denn die Übertragungsnetze werden

---

1 So der damalige Bundesminister für Wirtschaft und Energie, *Sigmar Gabriel*, in seiner Rede bei der Veranstaltung "Berlin Energy Transition Dialogue – towards a global Energiewende" am 26. März 2015 in Berlin, URL: http://www.bmwi-energiewende.de/EWD/Redaktion/Newsletter/2015/6/Video/energiewende-als-industrialisierungsmodell.html (letzter Abruf: 08.06.2018).

2 Zur Akzeptanz der Energiewende in der deutschen Bevölkerung vgl.: *Ruddat/Sonnberger*, et 2015, Heft 1/2, S. 122.

3 *Säcker* in: BerlKommEnR, Einl. A. EnWG, Rn. 3.

4 *Ruddat/Sonnberger*, et 2015, Heft 1/2, S. 121.

5 *Franzius*, JuS 2018, 28 ff., nach dessen Auffassung die „Energiewende“ aus drei Säulen besteht und zwar: aus dem Ausstieg aus der Kernenergie (1. Säule), dem Umstieg der Energieerzeugung auf Erneuerbare Energien (2. Säule) und dem daraus folgenden Erfordernis des Netzausbaus (3. Säule).

dringend benötigt, um den aus den Windenergieanlagen im Norden und in der Mitte Deutschlands produzierten Strom in die Lastzentren in Süddeutschland zu transportieren[6]. Deshalb ist ein gut ausgebautes Übertragungsnetz ein zentraler Baustein für das Gelingen der Energiewende[7] und damit ein wesentlicher Faktor für eine zuverlässige Elektrizitätsversorgung. Doch der Übertragungsnetzausbau verzögert sich bisweilen insbesondere durch politisches Gezanke, durch erhebliche Widerstände in der Bevölkerung sowie durch einen langwierigen Planungs- und Genehmigungsprozess. Dadurch kommt es immer häufiger zu kritischen Situationen im Übertragungsnetz, aufgrund derer eine sichere Elektrizitätsversorgung nicht mehr ohne weiteres gewährleistet werden kann[8]. Aus diesem Grund wurde in Deutschland eine Vielzahl von Rechtsvorschriften für einen zügigen Übertragungsnetzausbau geschaffen.

Auch Polen steht gegenwärtig vor einem grundlegenden Strukturumbruch des Elektrizitätsversorgungssystems. Denn anders als Deutschland setzt Polen künftig auf eine Energieversorgung aus Kernenergie[9]. Dazu wurden Etappen bestimmt, welche u. a. bis zum Ende des Jahres 2030 die Errichtung des ersten polnischen Kernkraftwerks vorsehen. Die Baufertigstellung des zweiten Kernkraftwerks ist sodann für das Jahr 2035 geplant[10]. Ein Grund für den „Einstieg" in die polnische Kernenergienutzung liegt neben der jährlich steigenden Elektrizitätsnachfrage auch in der gegenwärtig bestehenden konventionellen Erzeugungsstruktur. Denn der größte Teil der sich im Süden Polens befindenden (Kohle-)Kraftwerke ist mittlerweile völlig veraltet[11], so dass mit deren Stilllegung über kurz oder lang zu rechnen ist. Daher ist auch zu erwarten, dass die künftige Errichtung der geplanten Kernkraftwerke und die zunehmende Errichtung von Windparks in den windreichen Gebieten im Norden und in der Mitte sowie die Stilllegung der alten Kraftwerke im Süden Polens die Situation

---

6 *Posser* in: Kment, EnWG, § 12a, Rn. 2.

7 So auch: *Theobald/Theobald*, Grundzüge EnWR, S. 219; *Fest/Operhalsky*, NVwZ 2014, 1190; *Schirmer/Seiferth*, ZUR 2013, 515; *Lülsdorf* in: Danner/Theobald, EnR, EEG 2017, § 36c, Rn. 1 ff.; *Kubicek*, Wissenschaftsdialog 2013, S. 58; *Worch*, ARL 2019, S. 100; *Haucap/Pagel*, DICE 2014, S. 1 ff.; *Kment*, NVwZ 2015, 616; *Antweiler*, NZBau 2013, 337; *Moench/Ruttloff*, NVwZ 2011, 1040; *Sitsen*, NVwZ 2014, 1423; *Ruge*, EnWZ 2013, 435; *Lewinski v.*, EnWZ 2013, 439; *Erbguth*, NVwZ 2012, 326; *Köck*, ZUR 2014, 131; *Schütz/Schreiber* in: Holznagel/Schütz, ARegR, § 21a, Rn. 84, die nur im Allgemeinen vom Ausbau der „Energienetzinfrastruktur" sprechen.

8 *Hartmann/Weise* in: Danner/Theobald, EnR, EnWG, § 13, Rn. 4.

9 Energiepolitik Polens bis zum Jahr 2030 (poln. *Polityka energetyczna Polski do 2030 roku*), S. 17, URL: http://www.pigeor.pl/media/js/kcfinder/upload/files/Polityka-energetyczna-Polski-do-2030r.pdf (letzter Abruf: 09.06.2018).

10 Programm für polnische Kernenergie (poln. *Program polskiej energetyki jądrowej*), S. 34 ff, URL: https://mlul.brandenburg.de/media_fast/4055/pl_kep_pl.pdf (letzter Abruf: 09.06.2018).

11 Dazu ausführlich: Teil 2 B.III.

im Übertragungsnetz künftig verschärfen werden. Schließlich muss auch die im Norden und in der Mitte Polens erzeugte Elektrizität aus den Windparks sowie aus den geplanten Kernkraftwerken über das Übertragungsnetz in die südlichen Lastzentren abtransportiert werden. Dazu bedarf es allerdings eines gut ausgebauten Übertragungsnetzes. Doch die polnische Stromnetzinfrastruktur ist bereits heute kaum mehr im Stande, die allgemeine Elektrizitätsversorgungssicherheit aufrecht zu erhalten. Das zeigen die langen ungeplanten Unterbrechungszeiten von ca. 255 Minuten (im Jahr 2013), wogegen die ungeplanten Unterbrechungszeiten in Deutschland im gleichen Zeitraum bei lediglich unter 17 Minuten lagen[12]. Obwohl beide Nachbarstaaten damit einen völlig gegenteiligen Weg bei der energiepolitischen Ausrichtung eingeschlagen haben, ist die Ausgangslage im Hinblick auf das Erfordernis eines zügigen Übertragungsnetzausbaus in beiden Ländern jedoch sehr ähnlich.

Angesicht des vergleichbaren Ausbauerfordernisses im Bereich des Übertragungsnetzes in beiden Ländern stellt sich i. S. d. eingangs zitierten Worte die Frage, ob eine Energiewende nach deutschem Vorbild unter Sicherstellung einer zuverlässigen Elektrizitätsversorgung auch für Polen eine Alternative darstellen könnte. Vielleicht müsste Polen den eingeschlagenen Weg der Kernenergienutzung dann nicht gehen, wenn das gesamte Übertragungsnetz, insbesondere für den Abtransport der im Norden und in der Mitte Polens erzeugten Elektrizität aus Erneuerbaren Energieanlagen, zügig ausgebaut würde. Doch wie ist der Übertragungsnetzausbau in Deutschland und in Polen rechtlich überhaupt geregelt? Welchen Rechtsrahmen sieht die deutsch-polnische Rechtsordnung im Bereich der gesetzlichen Netzausbauplanung und der sich daran anschließenden Zulassung der jeweiligen Ausbauvorhaben vor? Können die deutschen Regelungen auf das polnische Rechtssystem übertragen werden und wäre ihre Übertragung vor dem Hintergrund der Netzausbaubeschleunigung überhaupt sinnvoll?

Durch die Klärung dieser Fragen könnten womöglich neue gesetzgeberische Impulse für die Schaffung von „besseren" Rechtsvorschriften entstehen, durch welche der Übertragungsnetzausbau in beiden Ländern beschleunigt werden könnte. Dadurch könnte vielleicht auch aufgezeigt werden, das „Germany's Energiewende" kein reines deutsches Energieversorgungsmodell ist, sondern auch für Polen eine gangbare Alternative zum angestrebten Atomenergieprogramm darstellen kann. Denn vor dem Hintergrund der ungelösten Probleme der Endlagerung von abgebrannten Kernbrennstoffen sowie dem zu erwartenden Widerstand der Bevölkerung gegen den Bau der beiden Kernkraftwerke kann man davon ausgehen, dass in Sachen Kernenergie in Polen ohnehin noch nicht das letzte Wort gesprochen wurde. Diese Ausgangsfragen und Überlegungen bilden den Kern der vorliegenden Untersuchung.

12 Dazu ausführlich: Teil 2 A.III.

B. Aufbau der Arbeit

Zur Klärung der Problemstellung wird zunächst im Teil 2 Kapitel A der Frage nachgegangen, was überhaupt unter dem Begriff der „Energiewende" zu verstehen ist und wie sich die Energiewende auf die deutsche Elektrizitätsversorgung auswirkt. Im Rahmen dessen wird ebenfalls dargestellt, wie sich die Energiewende auf das deutsche Übertragungsnetz auswirkt und welche Folgen sich dadurch für das Übertragungsnetz ergeben. Da der Begriff der Energiewende gesetzlich jedoch nicht näher definiert wird, können hierunter verschiedenste Aspekte subsumiert werden, die sowohl mittel- als auch unmittelbar Einfluss auf die Umgestaltung des deutschen Elektrizitätsversorgungssystems haben. Daher können beispielsweise der Ausbau von Elektromobilität, der Einsatz von Batteriespeichern oder auch Energieeinsparungen einen Aspekt der Energiewende darstellen. Aufgrund dieser weitgehenden Begriffsauslegung kann vorliegend allerdings nicht auf alle möglichen Aspekte der Energiewende eingegangen werden, da dies ansonsten den Umfang dieser Bearbeitung sprengen würde. Daher wird zur Klärung der Frage, was unter dem Begriff der Energiewende zu verstehen ist, vorrangig auf den Wandel des bisherigen Elektrizitätserzeugungssystems abgestellt, der sich insbesondere in der Stilllegung von Kern- und konventionellen Kraftwerken sowie im Zubau von Erneuerbaren Energien widerspiegelt. Dadurch können die Gründe für das Erfordernis eines zügigen Übertragungsnetzausbaus besser nachvollzogen werden. Im Anschluss daran wird im Kapitel B die gegenwärtige Situation der polnischen Elektrizitätsversorgung und des polnischen Übertragungsnetzes dargestellt. Dabei wird ebenfalls näher betrachtet, welche Maßnahmen für eine sichere Elektrizitätsversorgung in Polen bereits ergriffen wurden bzw. noch werden und welche Auswirkungen diese Maßnahmen auf das polnische Übertragungsnetz haben. In diesem Zusammenhang werden auch an einem Fallbeispiel die Herausforderungen im Bereich des polnischen Übertragungsnetzausbaus dargestellt.

Im Anschluss daran folgt Teil 3 der Untersuchung. Im Rahmen dessen sollen die Kernfragen des zu untersuchenden Problems beantwortet werden. Dazu wird dieser Teil in drei Kapitel unterteilt. Im Kapitel A. wird zunächst der europäische Rechtsrahmen im Bereich der Netzausbauplanung dargestellt. Dabei werden allerdings nur europäische Regelungen betrachtet, die unmittelbare Auswirkungen auf die Netzausbauplanung haben und auf die im Rahmen dieser Ausarbeitung auch näher eingegangen wird. Eine darüberhinausgehende Betrachtung von europäischen Vorschriften, die allenfalls nur einen mittelbaren Einfluss auf den Übertragungsnetzausbau haben, wäre deplatziert, weil sie nichts zur Klärung des zu untersuchenden Problems beitragen würden. Ein genereller Überblick über die europäischen Vorgaben im Bereich der Netzausbauplanung ist deshalb erforderlich, weil Richtlinien in das jeweilige nationale Recht umzusetzen sind. Durch einen vorangestellten Überblick der europäischen Vorgaben kann somit auf angemessene Weise aufgezeigt werden, welche europäischen

Rechtsgrundlagen der jeweiligen nationalen Vorschrift im Bereich der Netzausbauplanung zugrunde liegen.

Problematisch ist dabei allerdings, dass die Energiewirtschaft im hohen Maße durch politische Entscheidungen geprägt ist und es dadurch im Bereich der energiewirtschaftlichen Regelungen sehr häufig zu gesetzlichen Änderungen kommt. Von diesen Änderungen bleiben weder die europäischen noch die nationalen Vorschriften verschont. Dies zeigen insbesondere die europäischen Neuerungen im Zusammenhang mit der Elektrizitätsbinnenmarktrichtlinie (EU) 2019/944, die im Jahr 2019 in Kraft getreten ist. Diese hat die bis dahin geltende und für die Netzausbauplanung maßgebliche Richtlinie 2009/72/EG abgelöst[13]. Auch auf nationaler Ebene kommt es im Bereich des Energierechts sehr häufig zu gesetzlichen Neuerungen. So sind beispielsweise die in Deutschland im Jahr 2011 eingeführten Regelungen zur Netzausbauplanung gem. §§ 12a ff. EnWG[14] bis August 2019 mehrmals geändert worden[15]. Aufgrund dieser gesetzlichen Dynamik wird im Rahmen der vorliegenden Untersuchung daher ausschließlich auf die bis zum 31. Dezember 2017 geltende europäische sowie auf die bis dahin jeweils in Deutschland und Polen geltende nationale Rechtslage abgestellt. Dieser Entscheidung liegt insbesondere die Überlegung zugrunde, dass mit der vorliegenden Untersuchung bereits im Jahr 2015 begonnen wurde. Wenn nun im Laufe der Untersuchung alle gesetzlichen Änderungen auf europäischer und nationaler Ebene eine Berücksichtigung finden müssten, so ist zu bezweifeln, dass die gegenständliche Untersuchung jemals abgeschlossen werden kann, weil immer wieder neue gesetzliche Änderungen einzuarbeiten wären. Das Abstellen auf den vorgenannten Zeitpunkt ist aus Sicht des Autors ebenfalls unproblematisch, da die gesetzlichen Regelungen im Bereich des Übertragungsnetzausbaus bis auf redaktionelle Änderungen von der Regelungsstruktur her im Großen und Ganzen auch bis Ende 2019, mithin bis zur Beendigung dieser Ausarbeitung, unverändert geblieben sind. Eine Ausnahme davon bilden jedoch die Regelungen zum polnischen Wassergesetz (kurz: *WasserG*) (poln. *Prawo wodne*), die bereits im Jahr 2017 verabschiedet wurden, aber teilweise erst im Jahr 2018 in Kraft getreten sind. Da diese Regelungen die bis dahin geltenden wasserrechtlichen Rechtsvorschriften grundlegend novelliert und dabei auch neue Rechtsinstrumente im Bereich der wasserrechtlichen Zulassung von Infrastrukturausbauvorhaben eingeführt haben[16], wäre es widersinnig, bei der vorliegenden Untersuchung nur aus Gründen der Stringenz auf eine völlig veraltete Rechtslage abzustellen. Aus

13 Wie mit dieser Änderung im Rahmen der vorliegenden Ausarbeitung umgegangen wird, vgl.: Teil 3 A.II.

14 Gesetz zur Neuregelung energiewirtschaftlicher Vorschriften vom 26.07.2011, BGBl. I S. 1554.

15 Letzte Änderung durch Art. 1 des Gesetzes zur Beschleunigung des Energieleitungsbaus v. 13.05.2019, BGBl. I. S. 706.

16 Dazu ausführlich: Teil 3 B.III.2.a.dd.(1).

diesem Grund werden im Rahmen der vorliegenden Untersuchung ausnahmsweise die ab dem Jahr 2018 in Polen geltenden wasserrechtlichen Vorschriften berücksichtigt.

Den Ausführungen zum europäischen Rechtsrahmen schließt sich das Kapitel B. an. Im Rahmen dessen wird untersucht, wie der Übertragungsnetzausbau sowohl an Land als auch auf See in Deutschland und Polen gesetzlich ausgestaltet ist. Dabei wird zwischen der gesetzlichen Netzausbauplanung (Abschnitt II.) und der Zulassung der Netzausbauvorhaben (Abschnitt III.) unterschieden. Vor dem Hintergrund der Ausgangsfrage, ob die mit der Energiewende einhergehenden deutschen Vorschriften zum Übertragungsnetzausbau auch auf Polen übertragbar sind, wird in beiden Abschnitten zunächst die deutsche und dann die polnische Rechtslage dargestellt, um eine bessere Vergleichbarkeit der nationalen Regelungsmaterie zu gewährleisten.

Diesen Rechtsausführungen folgt sodann im Kapitel C. das „Herzstück" dieser Bearbeitung. Darin soll der zu untersuchenden Fragestellung nachgegangen werden, ob die deutsche Energiewende angesichts der in beiden Ländern bestehenden gesetzlichen Vorschriften im Bereich des Übertragungsnetzausbaus auf Polen übertragbar ist und ob eine solche Übertragbarkeit überhaupt sinnvoll wäre. An dieser Stelle ist allerdings zunächst zu klären, welche der zuvor im Kapitel B. dargestellten nationalen Vorschriften sowohl in Deutschland als auch in Polen im Stande sind, den Übertragungsnetzausbau aus rechtlicher Sicht zu beschleunigen und wie sie zu diesem Zweck womöglich geändert werden müssten. Die kritische Auseinandersetzung mit dieser Frage erfolgt im Abschnitt I. Dabei wird nicht nur auf das nationale Recht abgestellt. Im Rahmen dessen wird vielmehr auch der bereits im Kapitel A. von Teil 3 dargestellte europäische Rechtsrahmen berücksichtigt. Aufgrund dessen können insbesondere die Unterschiede in der gesetzlichen Struktur beider Länder besser miteinander verglichen und kann dadurch auch die Frage geklärt werden, ob die jeweiligen europäischen Vorgaben im Bereich der Netzausbauplanung rechtskonform ins nationale Recht umgesetzt wurden. Im Anschluss daran wird im Abschnitt II. des Kapitels C. der eigentliche Rechtsvergleich der deutsch-polnischen Regelungsmaterie im Bereich des Übertragungsnetzausbaus vorgenommen. Im Rahmen dieses Vergleichs werden die wesentlichen gesetzlichen Unterschiede beider Rechtsordnungen herausgearbeitet und gegenübergestellt.

Dieser Rechtsvergleich ist für den letzten Prüfungsschritt erforderlich, welcher gem. Teil 4 der Bearbeitung den Schluss dieser Untersuchung bildet. Im Rahmen dessen wird schließlich der Frage nachgegangen, ob die deutschen Vorschriften im Bereich des Übertragungsnetzausbaus, d. h. sowohl im Bereich der gesetzlichen Netzausbauplanung als auch im Bereich der Zulassung der Netzausbauvorhaben, überhaupt auf die polnische Rechtsordnung faktisch übertragbar sind und welche der jeweiligen nationalen Regelungen vor dem Hintergrund der im Rahmen der kritischen Bewertung gem. Teil 3 Kapitel C Abschnitt I getroffenen Ergebnisse im Hinblick auf ihre beschleunigende Wirkung für den Übertragungsnetzausbau den Vorzug verdienen. Vor diesem Hintergrund soll insbesondere auch die Frage geklärt werden, ob die Übertragbarkeit der deutschen Vorschriften auf die polnische Rechtsordnung – soweit rechtlich überhaupt möglich – hinsichtlich der Netzausbaubeschleunigung sinnvoll ist und bejahendenfalls, welche der deutschen Regelungen im Bereich des Übertragungsnetzausbaus für eine erfolgreiche Umsetzung einer potentiellen Energiewende in Polen herangezogen werden könnten.

C. Polnische Literatur

Abschließend muss ebenfalls noch auf eine Besonderheit hingewiesen werden, die sich für den gegenständlichen Rechtsvergleich als eine größere Hürde erwiesen hat. Denn während sich die deutsche Jurisprudenz in den einschlägigen Kommentierungen und Aufsätzen sehr umfassend mit dem Thema des Übertragungsnetzausbaus auseinandersetzt, scheint dieses Thema in der polnischen Rechtsliteratur und Rechtsprechung (wenn überhaupt) nur rudimentär behandelt zu werden. Als Beispiel kann die juristische Kommentierung im Bereich der für die Netzausbauplanung maßgeblichen Vorschrift gem. Art. 16 des polnischen Energierechts herangezogen werden. Obwohl diese Vorschrift aus 22 Absätzen besteht und damit in ihrem Regelungsumfang mit den deutschen Vorschriften gem. §§ 12a bis 12e EnWG vergleichbar ist, finden sich dazu in den einschlägigen juristischen Kommentaren nur wenige Seiten, deren Inhalt teilweise auch unbrauchbar ist, weil sich die Kommentierung dazu an vielen Stellen nur in der wörtlichen Wiedergabe oder in einer persönlichen Umschreibung des Gesetzestextes durch den jeweiligen Kommentator erschöpft. Als Beispiel hierfür können die wohl gängigsten Kommentierungen zum Art. 16 des polnischen Energierechts in der gebundenen Ausgabe der Herausgeber *Czarnecka/Ogłódek*, *Baehr/Stawicki/Antczak* oder *Swora/Muras* herangezogen werden, deren gesamter Inhalt nur aus ca. 26 Seiten besteht[17]. Im Vergleich dazu: Alleine die deutsche Kommentierung im Bereich der Vorschriften zur Netzausbauplanung gem. §§ 12a bis 12e EnWG der Herausgeber *Danner/Theobald* erstreckt sich in der gebundenen Ausgabe auf ca. 75 Seiten. In diesen Ausführungen werden sehr umfangreich nicht nur die formellen und materiellen Anforderungen der Netzausbauplanung, sondern auch die historischen Entwicklungen und der europäische Rechtsrahmen zu diesen Vorschriften erläutert. Eine damit vergleichbare Detailtiefe lässt sich der polnischen Rechtsliteratur (leider) nicht entnehmen. Daher werden viele Fragen, die für die Klärung der gegenständlichen Problemstellungen unverzichtbar sind, in der polnischen Rechtsliteratur nur grob oder erst gar nicht behandelt. Aufgrund dessen musste im Rahmen dieser Untersuchung bei verschiedenen

---

17 Die Kommentierung zum Art. 16 des polnischen Energierechts in der gebundenen Ausgabe der o. g. Autoren umfasst folgende Seitenanzahl: *Czarnecka/Ogłódek* ca. 6 Seiten (S. 459 bis 464); *Baehr/Stawicki/Antczak* ca. 7 Seiten (S. 155 bis 162); *Swora/Muras* ca. 13 Seiten (TOM II, S. 86 bis 99).

Fragestellungen auf die in der Rechtswissenschaft bekannte juristische Methodenlehre und ihre Auslegungsmethoden[18] zurückgegriffen werden. Daher ist nicht auszuschließen, dass die polnische Jurisprudenz die im Rahmen dieser Arbeit angesprochenen und bisher ungeklärten Rechtsfragen und Problemstellungen im Laufe der Zeit womöglich anders bewerten könnte, als dies der Autor getan hat. Dies wäre aus Sicht des Autors sehr wünschenswert, solange über diese Rechtsfragen und Problemstellungen überhaupt diskutiert wird.

18 Zu den juristischen Auslegungsmethoden zusammenfassend: *Winnefeld*, Bilanz-HB, Kapitel V., Rn. 75 ff.

Teil 2: Die nationalen energiepolitischen Ziele im Lichte einer sicheren Elektrizitätsversorgung

A. Die „Energiewende" in Deutschland

I. Begriff und politische Entwicklung der Energiewende

Da der Begriff der Energiewende nicht näher definiert ist, muss zunächst geklärt werden, was darunter zu verstehen ist. Mit dem Begriff der Energiewende wird im Allgemeinen der Umbau der deutschen Energieversorgung basierend auf Erneuerbaren Energien und einem gleichzeitigen Ausstieg aus der Kernenergienutzung assoziiert[19]. Bei einer engen Auslegung dieses Begriffs wurden die ersten Weichen für die künftige Energiewende allerdings nicht erst mit dem Reaktorunfall in Fukushima im Jahr 2011, sondern bereits mit der Koalitionsvereinbarung der rot-grünen Bundesregierung vom 20. Oktober 1998 gestellt[20]. Denn die Koalitionspartner haben sich bereits damals auf die verstärkte Förderung von Erneuerbaren Energien durch Schaffung von entsprechenden Rahmenbedingungen sowie auf den grundsätzlichen Ausstieg aus der Atomenergie verständigt[21]. Mit der darauf folgenden Konsensvereinbarung[22] zwischen der Bundesregierung und den Energieversorgungsunternehmen wurde die geordnete Beendigung der Nutzung von Kernenergie zur gewerblichen Erzeugung von Elektrizität durch ein Neubauverbot bezüglich neuer Kernkraftwerke sowie durch die Festlegung von Reststrommengen, welche in den einzelnen Anlagen noch erzeugt werden durften, geregelt[23] und mit der Atomgesetznovelle vom 22. April 2002[24] „umgesetzt".

19 *Ruddat/Sonnberger*, et 2015, Heft 1/2, S. 121 f.; *Hakenberg* in: Creifelds kompakt, „Energiewende"; *Haak*, NZBau 2015, 11.

20 In der juristischen Literatur und Wissenschaft wird bei der Definition des Begriffes der „Energiewende" größtenteils dennoch auf das Ereignis in Fukushima abgestellt, vgl. dazu bspw.: *Danner* in: Danner/Theobald, EnR, Einführung, Rn. 22 ff.; *Ruttloff/Teichgräber*, NVwZ 2016, 1119; *Attendorn*, NVwZ 2012, 1569; *Scholtka/Helmes*, NJW 2011, 3185; *Althaus*, TH Wildau, Wiss. Beiträge 2012, S. 103; *Kemfert/Schäfer*, DIW Wochenbericht Nr. 31, 2012, S. 3; *Pechan* et al., de.zentral 2014, S. 2.

21 „Aufbruch und Erneuerung – Deutschlands Weg ins 21. Jahrhundert", Koalitionsvereinbarung zwischen der SPD und Bündnis 90/Die Grünen vom 20.10.1998, Leitlinie: IV. 1 und IV. 3.2 (Ökologische Modernisierung).

22 Zum Rechtscharakter und Bindungswirkung der Konsensvereinbarung vgl.: *Däuper/Michaels/Ringwald*, ZUR 2010, 451.

23 *Fillbrandt/Paul* in: Danner/Theobald, EnR, AtomR., Vorb., Rn. 25.

24 BGBl. I S. 1351 v. 26.04.2002.

Die Koalitionspartner haben in der Koalitionsvereinbarung von 1998 gleichzeitig auch die Weichen für einen grundlegenden „Weg zu einem neuen, zukunftsfähigen Energiemix" gestellt[25]. Allerdings enthielt die Koalitionsvereinbarung diesbezüglich noch keine konkreten Maßnahmen. Dies änderte sich im Jahr 2007 jedoch grundlegend. Durch das vom Bundeskabinett am 5. Dezember 2007 beschlossene Paket zum *„Integrierten Energie- und Klimaprogramm"* (kurz: *IEKP*)[26] wurde die Energiewende schließlich durch eine neue politische Dynamik vorangetrieben[27]. Das Eckpunkteprogramm legte dabei die Leitlinien der künftigen Energie- und Klimapolitik für Deutschland fest[28]. Darin beschloss die Bundesregierung u. a. den Anteil an Erneuerbaren Energien (von damals 12 %) auf 25 % bis 30 % bis zum Jahr 2020 zu steigern[29]. Zu diesem Zwecke wurde das zum 1. April 2000 eingeführte EEG[30] durch das *Gesetz zur Neuregelung des Rechts der Erneuerbaren Energien* vom 25. Oktober 2008[31] grundlegend novelliert. Dabei wurden neben einer vorrangigen Anschlusspflicht von Erneuerbare Energie-Anlagen (kurz: *EE-Anlagen*) und einer vorrangigen Abnahmepflicht gegenüber konventionellen Erzeugungsanlagen auch eine gesetzlich festgelegte Mindestvergütung für den in den EE-Anlagen erzeugten Strom für die Dauer von 20 Jahren geregelt[32]. Das Ziel, den Anteil an Erneuerbaren Energie am gesamten Energieträgermix zu steigern, wurde im Laufe der Jahre weiter nach „oben" angepasst. Demnach sollen bis zum Jahr 2025 etwa 40 % bis 45 % der in Deutschland verbrauchten Elektrizität aus Erneuerbaren Energien stammen[33]. Bis zum Jahr 2050 soll der Anteil der Erneuerbaren Energien sogar auf 80 % gesteigert werden, vgl. § 1 Abs. 2 Nr. 3 EEG.

Nach der Bundestagswahl im Jahr 2009 machte die neue schwarz-gelbe Bundesregierung hinsichtlich des vereinbarten Atomausstiegs allerdings eine politische Kehrtwendung und beschloss die Laufzeit der Kernkraftwerke um durchschnittlich 12 Jahre zu verlängern[34]. Begründet wurde dies mit der Notwendigkeit der Nutzung von Kernenergie als Brückentechnologie insbesondere vor dem Hintergrund der Versorgungssicherheit sowie aus Gründen des Klimaschutzes und aus wirtschaftlichen Erwägungen[35]. Damit stellt die Nuklearkatastrophe von Fukushima nicht den politischen Wendepunkt der Energiewende im engeren

25 A.a.O (Fn. 21), Leitlinie IV. 3.1.

26 BMWi, URL: https://www.bmwi.de/Redaktion/DE/Textsammlungen/Industrie/integriertes-energie-und-klimaprogramm.html (letzter Abruf: 26.08.2019).

27 *Haak*, NZBau 2015, 11 (12).

28 *Schalast*, IR 2008, 34.

29 *Schalast*, IR 2008, 34 (36).

30 BGBl. I S. 305 v. 31.03.2000.

31 BGBl. I S. 2074 v. 31.10.2008.

32 *Oschmann/Sösemann*, ZUR 2007, 1 (2).

33 BMWi, URL: https://www.bmwi.de/Redaktion/DE/Dossier/erneuerbare-energien.html (letzter Abruf: 27.08.2019).

34 Vgl.: „10-Punkte-Sofortprogramm – Monitoring und Zwischenbericht der Bundesregierung", BT-Drucks. 17/3049, S. 8.

35 BT-Drucks. 17/3049, S. 8.

Sinne dar. Vielmehr führte der Reaktorunfall in Japan (nur) zu einem „beschleunigten" Vorantreiben der bereits beschlossenen Energiewende in Deutschland[36].

Als unmittelbare Reaktion auf den Reaktorunfall vom 11. März 2011 kündigte die Bundesregierung bereits am 14. März 2011 an, die geregelte Laufzeitverlängerung der sieben ältesten Kernkraftwerke für die Dauer von drei Monaten einstweilen einstellen und im Übrigen alle Kernkraftwerke einer Sicherheitsüberprüfung unterziehen zu wollen. Bereits zwei Tage nach der Ankündigung aus dem Bundeskanzleramt wurden die Atomaufsichtsbehörden der betroffenen Länder durch das Bundesministerium für Umwelt dazu aufgefordert, entsprechende Anordnungen zur einstweiligen Einstellung des Leistungsbetriebes der ältesten Kernkraftwerke[37] für die Dauer von drei Monate zu treffen[38]. Dieses sog. „Moratorium" erwies sich schließlich als rechtswidrig[39]. Die in diesem Zusammenhang von den betroffenen Kraftwerksbetreibern zunächst erhobenen Schadensersatzklagen[40] wurden letztendlich Zug um Zug gegen eine dauerhafte „Enthaftung" von der Verpflichtung zur Finanzierung der Endlagerung von Kernbrennstoffen durch eine Verzichterklärung im Rahmen eines öffentlich-rechtlichen Vertrages vom 26. Juni 2017 zwischen dem Bund und den Kraftwerksbetreibern gütlich beendet[41].

Zudem wurden 2011 in einem Eiltempo sieben weitere Einzelgesetze zur Energiewende beschlossen und durch ein einvernehmliches Zusammenwirken von Bundesregierung, dem Deutschen Bundestag und dem Bundesrat bereits knapp vier Monate nach der Katastrophe von Fukushima verabschiedet[42]. Darunter

---

36 Gleichwohl wird die Energiewende in der Allgemeinheit mit der Nuklearkatastrophe in Fukushima assoziiert, vgl. dazu Fn. 20.

37 Davon betroffen waren die Kernkraftwerke: Philippsburg 1, Neckarwestheim I, Isar 1, Biblis Block A und B sowie Unterweser. Die Kernkraftwerke Brunsbüttel und Krümmel waren aufgrund von Instandsetzungsmaßnahmen nicht am Netz, so dass hinsichtlich dieser älteren Kernkraftwerke keine Anordnung getroffen werden musste, vgl. dazu: *Kraß*, in: FS-Dolde, S. 234.

38 *Battis/Ruttloff*, NVwZ 2013, 817.

39 Vgl. dazu die Urteile des VGH Kassel v. 27.02.2013, Az.: 6 C 824/11.T und 6 C 825/11.T.

40 Die Schadensersatzklagen der betroffenen Kernkraftwerksbetreiber E.ON, EnBW und RWE beliefen sich auf 882 Millionen Euro, vgl. dazu *Markus Balser* in: „Eine Klage wie ein Geschenk", 06.02.2015, Süddeutsche Zeitung Online, URL: http://www.sueddeutsche.de/wirtschaft/atom-moratorium-eine-klage-wie-ein-geschenk-1.2337533 (letzter Abruf: 08.06.2018).

41 Vgl. dazu § 4 i. V. m. Anhang 4 des öffentlich-rechtlichen Vertrages vom 26.06.2017, URL: http://www.bmwi.de/Redaktion/DE/Downloads/M-O/oeffentlich-rechtlicher-vertrag-zum-entsorgungsfonds.pdf?__blob=publicationFile&v=8 (letzter Abruf: 08.06.2018).

42 Das Gesetzespaket umfasste zunächst acht Einzelgesetze, von denen nur sieben Gesetze den Bundesrat am 08.07.2011 passierten. Ausnahme bildete der Entwurf des „Gesetzes zur steuerlichen Förderung von energetischen Sanierungsmaßnahmen an Wohngebäuden" (BR-Drucks. 390/11), welches nach einem einjährigen Vermittlungsverfahren und nur in einem reduzierten Umfang sowie in umbenannter Form erst am 05.03.2013 in Kraft getreten ist (BGBl. I 2013, S. 346), vgl. dazu: *Kraß* in: FS-Dolde, S. 243.

zählte auch das Dreizehnte Gesetz zur Änderung des Atomgesetzes[43], welches am 6. August 2011 in Kraft getreten ist[44]. Kern der dreizehnten Novelle zur Änderung des Atomgesetzes ist gem. § 7 Abs. 1a AtG der Verlust der Berechtigung zum Leistungsbetrieb der Kernkraftwerke Philippsburg 1, Neckarwestheim I, Isar 1, Biblis Block A und B, Unterweser, Brunsbüttel und Krümmel zum 6. August 2011 sowie die zeitlich gestaffelte Abschaltung der restlichen Kernkraftwerk in Deutschland bis spätestens zum 31. Dezember 2022.

Seither wurde vor dem Hintergrund der Energiewende eine Vielzahl von neuen Gesetzen sowie Verordnungen verabschiedet, die zu einer kaum mehr zu durchdringenden energierechtlichen Komplexität geführt haben.

II. Umbau des Elektrizitätsversorgungssystems

Mit der Energiewende hat sich das bisherige Elektrizitätsversorgungssystem in Deutschland grundlegend geändert. Die damit einhergehenden Veränderungen, insbesondere im Bereich der Elektrizitätserzeugung sowie im Bereich der Netzinfrastruktur, haben erhebliche Auswirkungen auf die Elektrizitätsversorgungssicherheit[45], das heißt die Fähigkeit eines Elektrizitätssystems, die Endverbraucher mit Elektrizität zu versorgen[46].

Das unerwartete Moratorium, die völlig überhastet beschlossene Stilllegung[47] von acht Kernkraftwerken zum Sommerhalbjahr 2011 sowie eine bereits langfristig geplante Revision eines Kernkraftwerks[48] führten 2011 zu einem Rückgang der jährlichen Bruttostromerzeugung aus Kernenergie im Vergleich zum

---

43 BGBl. I S. 1704 v. 31.07.2011.

44 Zur Vereinbarkeit der 13. AtG-Novelle mit dem Grundgesetz vgl. BVerfG, Urteil v. 06.12.2016, Az.: 1 BvR 2821/11, 1 BvR 321/12 und 1 BvR 1456/12.

45 *Altenschmidt*, NvWZ 2015, 559 (560); *Schulte-Beckhausen* in: Danner/Theobald, EnR, Energiesicherungsgesetz 1975, Einleitung, Rn. 7 ff.; *Mohr* in: MüKo, GWB, § 152, Rn. 150.

46 Zum Begriff der „Elektrizitätsversorgungssicherheit" vgl. Richtlinie 2005/89/EG v. 18.01.2006, Art. 2 Buchst. b.).

47 Auch die BNetzA kritisiert in dem Bericht „Auswirkungen des Kernkraftwerk-Moratoriums auf die Übertragungs-netze und die Versorgungssicherheit – Bericht der Bundesnetzagentur an das Bundesministerium für Wirtschaft und Technologie" vom 11.04.2011 die voreilig getroffene politische Entscheidung über die Abschaltung der Kernkraftwerke. Auf S. III heißt es dazu wie folgt:
„Die Bundesnetzagentur rät dringend davon ab, kurzfristig weitere Abschaltungen über die 7+1 Kernkraftwerke hinaus anzuordnen, die nicht ausreichend mit den Übertragungsnetzbetreibern abgesprochen und mit einem hinreichenden planerischen Vorlauf versehen sind. Vor weiteren Maßnahmen müssen die konkreten Ergebnisse der Netzberechnungen der Übertragungsnetzbetreiber abgewartet werden. Zukünftige weitere Entscheidungen mit Auswirkungen auf das Übertragungsnetz oder den Kraftwerkspark an sich sollten auf jeden Fall eng mit der Bundesnetzagentur und den Übertragungsnetzbetreibern abgestimmt werden."

48 Am 26.03.2011 wurde das Kernkraftwerk Grafenrheinfeld revisionsbedingt vom Netz genommen, vgl. dazu: Bericht der BNetzA (vorige Fn.), S. 2.

Vorjahr um ca. 32,6 Mrd. Kilowattstunden (kWh)[49]. Dies entspricht einer jährlichen Stromversorgung von mehr als 9,3 Millionen Haushalten bestehend aus drei Personen und einem jährlichen Durchschnittsverbrauch von 3.500 kWh. Bis zum Jahr 2014 reduzierte sich die Bruttostromerzeugung aus Kernenergie um weitere 10,8 Mrd. kWh und damit seit 2010 um insgesamt 43,4 Mrd. kWh[50]. Die angespannte Erzeugungssituation wird zudem durch die Stilllegung von konventionellen Kraftwerken, d. h. herkömmlichen Kraftwerken mit Feuerungsanlagen für feste, flüssige und gasförmige Brennstoffe[51], zunehmend verschärft. So wurden beispielsweise im Juli 2015 gegenüber der Bundesnetzagentur (BNetzA) 56 Stilllegungen von Kraftwerken mit einer Erzeugungsleistung von 9.169,1 MW angezeigt[52]. Ausgehend von einer Nennleistung von durchschnittlich ca. 1.350 MW brutto eines Kernkraftwerks[53] entspricht dies einer gesicherten Erzeugungskapazität von umgerechnet knapp sieben weiteren Kernkraftwerken.

Grund dafür ist ein nicht mehr wirtschaftlich darstellbarer Kraftwerksbetrieb, welcher insbesondere auf die fallenden Stromhandelspreise zurückzuführen ist[54]. Maßgeblich für die Bestimmung der Stromhandelspreise sind dabei die Grenzkosten des teuersten Kraftwerks, welches zur Deckung der Nachfrage noch benötigt wird. Dabei handelt es sich um die sog. Merit-Order, d. h. um eine Einsatzreihenfolge der

---

49 Statistisches Bundesamt, GENESIS-Online Datenbank, Monatsbericht über die Elektrizitätsversorgung, URL: https://www-genesis.destatis.de/genesis/online/data;jsessionid=E51369F527AD416818BDDFAE9810950F.tomcat_GO_1_1?operation=abruftabelleBearbeiten&levelindex=1&levelid=1443548903758&auswahloperation=abruftabelleAuspraegungAuswaehlen&auswahlverzeichnis=ordnungsstruktur&auswahlziel=werteabruf&selectionname=43311-0001&auswahltext=%23SENRG03-ENRKER%23Z-01.01.2014%2C01.01.2013%2C01.01.2012%2C01.01.2011%2-C01.01.2010&werteabruf=Werteabruf (letzter Abruf: 29.09.2015).

50 A.a.O. (vorige Fn.).

51 *Bier/Panzer* in: Schoch/Schneider/Bier, VwGO, § 48, Rn. 23.

52 Kraftwerksstilllegungsanzeigenliste der BNetzA, URL: http://www.bundesnetzagentur.de/DE/Sachgebiete/ElektrizitaetundGas/Unternehmen_Institutionen/Versorgungssicherheit/Erzeugungskapazitaeten/KWSAL/KWSAL_node.html (letzter Abruf: 29.09.2015).

53 Die sich zum 28.06.2015 noch in Leistungsbetrieb befindlichen Kernkraftwerke Brokdorf, Grohnde, Emsland, Philippsburg 2, Neckarwestheim II, Isar 2, Gundremmingen Block B und C weisen eine Nennleistung von insgesamt 10.793 MW brutto aus. Dies entspricht einer durchschnittlichen Nennleistung pro Kernkraftwerk von 1.349,125 MW brutto. Vgl. dazu Kraftwerksliste der BNetzA unter, URL: http://www.bundesnetzagentur.de/DE/Sachgebiete/ElektrizitaetundGas/Unternehmen_Institutionen/Versorgungssicherheit/Erzeugungskapazitaeten/Kraftwerksliste/kraftwerksliste-node.html (letzter Abruf: 29.09.2015).

54 Dies betrifft sowohl Termin- als auch Spotmarktpreise an den Strombörsen EEX und EPEX. Vgl. zur Entwicklung der Stromhandelspreise: BDEW, BDEW-Strompreisanalyse Mai 2016 – Haushalte und Industrie – S. 40 f., URL: https://www.bdew.de/internet.nsf/res/886756C1635C3399C1257FC500326489/$file/160524_BDEW_Strompreisanalyse_Mai2016.pdf (letzter Abruf: 03.07.2016).

zur Deckung der Nachfrage erforderlichen Kraftwerke beginnend mit dem Kraftwerk mit den niedrigsten Grenzkosten bis hin zum teuersten Kraftwerk, welches sodann den Börsenpreis bestimmt[55]. Die Vermarktung des Stroms aus Erneuerbaren Energiequellen an der Strombörse führt dazu, dass die teureren konventionellen Kraftwerke aus der Merit-Order verdrängt werden, weil die gegen Null tendierenden variablen Kosten der Erneuerbaren Energiequellen die Grenzkosten des teuersten Kraftwerks unterschreiten und damit der „grüne" Strom zum günstigeren Preis angeboten werden kann. Dieses wird als Merit-Order-Effekt bezeichnet[56].

Der Zubau von neuen konventionellen Kraftwerken ist aufgrund der gegenwärtigen Marktlage unwirtschaftlich[57]. Durch das in § 1 Abs. 2 Nr. 3 EEG anvisierte Ziel, den Anteil der auf die Großhandelspreise preisdämpfend wirkenden Erneuerbaren Energien am Bruttostromverbrauch bis zum Jahr 2050 auf mindestens 80 % zu erhöhen, ist ebenfalls zu befürchten, dass mittel- und langfristig weiterhin immer mehr konventionelle Kraftwerke aus dem Markt gedrängt werden. Konventionelle Kraftwerke und dabei insbesondere die flexiblen und zur Deckung der Residuallast geeigneten Gaskraftwerke werden trotz der annähernden Vollversorgung aus Erneuerbaren Energien bis zum Jahr 2050 allerdings auch in ferner Zukunft weiterhin benötigt[58]. Grund dafür ist die Volatilität der die Zukunft der deutschen Stromversorgung prägenden Erneuerbaren Energien aus Wind und Photovoltaik. Ungeachtet der Tatsache, dass die jährliche Bruttostromerzeugung aus Erneuerbaren Energien im Zeitraum von 2010 bis 2014 mit einem Zuwachs von 56,3 Mrd. kWh[59] den Rückgang der Bruttostromerzeugung aus Kernenergie in Höhe von 43,4 Mrd. kWh kompensiert und sogar übertroffen hat, müssen auch weiterhin konventionelle Kraftwerke in Situationen eingesetzt werden, in denen kein Wind weht oder keine Sonne scheint, um die allgemeine Stromnachfrage zu decken[60]. Umgekehrt werden konventionelle Kraftwerke in Süddeutschland (südlich der „Main-Linie", vgl. dazu nachfolgende *Abbildung*[61]) auch bei hoher Einspeisung der insbesondere in Norddeutschland aus Windkraft erzeugten Strommengen („Starkwind-Starklast-Fall") zum Zwecke der Aufrechthaltung der Netzspannung benötigt[62].

---

55 *Reshöft* in: HK-EEG, § 1, Rn. 28.

56 *Mohr* in: BerlKommEnR, EEG 2014, § 1, Rn. 110.

57 *Ausfelder* et al., Wechselwirkungen im Energiesystem, S. 53.

58 *Schlesinger* et al., Entwicklung der Energiemärkte, S. 222 ff.

59 AG Energiebilanzen e.V. – Statistik: „Bruttostromerzeugung in Deutschland ab 1990 nach Energieträgern", Stand: 03.08.2015.

60 *Ausfelder* et al., Wechselwirkungen im Energiesystem, S. 51 ff.

61 *Abbildung 1* (überarbeitet) aus: Umwelt Bundesamt, Kraftwerke und Windleistung in Deutschland, Stand 30.06.2016, URL: http://www.umweltbundesamt.de/bild/kraftwerke-windleistung-in-deutschland (letzter Abruf: 04.06.2016); die rot gestrichelte Linie stellt die „Main-Linie" dar.

62 BNetzA, „Feststellung des Bedarfs an Netzreserve für den Winter 2015/2016 sowie die Jahre 2016/2017 und 2019/2020 und zugleich Bericht über die Ergebnisse der Prüfung der Systemanalysen", Bericht vom 30.04.2015, u. a. S. 52 ff.

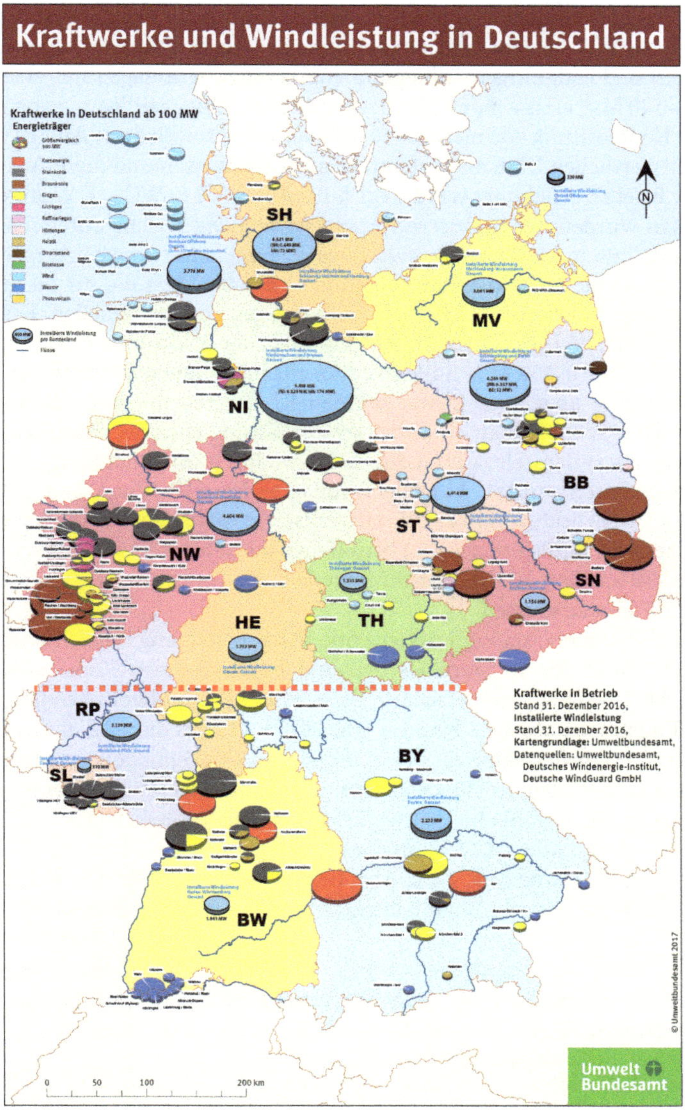

Abbildung 1: *Kraftwerke und Windleistung in Deutschland und die sog. „Main-Linie" (eingezeichnet)*

Vor diesem Hintergrund hatte der deutsche Gesetzgeber mit der Vorschrift gem. § 13a a. F. EnWG[63] im Jahr 2012 eine allgemeine Verpflichtung zur Anzeige einer vorläufigen und endgültigen Stilllegung von Erzeugungsanlagen mit einer Nennleistung ab 10 MW erlassen und gleichzeitig die endgültige Stilllegung von Anlagen mit einer Nennleistung von mehr als 50 MW verboten, soweit diese Anlage vom systemverantwortlichen ÜNB als systemrelevant ausgewiesen und diese Ausweisung durch die BNetzA genehmigt wurde, vgl. § 13a Abs. 2 S. 1 EnWG a. F. Weitere Einzelheiten dazu wurden in der *Reservekraftwerksverordnung*, welche durch die Novelle vom 30. Juli 2016 in die *Netzreserveverordnung*[64] unbenannt wurde, geregelt. Damit sollte i. S. d. Gemeinwohlinteresses verhindert werden, dass die für die Aufrechterhaltung der Versorgungssicherheit notwendigen konventionellen Kraftwerke stillgelegt werden[65]. Dies zugrunde gelegt wurden der BNetzA bis zum 1. April 2019 insgesamt knapp 16.500 MW an konventioneller Erzeugungsleistung zur endgültigen Stilllegung angezeigt. Davon wurden Kraftwerke mit einer Nennleistung von ca. 3.900 MW im Hinblick auf die Gewährleistung einer sicheren Elektrizitätsversorgung als systemrelevant ausgewiesen, wodurch ihre endgültige Stilllegung gesetzlich verboten wurde[66]. Ausgehend von einer Nennleistung von durchschnittlich ca. 1.350 MW brutto eines Kernkraftwerks (wie vor) entspricht die Erzeugungsleistung der vom Stilllegungsverbot betroffenen konventionellen Kraftwerke damit der Nennleistung von ca. drei Kernkraftwerken, die für die Versorgungssicherheit vorgehalten werden müssen.

Die angespannte Situation im konventionellen Erzeugungsbereich wird gleichzeitig auch durch die im europäischen und internationalen Kontext stehenden nationalen Klimaschutzziele verschärft. Diese sehen u. a. eine Reduzierung von Treibhausgas-Emissionen um 40 % bis zum Jahr 2020 vor[67]. Um dieses Ziel zu erreichen, müssen u. a. im Stromsektor 22 Mio. t. im Jahr an CO2-Emissionen reduziert werden[68]. Nach dem Willen der Bundesregierung soll in diesem Zusammenhang durch die Stilllegung von Braunkohlekraftwerksblöcken eine zusätzliche Reduzierung von voraussichtlich 12,5 Mio. t. CO2-Emissionen im Jahr 2020 erreicht werden[69]. Vor diesem Hintergrund wurde gem. § 13g Abs. 1 EnWG ab dem 1. Oktober 2016 eine sukzessive Stilllegung von acht Braunkohlekraftwerksblöcken mit insgesamt 2.730 MW

63 Eingeführt durch Art. 1 des 3. EnWNG, BGBl. I S. 2730 v. 20.12.2012.

64 Geändert durch Art. 6 des StroMaG, BGBl. I S. 1786 v. 26.07.2016.

65 *Sötebier* in: Britz/Hellermann/Hermes, EnWG, § 13a, Rn. 1.

66 BNetzA, URL: https://www.bundesnetzagentur.de/DE/Sachgebiete/ElektrizitaetundGas/Unternehmen_Institutionen/Versorgungssicherheit/Erzeugungskapazitaeten/KWSAL/KWSAL_node.html (Letzter Abruf: 27.08.2019).

67 Vgl. dazu u. a.: „Deutschlands Zukunft gestalten", Koalitionsvertrag zwischen CDU, CSU und SPD, 18. Legislatur-periode, S. 50; „Aktionsprogramm Klimaschutz 2020", Kabinettsbeschluss vom 03. Dezember 2014, Hrsg. v.: Bundesministerium für Umwelt, Naturschutz, Bau und Reaktorsicherheit, S. 6 ff.

68 Vgl.: „Aktionsprogramm Klimaschutz 2020" (vorige Fn.), S. 34.

69 BT-Drucks. 18/7317, S. 101.

Netto-Nennleistung[70] beschlossen. Bei der Auswahl dieser Kraftwerksblöcke wurden allerdings keine netz- und systemstabilitätsbedingten Kriterien berücksichtigt. Neben verschiedenen Kriterien wie Kosteneffizienz oder Beschäftigungseffekte war die Einsparung von Kohlendioxid das wichtigste Kriterium bei der Auswahl der stillzulegenden Braunkohlekraftwerksblöcke[71]. Es kann daher nicht ausgeschlossen werden, dass sich die Stilllegung dieser konventionellen Kraftwerksblöcke ebenfalls negativ auf die allgemeine Versorgungssicherheit auswirken könnte.

Ob die mangelnde Verfügbarkeit von konventionellen Kraftwerken in Situationen, in denen die von ihnen erzeugte Elektrizitätsmenge nicht ausreicht, um den allgemeinen Energiebedarf zu decken, durch den Einsatz von Stromspeichern – welche gegenwärtig allerdings noch nicht in einem ausreichenden Maße zur Verfügung stehen – abgedeckt werden könnte, wird im Rahmen wissenschaftlicher Untersuchungen unterschiedlich beantwortet. Nach einer Studie können Speichersysteme zur Deckung der positiven Residuallast und damit zur Netzentlastung beitragen, soweit der zwischengespeicherte überschüssige Strom aus Windenergieanlagen bei einer hohen Stromnachfrage und einer zu deren Deckung nicht ausreichend zur Verfügung stehenden Strommenge aus Erneuerbaren Energien wieder in das Netz eingespeist werden würde[72]. Zum gleichen Ergebnis kommt eine weitere Studie, welche sich mit den Auswirkungen der Nutzung von Photovoltaik-Batteriesystemen auf die Stromnetze beschäftigt. Auch hier wird die Einspeisung überschüssigen Stroms aus Photovoltaik in Zeiten einer hohen Stromnachfrage und eines niedrigen Stromangebotes aus Erneuerbaren Energien als ein positiver Beitrag zur Netzentlastung angesehen[73]. Andere Analysen hingegen kommen unter Berücksichtigung verschiedener Szenarien bei der Entwicklung des künftigen Stromsystems in Deutschland und Europa zu dem Ergebnis, dass Speichertechnologien auch bei einem Anteil des Stroms aus Erneuerbaren Energien in Höhe von ca. 90 % in Deutschland und über 80 % in Europa nicht zwingend notwendig seien, soweit Flexibilitätsoptionen im Stromsystem genutzt werden[74]. Dazu gehören u. a. flexible Kraftwerke oder ein intelligentes Lastmanagement, welches den Stromverbrauch an das bestehende Energieangebot koppelt[75]. Allerdings wird auch hier der Netzausbau als eine wesentliche Maßnahme bei der Beurteilung des künftigen Speicherbedarfs angesehen. Sollte es daher zu einer Verzögerung beim Netzausbau kommen, kann das Netzsystem mittels Stromspeicher entlastet werden[76].

---

70 Im Vergleich entspricht dies einer Leistung von mehr als zwei Kernkraftwerken, vgl. zur Berechnungsmethode Fn. 28.

71 BT-Drucks. 18/7317, S. 102.

72 *Rundel* et al., Speicher für die Energiewende, S. 99 f.

73 *Hollinger* et al., Speicherstudie 2013, S. 3, 12 f.

74 *Pape* et al., Roadmap Speicher, S. 13.

75 Vgl. zu den Flexibilitätsoptionen ausführlich: *Pape* et al., Roadmap Speicher, S. 29 ff.

76 *Fürstenwerth/Waldmann* et al., Stromspeicher in der Energiewende, S. 3 ff.; *Pape* et al., Roadmap Speicher, S. 13 f.

III. Die Energiewende und ihre Folgen für eine sichere Elektrizitätsversorgung

Als Folge der Energiewende und dem damit einhergehenden Umbruch des gesamten Elektrizitätsversorgungssystems kommt es immer häufiger zu kritischen Situationen im Übertragungsnetz, bei deren Eintreten eine sichere Elektrizitätsversorgung ohne entsprechende Maßnahmen und korrigierende Eingriffe durch die Übertragungsnetzbetreiber nicht mehr gewährleistet werden kann. Dies zeigen beispielhaft die Vorkommnisse im Winterhalbjahr 2011/2012. Wegen eines Brennelementdefekts wurde der Block C des Kernkraftwerks Grundremmingen ab dem 29. November 2011 für ca. zwei Wochen vom Netz genommen[77]. Damit fiel in Süddeutschland eine gesicherte Erzeugungskapazität mit einer Nettoleistung von 1.228 MW weg[78]. Gleichzeitig kam es durch eine Windfront in der Nacht vom 8. auf den 9. Dezember 2011 zu einer hohen Einspeisung aus den norddeutschen Windkraftanlagen von mehr als 19.000 MW. Durch diese enorme Windenergieeinspeisung und infolge der Nichtverfügbarkeit des Kernkraftwerks Grundremmingen C erfolgten hohe Nord-Süd-Lastflüsse in Teilabschnitten des 380 kV-Übertragungsnetzes in der Regelzone der beiden Übertragungsnetzbetreiber 50Hertz Transmission GmbH und Tennet TSO GmbH. Dies führte beinahe zu einem Verlust der (n-1)-Sicherheit[79]. Nur durch einen erheblichen inländischen Redispatch[80] und den Einsatz der aus Österreich kontrahierten Reservekraftwerke konnte der Zusammenbruch der Netzteilabschnitte noch verhindert werden[81].

Ähnlich kritische Situationen entstanden auch Anfang Februar 2012, als eine Kältewelle weite Teile Mitteleuropas traf. Dadurch kam es im Zeitraum vom 8. bis zum 10. Februar 2012 zu einem erheblichen Transportbedarf an Elektrizität aus den Kraftwerken in Nordwesten Deutschlands in die Verbrauchszentren im Süden. Gleichzeitig verzeichneten Frankreich, Schweiz und Österreich einen hohen Importbedarf an Elektrizität. Daraus resultierten wiederum hohe Nord-Süd-Lastflüsse. Die angespannte Situation wurde zudem durch Gasversorgungsengpässe bei Gaskraftwerken in Süddeutschland verschärft. Aufgrund

77 Pressemitteilung der Kernkraftwerk Grundremmingen GmbH in: „Block C geht am 29. November für Brenn-elementwechsel vom Netz“, 24.11.2011, URL: http://www.kkw-gundremmingen.de/presse.php?id=404 (letzter Abruf: 06.11.2015).

78 BNetzA, „Bericht zum Zustand der leitungsgebundenen Energieversorgung im Winter 2011/2012“, 03.05.2012, S. 48.

79 Eine (n-1)-Sicherheit liegt vor, wenn das Netz die Höchstlast auch bei Ausfall einer Leitung noch bewältigen kann, vgl. BVerfG, Beschl. v. 10.09.2008, Az.: 1 BvR 1914/02.

80 Unter dem Begriff „Redispatch“ sind Eingriffe des Übertragungsnetzbetreibers in die Leistung von Energieerzeugungsanlagen zu verstehen, welche darauf abzielen, kurzfristig auftretende Engpässe im Übertragungsnetz zu vermeiden oder zu beseitigen, vgl. *Hartmann/Weise* in: Danner/Theobald, EnR, § 13 EnWG, Rn. 25.

81 Dazu ausführlich: BNetzA (Fn. 78), S. 48 ff.

dessen musste die Kraftwerksleistung der in Norddeutschland gelegenen Kraftwerke heruntergefahren werden, während gleichzeitig die gesamte Leistung der zur Verfügung stehenden Kraftwerke südlich der Mittelrheintrasse abgerufen wurde. Dadurch standen in Süddeutschland keine weiteren Kraftwerke für Redispatchmaßnahmen mehr zur Verfügung. Auch aus dem südlichen Ausland konnten keine weiteren Kraftwerksreserven mobilisiert werden[82]. Diese angespannte Situation wurde von der BNetzA wie folgt beschrieben: „*Wäre es in dieser Situation zum Ausfall eines großen Kraftwerks gekommen, hätte kaum noch Handlungsspielraum zur Verfügung gestanden, zumal die (n-1)-Sicherheit nicht zu jeder Zeit gewährleistet werden konnte* (...)"[83].

Kaum nachdem diese Lage gemeistert wurde, ereignete sich in der Nacht des 15. Februar 2012 erneut eine weitere kritische Versorgungssituation. Durch einen Wetterumschwung kam es wieder zu einer Starkwindfront. Nur durch erhebliche netzstabilisierende Maßnahmen der betroffenen Übertragungsnetzbetreiber konnte ein sicherer (n-1)-Netzbetrieb noch gewährleistet werden[84]. Anders verhielt es sich aber in der Nacht vom 22. auf den 23. Februar 2012. Auch hier kam es zu enormen Windenergieeinspeisungen in die Übertragungsnetze. Trotz der Ausschöpfung aller zur Verfügung stehenden Redispatchmöglichkeiten sowie sämtlicher anderen Einspeisemanagementmaßnahmen konnten die betroffenen Übertragungsnetzbetreiber einen sicheren (n-1)-Netzbetrieb für einen Zeitraum von ca. 1,5 Stunden nicht mehr sicherstellen[85]. Dabei kam es durch die Einspeisung aus den nachgelagerten 110-kV-Verteilernetzen zu einer Überlastung der Netztransformatoren im Umspannwerk Perleberg in Brandenburg[86]. Nur durch erhebliche Reduzierungen der Einspeiseleistungen aus den Windkraftanlagen konnte die Situation erst am frühen Morgen des 23. Februar 2012 stabilisiert werden[87]. Auch in den vorgelagerten Übertragungsnetzen mussten zur Vermeidung von Überspannungsschäden enorme Einspeisereduzierungen vorgenommen werden[88].

Ähnlich kritische Situationen gab es auch im Winter 2013. Am 25. und 26. März 2013 kam es infolge einer hohen Einspeisung aus Wind- und Photovoltaikanlagen überwiegend in Norddeutschland, der Nichtverfügbarkeit von

---

82 BNetzA (Fn. 78), S. 51 f.
83 BNetzA (Fn. 78), S. 52.
84 BNetzA (Fn. 78), S. 54 f.
85 BNetzA (Fn. 78), S. 55 ff.
86 Mitteilung des Übertragungsnetzbetreibers 50Hertz Transmission GmbH: „Angespannte Netzsituation in der Regelzone von 50Hertz Transmission GmbH im Zusammenhang mit einer Starkwindfront vom 22. Bis 23. Februar 2012 ", URL: http://www.50hertz.com/Portals/3/Content/Dokumente/Kennzahlen/Anpassungen_EnWG/angespannte-Netzsituation-22-23-Februar-2012.pdf (letzter Abruf: 09.11.2015).
87 BNetzA (Fn. 78), S. 57.
88 Mitteilung des Übertragungsnetzbetreibers 50Hertz Transmission GmbH (Fn. 83).

konventionellen Kraftwerken in Süddeutschland sowie hoher Elektrizitätsexporte insbesondere nach Österreich zu Verletzungen der (n-1)-Sicherheit auf den Übertragungsnetzleitungen Remptendorf-Redwitz und Mecklar-Dipperz. Durch präventiven und kurativen Redispatch auch aus Österreich sowie eine Einspeisereduzierung aus den EE-Anlagen konnte ein sicherer (n-1)-Netzbetrieb wieder hergestellt werden[89].

Trotz der immer häufiger auftretenden kritischen Situationen für eine sichere Elektrizitätsversorgung wurden in Deutschland im Jahr 2014 „nur" 173.825 Versorgungsstörungen der angeschlossenen Letztverbraucher in der Nieder- und Mittelspannung mit einer durchschnittlichen ungeplanten Unterbrechungsdauer von lediglich 12,28 Minuten gezählt[90]. Damit lag die durchschnittliche ungeplante Unterbrechungsdauer sogar unter dem Mittelwert der vergangenen acht Jahre (Mittelwert 2006 – 2013: 16,72 Minuten)[91]. In Polen hingegen betrug die durchschnittliche ungeplante Unterbrechungsdauer im Jahr 2013 dagegen (unvorstellbare) 254,9 Minuten[92], während der Durchschnittswert im Zeitraum von 2008 bis 2012 sogar bei 314,66 Minuten lag[93]. Im europäischen Vergleich liegt Deutschland hinsichtlich der ungeplanten Unterbrechungsdauer bei der Elektrizitätsversorgung damit im Spitzenbereich[94].

IV. Das deutsche Übertragungsnetz in Zeiten der Energiewende

Der mit der Energiewende einhergehende Umbau des Elektrizitätsversorgungssystems basierend auf den Ausstieg aus der Kernkraftnutzung und einer Deckung des Elektrizitätsbedarfs überwiegend aus EE-Anlagen hat ebenfalls weitreichende Folgen für das Übertragungsnetz. Denn um das in § 1 Abs. 2 Nr. 2 und Nr. 3 EEG anvisierte Ziel, den Anteil des aus Erneuerbaren Energie erzeugten Stroms am Bruttostromverbrauch bis zum Jahr 2035 auf 55 % bis 60 % und bis zum Jahr 2050

89 BNetzA, „Bericht zum Zustand der leitungsgebundenen Energieversorgung im Winter 2012/2013", 20.06.2013, S. 18 ff.

90 BNetzA und BKartA, „Monitoringbericht 2015", 10.11.2015, S. 70 ff. (Ungeplante Unterbrechungen ohne außergewöhnliche Ereignisse, die auf atmosphärische Einwirkungen, Einwirkungen Dritter, Zuständigkeit des Netzbetreibers und aus anderen Netzen rückwirkende Störungen zurückzuführen sind, sog. „SAIDI"-Wert). Die SAIDI-Werte werden in Dezimalzahlen angegeben. Insoweit entsprechen 12,28 Minuten = 12 Minuten und 17 Sekunden, zur Umrechnungstabelle vgl. URL: http://www.min-in-dezimal.de/ (letzter Abruf: 22.11.2016), wobei die dortige Angabe der Minuten auf Sekunden übertragbar ist.

91 Wie vorige Fn.

92 254,9 Minuten entsprechen demnach 254 Minuten und 5 Sekunden; zur Umrechnungstabelle vgl. Fn. 90.

93 Council of European Energy Regulators (CEER), „CEER Benchmarking Report 5.2 on the Continuity of Electricity Supply – Data update", 12.02.2015, S. 27 ("SAIDI"-Wert).

94 Wie vorige Fn.

sogar auf mindestens 80 % zu steigern[95], erreichen zu können, soll ausweislich des gesetzlich normierten Ausbaupfades die installierte Leistung von Windenergieanlagen an Land („Onshore“) bis zum Jahr 2020 auf insgesamt 5.700 MW (§ 4 Nr. 1 lit. a) und b) EEG) und auf See („Offshore“) bis zum Jahr 2030 auf insgesamt 21.500 MW (§ 4 Nr. 2 lit. a) und b) EEG) erhöht werden[96]. Damit müssen die für den Anschluss dieser Anlagen, insbesondere für die Windparks in der Nord- und Ostseebucht, erforderlichen Übertragungsnetze in der Regel noch errichtet werden. Ferner muss dieser Strom in die Lastzentren in West- und Süddeutschland transportiert werden[97]. Gleichzeitig muss der Strom aus den Übertragungsnetzen mittels der Elektrizitätsverteilernetze an Endkunden weitergeleitet werden.

Auch durch die Lage Deutschlands in der Mitte Europas gewinnt die Transitfunktion des Übertragungsnetzes immer mehr an Bedeutung[98]. Denn vor dem Hintergrund der Verwirklichung eines transeuropäischen Energiebinnenmarktes wurden durch den europäischen Gesetzgeber für das Unionsgebiet bestimmte Energieinfrastrukturkorridore und -gebiete festgelegt. Dazu gehören vier Strom- und vier Gaskorridore, ein Erdölkorridor sowie drei vorrangige thematische Gebiete (intelligente Netze, Stromautobahnen und ein grenzüberschreitendes CO2-Netz)[99]. Die Energieinfrastrukturkorridore und -gebiete werden durch sog. „Vorhaben von gemeinsamem Interesse“ („Project of Common Interest“ – PCI) näher konkretisiert[100]. Die PCI sollen insofern zur Sicherung des gesamten europäischen Energiesystems beitragen[101] und sind daher in den betreffenden Ländern vorrangig auszubauen[102]. Von den festgelegten 250 PCI haben 20 PCI im Strombereich direkten Bezug zu Deutschland[103]. Somit haben auch die gemeinschaftsrechtlichen Vorgaben erhebliche Auswirkungen auf den nationalen Übertragungsnetzausbau.

Aufgrund dieser Brisanz wurde bereits im Jahr 2005 und damit noch zwei Jahre vor dem im IEKP beschlossenen Startschuss für den beschleunigten Ausbau von Erneuerbaren Energien[104] in der sog. „dena-Netzstudie I“ ein Bedarf

---

95 Dazu ausführlich: Teil 2 A.I.

96 Die übrigen Erneuerbaren Energien bestehend aus Solar- und Biomasseanlagen sollen gem. § 4 Nr. 3 und 4 EEG lediglich 2.850 MW zur jährlichen Bruttostromerzeugung beitragen. Im Vergleich zu den Windenergieanlagen im On- und Offshore-Bereich mit einer anvisierten installierten Leistung von insgesamt 27.200 MW nehmen diese Anlagen damit nur einen Anteil von ca. 10,5 % an den gesamten Erneuerbaren Energien ein.

97 *Fest*, NVwZ 2013, 824.

98 *Missling* in: Danner/Theobald, EnR, Vor §§ 43 ff. EnWG, Rn. 3.

99 *Hermes/Kupfer* in: Britz/Hellermann/Hermes, EnWG, § 43, Rn. 6c.

100 *Fest/Operhalsky*, NVwZ 2014, 1190 (1191).

101 Wie vorige Fn.

102 Dazu ausführlich: Teil 3 A.I.

103 *Kohls* in: Danner/Theobald, EnR, AnlZulR, Rn. 187.

104 Dazu ausführlich: Teil 2 A.I.

von 850 Kilometern an neuen Höchstspannungstrassen in Deutschland bis 2015 ausgewiesen[105]. Gleichwohl hat der deutsche Bundes-Gesetzgeber von seiner in Art. 74 Abs. 1 Nr. 11 i. V. m. Art. 72 Abs. 2 GG eingeräumten Gesetzgebungsbefugnis im Bereich der Energiewirtschaft und daraus abgeleitet im Bereich des Netzausbaus zunächst keinen Gebrauch gemacht. So lag die Planung des Netzausbaus ausschließlich in der Verantwortung der Netzbetreiber[106]. Die anfänglich bestehende Untätigkeit des Gesetzgebers im Bereich des Netzausbaus erstaunt umso mehr, wenn man bedenkt, dass das unmittelbar im Zusammenhang mit dem Netzausbaubedarf stehende EEG[107] bereits am 1. April 2000 in Kraft getreten ist und folglich schon mit dessen Erlass ein damit zwangsläufig einhergehendes Netzausbauerfordernis immanent war. Trotzdem hat der Gesetzgeber erst 2006 mit dem sog. *Infrastrukturbeschleunigungsgesetz*[108] auf den in der dena-Netzstudie I festgestellten Netzausbaubedarf reagiert. Wesentlicher Inhalt dieses Gesetzes war eine den Übertragungsnetzbetreibern auferlegte Pflicht zum Anschluss von Offshore-Windparks (§ 17 Abs. 2a EnWG a. F.). Weitere Neuerungen waren die Rechtswegverkürzung bei Planfeststellungsverfahren sowie ein Enteignungsrecht[109]. Das Gesetz hat sich im Hinblick auf die Beschleunigung des Netzausbaus in der Praxis allerdings als wirkungslos erwiesen[110]. So wurden bis Ende 2010 nur 90 Kilometer Elektrizitätsleitungstrasse errichtet[111]. In der darauffolgenden dena-Netzstudie II aus dem Jahr 2010 wurde darüber hinaus ein weiterer Netzausbaubedarf von 3.600 Kilometern bis zum Jahr 2020 festgestellt[112]. Seit der Reaktorkatastrophe in Fukushima und der damit verbundenen Beschleunigung der Energiewende beträgt der Netzausbaubedarf nunmehr sogar insgesamt 6.100 Kilometer an Leitungstrassen, wovon etwa 3.050 Kilometer als Netzverstärkung kategorisiert sind[113].

---

105 *Moench/Ruttloff*, NVwZ 2011, 1040 unter Bezugnahme auf die „dena-Netzstudie I". Zur dena-Netzstudie I vgl. URL: https://shop.dena.de/fileadmin/denashop/media/Downloads_Dateien/esd/9113_dena-Netzstudie_I.pdf (letzter Abruf: 29.01.2017).

106 *Schmitz/Jornitz*, NVwZ 2012, 332.

107 Gesetz für den Vorrang Erneuerbarer Energien vom 29.03.2000, BGBl. I S. 305.

108 BGBl. I S. 2833 v. 16.12.2006.

109 *Fest*, NVwZ 2013, 824.

110 *Ohms/Weiss* in: BerlKomnEnR, Vorbem. EnLAG, Rn. 14.

111 *Moench/Ruttloff*, NVwZ 2011, 1040.

112 *Moench/Ruttloff*, NVwZ 2011, 1040 unter Bezugnahme auf die sog. „dena-Netzstudie II". Zur dena-Netzstudie II vgl. URL: https://shop.dena.de/fileadmin/denashop/media/Downloads_Dateien/esd/9106_Studie_dena-Netzstudie_II_deutsch.PDF (letzter Abruf: 01.02.2017).

113 BNetzA: „BBPlG-Monitoring, Stand des Ausbaus nach dem Bundesfahrplangesetz (BBPlG) zum dritten Quartal 2016", Bonn, November 2016, S. 4, URL: http://data.netzausbau.de/Vorhaben/BBPlG/BBPlG-2016Q3.pdf, letzter Abruf: 24.01.2017).

Trotzdem verzögert sich der für die Umsetzung der Energiewende notwendige Übertragungsnetzausbau[114] bisweilen durch eine Vielzahl komplexer Planungs- und Genehmigungsvorschriften sowie durch eine mangelnde gesellschaftliche und politische Akzeptanz für die Leitungsbauvorhaben. So wurden von den erforderlichen Ausbaumaßnahmen bisher erst rund 600 Trassenkilometer genehmigt und davon nur knapp 300 Kilometer realisiert[115]. Dabei spiegeln insbesondere die verpflichtenden Regelungen zur mittlerweile zweijährigen[116] Fortentwicklung des Szenariorahmens sowie des Netzentwicklungsplanes an Land (kurz: NEP Strom) als auch des Netzentwicklungsplanes für die nahen Küstengewässer (kurz: O-NEP) und die erneute Durchführung einer vollständigen öffentlichen Konsultation bei der Erarbeitung des Szenariorahmens und der vorgenannten Netzentwicklungspläne alle vier Jahre (ursprünglich alle drei Jahre) nur einen kleinen Teil der Gesetzeskomplexität wider. Auch die umfangreichen Regelungen in Bezug auf die Beteiligung von Behörden und Öffentlichkeit bei der Netzentwicklungsplanung verursachen einen erheblichen administrativen Mehraufwand bei den Übertragungsnetzbetreibern und der Regulierungsbehörde (BNetzA). Dies zeigt das Beispiel der am 4. September 2015 bestätigten Entwürfe des NEP Strom 2024 und des O-NEP 2024, welche vom 27. Februar bis zum 15. Mai 2015 zur öffentlichen Konsultation gestellt wurden. Im Rahmen der Konsultation gingen 34.211 Stellungnahmen von insgesamt 39.093 Konsultationsteilnehmern ein[117]. Zum Vergleich: Im Rahmen des NEP 2012 samt Umweltbericht waren es nur etwa über 3.300 Stellungnahmen[118].

Auch der anfängliche Widerstand der Bayerischen Staatsregierung gegen Stromtrassen im Freistaat[119] zeigt selbst innerhalb der politischen Entscheidungsträger die unterschiedlichen Standpunkte zum Thema Netzausbau. Nur durch die Abkehr vom vorrangigen Netzausbau in Form von Freileitungen und die Einräumung des Vorrangs einer Erdverkabelung von Leitungen zur Höchstspannungs-Gleichstrom-Übertragung (kurz: *HGÜ*) konnte letztendlich ein Konsens erzielt werden, durch den nach dem Willen der Bundesregierung ein beschleunigter Netzausbau sichergestellt und die öffentliche Akzeptanz

114 Vgl. oben, Fn. 7.

115 BNetzA (Stand: August 2019), URL: https://www.netzausbau.de/leitungsvorhaben/de.html (letzter Abruf: 28.08.2019).

116 Bis zum Jahr 2016 bestand sogar eine jährliche Pflicht zur Fortschreibung des Szenariorahmens und der NEP On- und Offshore. Dies wurde durch Art. 2 des Gesetzes zur Änderung des EnWG vom 10.12.2015 (BGBl. I S. 2194) geändert.

117 BNetzA, „Bedarfsermittlung 2024, Zusammenfassung der Konsultationsergebnisse“, September 2015, S. 6 und 10.

118 BNetzA, „Netzausbau 2012“, 2. Aufl., März 2013, S. 2 und 8.

119 Deutsche Presseagentur (dpa) in: „Horst Seehofer springt Ilse Aigner bei“, 18.05.2015, Der Tagesspiegel Online, URL: http://www.tagesspiegel.de/politik/stromtrassen-in-bayern-horst-seehofer-springt-ilse-aigner-bei/11791300.html (letzter Abruf: 28.10.2015).

bei Leitungsbauvorhaben verbessert werden soll[120]. Dabei scheinen finanzielle und technische Gesichtspunkte einer Erdverkabelung vermutlich keine ernsthafte Rolle gespielt zu haben. Noch in dem Gesetzesentwurf zur Änderung von Bestimmungen des Rechts des Elektrizitätsleitungsbaus vom 20. April 2015 (BT-Drucks. 18/4655) hatte die Bundesregierung ausgeführt:

> *„Der Einsatz von Erdkabelsystemen auf Höchstspannungsebene, insbesondere im Drehstrombereich, entspricht bisher* ***nicht dem Stand der Technik****. Es gilt daher der* ***Vorrang von Freileitungen****. Bevor Erdkabel im größeren Umfang im Übertragungsnetz eingesetzt werden können, sind im Rahmen von Pilotprojekten im realen Netzbetrieb ausreichende Erfahrungen zu sammeln. Insofern können* ***Erdkabel derzeit keine gleichberechtigte Alternative zu Freileitungen*** *sein. (...)*
>
> *Ob und in welcher Höhe Mehrkosten entstehen, wird vom Umfang der auf Basis der neuen Kriterien und neuen Pilotstrecken zusätzlich geplanten Erdkabelabschnitte abhängen. (...)*
>
> *Eine mögliche Größenordnung kann anhand der folgenden Überlegungen sehr grob abgeschätzt werden: (...) Unter der Annahme, dass auf den nunmehr zusätzlich vorgesehenen vier Pilotstrecken nach dem EnLAG und dem BBPlG ebenfalls Erdkabelabschnitte mit einer summierten Länge von* ***30 Kilometer*** *errichtet würden, entstünden – unter Zugrundelegung eines* ***Erdkabel-Mehrkostenfaktors von sechs*** *und von Kosten für eine alternative Freileitung in Höhe von 1,4 Millionen Euro je Kilometer – zusätzliche Investitionskosten in Höhe von insgesamt 200 Millionen Euro. (...) Nach einer Faustformel erhöhen sich bei Investitionskosten von 20 Millionen Euro pro Jahr die Netzentgelte der durchschnittlichen Haushaltskunden im Falle der bundesweiten Wälzung um etwa 0,1 Prozent.“*[121] (S. 1 f. und 6 f.)

Unter Zugrundelegung der geschätzten Kostenberechnung der Bundesregierung dürften für die als Erdkabel zu bauenden HGÜ-Leitungen[122] mit einer Länge von 2.310 Kilometern[123] Zusatzkosten in Höhe von mehr als 16,1 Mrd. Euro[124] entstehen. Schließlich kann davon ausgegangen werden, dass die Netzentgelte in den kommenden Jahren weiter erheblich steigen werden. Die Akzeptanz für Leitungsbauvorhaben kann

120 BMWi in: „Kabinett stellt Weichen für zügigeren Ausbau der Stromnetze“, Pressemitteilung vom 07.10.2015, URL: http://www.bmwi.de/DE/Presse/pressemitteilungen,did=729806.html (letzter Abruf: 28.10.2015).

121 Hervorhebung des Autors.

122 Höchstspannungs-Gleichstrom-Übertragungs-Leitungen, vgl. § 2 Abs. 5 BBPlG.

123 Hierbei handelt es sich um die als Nr. 1, 3, 4 und 5 im *Bundes*bedarfsplan 2015 ausgewiesenen Vorhaben. Die vorliegend ermittelte Länge der HGÜ-Leitungstrassen ergibt sich dabei aus den Projektsteckbriefen Zubaunetz, Anhang zum NEP Strom 2014, zweiter Entwurf, S. 249, 255 und 258. Zudem weist der *Bundes*bedarfsplan 2015 noch weitere als Erdkabel zu errichtende Pilotprojekte zur Höchstspannungs-Drehstrom-Übertragung aus. Damit dürften die vorstehenden Mehrkosten nicht abschließend sein.

124 Nach Presseberichten werden die Mehrkosten für die Erdverkabelung vom Bundeswirtschaftsministerium auf nur drei bis acht Mrd. Euro beziffert, vgl. Tagesschau.de in: „Erdkabel kosten Milliarden“, 05.10.2015, URL: http://www.tagesschau.

allerdings nur dann geschaffen werden, wenn auch die damit verbundenen finanziellen Belastungen für die Netznutzer auf ein erträgliches Maß beschränkt bleiben. In Anbetracht der enormen Zusatzkosten bleibt daher offen, ob die Akzeptanz der Bevölkerung für die erforderlichen Leitungsbauvorhaben durch die Erdverkabelung gestärkt werden kann. Aus all diesen Gründen ist zu befürchten, dass der mit der Energiewende einhergehende Übertragungsnetzausbau weiterhin noch sehr lange Zeit in Anspruch nehmen wird. Das Ende der Energiewende ist damit kaum absehbar.

B. Polens Einstieg in die Nutzung von Kernenergie

I. Polens Probleme und Herausforderungen für eine sichere Elektrizitätsversorgung

Die soeben dargestellte Gesamtdauer der ungeplanten Unterbrechungen in der polnischen Elektrizitätsversorgung von knapp 255 Minuten (Stand: 2013)[125] zeigt, dass Polen auch ohne eine mögliche Energiewende bereits heute vor großen Herausforderungen bei der Sicherstellung einer zuverlässigen Elektrizitätsversorgung steht. Der Grund dafür liegt – anders als in Deutschland – nicht in einem grundlegenden Strukturumbruch des Elektrizitätsversorgungssystems, sondern ist vor allem auf ein rasantes Wirtschaftswachstum und die damit verbundene steigende Elektrizitätsnachfrage, auf eine unzureichend ausgebaute Elektrizitätsinfrastruktur sowie auf verschiedene innen- und außenpolitische Einflüsse zurückzuführen.

Insbesondere seit dem EU-Beitritt im Jahr 2004 kann in Polen im Vergleich zu den übrigen EU-Staaten durch eine konstante Steigerung des jährlichen Bruttoinlandsprodukts (kurz: *BIP*) ein starkes Wirtschaftswachstum verzeichnet werden. So konnte das polnische BIP im Zeitraum vom 2007 bis 2018 eine Wachstumsrate von durchschnittlich +3,8 % pro Jahr verbuchen[126]. Selbst nach der von der Lehman Brothers-Pleite im Jahr 2008 ausgelösten Wirtschaftskrise war Polen 2009 mit einer Veränderung des BIP von +2,8 % gegenüber dem Vorjahr (4,2 %)[127] das einzige Land in der EU mit einer positiven Wirtschaftswachstumsbilanz[128].

---

de/wirtschaft/erdkabel-103.html (letzter Abruf: 03.11.2015). In Anbetracht der selbst von der Bundesregierung zugrunde gelegten Kostenschätzung (BT-Drucks. 18/4655, S. 7) dürften sich diese Angaben letztendlich als falsch erweisen.

125 Dazu ausführlich: Teil 2 A.III.

126 Eurostat, Datenbank der Europäischen Kommission, URL: https://ec.europa.eu/eurostat/tgm/table.do?tab=table&init=1&language=de&pcode=tec00115&plugin=1 (letzter Abruf:28.08.2018). Bei der Berechnung der angegebenen Wachstumsrate des polnischen BIP von durchschnittlich +3,8 % wurden die jährlichen Wachstumsraten miteinander addiert und durch die Anzahl der jeweiligen Jahre dividiert.

127 Wie vorige Fn.

128 Von allen geografisch zu Europa gehörenden Staaten konnte 2009 neben Polen nur noch das nicht zur EU gehörende Albanien eine positive Wachstumsrate des BIP verzeichnen (+3,4 %), vgl. dazu: Fn. 126.

Das BIP aller 28 EU-Länder lag im gleichen Jahr dagegen bei -4,3 %[129]. Durch ein starkes Wirtschaftswachstum wird insbesondere im produzierenden Gewerbe zwangsläufig allerdings auch mehr Elektrizität benötigt. Anders als in Deutschland, wo bis zum Jahr 2030 mit einem Rückgang des Elektrizitätsverbrauchs um 6 % gerechnet wird[130], wird für Polen daher prognostiziert, dass bei einem jährlichen Wirtschaftswachstum von nur 1,5 % mit einem Zuwachs des Elektrizitätsbedarfs von 36 % zu rechnen ist[131]. Angesichts des bisherigen jährlichen Wachstums des BIP in Polen von durchschnittlich +3,8 %[132] seit 2007 ist folglich sogar anzunehmen, dass selbst der bisher prognostizierte Elektrizitätsbedarf langfristig nicht ausreichen wird, um den tatsächlichen Elektrizitätsbedarf zu decken.

Insoweit bestehen bereits heute Zweifel, ob der künftige Elektrizitätsbedarf mit der in Polen gegenwärtig bestehenden Erzeugungsstruktur gedeckt werden kann respektive ob überhaupt angesichts der ungeplanten Unterbrechung in der Elektrizitätsversorgung die bereits heute bestehende Nachfrage ausreichend gedeckt ist. Denn die polnische Elektrizitätsversorgung war, ist und wird auch in den kommenden Dekaden hauptsächlich durch Braun- und Steinkohle bestimmt[133]. So betrug der Energieträgeranteil von Braun- und Steinkohle an der Stromerzeugung in Polen im Jahr 2012 insgesamt 84,1 %[134]. In Deutschland waren es im gleichen Zeitraum hingegen „nur" 44 %. Schätzungen zufolge wird der Anteil von Braun- und Steinkohle bei der Stromerzeugung in Polen im Jahr 2030 weiterhin ca. 60 % einnehmen[135], während deren Anteil in Deutschland mit 35 % prognostiziert wird[136]. Der Einsatz von Kohle für die Erzeugung von Elektrizität ist in Polen auch auf die beträchtlichen Braunkohlereserven zurückzuführen, welche bei einem gleichbleibenden Verbrauch erst in ca. 350 Jahre erschöpft sein dürften[137]. Gleichwohl werden die gegenwärtig bestehenden Braunkohlefördergebiete

129 Errechnet nach selbiger Berechnungsmethode wie in Fn. 126 dargestellt.

130 *Schlesinger* et al, Entwicklung der Energiemärkte, S. 90; Ausgangsjahr für den Vergleich ist das Jahr 2011.

131 Programm für polnische Kernenergie (Fn. 10), S. 52; Ausgangsjahr für den Vergleich ist das Jahr 2010.

132 Wie Fn. 126.

133 *Badyda/Lewandowski*, Entwicklungsbedingungen, S. 167.

134 Strategie Energiesicherheit und Umwelt – Perspektive bis zum Jahr 2020 (poln. *Strategia Bezpieczeństwo Energetyczne i Środowisko – perspektywa do 2020 r.*), S. 9, URL: http://kigeit.org.pl/FTP/PRCIP/Literatura/008_3_Strategia_Bezpieczenstwo_Energetyczne_i_Srodowisko_2020.pdf (letzter Abruf: 30.08.2019).

135 *Badyda/Lewandowski*, a.a.O., prognostiziert einen Anteil von 61,42 %; die polnische Regierung prognostiziert 53 %-59 %, vgl. Programm für polnische Kernenergie (Fn 10.), S. 54 ff.

136 *Schlesinger* et al., Entwicklung der Energiemärkte, S. 227.

137 Es wird auf das Verbrauchsjahr 2012 abgestellt, vgl. dazu: Strategie Energiesicherheit und Umwelt – Perspektive bis zum Jahr 2020 (Fn. 134), S. 26.

aller Voraussicht nach bis zum Jahr 2030 vollständig abgebaut sein. Die Erschließung neuer Abbaugebiete ist mittelfristig daher unausweichlich. Dies dürfte sich wiederum – soweit rechtlich überhaupt zulässig – nur mit erheblichen Schwierigkeiten realisieren lassen, da die potenziellen Abbaugebiete überwiegend in oder in der Nähe von Schutzgebieten liegen, die vom europäischen Schutzgebietsnetzwerk „Natura 2000“ umfasst sind[138].

Auch die gegenwärtig in Polen herrschende Erzeugungsstruktur bestehend vorwiegend aus Braun- und Steinkohlekraftwerken dürfte sich für die Sicherstellung der Elektrizitätsversorgung mittel- und langfristig als problematisch erweisen. Denn diese Erzeugungsstruktur ist bisweilen veraltet. So sind bereits 70 % der polnischen Kohlekraftwerke älter als 30 Jahre. Davon sind sogar 40 % älter als 40 Jahre und 15 % laufen bereits länger als 50 Jahre[139]. Angesichts des gewöhnlichen Lebenszyklus eines Kohlekraftwerks von 35 Jahren[140] hat also gegenwärtig der überwiegende Teil der polnischen Kohlekraftwerke seine übliche Lebensdauer überschritten. Insoweit ist zu befürchten, dass die Stromproduktion durch das Überschreiten des Lebenszyklus der meisten Kohlekraftwerke mittelfristig weiterhin abnehmen wird. Dies hätte wiederum negative Auswirkungen auf die Elektrizitätsversorgungssicherheit, weil insbesondere die vor dem Hintergrund des Wirtschaftswachstums prognostizierte ansteigende Elektrizitätsnachfrage nicht mehr mit der zur Verfügung stehenden Erzeugungsleistung gedeckt werden kann. Dadurch wird die Netzstabilität gefährdet[141], was zu längeren Stromausfällen als bisher führen kann.

In diesem Zusammenhang kommt erschwerend hinzu, dass sich der überwiegende Teil der polnischen Kraftwerke südlich der Stadt Lodz (poln. *Łódź*) und damit unterhalb der „Lodz-Linie“ befindet (vgl. dazu nachfolgende *Abbildung*[142]). Dies hat vergleichbare Auswirkungen wie in Deutschland. Insoweit bietet auch Polen durch eine mit Deutschland vergleichbare geografische Lage und Landesfläche sowie dank einer windreichen Ostsee-Küstenregion ein hohes Potential

138 *Badyda/Lewandowski*, a.a.O., S. 168.

139 *Dehmer* in: „Polens Klima- und Energiepolitik: Ein Blick von außen [DE]“, 06.06.2016, URL: https://www.pol-int.org/de/salon/polens-klima-und-energiepolitik-ein-blick-von-aussen-de (letzter Abruf:27.11.2016).

140 *Voß*, Lebenszyklusanalyse ausgewählter Stromerzeugungstechniken, S. 2.

141 So im Ergebnis auch: *Badyda/Lewandowski*, a.a.O., S. 169.

142 *Abbildung 2* (überarbeitet) aus: Informationszentrum für den Energiemarkt (poln. *Centrum Informacji o Rynku Energii*), URL: http://www.rynek-energii-elektrycznej.cire.pl/st,33,325,tr,73,0,0,0,0,0,zalozenia-do-eksploatacji-zloz.html (letzter Abruf: 29.12.2016). Die rot eingezeichneten Punkte stellen die polnischen Kraftwerke mit einer Größe ab 0,2 GW (kleinster Kreis) bis über 1 GW (größter Kreis) dar. Demnach befinden sich die meisten Kraftwerke in Polen südlich der eingezeichneten Lodz-Linie (rot gestrichelt). Zur vergleichbaren Situation in Deutschland vgl. Teil 2 A.II.

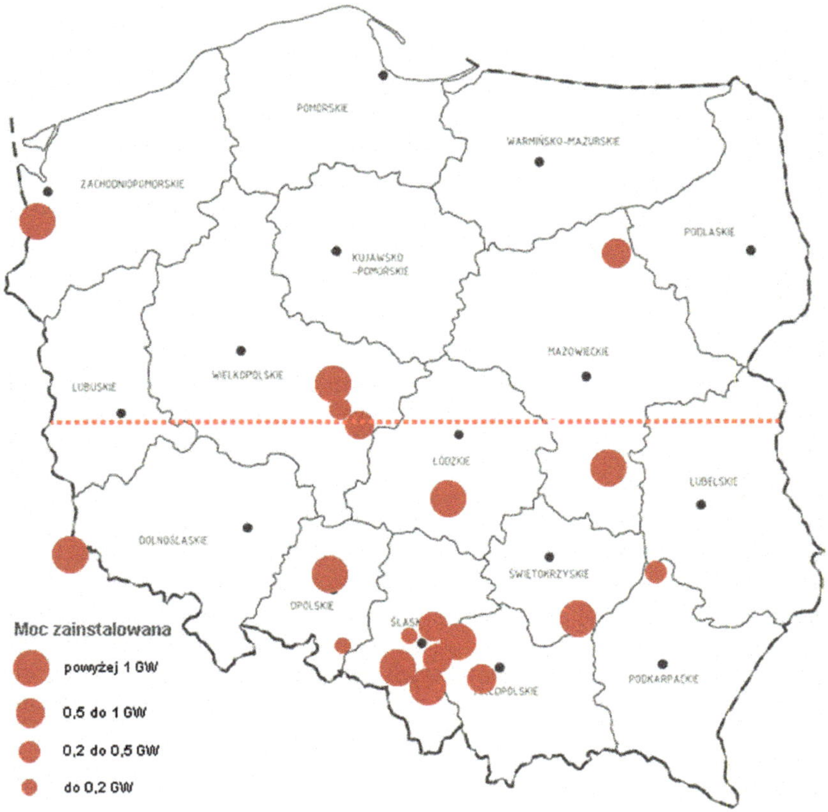

Abbildung 2: *Polnische Kraftwerkskapazitäten einschließlich der Angabe ihrer Erzeugungsleitung und die sog. „Lodz-Linie" (eingezeichnet)*

für Windenergie, so dass auch in Polen im Zuge der Umsetzung einer potentiellen Energiewende mit vergleichbaren Problemen wie in Deutschland zu rechnen sein dürfte, nämlich mit einem hohen Zuwachs an erneuerbaren Windenergieanlagen im Norden und in der Mitte Polens[143]. Denn die windreichen Gebiete in den ostseenahen Woiwodschaften (poln. *Województwo*)[144] sowie in den nördlichen Gebieten

143 Strategie Energiesicherheit und Umwelt – Perspektive bis zum Jahr 2020 (Fn. 134), S. 50 ff.

144 Polen ist in sechszehn Woiwodschaften aufgeteilt. Die Woiwodschaft ist mit einem Regierungsbezirk vergleichbar, vgl. dazu: *Feldmann/Groth*, LKV 2004, 216. Regierungspräsident der Woiwodschaft ist der Woiwode.

oberhalb von Lodz sind für den Ausbau von Windenergie prädestiniert[145]. Daher dürfte – ähnlich wie in Deutschland – eine hohe Einspeisung aus Windenergieanlagen im Norden/Mitte Polens zu hohen Nord-Süd-Lastflüssen sowie eine vermehrte Stilllegung von veralteten konventionellen Kraftwerken südlich der Lodz-Linie zu einer Gefährdung der Übertragungsnetzstabilität und damit zu einer größeren Gefährdung der Elektrizitätsversorgungssicherheit führen, als es bisher der Fall ist.

Doch auch der Klima-, Gesundheits- und Umweltschutz in der EU haben erheblichen Einfluss auf das polnische Elektrizitätsversorgungssystem. Dabei spielt die Luftreinhaltung eine wesentliche Rolle. Mit dem am 22. Juli 2002 in Kraft getretenen sechsten Umweltaktionsprogramm[146] hat die EU eine von sieben thematischen Strategien beschlossen, nach der Luftverschmutzungen in der EU bis zum Jahr 2020 so weit zu vermindern sind, dass es nicht zu signifikanten negativen Auswirkungen für die menschliche Gesundheit und die Umwelt kommt[147]. Ausgangspunkt hierfür war die in dem sog. „CAFE"-Programm[148] der Europäischen Kommission thematisierte Bekämpfung der Luftverschmutzung. Mit der Richtlinie über Luftqualität und saubere Luft für Europa[149] wurde die Strategie letztendlich umgesetzt. In dieser Richtlinie wurden neben Beurteilungs- und Messstandards in Bezug auf Luftschadstoffe auch verbindliche Reduktionsziele und Grenzwerte für die Konzentration von gesundheitsgefährdenden Partikeln und Schadstoffen in der Luft – wie beispielsweise Schwefeldioxid (SO2) – festgesetzt[150]. Schwefeldioxid ist ein chemischer Stoff, der bei der Verbrennung von fossilen Brennstoffen wie z.B. Kohle entsteht und zu erheblichen Atemwegserkrankungen führt[151].

Auch diese europäischen Vorgaben werden erhebliche Auswirkungen für die polnische Versorgungssicherheit haben. Denn schließlich werden die meisten polnischen Kraftwerke mit Braun- und Steinkohle befeuert. Durch die Verbrennung von Kohle entsteht jedoch eine immense Menge an Schwefeldioxid. So entfällt knapp die Hälfte des gesamten in Polen produzierten Schwefeldioxids auf den Bereich der Elektrizitätsgewinnung[152]. Im europäischen Vergleich schneiden

145 Zum Status und Ausbau der installierten Leistung aus Windenergieanlagen in Polen vgl. URL: https://www.mr.gov.pl/media/26766/Moc_zainstalowanych_odnawialnych_zrodel_energii_ankes.pdf (letzter Abruf: 10.12.2016).

146 Beschluss Nr. 1600/2002/EG des Europäischen Parlaments und des Rates vom 22.07.2002 (ABl. L 242 S. 1).

147 Vgl. Art. 7 Abs. 1 Siegelstrich 7, Abs. 2 Buchstabe f.) des Beschlusses Nr. 1600/2002/EG (vorige Fn.).

148 "Clean Air For Europe"-Programme, Mitteilung der Kommission vom 04.05.2001, KOM(2001) 245 endg.

149 Richtlinie 2008/50/EG vom 21.05.2008 (ABl. L 152 S. 1).

150 Vgl. Anhang XI. der Richtlinie 2008/50/EG (wie vorige Fn.).

151 *Lippmann/Ito* in: WHO – Air Quality Guidelines, S. 395 und 399 f.

152 *Dębski* et al., Landesbilanz, S. 7.

die polnischen Kohlekraftwerke und die damit einhergehende Gesundheitsbelastung durch Schwefeldioxid besonders schlecht ab. Zwar wurde der durch die EU festgelegte Grenzwert an Schwefeldioxid im Jahr 2014 in keinem der europäischen Ballungszentren überschritten. Gleichwohl war der Durchschnittswert der Menge an Schwefeldioxid in den polnischen Ballungszentren mit einem Wert von knapp 26 $\mu g/m^3$[153] im Jahr 2014 einer der höchsten in der EU. Der hohe Schwefeldioxid-Ausstoß ist mitunter auch dadurch zu erklären, dass Polen seit dem EU-Beitritt auf eine Nachrüstung der alten Kohlekraftwerke mit neuen Filtern verzichtet hat[154]. Aufgrund dessen werden in Polen bis zum Jahr 2030 ca. 12.000 MW und damit mehr als 1/3 der derzeit installierten Kraftwerksleistung stillgelegt werden müssen, weil die Emissionsgrenzwerte nicht eingehalten werden können[155]. Angesichts der steigenden Elektrizitätsnachfrage und dem Wegfall dieser Erzeugungskapazitäten wird sich die bereits ohnehin gegenwärtig angespannte Situation für eine sichere Elektrizitätsversorgung künftig nur noch weiter verschärfen.

II. Polens Strategie für eine sichere Elektrizitätsversorgung

Aus diesen Gründen steht Polen bereits heute vor großen Herausforderungen bei der Sicherstellung einer zuverlässigen Elektrizitätsversorgung. Polen verfolgt dabei allerdings einen anderen Ansatz als Deutschland. Polens Konzept für eine sichere Elektrizitätsversorgung beruht insoweit unter Berücksichtigung des Umweltschutzes im Wesentlichen auf der Modernisierung des konventionellen Erzeugungsparks durch den Bau von neuen Kohle- und Gaskraftwerken, im Ausbau der Erneuerbaren Energien, einer Modernisierung der Stromnetzinfrastruktur sowie in der Diversifizierung des Energieträgermixes durch Nutzung von Kernenergie. Vor diesem Hintergrund hat Polen am 16. April 2014 die Strategie „Energieversorgungssicherheit und Umwelt – eine Perspektive bis 2020“ (kurz: *EUP 2020*) (poln. *Bezpieczeństwo Energetyczne i Środowisko – perspektywa do 2020 r.*)[156] verabschiedet. Deren Ausgangspunkt bildet die im Jahr 2009 verabschiedete Strategie „Energiepolitik Polens bis zum Jahr 2030“[157].

Aufgrund des zu erwartenden Rückgangs der konventionellen Erzeugungsleistung sieht die Versorgungsstrategie u. a. einen Zubau von neuen Kohle- und

153 European Environment Agency, Air pollutant concentrations 2014 – Dataset by cities (compared to EU values), URL: http://www.eea.europa.eu/data-and-maps/data/air-pollutant-concentrations-at-station (Letzter Abruf: 29.11.2016); dieser Wert errechnet sich aus den Einzelwerten von SO2 der in der Statistik ausgewiesenen polnischen Ballungszentren (Ziffer 420 bis 484 der Tabelle).

154 *Dehmer* (Fn. 139).

155 Programm für polnische Kernenergie (Fn. 10), S. 60 f.

156 Abrufbar unter URL: http://www.monitorpolski.gov.pl/mp/2014/469/1 (letzter Abruf: 09.06.2018).

157 Vgl. oben, Fn. 9.

Gaskraftwerken mit einer installierten Leistung zwischen 13 GW und 18 GW vor[158]. In diesem Zusammenhang haben der polnische Übertragungsnetzbetreiber Polskie Sieci Elektroenergetyczne S.A. (kurz: *PSE S.A.*) und die Kraftwerksbetreiber für die neu zu errichtenden Anlagen bereits Netzanschlussverträge in einer Größe von 13 GW abgeschlossen[159]. Davon befinden sich schon 17 Kohle- und Gaskraftwerke mit einer installierten Leistung von über 11 GW im Bau oder im konkreten Realisationsstadium[160]. Der politische Entschluss, die künftige Versorgungsstrategie weiterhin auf Kohlekraftwerken aufzubauen, dürfte wohl auch auf den starken Bergbausektor in Polen zurückzuführen sein. Immerhin wurden im Jahr 2015 im polnischen Bergbausektor 171.000 Bergleute beschäftigt und damit gemessen an der Einwohnerzahl die meisten in einem EU-Land[161]. Folglich dürfte ein grundlegender Umbruch des gesamten Elektrizitätsversorgungssystems – so wie es in Deutschland bereits 1998 beschlossen und mit dem Ereignis

158 Energiepolitik Polens bis zum Jahr 2030 (Fn. 9), S. 44.

159 PSE S.A, ÜNEP 2016–2025, S. 16. Der erste ÜNEP des polnischen Übertragungsnetzbetreibers PSE S.A trug den Namen: „Entwicklungsplan zur Befriedigung des bestehenden und künftigen Elektrizitätsbedarfs für die Jahre 2016–2025" (poln. *Plan rozwoju w zakresie zaspokojenia obecnego i przyszłego zapotrzebowania na energię elektryczną na lata 2016–2025),* Konstancin-Jeziorna 2015. Dieser war zur Zeit der vorliegenden Ausarbeitung auf der Internetseite des polnischen Übertragungsnetzbetreibers PSE.S.A. abrufbar und bildet daher die Grundlage für die gegenständliche Betrachtung. Er ist jedoch nicht mehr (Stand: 11/2019) auf der Internetseite von PSE S.A., vgl. URL: https://www.pse.pl/dokumenty (unter: „Plany rozwoju", letzter abruf: 11.11.2019), oder auf der Internetseite der Regulierungsbehörde URE zu finden, vgl. URL: https://www.ure.gov.pl/pl/energia-elektryczna/plany-rozwoju/8004,Wytyczne-do-planow-rozwoju-dla-OSD-energia-elektryczna.html (unter: „Plany rozwoju", letzter Abruf: 11.11.2019). Der polnische ÜNEP 2016–2025 kann daher mitunter nur noch unter dem nachfolgenden URL im Internet abgerufen werden: https://docplayer.pl/3312582-Plan-rozwoju-w-zakresie-zaspokojenia-obecnego-i-przyszlego-zapotrzebowania-na-energie-elektryczna-na-lata-2016-2025.html (letzter Abruf: 11.11.2019). Hierbei handelt es sich allerdings nicht um den mit der Regulierungsbehörde „abgestimmten" Entwurf, sondern um den Entwurf, welcher zur Konsultation gestellt wurde. Die Erklärung dafür, dass der ÜNEP 2016–2025 weder auf der Internetseite des Übertragungsnetzbetreibers noch auf der Internetseite der Regulierungsbehörde zu finden ist, liegt wohl darin, dass PSE S.A. nunmehr einen neuen ÜNEP für den Zeitraum von 2018 bis 2027 zur Konsultation gestellt hat. Daher ist auch nur noch dieser im Archiv von PSE S.A. unter der vorgenannten URL abrufbar. Hinsichtlich der rechtlichen Problematik im Zusammenhang mit der Begrifflichkeit der „Abstimmung" des ÜNEP wird auf die Ausführungen unter Teil 3 B.II.2.c.dd. verwiesen.

160 Vgl. dazu URL: http://www.rynek-energii-elektrycznej.cire.pl/st,33,325,tr,73,0,0,0,0,0,zalozenia-do-eksploatacji-zloz.html (letzter Abruf: 04.01.2017).

161 Vgl. dazu URL: http://zasoby.politykainsight.pl/politykainsight.pl/public-analyses/150116-gornicy.html (letzter Abruf: 04.01.2017).

von Fukushima beschleunigt wurde[162]– in Polen unter ökonomischen sowie politischen Aspekten kaum vorstellbar sein.

Deshalb nehmen Erneuerbare Energien in Polen eher eine untergeordnete Rolle ein. Insofern verfolgt Polen im Bereich des Versorgungssystems ein anderes Konzept als Deutschland, obwohl die Zustimmung für den Ausbau und Nutzung von Erneuerbaren Energien auch in der polnischen Bevölkerung nicht unbeachtlich ist[163]. Bei den politischen Entscheidungsträgern spielen Erneuerbare Energien jedoch eine untergeordnete Rolle. So sollen nach dem politischen Willen die Erneuerbaren Energien im Jahr 2030 einen Anteil von nur 19 % bis 20 % an der gesamten Stromerzeugung einnehmen[164]. Grund für den im Vergleich zu Deutschland sehr geringen Anteil an Erneuerbaren Energien an der gesamten Stromerzeugung dürften insbesondere die mit ihrem Ausbau verbundenen Kosten sein. Erneuerbare Energien gelten in Polen nämlich als teuer. Auch negative Presseberichte sowie entsprechende „Expertenmeinungen" in den polnischen Medien scheinen die politischen Entscheidungsträger bezüglich Erneuerbarer Energien nachteilig zu beeinflussen. Während in den deutschen Medien die Vorzüge der Erneuerbaren Energien hinsichtlich einer technologischen Vorreiterstellung Deutschlands sowie der Schaffung neuer Arbeitsplätze in den Vordergrund gestellt werden, gelten Erneuerbaren Energien in Polen im Vergleich zu Kohle als teuer, unzuverlässig und schwankend. Darüber hinaus verbinden viele Polen Erneuerbare Energien mit der Abhängigkeit von ausländischen (z.B. deutschen) Technologien ähnlich wie bei der Abhängigkeitssituation Polens von russischen Gas- und Ölimporten[165].

Aus diesen Gründen hat sich Polen zur Sicherstellung einer zuverlässigen Elektrizitätsversorgung auch für die künftige Nutzung von Kernenergie entschieden. Dazu wurde ein „Programm für polnische Kernenergie" verabschiedet, nach dem bis zum Jahr 2035 zwei Kernkraftwerke errichtet werden sollen[166]. Denn die Nutzung von Kernenergie wird in der polnischen Bevölkerung sowie in den Medien als Mittel zum Erreichen größerer Unabhängigkeit von ausländischen Energieimporten – insbesondere von russischen Öl- und Gasimporten – und damit als Mittel bei der Sicherstellung einer zuverlässigen Elektrizitätsversorgung wahrgenommen[167]. Doch die mit der Kernkraftnutzung verbundene

---

162 Dazu ausführlich: Teil 2 A.I.

163 Zur Zustimmung der polnischen Bevölkerung bzgl. Erneuerbarer Energien, vgl.: CBOS Centrum Badania Opinii Społecznej, Studie: „Polen über die Energiezukunft des Landes" (poln. *Polacy o przyszłości energetycznej kraju*), KOMUNIKAT z BADAŃ Nr. 28/2016, Warschau 02/2016, S. 5 ff., URL: http://www.cbos.pl/SPISKOM.POL/2016/K_028_16.PDF (letzter Abruf: 07.12.2016).

164 Programm für polnische Kernenergie (Fn. 10), S. 54 ff.

165 *Heinrich* et al., Auf dem Weg zu einer gemeinsamen EU-Energiepolitik?, S. 3.

166 Programm für polnische Kernenergie (Fn. 10), S. 34 ff.

167 *Heinrich* et al., a.a.O., S. 4.

politische Zielsetzung und die öffentliche Meinungsbildung scheinen in diesem Punkt offensichtlich zu divergieren. Denn die Energieträger Öl und Gas tragen nur einen ganz geringen Anteil zur Stromerzeugung in Polen bei. So wurden beispielsweise im Jahr 2014 aus allen installierten Erzeugungskapazitäten insgesamt 159 TWh Energie erzeugt. Davon entfielen auf die Energieerzeugung aus Gas sowie aus allen anderen Brennstoffen lediglich 9,154 TWh[168]. Folglich entspricht dies nur ca. 5,8 % an der gesamten jährlichen Stromerzeugung in Polen. Damit spielt eine etwaige Importabhängigkeit von (russischen) Öl- und Gasimporten bei der Sicherstellung der Elektrizitätserzeugung in Polen zumindest gegenwärtig kaum eine nennenswerte Rolle.

Nach dem aktuellen politischen Willen soll die Nutzung von Kernenergie in Polen vielmehr einen wesentlichen Beitrag zur Senkung der klimabelastenden CO2-Emissionen leisten und dabei gleichzeitig den mit dem Wirtschaftswachstum einhergehenden Mehrbedarf an Elektrizität so günstig wie möglich sicherstellen[169]. Denn Kernenergie wird in Polen als das finanziell günstigste Instrument bei der Senkung von CO2-Emissionen erachtet[170]. Vor diesem Hintergrund haben sich die politischen Entscheidungsträger für die Errichtung zweier Kernkraftwerke entschlossen. Diese Entscheidung ist in Polen allerdings kein Novum. Insoweit gab es in Polen bereits in den 1970er Jahren konkrete Pläne zur Errichtung eines Kernkraftwerks, dessen Konstruktion in den 1980er Jahren begann, aber aufgrund von jahrelangen gesellschaftlichen Protesten im ganzen Land in den 1990er Jahren abgebrochen wurde[171]. Und auch heute scheint die Meinungsbildung in der polnischen Bevölkerung und wohl auch in der Politik zu diesem Thema noch nicht abgeschlossen zu sein. Dies belegt anschaulich eine Studie, wonach sich nur 38 % der im Jahr 2016 befragten polnischen Bürger für den Bau von Kernkraftwerken ausgesprochen haben[172]. Auch ein deutsch-polnisches Symposium, das am 8. Oktober 2014 in Berlin sowie am 5. November 2014 in Stettin unter dem Titel „Deutschlands Energiewende und Polens Einstieg in die Kernenergie? Eine Bestandsaufnahme“ stattgefunden hat, bestätigt die überwiegend negative Haltung der polnischen Bevölkerung zum Thema Kernenergie. So räumte der Leiter der Kernenergieabteilung im polnischen

---

168 „Polen. Funktioniert besser mit Energie – Energieübertragung und -verteilung" (*poln. Polska. Z energją działa lepiej – Energetyka przesyłowa i dystrybucyjna – raport PTPiREE*), S. 10 f., URL: http://ptpiree.pl/documents/sprawozdanie/ptpiree_raport.pdf (letzter Abruf: 23.11.2016).

169 Programm für polnische Kernenergie (Fn. 10), S. 27 f.; Strategie Energiesicherheit und Umwelt – Perspektive bis zum Jahr 2020 (Fn. 134), S. 45.

170 Programm für polnische Kernenergie (Fn. 10), S. 59.

171 *Heinrich* et al., a.a.O., S. 3 f.

172 Vgl. CBOS Centrum Badania Opinii Społecznej, Studie: „Polen über die Energiezukunft des Landes“ (poln. *Polacy o przyszłości energetycznej kraju*), KOMUNIKATzBADAŃ Nr. 28/2016, Warschau 02/2016, S. 11 f, URL: http://www.cbos.pl/SPISKOM.POL/2016/K_028_16.PDF (letzter Abruf: 28.12.2016).

Wirtschaftsministerium in der Veranstaltung am 8. Oktober 2014 ein, dass „die Akzeptanz der polnischen Gesellschaft für die Kernenergie regional unterschiedlich ausgeprägt sei", nachdem er kurz zuvor noch berichtet hatte, dass „die meisten Polen (...) für die Kernenergie" seien[173]. Gleichwohl wurde im Rahmen dieser Veranstaltung der Einstieg in die Kernenergie von den Referenten aus Polen noch überwiegend positiv bewertet[174]. In der darauffolgenden Veranstaltung in Stettin nahm diese Diskussion allerdings eine völlig überraschende Wendung, die von *Knopp* wie folgt resümiert wurde:

> *„Die Politik will es, aber das polnische Volk nicht"*[175].

III. Die polnische Stromnetzinfrastruktur – Eine Bestandsaufnahme

Polen steht allerdings nicht nur bei der Sicherstellung einer zuverlässigen Elektrizitätsversorgung durch die Vorhaltung von verfügbaren Erzeugungsanlagen vor großen Herausforderungen. Ebenso zeigen die langen ungeplanten Unterbrechungszeiten von fast 255 Minuten (2013)[176], dass auch im Bereich der polnischen Stromnetzinfrastruktur dringend Handlungsbedarf besteht. Denn die polnische Stromnetzinfrastruktur ist nicht nur unzureichend ausgebaut, sondern überdies größtenteils auch veraltet.

Die unzureichend ausgebaute Stromnetzinfrastruktur spiegelt die nachstehende *Abbildung*[177] sowie ein Vergleich der Stromkreislänge zwischen Polen und Deutschland wider:

173 Zit. nach: *Raad*, NVwZ 2014, 1636 (1637).

174 *Raad*, ebd.

175 Zit. nach: *Balbach*, NVwZ 2014, 1638.

176 Dazu ausführlich: Teil 2 A.III.

177 *Abbildung 3* (überarbeitet) aus: „Konzept zur Raumbewirtschaftung des Landes 2030" (poln. *Koncepcja Przestrzennego Zagospodorowania Kraju 2030*), veröffentlich. im Amtsblatt Monitor Polski am 27.04.2012, poz. 252, als Anhang zum Beschluss des Ministerrates Nr. 239 vom 13.12.2011, S. 135, URL: http://rpo2020.lubuskie.pl/wp-content/uploads/2013/01/Koncepcja_Przestrzennego_Zagospodarowania_Kraju_203013.pdf (letzter Abruf: 30.08.2019).

Abbildung 3: *Vergleich der deutsch-polnischen Stromnetzinfrastruktur*

Danach haben die deutschen Stromnetze eine Stromkreislänge von ca. 35.000 Kilometern im Übertragungsnetz[178]. Die Stromkreislänge im polnischen Übertragungsnetz beträgt hingegen etwas mehr als 14.000 Kilometer[179]. Trotz einer beinah gleichgroßen Landesfläche[180] weist das deutsche Übertragungsnetz damit eine Stromkreislänge auf, die um 60 % besser ausgebaut ist als das polnische Übertragungsnetz. Die damit im Vergleich zu Deutschland nur als unzureichend zu bezeichnende Übertragungsnetzabdeckung hat vor dem Hintergrund der langen ungeplanten Unterbrechungszeiten[181] nicht nur aus heutiger Sicht bereits erhebliche Auswirkungen auf die polnische Elektrizitätsversorgungssicherheit, sondern dürfte sich darüber hinaus auch für eine potentielle Energiewende in Polen negativ auswirken.

178 BMWi, URL: http://www.bmwi.de/DE/Themen/Energie/Netze-und-Netzausbau/stromnetze-der-zukunft,did=354042.html (letzter Abruf: 09.01.2017).

179 Angaben des polnischen Übertragungsnetzbetreibers PSE S.A., URL: https://www.pse.pl/dane-systemowe/praca-kse/informacje-ogolne/opis-systemu (letzter Abruf: 25.11.2017).

180 Deutschland hat eine Landesfläche von 357.580 km² und Polen 312.680 km², vgl.: Wirtschaftskammer Österreich (WKO), Statistik, 2019, URL: http://wko.at/statistik/eu/europa-bevoelkerung.pdf (letzter Abruf: 31.08.2019)

181 Dazu ausführlich: Teil 2 A.III.

Denn wie der vorstehenden *Abbildung* ebenfalls zu entnehmen ist, befinden sich die meisten Übertragungsnetzleitungen im Süden und damit in den Ballungszentren Polens. Dort befinden sich auch die meisten polnischen Kraftwerke. Im Norden sowie in der Mitte Polens und damit in den Gebieten mit dem größten Potential für den Zubau von Windenergieanlagen ist das Übertragungsnetz gem. der *Abbildung* dagegen nur spärlich ausgebaut. Wenn nun im Zuge einer potentiellen Energiewende im Norden und in der Mitte Polens mehr Erneuerbare Energien zugebaut und gleichzeitig die ohnehin bereits aus heutiger Sicht völlig veralteten Kohlekraftwerke südlich der Lodz-Linie[182] stillgelegt werden würden, so dürfte es vermehrt zu starken Nord-Südlastflüssen im Übertragungsnetz kommen. Aufgrund dessen dürfte der Ausbau des Übertragungsnetzes im Rahmen der Umsetzung einer potentiellen Energiewende in Polen zweifelsohne unumgänglich sein. Denn das polnische Übertragungsnetz ist bereits heute nicht mehr in der Lage, die in den bestehenden Windparks erzeugte Elektrizität zu den Verbrauchs- bzw. Verteilpunkten im Süden Polens zu transportieren. Aus diesem Grund hat der polnische Übertragungsnetzbetreiber den Windparkbetreibern bisher nur eine Netzanschlusszusage für lediglich 6 GW erteilt (Stand 2013), obwohl die theoretisch mögliche Erzeugungsleistung der polnischen Windkraftanlagen mit 42 GW beziffert wird[183].

Ungeachtet dessen wird auch der geplante Bau des ersten polnischen Kernkraftwerks erhebliche Auswirkungen auf den Übertragungsnetzausbau haben. Schließlich muss die dort erzeugte Elektrizität durch das Übertragungsnetz abtransportiert werden. Zu diesem Zwecke muss das Übertragungsnetz jedoch weiter ausgebaut bzw. modernisiert werden. Laut der gegenwärtigen Prognosen wird dazu ein Ausbau von 400 kV-Höchstspannungsleitungen mit einer Länge von mindestens 361 Kilometern und einem Investitionsvolumen von 1,8 Mrd. PLN (ca. 428 Mio. EUR[184]) benötigt[185].

Die bereits gegenwärtig angespannte Versorgungssituation wird zudem durch die veraltete Übertragungsnetzinfrastruktur verschärft. Denn etwa 70 % der polnischen Übertragungsnetzleitungen waren Ende 2012 mindestens 30 Jahre alt. Davon waren 47 % mehr als 40 Jahre alt oder sogar noch älter[186]. Angesichts des technischen Lebenszyklus einer Freileitung von 80 bis 100 Jahren[187] hat damit ein Großteil der polnischen Übertragungsnetzleitungen die Hälfte der durchschnittlichen Lebensdauer erreicht, weshalb die Modernisierung der polnischen

---

182 Vgl. *Abbildung* (Fn. 142).

183 *Knopp/Zgolak*, WiRO 2013, 97.

184 Umrechnungskurs zum 28.11.2017.

185 PSE S.A., ÜNEP 2016–2025 (Fn. 159), S. 60 ff.

186 Oberster Rechnungshof, Kontrollbericht vom 31.03.2014, S. 28 (pol. *Najwyższa Izba Kontroli (NIK), Funkcjonowanie i bezpieczeństwo elektroenergetycznych sieci przesyłowych)*, URL: https://www.nik.gov.pl/plik/id,6632,vp,8426.pdf (letzter Abruf: 25.11.2017).

187 *Roon* et al, Netzausbau in Deutschland, S. 17.

Übertragungsnetzinfrastruktur – unabhängig von der Frage nach einer potentiellen Energiewende – mittelfristig nicht mehr weg zu denken sein wird.

Eine ähnliche Problematik besteht auch im Elektrizitätsverteilernetz, d. h. Hoch- (60 kV bis 220 kV), Mittel- (6 kV bis 60 kV) und Niederspannungsnetz (230 Volt bis 400 Volt), in welches die Energie aus dem Übertragungsnetz zunächst umgespannt und sodann unmittelbar an die Endverbraucher geliefert wird. Insoweit weist das deutsche Elektrizitätsverteilernetz eine Stromkreislänge von ca. 1.679.000 Kilometern auf[188]. Die Stromkreislänge des polnischen Elektrizitätsverteilernetzes beträgt dagegen nur ca. 261.000 Kilometer[189]. Dieser Vergleich zeigt, dass auch die polnischen Elektrizitätsverteilernetze nur unzureichend ausgebaut sind, weshalb die Endverbraucher nicht ausreichend mit Elektrizität versorgt werden können. Auch die Tatsache, dass etwa 15 Millionen und damit 39 % der polnischen Bevölkerung in dörflichen Gebieten mit einer nur schlecht ausgebauten Elektrizitätsverteilernetzinfrastruktur wohnen, erweist sich für eine Sicherstellung der allgemeinen Elektrizitätsversorgung in Polen als überaus problematisch. Denn die schlecht ausgebauten Elektrizitätsverteilernetze in den dörflichen Gebieten sind mitunter auch eine wesentliche Ursache für die langen ungeplanten Unterbrechungszeiten in Polen[190].

Aus diesen Gründen ist die Modernisierung der gesamten polnischen Stromnetzinfrastruktur damit bereits aus heutiger Sicht zwingend notwendig und wird daher auch als ein bedeutender Schritt für eine sichere Elektrizitätsversorgung in Polen erachtet[191].

IV. Die Modernisierung der polnischen Stromnetzinfrastruktur

Vor diesem Hintergrund plant Polen ein umfangreiches Konzept zur Modernisierung seiner Stromnetzinfrastruktur bestehend insbesondere aus dem Ausbau der Übertragungs- und Elektrizitätsverteilernetze, einer dritten Übertragungsnetzverbindung zwischen Deutschland und Polen sowie den Netzanschlüssen von neuen Kraftwerken[192]. Im Zusammenhang mit dem Ausbau der gesamten Stromnetzinfrastruktur soll eine bessere Verknüpfung zwischen dem Übertragungs- und dem Elektrizitätsverteilernetz z.B. durch den Bau von neuen

188 BMWi (Fn. 178).

189 Angaben des polnischen Elektrizitätsverteilernetzbetreibers TAURON Polska Energia S.A., URL: http://tauron2013csr.rep.message-asp.com/pl/node/70#start (letzter Abruf: 03.01.2017).

190 Strategie Energiesicherheit und Umwelt – Perspektive bis zum Jahr 2020 (Fn. 134), S. 53.

191 Strategie Energiesicherheit und Umwelt – Perspektive bis zum Jahr 2020 (Fn. 134), S. 43.

192 PSE S.A., ÜNEP 2016–2025 (Fn. 159), S. 44 ff.

Umspannstationen mit einem finanziellen Investitionsvolumen von umgerechnet ca. 320 Mio. Euro[193] realisiert werden, welche die Einspeisung der im 400 kV-Übertragungsnetz transportierten Elektrizität in das 110 kV-Verteilernetz ermöglichen soll[194].

Darüber hinaus sieht das polnische Modernisierungskonzept den Bau einer dritten Übertragungsnetzverbindung zwischen Deutschland und Polen vor. Hierdurch soll die für Polen ab dem Jahr 2030 prognostizierte Stromnachfrage von 2 GW, welche bis dahin nicht mit den eigens im Land zur Verfügung stehenden Erzeugungsmitteln befriedigt werden kann, mit Elektrizität aus dem Ausland gedeckt werden[195]. Dabei ist die Errichtung der grenzüberschreitenden Übertragungsnetzleitungen zwischen Deutschland und Polen auch auf die unionsrechtlichen Vorgaben zum Ausbau der für den transeuropäischen Stromaustausch erforderlichen vorrangigen Stromkorridore[196] zurückzuführen. Insofern wurde im Rahmen des Stromkorridors „NSI East Electricity“ das Cluster „GerPol Power Bridge“ mit drei PCIs festgelegt[197]. Diese Ausbaumaßnahmen haben eine Länge von ca. 110 Kilometern auf polnischer Seite und ein Investitionsvolumen von 682 Mio. PLN (ca. 162 Mio. EUR[198]). Den gesamten Ausbau- und Modernisierungsbedarf im Übertragungsnetzbereich veranschaulicht die nachstehende *Abbildung*[199] des polnischen Übertragungsnetzbetreibers PSE S.A. Dabei werden die geplanten oder die sich bereits im Bau befindlichen bzw. zur Modernisierung anstehenden 400 kV- bzw. 220 kV-Leitungen als rot bzw. grün gestrichelt dargestellt[200]:

193 Der mit dem Netzanschluss des potentiellen Kernkraftwerks notwendige Ausbau des Übertragungsnetzes wird voraussichtlich ein weiteres Investitionsvolumen von bis zu ca. 450 Mio. Euro vereinnahmen, vgl. dazu PSE S.A., ÜNEP 2016–2025 (Fn. 159), S. 62.

194 PSE S.A., ÜNEP 2016–2025 (Fn. 159), S. 58.

195 PSE S.A., ÜNEP 2016–2025 (Fn. 159), S. 59.

196 Dazu ausführlich: Teil 3 A.I.

197 Vgl. Ziffer 3.14 des Anhangs VII VO (EU) Nr. 347/2013, URL: https://ec.europa.eu/energy/sites/ener/files/documents/annex_to_pci_list_final_2017_en.pdf (letzter Abruf: 28.11.2017).

198 Umrechnungskurs zum 28.11.2017.

199 *Abbildung 4*: PSE S.A., URL: https://www.pse.pl/dane-systemowe/praca-kse/informacje-ogolne/schemat-sieci (letzter Abruf: 28.11.2017).

200 Die Liste der Einzelausbaumaßnahmen und ihre jeweilige Beschreibung ist abrufbar auf der Internetseite des polnischen Übertragungsnetzbetreibers PSE S.A. unter URL: https://www.pse.pl/obszary-dzialalnosci/inwestycje-infrastrukturalne/aktualnie-prowadzone-inwestycje (letzter Abruf: 01.09.2019).

Abbildung 4: *Ausbau- und Modernisierungsbedarf des polnischen Übertragungsnetzes bis 2025*

Demnach sollen der bis zum Jahr 2025 geplante Bedarf an neuen 400 kV-Leitungen mit einer Länge von 4.300 Kilometern sowie ein Modernisierungsbedarf des Höchstspannungsnetzes (400 kV und 220 kV) mit einer Länge von 2.300 Kilometern ein Gesamtinvestitionsvolumen von ca. 13,2 Mrd. PLN (ca. 3,1 Mrd. EUR) aufweisen[201]. Anderen Quellen zufolge soll das Gesamtinvestitionsvolumen bis zum Jahr 2025 sogar 23 Mrd. PLN (ca. 5,5 Mrd. EUR[202]) betragen[203]. In beiden

201 *Derewienko* in: „PSE: Ponad 13 mld zł na inwestycje do 2025 roku (cz. 2)", 19.04.2016, URL: https://www.rynekinfrastruktury.pl/wiadomosci/pse-ponad-13-mld-zl-na-inwestycje-do-2025-roku-cz-2-53598.html (letzter Abruf: 01.09.2019).

202 Umrechnungskurs zum 28.11.2017.

203 *Plichta*, Übertragungskorridore, S. 22, URL: http://www.bibliotekacyfrowa.pl/Content/60648/Acta_Erasmiana_VII_master.pdf (letzter Abruf: 28.11.2017).

Prognosen sind allerdings noch keine (Mehr-)Ausbaumaßnahmen berücksichtigt, die mit der Umsetzung einer potentiellen Energiewende einhergehen würden. Sollte Polen daher den Weg der Energiewende nach deutschem Beispiel einschlagen wollen, so müssten auch die durch einen größeren Netzausbaubedarf einhergehenden finanziellen Belastungen bei der weiteren Planung eine Berücksichtigung finden. Denn nur durch eine transparent dargelegte Kostenentwicklung kann eine allgemeine Akzeptanz für die Ausbaumaßnahmen geschaffen und damit der Übertragungsnetzausbau beschleunigt werden.

V. Der polnische Übertragungsnetzausbau am Fallbeispiel

Obwohl bereits gegenwärtig auch in Polen ein dringender Ausbau- und Modernisierungsbedarf im Bereich des Übertragungsnetzes besteht, kommt es nichtsdestotrotz zu erheblichen Verzögerungen bei der Realisierung der jeweiligen Ausbaumaßnahmen. So hatte das polnische Übertragungsnetz zum Ende des Jahres 2012 eine Gesamtlänge von 13.546 Kilometern[204]. Bis zum Ende des Jahres 2016 wurden weitere 580 Kilometer an neuen bzw. modernisierten Übertragungsnetzleitungen realisiert, so dass das polnische Übertragungsnetz schlussendlich eine Gesamtlänge von 14.126 Kilometern Länge aufwies[205]. Diese Angaben zugrunde gelegt ist das polnische Übertragungsnetz über einem Zeitraum von vier Jahren folglich nur um durchschnittlich 145 Kilometer Länge im Jahr ausgebaut worden. Angesichts des soeben dargestellten Ausbau- und Modernisierungsbedarfs von derzeit 6.600 Kilometern Länge[206] bis zum Jahr 2025 und eines tatsächlichen Ausbaus von durchschnittlichen 145 Kilometern im Jahr dürfte es in etwa 45 Jahre dauern, bis die aktuell geplanten Ausbaumaßnahmen vollständig realisiert sind. Dabei sind allerdings noch keine (Mehr-) Ausbaumaßnahmen berücksichtigt, die sich im Zuge der Umsetzung einer möglichen Energiewende ergeben sollten. Damit dürfte eine potentielle Energiewende für den polnischen Übertragungsnetzausbau zu einer „Mammut-Aufgabe“ werden. Sollte Polen den deutschen Weg der Energiewende tatsächlich einschlagen wollen, so müsste der Gesetzgeber durch entsprechende gesetzliche Regelungen und finanzielle Anreize für einen noch zügigeren Netzausbau sorgen, als dies bisher der Fall ist.

Denn das Beispiel der vierspurigen Leitungstrasse (2 x 400 kV + 2 x 200 kV) Plewiska – Kromolice zeigt deutlich, vor welche Herausforderungen der polnische Übertragungsnetzausbau in der praktischen Umsetzung gestellt wird. Insofern dauert der Ausbau dieser Leitungstrasse mittlerweile mehr als 15 Jahre

---

204 NIK (Fn. 186).

205 Angaben von PSE S.A. (Stand: 01.01.2017), URL: https://www.pse.pl/dane-systemowe/praca-kse/informacje-ogolne/opis-systemu (letzter Abruf: 28.11.2017).

206 Dazu ausführlich: Teil 2 B.IV.

an[207]. Die Gründe dafür liegen – genau wie in Deutschland – insbesondere in der mangelnden öffentlichen Akzeptanz für den Trassenausbau sowie in den hohen administrativen und rechtlichen Hürden. Schließlich geht die Ausbauplanung dieser Leitungstrasse bereits bis Mitte der 1970er Jahre zurück. Dabei sah der Ausbauplan den Verlauf der Leitungstrasse durch die Posen-Gemeinden Mosina und Kórnik vor. Die Realisierung des Projektes begann sodann mit der Erteilung der Entscheidung über den Standort der Leitungstrasse durch die Woiwodschaft Posen im Jahr 1994. Aufgrund dessen hatte der polnische Übertragungsnetzbetreiber PSE S.A. in den Jahren 1998 bis 1999 bei den Gemeinden Mosina und Kórnik einen Antrag auf Änderung des *Bebauungsplanes* (poln. *Miejscowy plan zagospodorowania przestrzennego*)[208] gestellt. Gegen die Änderung des Bebauungsplans gab es allerdings bereits im Vorfeld erheblichen Widerstand aus der Bevölkerung. Trotzdem wurde der Bebauungsplan in den Jahren 2002 und 2003 geändert und ein Jahr später eine entsprechende Baugenehmigung erteilt. Der öffentliche Widerstand verstärkte sich allerdings, als den betroffenen Grundstückseigentümern durch die Gemeinden Mosina und Kórnik eröffnet wurde, dass die Höhe einiger Strommasten nunmehr 70 Meter (die alten Masten waren nur 25 Meter hoch) betragen und ein Teil der Stromtrasse auf eine Spannung von 400 kV statt der ursprünglichen 220 kV geändert werde. Hiergegen erhoben die betroffenen Grundstückseigentümer Klage und bekamen Recht. Die Baugenehmigungen wurden für rechtswidrig erklärt und die Änderung des Bebauungsplans aufgehoben.

Aufgrund dessen hatte der polnische Übertragungsnetzbetreiber PSE S.A. mit der Gemeinde Kórnik im Jahr 2005 einen Vertrag abgeschlossen, in dem sich die Gemeinde verpflichtete, den Bebauungsplan entsprechend zu ändern und den Bau einer Alternativleitung zu ermöglichen. Im Gegenzug verpflichtete sich PSE S.A. zum Baustopp bis zum April 2006, bis über eine Alternativroute entschieden wurde. Hierfür stellte der Übertragungsnetzbetreiber vier Alternativrouten vor, wobei die Beteiligten sich auf keine der Routen einigen konnten. Schließlich erklärte der Gemeinderat von Kórnik im Juli 2007, dass er generell gegen den Bau der Stromtrasse sei. Daraufhin wandte sich PSE S.A. im Oktober 2007 an den Bürgermeister der Gemeinde Kórnik und stelle trotzdem einen Antrag auf Änderung des Bebauungsplans, dem auch nachgekommen wurde. Allerdings entsprach die Änderung des Bebauungsplans nicht dem zwischen der Gemeinde Kórnik und PSE S.A. im Jahr 2005 vertraglich vereinbarten Inhalt. Aufgrund dessen erhob der Übertragungsnetzbetreiber gegen die Gemeinde Kórnik eine

207 Zur Ausbauproblematik der Trasse Plewiska – Kromolice vgl.: *Andruszkiewicz*, Bau der Linie Plewiska – Kromolice, S. 1 ff., URL: http://www.cire.pl/pokaz-pdf-%252Fpliki%252F2%252FBudowaliniiPlewiska-Kromolice_Komentarz.pdf (letzter Abruf: 28.11.2017).

208 Vgl. zum polnischen Bebauungsplan auch: Teil 3 B.III.2.a.cc.(1).

Schadensersatzklage in Höhe von fast 65 Mio. PLN (ca. 15,5 Mio. EUR[209]) und damit einem Betrag, der für die kleine polnische Gemeinde als astronomisch zu bezeichnen war[210].

Angesichts derartiger Entwicklungen und der damit einhergehenden Verzögerung beim Übertragungsnetzausbau hatte der polnische Gesetzgeber anlässlich der im Jahr 2012 in Polen und der Ukraine stattfindenden Fußball-Europameisterschaft das sog. *UEFA Euro 2012-Gesetz* (poln. *Ustawa o przygotowaniu finałowego turnieju Mistrzostw Europy w Piłce Nożnej UEFA EURO 2012*) verabschiedet. Ziel des Gesetzes war die Beschleunigung von Investitionen in die allgemeine Infrastruktur, darunter auch fünf Investitionen im Netzausbau[211]. Hierzu zählte ebenfalls das o. g. Trassenausbauvorhaben Plewiska – Kromolice[212]. Das wesentliche Beschleunigungselement des UEFA Euro 2012-Gesetzes lag insbesondere in der Möglichkeit zur Erteilung eines Bescheides über die „Festlegung der Bebauungs- und Bewirtschaftungsbedingungen einer Fläche“ ohne Rücksicht auf den bestehenden lokalen Bebauungsplan sowie in der sofortigen Vollziehbarkeit aller Bescheide der Euro 2012-Investitionen[213]. Doch auch das UEFA Euro 2012-Gesetz konnte nicht den gewünschten Erfolg bei der Realisierung des überaus umstrittenen Ausbauvorhabens Plewiska – Kromolice erzielen. Auf Basis des UEFA Euro 2012-Gesetzes erteilte der Woiwode Großpolen (poln. *Wojewoda Wielkopolski*) im Mai 2009 sodann einen Baubescheid für die Errichtung eines Teilabschnitts des streitbefangenen Trassenvorhabens in der Gemeinde Kórnik. Nachdem der Trassenabschnitt bereits zwei Monate später fertiggestellt wurde, hob der Bauaufsichtsbezirksdirektor die Genehmigung zum Betrieb der Übertragungsnetzleitung wieder auf und weigerte sich, eine neue Genehmigung zu erteilen[214]. Dieses Beispiel zeigt deutlich die unterschiedlichen Standpunkte in Polen zum Thema Übertragungsnetzausbau sowohl in der Öffentlichkeit als auch innerhalb der behördlichen Entscheidungspraxis selbst.

209 Umrechnungskurs zum 30.11.2017.
210 *Andruszkiewicz* (Fn. 207).
211 *Knopp/Zgolak*, WiRO 2013, 97 (98).
212 *Andruszkiewicz* (Fn. 207).
213 *Knopp/Zgolak* (Fn. 211).
214 *Andruszkiewicz* (Fn. 207).

Teil 3: Rechtsvergleichende Untersuchung

A. Europäischer Rechtsrahmen

I. Gesamtsystem

Um die Systematik der deutsch-polnischen Vorschriften im Bereich des Übertragungsnetzausbaus besser verstehen zu können, muss zunächst der europäische Rechtsrahmen kurz betrachtet werden. Denn die nationalen Vorschriften zum Netzausbau sind stark eingebettet in die unionsrechtlichen Vorgaben zum Ausbau einer gemeinschaftsweiten Energieinfrastruktur. Insoweit verfolgt der europäische Gesetzgeber mit der Richtlinie 2009/72/EG[215] die Verwirklichung eines gemeinschaftsweiten Elektrizitätsbinnenmarktes (Art. 1). Hierzu ist eine gemeinschaftsweite Netzinfrastruktur erforderlich, durch die ein grenzüberschreitender Stromhandel, dessen rechtliche Grundlage die Verordnung (EG) Nr. 714/2009[216] bildet, ermöglicht werden soll (vgl. Art. 1 der Richtlinie 2009/72/EG), wodurch eine grenzüberschreitende Stromversorgung sichergestellt wird.

Trotz dieser Vorgaben ist der europäische Elektrizitätsbinnenmarkt weiterhin zersplittert, weil es keine ausreichenden Verbindungsleitungen zwischen den nationalen Energienetzen gibt und die bestehende Energieinfrastruktur nicht optimal genutzt wird[217]. Dies liegt insbesondere in der Verzögerung der erforderlichen Investitionen in den Ausbau einer transeuropäischen Energieinfrastruktur[218]. Vor diesem Hintergrund hat der europäische Gesetzgeber die Verordnung (EU) Nr. 347/2013[219] (sog. *TEN-E-Verordnung*) zur Schaffung einer transeuropäischen Energieinfrastruktur erlassen, aufgrund derer die vorgenannten Gemeinschaftsziele des grenzüberschreitenden Stromhandels und damit die Verwirklichung des Elektrizitätsbinnenmarktes durch die Beschleunigung des Ausbaus einer europäischen Netzinfrastruktur sichergestellt werden soll. Zu diesem Zweck werden gem. Art. 1 Abs. 1 i. V. m. Anhang I Verordnung (EU) Nr. 347/2013 übergeordnete Infrastrukturprioritäten bestimmt (sog. vorrangige Energieinfrastrukturkorridore und -gebiete). Die Verordnung sieht dabei vier vorrangige Stromkorridore vor, zu denen neben drei Binnenkorridoren auch ein Offshore-Korridor gehört. Letzterer trägt die Bezeichnung „NSOG" (Electricity Northern Seas Offshore Grid) und umfasst den Ausbau des integrierten Offshore-Stromnetzes und der entsprechenden Verbindungsleitungen in der

---

215 ABl. L 20 S. 7 v. 26.01.2010.

216 ABl. L 211 S. 15 v. 14.08.2009.

217 Vgl. Erwägungsgrund 8 der VO (EU) 347/2013.

218 *Posser* in: Kment, EnWG, § 12a, Rn. 41.

219 ABl. L 115 S. 39 v. 25.04.2013.

Nordsee, in der Irischen See, im Ärmelkanal, in der Ostsee und in angrenzenden Meeren, um Strom aus erneuerbaren Offshore-Energiequellen (d. h. Offshore-Windparks) zu den Verbrauchs- und Speicherzentren zu transportieren und den grenzüberschreitenden Stromaustausch auszubauen (vgl. Ziffer 1 des Anhangs I der Verordnung (EU) Nr. 347/2013). Bereits dies verdeutlicht, dass die in der deutschen Nord- und Ostseebucht errichteten Offshore-Windparks sowie Offshore-Elektrizitätsleitungen[220] kein spezielles Ergebnis der Energiewende sind, sondern auch das übergeordnete Unionsziel der Verwirklichung eines gemeinsamen Elektrizitätsbinnenmarkts widerspiegeln.

Die vorrangigen Energieinfrastrukturkorridore und -gebiete werden wiederum durch die sog. „Vorhaben von gemeinsamem Interesse" („Project of Common Interest" – PCI)[221] näher ausgefüllt, Art. 3 der Verordnung (EU) Nr. 347/2013. Ausweislich der gesetzlichen Definition gem. Art. 2 Nr. 4 der Verordnung (EU) 347/2013 handelt es sich dabei um Vorhaben, die für die Realisierung der vorrangigen Energieinfrastrukturkorridore und -gebiete erforderlich und die Bestandteil der in Art. 3 genannten Unionsliste der Vorhaben von gemeinsamem Interesse (PCI) sind. In der Unionsliste werden neben der Festlegung von konkreten Trassen zwischen bestimmten Netzverknüpfungspunkten auch die Art und die Länge der zu errichtenden Elektrizitätsleitungen bestimmt[222]. Von den in der Unionsliste insgesamt festgelegten 250 PCI haben 20 PCI im Strombereich unmittelbaren Bezug zu Deutschland[223].

Besonders hervorzuheben ist in diesem Zusammenhang die Vorschrift des Art. 7 Abs. 3 der Verordnung (EU) 347/2013, wonach den in der Unionsliste genannten Vorhaben die „Erforderlichkeit in energiepolitischer Hinsicht" zuerkannt wird, sofern im nationalen Recht für diese Vorhaben ein solcher Status vorgesehen wird. Diese Regelungswirkung findet sich beispielsweise im deutschen Recht in § 12e Abs. 4 EnWG („energiewirtschaftliche Notwendigkeit und vordringlicher Bedarf") wieder[224]. Diese Vorschrift sieht wiederum den Erlass eines nationalen *Bundes*bedarfsplans[225] vor, durch welchen der Netzausbau nach

220 Zur Übersicht der Offshore-Windparks sowie Offshore-Leitungen vgl. URL: http://www.4coffshore.com/offshorewind/ (letzter Abruf: 05.03.2017).

221 Für weitere Informationen hierzu vgl. Europäische Kommission, URL: https://ec.europa.eu/energy/en/topics/infrastructure/projects-common-interest (letzter Abruf: 28.08.2019).

222 Vgl. dazu die Unionsliste der PCI-Vorhaben, Stand 26.11.2017, URL: https://ec.europa.eu/energy/sites/ener/files/documents/annex_to_pci_list_final_2017_en.pdf (letzter Abruf: 26.11.2017).

223 *Kohls* in: Danner/Theobald, EnR, AnlZulR, Rn. 187.

224 *Posser* in: Kment, EnWG, § 12a, Rn. 43.

225 Der Bundesbedarfsplan nach Maßgabe des EnWG/BBPlG ist von dem Bedarfsplan i. S. d. EnLAG zu unterscheiden. Aufgrund einer besseren Abgrenzung beider Begrifflichkeiten wird nachfolgend die kursive Schreibweise *Bundes*bedarfsplan verwendet.

dem Willen der Bundesregierung beschleunigt werden soll[226]. Aufgrund dessen beinhaltet der *Bundes*bedarfsplan auch Vorhaben, die auf europäischer Ebene als Vorhaben von gemeinsamem Interesse (PCI) in der Unionsliste festgelegten wurden. Dazu gehört beispielsweise der Bau der innerdeutschen Höchstspannungsleitung zwischen Osterath und Philippsburg, die auf europäischer Ebene im Zusammenhang mit dem vorrangigen Energieinfrastrukturkorridor „Electricity WEST“ als PCI ausgewiesen wurde[227].

Diese Verknüpfungen zwischen den Unions-/gemeinschaftlichen und nationalen Vorschriften zeigen, dass die Energiewende und der damit einhergehende notwendige Netzausbau in Deutschland nicht isoliert, sondern auch im Zusammenspiel mit den in diesem Bereich existierenden übergeordneten Unionsregelungen betrachtet werden muss.

II. Neuerungen

Am 30. November 2016 beschloss die Europäische Kommission das unter der Bezeichnung „Winterpaket“ bekannt gewordene Legislativpaket „Saubere Energie für alle Europäer“[228]. Das Legislativpaket stellt ein umfangreiches neues Regelungswerk für den Strombinnenmarkt dar[229] und bildet den Rahmen für die Umsetzung der Energieunion und der europäischen Klima- und Energieziele bis 2030[230]. Es umfasst jeweils vier EU-Verordnungen und Richtlinien, von denen die Novellen der *Erneuerbare-Energien-Richtlinie*[231] (kurz: *EERL II*), der *Energieeffizienz-Richtlinie*[232] (kurz: *EED*) sowie die *Verordnung zur Governance der Energieunion*[233] (kurz: *GovVO*) bereits verabschiedet wurden und seit dem 21. Dezember 2018 in Kraft getreten sind. Die Novelle zur Energieeffizienz wird durch die zum 9. Juli 2018 in Kraft getretene *Gebäudeeffizienz-Richtlinie*[234] ergänzt[235]. Da diese Regelungswerke keinen unmittelbaren Bezug zur Ausbauplanung im Bereich des Übertragungsnetzes haben, wird nachfolgend nicht weiter darauf eingegangen[236].

226 *Benzin* in: BerlKommEnR, § 12e EnWG, Rn. 2.
227 Nationales Vorhaben gem. Nr. 2 der Anlage zu § 1 Abs. 1 BBPlG und gleichzeitig gemeinschaftliches PCI-Vorhaben gem. Nr. 2.9. der PCI-Liste (vgl. Fn. 222).
228 *Scholtka/Keller-Herder*, NJW 2019, 897.
229 *Scholtka/Martin*, NJW 2017, 932.
230 Oben, Fn. 228.
231 ABl. L 328 S. 82 v. 21.12.2018.
232 ABl. L 328 S. 210 v. 21.12.2018.
233 ABl. L 328 S. 1 v. 21.12.2018.
234 ABl. L 156 S. 75 v. 19.06.2018.
235 *Scholtka/Keller-Herder*, NJW 2019, 897 (898).
236 Zum Inhalt der genannten Richtlinien und Verordnungen vgl. zusammenfassend: BMWi, abrufbar unter URL: https://www.bmwi.de/Redaktion/DE/Artikel/Energie/europaeische-energiepolitik.html (letzter Abruf: 20.06.2019).

Das Legislativpaket umfasst daneben die Neufassung der *Elektrizitätsbinnenmarkt-Verordnung*[237] (Elt-VO)[238], eine Neufassung der *Verordnung zur Gründung einer Agentur für die Zusammenarbeit der Energieregulierungsbehörden*[239] (ACER-Verordnung) sowie die *Verordnung zur Risikovorsorge im Stromsektor*[240]. Da auch diese Regelungswerke keine unmittelbaren Vorgaben zur Netzausbauplanung im Übertragungsnetz formulieren, wird darauf im Rahmen dieser Ausarbeitung ebenfalls nicht näher eingegangen.

Schließlich umfasst das „Winterpaket" auch eine neue *Richtlinie für den Elektrizitätsbinnenmarkt (EU) 2019/944*[241]. Der Entwurf der Richtlinie für den Elektrizitätsbinnenmarkt[242] ist am 26. März 2019 vom Europäischen Parlament angenommen und am 14. Juni 2019 verkündet worden. Die neue Richtlinie (EU) 2019/944 hat die o.g. Richtlinie 2009/72/EG abgelöst. Die dabei ursprünglich in Art. 22 der Richtlinie 2009/72/EG enthaltenen Regelungen zur Netzausbauplanung, welche insofern einen wesentlichen Gegenstand im Rahmen der vorliegenden rechtsvergleichenden Betrachtung bilden, werden nunmehr in der Vorschrift gem. Art. 51 der neuen Richtlinie (EU) 2019/944 gefasst. Ein Vergleich zwischen Art. 51 der Richtlinie (EU) 2019/944 und Art. 22 der Richtlinie 2009/72/EG zeigt jedoch keine wesentlichen Änderungen im Regelungsgehalt beider Vorschriften. Insoweit unterscheidet sich die neue Vorschrift gem. Art. 51 Abs. 1 lediglich darin, dass die Übertragungsnetzbetreiber nunmehr verpflichtet werden, der Regulierungsbehörde „mindestens alle *zwei* Jahre" statt ursprünglich *jedes* Jahr (vgl. Art. 22 der Richtlinie 2009/72/EG) einen zehnjährigen Netzentwicklungsplan vorzulegen. Weitere Änderung in der Vorschrift gem. Art. 51 n. F. ergeben sich nur in sprachlicher Hinsicht, wonach der europäische Gesetzgeber den Begriff „gemeinschaftsweit" durch „unionsweit" ersetzt hat[243].

Wie bereits im Rahmen der Einleitung dargelegt wurde[244], zeigt diese Richtlinienänderung ganz deutlich, wie „schnelllebig" energierechtliche Vorschriften sind und wie häufig sie grundlegenden Änderungen unterliegen. Derartige Gesetzesänderungen stellen allerdings eine große Herausforderung für die gegenständliche Ausarbeitung dar. Aus diesem Grund muss eine Entscheidung hinsichtlich der Frage getroffen werden, wie mit der vorliegenden Richtlinienänderung im Rahmen der nachstehenden Ausarbeitung umgegangen wird.

---

237 ABl. L 158 S. 54 v. 14.06.2019.

238 Zum Inhalt der Elt-VO vgl. ausführlich: *Meyer/Sène*, RdE 2019, 278 (279 ff.).

239 ABl. L 158 S. 22 v. 14.06.2019.

240 ABl. L 158 S. 1 v. 14.06.2019.

241 ABl. L 158 S. 125 v. 14.06.2019.

242 EU-Kommission, COM(2016) 864 final – 2016/0380 (COD), abrufbar unter URL: https://eur-lex.europa.eu/resource.html?uri=cellar:c7e47f46-faa4-11e6-8a35-01aa75ed71a1.0009.02/DOC_1&format=PDF (letzter Abruf: 20.06.2019).

243 Die Änderungen sind ab S. 111 ff. des Richtlinienentwurfs (vorige Fn.) nachvollziehbar dargestellt.

244 Dazu ausführlich: Teil 1 B.

Aufgrund der Tatsache, dass die neue Richtlinie EU 2019/944 hinsichtlich der für die Netzausbauplanung maßgeblichen Vorschrift keine nennenswerte Änderung mit sich gebracht hat, wird bei der nachfolgenden Ausarbeitung nur auf die Richtlinie 2009/72/EG abgestellt. Dies erscheint nur konsequent. Denn wie eingangs ebenfalls erwähnt wurde, wird im Rahmen dieser Ausarbeitung ausschließlich auf die Rechtslage bis Ende 2017 abgestellt[245]. Insofern wäre es widersprüchlich, wenn im Rahmen der gegenständlichen Ausarbeitung partiell eine gesetzliche Änderung berücksichtigt würde, eine andere dagegen nicht.

B. Die deutschen und polnischen Vorschriften im Bereich des Übertragungsnetzausbaus

I. Einführung

Die nationalen Vorschriften zum Übertragungsnetzausbau gliedern sich sowohl in Deutschland als auch in Polen in zwei Rechtsbereiche. Den ersten Bereich bilden die Regelungen zur gesetzlichen Planung von Übertragungsnetzleitungen (kurz: *Netzausbauplanung*). Im Rahmen dessen wird zunächst übergeordnet der Bedarf an Höchstspannungsleitungen im nationalen Übertragungsnetzverbund gesetzlich festgestellt. Rechtsgrundlage für die gesetzliche Bedarfsplanung im Onshore-Bereich in Deutschland bilden dabei die Vorschriften gem. §§ 12a ff. EnWG. Die Bedarfsplanung im Offshore-Bereich folgt dagegen den Vorschriften gem. §§ 17a ff. EnWG. Die polnische Netzausbauplanung im Onshore-Bereich wird dagegen gem. Art. 16 des polnischen Energierechts (kurz: *EnR*) (poln. *Prawo energetyczne*)[246] ausschließlich in einer Zentralvorschrift geregelt. Eine Netzausbauplanung für den Offshore-Bereich im engeren Sinne sieht die polnische Rechtsordnung nicht vor. In den polnischen Meeresgebieten können allerdings räumliche Festlegungen für Offshore-Leitungen getroffen werden. Diese räumlichen Festlegungen erfolgen in den sog. maritimen Raumordnungs- und Raumbewirtschaftungsplänen, deren Rechtsgrundlage die Vorschriften gem. Art. 37a ff. des *Gesetzes über die Meeresgebiete der Republik Polen und die Meeresverwaltung* (kurz: *Meeresverwaltungsgesetz (MVerwG)*) (poln. *Ustawa o obszarach morskich Rzeczypospolitej Polskiej i administracji morskiej)* bilden.

Der zweite Bereich der Vorschriften zum Übertragungsnetzausbau umfasst Regelungen zur Genehmigung bzw. Planfeststellung der eigentlichen Netzausbauvorhaben. Dabei unterscheiden sich beide Rechtsordnungen erheblich voneinander. Insoweit folgt der konkrete Übertragungsnetzausbau in beiden Ländern nach einer völlig unterschiedlichen gesetzlichen Systematik. Denn Übertragungsnetzleitungen im Onshore-Bereich werden nach deutscher Rechtslage

245 Eine Ausnahme bildet dabei die Betrachtung des polnischen WasserG. Vgl. dazu auch: Teil 1 B.

246 Das polnische EnR entspricht inhaltlich dem deutschen EnWG.

entweder nach den Vorschriften gem. §§ 43 ff. EnWG oder §§ 18 ff. NABEG planfestgestellt. Dabei wird darauf abgestellt, ob die Leitung in dem vorausgehenden *Bundes*bedarfsplan mit einem bestimmten Buchstaben gekennzeichnet wird. Je nach ihrer Kennzeichnung erfolgt die Planfeststellung entweder nach den allgemeinen Vorschriften des EnWG oder nach den spezialgesetzlichen Vorschriften gem. NABEG. Für sonstige Übertragungsnetzleitungen und solche, die im Bedarfsplan i. S. d. EnLAG ausgewiesen werden, richtet sich die Planfeststellung dagegen ausschließlich nach den energiewirtschaftlichen Vorschriften gem. §§ 43 ff. EnWG. Die deutsche Planfeststellung von Leitungen im Offshore-Bereich ist in seiner gesetzlichen Komplexität hingegen kaum mehr zu überbieten. Dabei wird nicht nur nach der zeitlichen Fertigstellung der Leitung, sondern auch danach differenziert, ob die Leitung als sog. Offshore-Anbindungsleitung im Küstenmeer oder als Anschlussleitung in der AWZ oder als Unterwasserkabel verlegt werden soll. Je nach ihrer Einordnung finden für die Planfeststellung dieser Leitungen unterschiedliche Gesetze Anwendung.

Im Gegensatz zur deutschen Rechtsordnung müssen nach der polnischen Rechtslage für den Ausbau von Übertragungsnetzleitungen bis zu fünf Einzelgenehmigungen eingeholt werden. Allerdings wird dabei nach der polnischen Rechtsordnung nicht zwischen dem Ausbau von Übertragungsnetzleitungen an Land oder auf See differenziert. Insoweit setzt die Errichtung von Leitungen im Onshore- sowie im Offshore-Bereich (mit einer Ausnahme) stets die Einholung der gleichen Genehmigungen voraus, wobei die allgemeinen Regelungen zur Einholung der Einzelgenehmigungen im Offshore-Bereich durch besondere maritime Vorschriften ergänzt werden. Eine detaillierte Darstellung der Rechtsgrundlagen im Bereich der polnischen Genehmigungsverfahren würde allerdings den Rahmen dieser kurzen Einführung sprengen, so dass diesbezüglich auf die nachstehenden Ausführungen verwiesen wird[247].

Dies vorausgeschickt wird nachfolgend zunächst die Systematik der gesetzlichen Netzausbauplanung in beiden Ländern dargelegt. Im Anschluss daran erfolgt eine Darstellung der Systematik im Bereich der Genehmigung bzw. Planfeststellung der Netzausbauvorhaben.

II. Systematik der gesetzlichen Netzausbauplanung

1. Rechtslage in Deutschland

Die deutsche Rechtsordnung im Bereich der Netzausbauplanung sieht ein zweistufiges Planungssystem vor, auf dessen erster Stufe die gesetzliche Bundesbedarfsplanung steht. An die Bundesbedarfsplanung schließt sich sodann die Bundesfachplanung (zweite Stufe) an. Im Rahmen dessen wird nach den

247 Dazu ausführlich: Teil 3 B.III.2.

gesetzlichen Bestimmungen allerdings auch noch weiter zwischen der sog. Bundesbedarfsplanung und dem daraus resultierenden *Bundes*bedarfsplan i. S. d. EnWG/BBPlG und der Bedarfsplanung mit dem einhergehenden Bedarfsplan i. S. d. EnLAG differenziert. Die Erstellung beider Pläne richtet sich nach verschiedenen Gesetzen und folgt insoweit einer unterschiedlichen Gesetzessystematik. Aus diesen Gründen wird nachfolgend zunächst die energiewirtschaftliche Bundesbedarfsplanung nach Maßgabe des EnWG/BBPlG im On- sowie Offshore-Bereich und anschließend daran die Bedarfsplanung i. S. d. EnLAG dargestellt.

a. Bundesbedarfsplanung i. S. d. EnWG/BBPlG

Die energiewirtschaftliche Bundesbedarfsplanung im Onshore-Bereich wird in den Vorschriften gem. §§ 12a ff. EnWG i: V. m. BBPlG näher geregelt. Im Rahmen dessen wird zunächst ein Szenariorahmen erstellt, der die Grundlage für den nationalen Netzentwicklungsplan (kurz: *NEP Strom*) bildet. Auf der Grundlage des bestätigten NEP Strom wird sodann ein *Bundes*bedarfsplan erstellt und als parlamentarisches Gesetz verabschiedet. Dieser Prozess stellt sich im Detail wie folgt dar:

aa. Erste Stufe

(1) Szenariorahmen

Der deutsche Bundesbedarfsplanungsprozess wird mit der Erarbeitung des sog. Szenariorahmens eingeleitet. Sowohl die formell- als auch die materiell-rechtlichen Anforderungen des Szenariorahmens werden in der Vorschrift des § 12a EnWG näher geregelt.

(a) Formell-rechtliche Anforderungen

Demnach sind die Übertragungsnetzbetreiber (vgl. § 3 Nr. 10 i. V. m. Nr. 32) dazu verpflichtet, alle zwei Jahre einen gemeinsamen Szenariorahmen zu erarbeiten, vgl. § 12a Abs. 1 S. 1 EnWG. Dieser 2-Jahres-Rhythmus wurde allerdings erst ab dem 1. Januar 2016 eingeführt. Bis dahin sah die Vorschrift des § 12a EnWG sogar eine jährliche Pflicht zur Erstellung des Szenariorahmens vor[248]. Dabei beruhte die gesetzliche Verpflichtung zur Erstellung des jährlichen Szenariorahmens auf der Vorschrift des Art. 22 der Richtlinie 2009/72/EG[249]. Der europäische Gesetzgeber hat die Pflicht zur jährlichen Erstellung mit der neuen

248 Vgl. § 12a Abs. 1 S. 1 EnWG a. F., gültig bis zum 31.12.2015, geändert durch Art. 2 des Ersten Gesetzes zur Änderung des Energieverbrauchskennzeichnungsgesetzes und zur Änderung weiterer Bestimmungen des Energiewirtschaftsrechts vom 10.12.2015, BGBl. I S. 2194.

249 *Posser* in: Kment, EnWG, § 12a, Rn. 20.

Elektrizitätsbinnenmarktrichtlinie EU 2019/944 nunmehr in einen 2-Jahres-Rhythmus geändert[250]. Aus diesem Grund hat sich die damals strittige Frage nach der Vereinbarkeit der deutschen Vorschrift hinsichtlich des zwei-jährigen Erstellungsrhythmus mit der europäischen Vorgabe zur jährlichen Erstellung eines Szenariorahmens erübrigt.

Der Entwurf des Szenariorahmens wird sodann spätestens bis zum 10. Januar eines jeden geraden Kalenderjahres, beginnend mit dem Jahr 2016, der BNetzA als zuständige Regulierungsbehörde vorgelegt, § 12a Abs. 2 S. 1 i. V. m. § 54 Abs. 1 EnWG. Die BNetzA stellt den Szenariorahmen auf ihrer Internetseite zur öffentlichen Konsultation, § 12a Abs. 2 EnWG. Hierbei wird der Kreis der Beteiligten nicht nur auf die ausdrücklich im Gesetz genannten tatsächlichen und potenziellen Netznutzer, auf die nachgelagerten Netzbetreiber, sowie auf die Träger öffentlicher Belange beschränkt, sondern umfasst darüber hinaus auch alle natürliche und juristische Personen sowie Vereinigungen, ohne dabei jedoch auf die tatsächliche Betroffenheit der Beteiligten abzustellen[251]. Eine zeitliche Bestimmung der Auslegungsfrist des Szenariorahmens auf der Internetseite der Regulierungsbehörde ist im Gesetz allerdings nicht geregelt. In der Praxis beträgt die Auslegungsfrist daher regelmäßig ca. einen Monat[252].

(b) Materiell-rechtliche Anforderungen

Die materiellen Anforderungen des Szenariorahmens werden in der Vorschrift des § 12a Abs. 1 S. 2 EnWG definiert. Danach muss der Szenariorahmen mindestens drei Entwicklungspfade umfassen, die mindestens für die nächsten 10 und höchstens 15 Jahre die Bandbreite *wahrscheinlicher Entwicklungen* im Rahmen der mittel- und langfristigen *energiepolitischen Ziele der Bundesregierung* abdecken. Diese Entwicklungspfade werden Szenarien genannt. Nach § 12a Abs. 1 S. 3 EnWG muss eines der Szenarien die Entwicklung für mindestens 15 und höchstens 20 Jahre darstellen. Trotz dieser auf den ersten Blick auslegungsbedürftigen Gesetzesformulierung besteht Einigkeit darüber, dass nicht etwa vier, sondern nur drei Szenarien zu erarbeiten sind. Dies folgt insbesondere aus dem Wortlaut der Norm selbst, wonach es heißt: „Eines der Szenarien (...)“ und nicht etwa „Ein *weiteres* Szenario“[253].

Mit dem unbestimmten Begriff der *wahrscheinlichen Entwicklungen* ist die Fortschreibung der bekannten Ausgangslage zu verstehen. Durch den geforderten

---

250 Dazu ausführlich: Teil 3 A.II.

251 *Posser* in: Kment, EnWG, § 12a, Rn. 51.

252 Pressemitteilung der BNetzA vom 18.01.2016, wonach der Öffentlichkeit mit Veröffentlichung der Pressemitteilung bis zum 22.02.2016 Gelegenheit zur Stellungnahme gegeben wird, URL: https://www.bundesnetzagentur.de/SharedDocs/Pressemitteilungen/DE/2016/160118_2030SR.html?nn=265794 (letzter Abruf: 13.02.2017).

253 *Posser* in: Kment, EnWG, § 12a, Rn. 24.

Maßstab der „Wahrscheinlichkeit“ ist erkennbar, dass im Rahmen der Entwicklungspfade damit nur Annahmen einzubeziehen sind, die nach dem Stand der Wissenschaft einen gut begründeten Anlass dazu geben, dass diese Entwicklungen tatsächlich auch eintreten können[254]. Folglich sind die wahrscheinlichen Entwicklungen in der Fortschreibung der bekannten Ausgangslage zu beurteilen. Dazu müssen insbesondere geltende Gesetze, wie z.B. solche zum Ausstieg aus der Kernenergie, nationale Verpflichtungen, welche aus den europäischen Verträgen herrühren, sowie neue technische Entwicklungen im Übertragungsnetz unter Berücksichtigung des Stands der Technik herangezogen werden[255]. Im Zusammenhang mit der Tatbestandsvoraussetzung der *wahrscheinlichen Entwicklung* ist jedoch zu beachten, dass eine derart auslegungsbedürftige Formulierung den unionsrechtlichen Vorschriften nicht zu entnehmen ist. Aufgrund dessen könnte den deutschen Übertragungsnetzbetreibern bei der Erstellung des Szenariorahmens ein erheblicher Entscheidungsspielraum eingeräumt werden. Aus diesem Grund erfährt der Begriff der *wahrscheinlichen Entwicklungen* durch § 12a Abs. 1 S. 4 EnWG ein gewisses gesetzliches Korrektiv[256], welches insoweit der Regelung des Art. 22 Abs. 3 der Richtlinie 2009/72/EG nachgebildet ist. Danach haben die Übertragungsnetzbetreiber im Rahmen des Szenariorahmens angemessene Annahmen für die jeweiligen Entwicklungen von Erzeugung, Versorgung, Verbrauch von Strom sowie dessen Austausch mit anderen Ländern zu Grunde zu legen und *geplante Investitionsvorhaben der europäischen Netzinfrastruktur* zu berücksichtigen, vgl. § 12a Abs. 1 S. 4 EnWG. Bei genauerer Betrachtung ist jedoch auch dieses gesetzliche Korrektiv unbestimmt, da im Gesetz nicht weiter definiert wird, um welche „geplanten Investitionsvorhaben der europäischen Netzinfrastruktur“ es sich hierbei handeln soll. Diese Tatbestandsvoraussetzung steht allerdings im engen Kontext zu der Vorschrift gem. Art. 170 AEUV. Danach hat die Europäische Union im Hinblick auf einen funktionierenden Elektrizitätsbinnenmarkt einen Beitrag zum transeuropäischen Netzausbau zu leisten[257]. Zu diesem Zwecke wurden im Rahmen der Verordnung (EU) Nr. 347/2013 Vorhaben von gemeinsamem Interesse (PCI) bestimmt[258], welche insoweit auch bei der Erstellung des Szenariorahmens zu berücksichtigen sind.

Unter dem unbestimmten Begriff der *energiepolitischen Ziele der Bundesregierung* sind dagegen alle in Betracht kommenden energiepolitischen Vorstellungen der Bundesregierung gemeint, wie etwa Energiekonzepte oder Eckpunktepapiere. Die Ziele müssen insoweit nicht gesetzlich fixiert sein[259].

254 *Bourwieg* in: Britz/Hellermann/Hermes, EnWG, § 12a, Rn. 16.
255 *Bourwieg* in: Britz/Hellermann/Hermes, EnWG, § 12a, Rn. 17.
256 *Posser* in: Kment, EnWG, § 12a, Rn. 27 f.
257 *Posser* in: Kment, EnWG, § 12a, Rn. 39.
258 Dazu ausführlich: Teil 3 A.I.
259 *Posser* in: Kment, EnWG, § 12a, Rn. 27.

(c) Rechtswirkung

Der Szenariorahmen wird im Anschluss an die Öffentlichkeitsbeteiligung unter Berücksichtigung der darin getroffenen Ergebnisse durch die BNetzA genehmigt, § 12a Abs. 3 EnWG. Durch den klaren Wortlaut der Norm („genehmigt den Szenariorahmen") wird deutlich, dass der BNetzA hierbei kein Ermessensspielraum eröffnet wird. Mithin handelt es sich bei der Genehmigung des Szenariorahmens um eine rechtlich gebundene Entscheidung, die als Verwaltungsakt in Form eines Sammel-Verwaltungsaktes gegenüber den Übertragungsnetzbetreibern erlassen wird[260].

(2) Netzentwicklungsplan (NEP Strom)

Die Übertragungsnetzbetreiber erstellen auf Basis des genehmigten Szenariorahmens einen nationalen NEP Strom und legen ihn anschließend erneut der BNetzA zur Bestätigung vor, § 12b Abs. 1 S. 1 EnWG.

(a) Systematische Abgrenzung

Der Gesetzgeber unterscheidet zunächst zwischen dem *Netzentwicklungsplan* für den Netzausbau *an Land* (kurz: *NEP Strom*) und dem *Offshore-Netzentwicklungsplan* (kurz: *O-NEP*), d. h. dem Netzentwicklungsplan im Bereich der *Ausschließlichen Wirtschaftszone* der Bundesrepublik Deutschland (kurz: *AWZ*), § 17a Abs. 1 S. 1 EnWG. Auf den NEP Strom finden die Vorschriften gem. §§ 12b ff. EnWG Anwendung, während für den O-NEP die Vorschriften der §§ 17b ff. EnWG anzuwenden sind, die wiederum vereinzelt auf die Verfahrensvorschriften zum NEP Strom verwiesen. Aufgrund eines allgemeinen Unterschiedes in der gesetzlichen Systematik zwischen den Regelungen im Zusammenhang mit der Netzentwicklung im On- und Offshore-Bereich werden die Vorschriften zur Netzentwicklung im Offshore-Bereich separat dargestellt[261] und bleiben bei den nachstehenden Ausführungen zunächst unberücksichtigt.

(b) Formell-rechtliche Anforderungen

(aa) Erste Konsultation

Der NEP Strom wird von den Übertragungsnetzbetreibern noch vor seiner Vorlage bei der BNetzA auf deren Internetseiten zur öffentlichen Konsultation gestellt (sog. erster Entwurf); auf diese Weise wird der allgemeinen Öffentlichkeit, einschließlich tatsächlicher oder potenzieller Netznutzer, den nachgelagerten (Verteiler-)Netzbetreibern sowie den Trägern öffentlicher Belange und den Energieaufsichtsbehörden der Länder die Gelegenheit zur Äußerung gegeben,

260 *Posser* in: Kment, EnWG, § 12a, Rn. 59.
261 Dazu ausführlich: Teil 3 B.II.1.b.

§ 12b Abs. 3 S. 1 EnWG. Die Übertragungsnetzbetreiber sollen dabei den Entwurf spätestens bis zum 10. Dezember eines jeden geraden Kalenderjahres, beginnen mit dem Jahr 2016, veröffentlichen, § 12b Abs. 3 S. 3 EnWG. In Anlehnung an den allgemeinen verwaltungsrechtlichen Sprachgebrauch wird durch das Wort „soll" zum Ausdruck gebracht, dass die Übertragungsnetzbetreiber im Regelfall an diese zeitliche Bestimmung gebunden sind und nur in atypischen Ausnahmefällen hiervon abweichen dürfen[262].

Durch die frühzeitige Einbindung der Öffentlichkeit in den Bedarfsplanungsprozess soll mehr Transparenz und damit mehr öffentliche Akzeptanz für die Netzausbauvorhaben geschaffen werden[263]. Nicht ausdrücklich im Gesetz geregelt ist jedoch die zeitliche Dauer der Auslegungsfrist des Entwurfes des NEP Strom. Die Übertragungsnetzbetreiber scheinen hierbei unterschiedliche Zeiträume zu wählen. Denn während die Übertragungsnetzbetreiber den ersten Entwurf des NEP Strom 2025 noch in der Zeit vom 30. Oktober bis zum 13. Dezember 2015 und damit sechs Wochen zur öffentlichen Konsultation gestellt haben[264], wurde der Entwurf des NEP Strom 2030 (in der Version von 2017) lediglich einen Monat lang, im Zeitraum vom 31. Januar bis zum 28. Februar 2017 veröffentlicht[265]. In Anlehnung an die regelmäßige einmonatige Auslegungsfrist des Szenariorahmens und der vorstehend beschriebenen Praxis der Übertragungsnetzbetreiber ist davon auszugehen, dass auch die Auslegungsfrist des NEP Strom-Entwurfes ebenfalls mindestens einen Monat beträgt. Diese Praxis scheint sich offensichtlich verfestigt zu haben. Denn auch die zweite Version des Entwurfs des NEP Strom 2030 von 2019 wurde in der Zeit vom 4. Februar bis zum 4. März 2019 und damit für einen Zeitraum von einem Monat zur öffentlichen Konsultation gestellt[266]. In diesem Zusammenhang zeigt sich jedoch ein erheblicher Unterschied zwischen dem Entwurf des NEP Strom 2030 aus dem Jahr 2017 und 2019. Denn während im Rahmen des ersten Entwurfs des NEP Strom 2030 in der Version von 2017 noch insgesamt 2.116 Stellungnahmen von 1.916 Privatpersonen und 200 Institutionen eingegangen sind[267], wurden zum ersten Entwurf des NEP Strom 2030 in der Version von 2019 nur noch 906 Stellungnahmen abgegeben. Davon entfielen

---

262 Zur Bedeutung von *Soll-Vorschriften* im Verwaltungsrecht: *Aschke* in: BeckOK VwVfG, § 40, Rn. 39; *Decker* in: Posser/Wolff, VwGO, § 114, Rn. 7.

263 *Ruge* in: BerlKommEnR, § 12b EnWG, Rn. 117.

264 Vgl. URL: https://www.netzentwicklungsplan.de/de/netzentwicklungsplaene/netzentwicklungsplaene-2025 (letzter Abruf: 18.02.2017).

265 Vgl. URL: https://www.netzentwicklungsplan.de/de/netzentwicklungsplaene/netzentwicklungsplaene-2030-2017 (letzter Abruf: 18.07.2019).

266 Vgl. URL: https://www.netzentwicklungsplan.de/de/netzentwicklungsplaene/netzentwicklungsplaene-2030-2017 (letzter Abruf: 18.07.2019).

267 Bericht der Übertragungsnetzbetreiber zur Konsultation im Rahmen des NEP Strom 2030 (2019), abrufbar unter URL: https://www.netzentwicklungsplan.de/sites/default/files/paragraphs-files/NEP_2030_V2019_2_Entwurf_Kap7.pdf (letzter Abruf: 18.07.2019).

763 Stellungnahmen auf Privatpersonen[268]. Das entspricht einem Rückgang von mehr als 50% der bisherigen Beiträge. Die Gründe dafür können nur gemutmaßt werden. An einer Verkürzung des Konsultationszeitraums von 6 Wochen auf einen Monat kann dies allerdings nicht liegen, weil der Konsultationszeitraum bereits im Rahmen des NEP Strom 2030 in der Version von 2017 auf einen Monat umgestellt wurde und der Konsultationszeitraum des NEP Strom 2030 in der Version 2019 daher gleich lang war. Es wäre wohl aber auch verfehlt anzunehmen, dass das öffentliche Interesse am Übertragungsnetzausbau abgenommen habe. Eine Erklärung für den Rückgang der Anzahl an Stellungnahmen dürfte vielmehr darin begründet sein, dass es sich bei dem NEP Strom 2030 in der Version 2019 um eine Fortschreibung des NEP Strom 2030 aus dem Jahr 2017 handelt, so dass die meisten Einwendungen bereits im Rahmen der Konsultation im Jahr 2017 eingebracht wurden. Dies zeigt insbesondere die Aussage der Übertragungsnetzbetreiber, wonach der Rückgang der Stellungnahmen von Privatpersonen in absoluten Zahlen vor allem diejenigen Projekte betrifft, zu denen in den vergangenen Konsultationen der größte Anteil an Stellungnahmen eingegangen war[269].

(bb) Vorlage an die BNetzA

Die Übertragungsnetzbetreiber überarbeiteten den Entwurf des NEP Strom unter Berücksichtigung der im Rahmen der ersten Konsultation eingereichten Stellungnahmen und legen diesen sog. zweiten Entwurf unverzüglich nach seiner Fertigstellung, spätestens jedoch zehn Monate nach der Genehmigung des Szenariorahmens, der BNetzA als zuständige Regulierungsbehörde (§ 54 Abs. 3 S. 1) vor, vgl. § 12b Abs. 5 EnWG. Damit ist die bis Ende 2015 geltende Regelung obsolet, welche noch eine jährliche Vorlage des NEP Strom zum 3. März, erstmalig aber erst zum 3. Juni 2012, vorsah[270]. Dem NEP Strom ist gem. § 12b Abs. 4 EnWG eine zusammenfassende Erklärung beizufügen über die Art und Weise, wie die Ergebnisse der beiden öffentlichen Beteiligungen innerhalb der Erstellung des Szenariorahmens sowie innerhalb der Erstellung des Entwurfs des NEP Strom selbst bei dem fertiggestellten Entwurf berücksichtigt wurden. Dabei sind auch Gründe anzugeben, weshalb der letztlich erstellte NEP Strom nach Abwägung anderweitiger Planungsmöglichkeiten gewählt wurde.

---

268 Vgl. URL: https://www.netzentwicklungsplan.de/de/konsultation-zum-nep-2030-2019/stellungnahmen-nep-2030-2019 (letzter Abruf: 18.07.2019).

269 Bericht der Übertragungsnetzbetreiber zur Konsultation im Rahmen des NEP Strom 2030 (2019) (wie Fn. 267), S. 204.

270 § 12b Abs. 1 S. 1 a. F., gültig bis zum 31.12.2015, geändert durch Art. 2 des Ersten Gesetzes zur Änderung des Energieverbrauchskennzeichnungsgesetzes und zur Änderung weiterer Bestimmungen des Energiewirtschaftsrechts vom 10.12.2015, BGBl. I S. 2194.

(cc) Prüfung durch die BNetzA

Nach der Übermittlung des zweiten Entwurfs des NEP Strom prüft die BNetzA, ob die inhaltlichen Voraussetzungen des NEP Strom, welche in der Vorschrift des § 12b Abs. 1, 2 und 4 EnWG näher definiert werden, so dass insofern darauf verwiesen wird, eingehalten wurden, § 12c Abs. 1 S. 1 EnWG. Nach § 12c Abs. 1 S. 2 EnWG kann die BNetzA eine Änderung des Entwurfs des NEP Strom verlangen. Hierbei handelt es sich ausweislich des Wortlauts „kann" um eine Ermessensentscheidung der Regulierungsbehörde[271]. Bei Zweifel über die Vereinbarkeit des Entwurfs des NEP Strom mit dem gemeinschaftlichen NEP i. S. d. § 12b Abs. 1 S. 6 EnWG i. V. m. Art. 8 Abs. 3b der Verordnung (EG) Nr. 714/2009 konsultiert die BNetzA darüber hinaus die Agentur für die Zusammenarbeit der Energieregulierungsbehörden ACER, § 12c Abs. 1 S. 4 EnWG.

(dd) Strategische Umweltprüfung (SUP)

Zur Vorbereitung des sich daran anschließenden *Bundes*bedarfsplans i. S. v. § 12e EnWG ist die BNetzA gem. § 12c Abs. 2 S. 1 EnWG bereits während des Stadiums der Erstellung des NEP Strom durch die Übertragungsnetzbetreiber dazu verpflichtet, mögliche Umweltauswirkungen des Netzausbaus im Rahmen einer Strategischen Umweltprüfung (SUP) nach Maßgabe des UVPG zu prüfen und das Ergebnis in einem Umweltbericht i. S. v. § 14g UVPG darzulegen, § 12c Abs. 2 S. 1 EnWG.

(ee) Zweite Konsultation

Im Anschluss an die Prüfung des zweiten. Entwurfs des NEP Strom führt die BNetzA eine weitere Behörden- und Öffentlichkeitsbeteiligung durch, deren Gegenstand der Entwurf des NEP Strom und im Falle der Vorbereitung des *Bundes*bedarfsplans (§ 12e EnWG) auch der Umweltbericht ist, § 12c Abs. 3 S. 1 EnWG. Nach dem Gesetzeswortlaut des § 12c Abs. 3 S. 1 ist die Regulierungsbehörde zwar dazu verpflichtet, eine Öffentlichkeitsbeteiligung durchzuführen, im Rahmen derer allerdings nur die „betroffene Öffentlichkeit" die Möglichkeit erhält, sich zum NEP Strom und zum Umweltbericht zu äußern, vgl. § 12c Abs. 3 S. 5 EnWG. Hinsichtlich dieser Begriffsdefinition finden ausweislich § 12c Abs. 3 S. 2 EnWG die Vorschriften gem. UVPG entsprechend Anwendung. Insofern wird diese Begrifflichkeit in der Vorschrift gem. § 2 Abs. 9 UVPG legal definiert[272]. Demnach wird von dem Begriff der „betroffenen Öffentlichkeit" jede Person definiert, deren Belange durch einen Plan berührt werden. Hierzu gehören auch Umweltvereinigungen.

271 Zur Bedeutung von „Kann-Vorschriften" im Verwaltungsrecht: *Aschke* in: BeckOK VwVfG, § 40, Rn. 36 ff.

272 *Posser* in: Kment, EnWG, § 12c, Rn. 42.

Die entsprechenden Unterlagen werden im Rahmen der Konsultation für eine Dauer von sechs Wochen am Sitz der BNetzA in Bonn ausgelegt und zudem auf der Internetseite der BNetzA bekannt gegeben, § 12c Abs. 3 S. 4 EnWG. Hierzu kann sich die Öffentlichkeit gem. § 12c Abs. 3 S. 5 EnWG bis ausschließlich zwei Wochen nach Ende der Auslegungsfrist äußern. Im Anschluss daran *soll* der jährliche NEP Strom unter Berücksichtigung der Ergebnisse der Behörden- und Öffentlichkeitsbeteiligung von der BNetzA spätestens bis zum 31. Dezember eines jeden ungeraden Kalenderjahres, beginnend mit dem Jahr 2017, bestätigt werden, § 12c Abs. 4 S. 1 EnWG. Auch bei dieser Regelung handelt es sich um eine „Soll-Vorschrift". Die Bestätigung ergeht dabei mit Wirkung für die Übertragungsnetzbetreiber in Form eines Sammel-Verwaltungsaktes i. S. d. § 35 S. 1 VwVfG. Damit sind – genau wie bei der Bestätigung des Szenariorahmens – Rechtsbehelfe Dritter gegen die Bestätigung des NEP Strom ausgeschlossen[273].

(c) Materiell-rechtliche Anforderungen

Die materiellen Anforderungen an den NEP Strom sind in § 12b Abs. 1 S. 2 i. V. m. Abs. 2 EnWG gesetzlich verankert und umfassen dabei unter Berücksichtigung des Szenariorahmens alle wirksamen *Maßnahmen zur bedarfsgerechten Optimierung, Verstärkung und zum Ausbau des Netzes*, die *„spätestens zum Ende des Betrachtungszeitraum i. S. d. § 12a Abs. 1 S. 2* für einen sicheren und zuverlässigen Netzbetrieb erforderlich sind". Ausweislich der Vorschrift nach § 12a Abs. 1 S. 2 EnWG heißt es demnach: „Der Szenariorahmen umfasst mindestens drei Entwicklungspfade (Szenarien), die für mindestens 10 und *höchstens 15 Jahre* die Bandbreite wahrscheinlicher Entwicklungen (...) abdecken". Geht man nun vom Wortlaut des § 12b Abs. 1 S. 2 EnWG (*spätestens zum Ende des Betrachtungszeitraums im Sinne des § 12 a Absatz 1 Satz 2*) aus, so müsste der NEP Strom einen Betrachtungszeitraum von 15 Jahren umfassen, weil der Prognosezeitraum i. S. d. § 12a Abs. 1 S. 2 EnWG höchstens 15 Jahre beträgt. Eine derartige Gesetzeswortauslegung wäre mit den europäischen Vorgaben allerdings nicht vereinbar. Denn nach dem Wortlaut des Art. 22 Abs. 1 der Richtlinie 2009/72/EG werden die Übertragungsnetzbetreiber zur Vorlage eines *10-jährigen* Netzentwicklungsplans verpflichtet. Anders als im Zusammenhang mit dem Prognosezeitraum i. S. v. Art. 22 Abs. 3 der Richtlinie 2009/72/EG, bei dem gerade kein Zeitrahmen vorgegeben wird, ist der Wortlaut des Art. 22 Abs. 1 der Richtlinie 2009/72/EG hinsichtlich des Betrachtungszeitraums des Netzentwicklungsplans eindeutig. Hätte der europäische Gesetzgeber einen anderen Betrachtungszeitraum für den Netzentwicklungsplan als 10 Jahre vorsehen wollen, so hätte er dies durch eine entsprechende Formulierung regeln können, wie z.B.: *„Die Übertragungsnetzbetreiber legen der Regulierungsbehörde jedes Jahr nach Konsultation aller einschlägigen Interessenträger <u>mindestens</u> einen zehnjährigen Netzentwicklungsplan vor, der sich auf*

273 *Ruge* in: BerlKommEnR, § 12c EnWG, Rn. 33.

die derzeitige Lage und die Prognosen im Bereich von Angebot und Nachfrage stützt". Davon hat der europäische Gesetzgeber allerdings keinen Gebrauch gemacht. Folglich ist die deutsche Vorschrift gem. § 12b Abs. 1 S. 2 EnWG teleologisch dahingehend auszulegen, dass der NEP Strom einen Betrachtungszeitraum von 10 und nicht 15 Jahren berücksichtigen muss.

Bei der Bestimmung der wirksamen *Maßnahmen zur bedarfsgerechten Optimierung, Verstärkung und zum Ausbau des Netzes* folgen die Übertragungsnetzbetreiber dem sog. „NOVA-Prinzip", einem gestuften Bestimmungssystem, nach dem zunächst vorrangig Netz-Optimierungsmaßnahmen vor Verstärkung und diese wiederum vor Ausbau des Netzes betrachtet werden[274]. Weitere inhaltliche Anforderungen an den NEP Strom sind zudem in § 12b Abs. 1 S. 4 Ziffer 1 bis 7 näher geregelt, weshalb auf diese Vorschrift verwiesen wird. Der NEP Strom muss gem. § 12b Abs. 1 S. 6 EnWG im Kontext der unionsrechtlichen Vorgaben ferner auch den zehnjährigen europäischen NEP gem. Art. 8 Abs. 3 Ziffer b.) der Verordnung (EG) Nr. 714/2009 berücksichtigen[275].

(d) Aktualisierung

Zur Begrenzung des Aufwandes kann das hohe Maß an Öffentlichkeits- und Behördenbeteiligung nach der erstmaligen Bestätigung des NEP Strom gem. § 12c Abs. 6 S. 1 EnWG lediglich auf die Änderungen gegenüber der früheren Fassung des genehmigten Szenariorahmens oder des zuletzt bestätigten NEP Strom beschränkt werden. Einwendungen gegen die früheren Bestandteile des Szenariorahmens sowie des Netzentwicklungsplans würden damit nicht weiter berücksichtigt[276]. Hierbei handelt es sich nach dem Wortlaut der Norm ebenfalls um eine Ermessensentscheidung der BNetzA, so dass dadurch kein gesetzlicher Verzicht zu einer umfassenden Öffentlichkeits- und Behördenbeteiligung konkretisiert wird[277]. Die Möglichkeit zur Begrenzung der Öffentlichkeitsbeteiligung ist allerdings auf einen Zeitraum von vier Jahren beschränkt. Demzufolge ist gem. § 12c Abs. 6 S. 2 EnWG alle vier Jahre erneut eine vollständige Öffentlichkeits- und Behördenbeteiligung durchzuführen.

(3) Bundesbedarfsplan

(a) Formell-rechtliche Anforderungen

Der von der BNetzA bestätigte NEP Strom (sowie der O-NEP) bilden sodann die Grundlage für den sog. *Bundes*bedarfsplan gem. § 12e EnWG. Dazu übermittelt

---

274 Vgl. URL: https://www.netzausbau.de/5schritte/nep-ub/de.html (letzter Abruf: 18.02.2017).

275 Dazu ausführlich: Teil 3 A.I.

276 *Benzin* in: BerlKommEnR, § 12d EnWG, Rn. 1.

277 *Kober* in: Danner/Theobald, EnR, § 12d EnWG, Rn. 3.

die BNetzA mindestens alle vier Jahre den bestätigten NEP Strom an die Bundesregierung und fügt eine Begründung bei, § 12e Abs. 1 S. 1, Abs. 2 S. 2 EnWG. Damit muss nur jeder zweite im Rahmen des 2-Jahres-Rhythmus erstellte NEP Strom übermittelt werden. Dies gilt jedoch nicht bei *wesentlichen* Änderungen des NEP Strom, § 12e Abs. 1 S. 3 EnWG. In diesem Falle ist das gesamte Verfahren erneut durchzuführen, § 12e Abs. 1 S. 3 EnWG. Wann eine Änderung als „wesentlich" zu betrachten ist, wird im Gesetz nicht weiter definiert, so dass der BNetzA diesbezüglich ein Beurteilungsspielraum eröffnet wird. Eine „wesentliche" Änderung dürfte allerdings jedenfalls dann anzunehmen sein, wenn sich das Gesamtbild des Netzausbaubedarfs gegenüber dem vorherigen NEP Strom ändern sollte. Dies könnte beispielsweise im Wegfall oder Hinzukommen neuer Netztrassen begründet sein[278].

Die Bundesregierung legt den Entwurf des *Bundes*bedarfsplans alle vier Jahre dem Bundesgesetzgeber vor, § 12e Abs. 1 S. 2 EnWG. Schließlich wird der *Bundes*bedarfsplan im förmlichen Gesetzgebungsverfahren vom Bundesgesetzgeber als Gesetz (Bundesbedarfsplangesetz – BBPlG) verabschiedet[279].

(b) Materiell-rechtliche Anforderungen

In dem Entwurf des *Bundes*bedarfsplans werden länderübergreifende und grenzüberschreitende Höchstspannungsleitungen sowie Anbindungsleitungen von den Offshore-Windparks-Umspannwerken zu den Netzverknüpfungspunkten an Land (kurz: „Offshore-Anbindungsleitungen") gem. § 12e Abs. 2 S. 1 EnWG i. V. m. § 2 Abs. 1 und 3 BBPlG besonders gekennzeichnet[280]. Bei den Offshore-Anbindungsleitungen handelt es sich um Leitungsabschnitte mit einem Netzverknüpfungspunkt an Land innerhalb des Küstenmeeres[281]. Das Gebiet des Küstenmeeres wird in Art. 2 ff. des Seerechtsübereinkommens der Vereinten Nationen[282] (SRÜ) näher bestimmt. Danach hat gem. Art. 3 SRÜ jeder Staat die Möglichkeit, die Breite seines Küstenmeers bis zu einer Grenze festzulegen, die höchstens 12 Seemeilen von den in Übereinstimmung mit diesem Übereinkommen festgelegten Basislinien entfernt sein darf. Mit der Bekanntmachung der Proklamation der Bundesregierung über die Ausweitung des deutschen Küstenmeeres[283] (KüstmProkBek) hat

---

278 *Posser* in: Kment, EnWG, § 12e, Rn. 10.

279 *Hendrich* in: Danner/Theobald, EnR, § 12 e EnWG, Rn. 14.

280 In diesem Zusammenhang fällt jedoch auf, dass der *Bundes*bedarfsplan bisher keine entsprechende Kennzeichnung von Offshore-Anbindungsleitungen vorsieht. Denn gem. § 2 Abs. 3 i. V. m. Anlage zu § 1 Abs. 1 BBPlG werden Offshore-Anbindungsleitungen im *Bundes*bedarfsplan mit dem Buchstaben C gekennzeichnet. Der *Bundes*bedarfsplan enthält jedoch keine solche Kennzeichnung.

281 *Appel* in: BerlKommEnR, § 2 NABEG, Rn. 5.

282 BGBl. II 1994 S. 1798.

283 BGBl. I S. 3428 v. 11.11.1994.

Deutschland die Ausweitung des Küstenmeeres insoweit auf einen Abstand von 12 Seemeilen bestimmt[284].

Neben den zur Interoperabilität der Elektrizitätsnetze innerhalb der Europäischen Union dienenden länderübergreifenden und grenzüberschreitenden Höchstspannungsleitungen werden im *Bundes*bedarfsplan allerdings auch noch weitere Vorhaben normiert, die der Anpassung, Entwicklung und dem Ausbau der Übertragungsnetze zur Einbindung von Elektrizität aus Erneuerbaren Energiequellen, zum Anschluss neuer Kraftwerke oder zur Vermeidung struktureller Engpässe im Übertragungsnetz dienen, § 1 Abs. 1 BBPlG. Dazu gehören auch Pilotprojekte für verlustarme Übertragung hoher Leistungen über große Entfernungen (§ 2 Abs. 2), Pilotprojekte für Hochtemperaturleiterseile (§ 2 Abs. 4), Erdkabel für Leitungen zur Höchstspannungs-Gleichstrom-Übertragung (kurz: HGÜ, § 2 Abs. 5) sowie Pilotprojekte für Erdkabel zur Höchstspannungs-Drehstrom-Übertragung (§ 2 Abs. 6). Durch die verschiedene Kennzeichnung der jeweiligen Vorhaben ergeben sich besondere rechtliche Konsequenzen für die Planfeststellung, worauf nachfolgend noch näher eingegangen wird[285].

(c) Rechtswirkung

Mit dem Erlass des *Bundes*bedarfsplans wird die gesetzliche Bedarfsfestlegung abgeschlossen[286] und für die darin enthaltenen Vorhaben gem. § 12e Abs. 4 S. 1 EnWG i. V. m. § 1 Abs. 1 BBPlG die *energiewirtschaftliche Notwendigkeit* und ein *vordringlicher Bedarf zur Gewährleistung eines sicheren und zuverlässigen Netzbetriebs* gesetzlich festgestellt. Die gesetzliche Bedarfsfestlegung hat insoweit unmittelbare Auswirkungen auf das sich anschließende Planfeststellungsverfahren. Denn durch die gesetzliche Feststellung der energiewirtschaftlichen Notwendigkeit und des vordringlichen Bedarfs wird die für das Planfeststellungsverfahren erforderliche Planrechtfertigung rechtsverbindlich begründet, vgl. § 12e Abs. 4 S. 2 EnWG. Folglich können die in den *Bundes*bedarfsplan aufgenommenen Leitungen nicht mehr im Planfeststellungsverfahren in Frage gestellt werden[287].

---

284 Da die Einhaltung einer Entfernung von 12 Seemeilen in der Ostseeinnerhalb des Gebietes zwischen Deutschland und Dänemark nicht möglich ist, wird hiervon abweichend das Küstenmeer für die Ostsee durch bestimmte Punkte näher bestimmt, vgl. Ziffer I Nr. 2) KüstmProkBek.

285 Dazu ausführlich: Teil 3 B.III.1.b.

286 *Benzin* in: BerlKommEnR, § 12e EnWG, Rn. 37.

287 *Calliess/Dross*, JZ 2012, 1002 (1006).

bb. Zweite Stufe

(1) Bundesfachplanung

(a) Zielsetzung

Der gesetzlichen Bundesbedarfsplanung folgt sodann auf der zweiten Stufe die Bundesfachplanung. Hierbei handelt es sich um eine verwaltungsinterne rechtsverbindliche Trassenplanung von Höchstspannungsleitungen[288], im Rahmen derer *Trassenkorridore* rechtsverbindlich bestimmt werden und bei der gem. § 28 NABEG das Raumordnungsverfahren nach Maßgabe der Vorschrift des § 15 Abs. 1 ROG i. V. m. § 1 S. 2 Nr. 14 RoV durch die dafür grundsätzlich originär zuständige Landesraumordnungsbehörde nicht stattfindet[289]. Primäres Ziel der Bundesfachplanung ist damit die frühzeitige Sicherung der für den Ausbau der Übertragungsnetzleitungen in den späteren Planfeststellungsverfahren benötigten Flächen[290]. Nach der Gesetzesdefinition des § 3 Abs. 1 NABEG stellen „Trassenkorridore" bestimmte Gebietsstreifen dar, innerhalb derer eine Stromleitung verläuft und für die die Raumverträglichkeit festgestellt werden soll oder festgestellt ist. Ausweislich der Gesetzesbegründung werden Trassenkorridore in einer Breite zwischen 500 Meter bis höchstens 1.000 Meter ausgewiesen[291]. Dabei dient die Bundesfachplanung auch als Mittel zur Beschleunigung des Ausbaus des Übertragungsnetzes, da sich durch die Bündelung des gesamten Verfahrens einschließlich der nachgelagerten Planfeststellung (§§ 18 ff. NABEG) bei der BNetzA im Sinne eines „one-stop-shop", also eines Verfahrens „aus einer Hand", die in der Vergangenheit häufig zur Verzögerung führende Abstimmung zwischen den Landesraumordnungs- und Landesplanfeststellungsbehörden erübrigt[292].

(b) Sachlicher Anwendungsbereich

(aa) Besondere Leitungen

Von dem sachlichen Anwendungsbereich der Bundesfachplanung gem. § 2 Abs. 1 NABEG wird allerdings nur die Errichtung oder Änderung von *länderübergreifenden* oder *grenzüberschreitenden Höchstspannungsleitungen* und *Offshore-Anbindungsleitungen* umfasst, die im *Bundes*bedarfsplan gem. § 12e Abs. 4 S. 1 EnWG, §§ 1 Abs. 1, 2 Abs. 1, 3 i. V. m. Anlage zu § 1 Abs. 1 BBPlG als solche gekennzeichnet sind. Bei den länderübergreifenden Höchstspannungsleitungen handelt es sich um Stromleitungen mit einer Spannung von mindestens 220 kV, welche

---

288 *Calliess/Dross*, JZ 2012, 1002 (1004).
289 *Riese/Nebel* in: Steinbach/Franke, NABEG, § 5, Rn. 9.
290 *Riese/Nebel* in: Steinbach/Franke, NABEG, § 5, Rn. 8.
291 *Wolfshohl/Wiesendahl* in: de Witt/Scheuten, NABEG, § 3, Rn. 6.
292 *Wolfshohl/Wiesendahl* in: de Witt/Scheuten, NABEG, § 1, Rn. 13.

mindestens durch zwei Bundesländer in Deutschland verlaufen und damit über das geografische Gebiet eines einzigen Bundeslandes hinausreichen[293]. Als grenzüberschreitend gelten Höchstspannungsleitungen, sobald sie eine Verbindung zwischen Deutschland und einem seiner Nachbarstaaten herstellen[294]. Bei den Offshore-Anbindungsleitungen handelt es sich um Stromleitungen innerhalb des Küstenmeeres und damit innerhalb der 12-Seemeilen-Zone[295].

Die Vorschrift des § 2 Abs. 3 NABEG enthält eine Erweiterung dahingehend, dass auch der *Neubau* von Hochspannungsleitungen mit einer Spannung von mindestens 110 kV sowie von Bahnstromfernleitungen vom Anwendungsbereich des NABEG umfasst wird, sofern sie zusammen mit den vorgenannten Höchstspannungsleitungen auf einem Mehrfachgestänge geführt werden können und die Planungen so rechtzeitig beantragt werden, dass die Einbeziehung ohne wesentliche Verfahrensverzögerung für die Bundesfachplanung oder Planfeststellung möglich ist. Ausgehend vom Gesetzeswortlaut betrifft dies allerdings nur den Neubau, nicht aber die Änderung bestehender Hochspannungsleitungen[296].

(bb) Sonstige Leitungen

Auf alle anderen Leitungsvorhaben, mithin solche, die ebenfalls im *Bundes*bedarfsplan gem. Anlage zu § 1 Abs. 1 BBPlG ausgewiesen, aber nicht als länder- bzw. grenzüberschreitend oder als Offshore-Anbindungsleitung gekennzeichnet wurden, sowie für Leitungsvorhaben i.S. des Bedarfsplans gem. Anlage zu § 1 Abs. 1 EnLAG[297] und auch alle übrigen Höchstspannungsleitungen findet die Bundesfachplanung nach §§ 4 ff. NABEG hingegen keine Anwendung. Für diese Leitungen sieht das Gesetz keine übergeordnete rechtsverbindliche Fachplanung auf Bundesebene vor. Insoweit erfolgt die (Fach-) Planung dieser Leitungen durch die zuständige Landesbehörde im Rahmen eines Raumordnungsverfahrens gem. § 15 Abs. 1 ROG i. V. m. § 1 S. 2 Nr. 14 RoV[298]. Der Unterschied zwischen der Bundesfachplanung nach Maßgabe der Vorschriften des NABEG und der landesrechtlichen Fachplanung i. S. d. ROG besteht folglich im Wesentlichen darin, dass den fachplanerischen Festlegungen der Landesraumordnungsbehörden – im Gegensatz zu der bundesfachplanerischen Entscheidung (vgl. § 15 Abs. 1 S. 1 NABEG) – keine rechtsverbindliche Wirkung zukommt[299], so dass

293 *Wiesendahl* in: Danner/Theobald, EnR, NABEG, § 2, Rn. 4 und 6.
294 *Wolfshohl/Scheuten* in: de Witt/Scheuten, NABEG, § 2, Rn. 17 ff.
295 *Posser* in: Kment, EnWG, § 12e, Rn. 26.
296 *Wolfshohl/Scheuten* in: de Witt/Scheuten, NABEG, § 2, Rn. 30 und 35.
297 Leitungsvorhaben nach EnLAG werden gem. § 2 Abs. 4 NABEG ausdrücklich vom Anwendungsbereich dieses Gesetzes ausgenommen.
298 *Bourwieg/Serong* in: Steinbach/Franke, NABEG, § 2, Rn. 27.
299 *Kohls* in: Danner/Theobald, EnR, AnlZulR, Rn. 221.

die nachgelagerte Planfeststellungsbehörde von den fachplanerischen Festlegungen der Landesraumordnungsbehörden grundsätzlich auch abweichen kann[300].

(cc) Leitungen in der AWZ

Für Leitungen seewärts des Küstenmeeres findet das NABEG ebenfalls keine Anwendung, § 2 Abs. 5 NABEG. Für diesen Bereich gilt die kombinierte Bedarfs-/ Fachplanung gem. §§ 17a ff. EnWG[301], welche bei der Planung der Trassenkorridore für Offshore-Anbindungsleitungen wegen des nahtlosen Übergangs der Leitungen aus der AWZ in das Küstenmeer gleichwohl zu berücksichtigen ist, § 5 Abs. 3 NABEG.

(c) Formell-rechtliche Anforderungen

(aa) Antragsstellung

Die Bundesfachplanung beginnt gem. § 6 S. 1 NABEG mit dem Antrag des Vorhabenträgers bei der BNetzA als zuständigen Behörde, § 31 Abs. 1 NABEG. Für den Fall, dass der Vorhabenträger keinen entsprechenden Antrag stellen sollte, enthält das NABEG vor dem Hintergrund des damit verfolgten Ziels eines beschleunigten Übertragungsnetzausbaus eine überaus bemerkenswerte Regelung. Denn die BNetzA kann gem. § 6 S. 2 NABEG den Vorhabenträger nach Aufnahme eines Vorhabens in den *Bundes*bedarfsplan nach Maßgabe von § 12e Abs. 4 S. 1 EnWG durch Bescheid[302] dazu verpflichten, innerhalb einer „angemessenen" Frist einen entsprechenden Antrag zur Einleitung des Bundesfachplanungsverfahrens zu stellen. Damit wird der Netzausbau dem Marktmechanismus entzogen und stärker in die staatliche Verantwortung überführt[303], was sich jedoch einem planungswirtschaftlichen System nähert[304]. Die Anordnung zur Antragsstellung kann gem. § 34 NABEG sogar mit einem Zwangsgeld bis zu einer Höhe von 250.000 Euro durchgesetzt werden. Bei der Bestimmung des unbestimmten Rechtsbegriffs der „angemessenen" Frist ist nach der Gesetzesbegründung der Umfang des Vorhabens zu berücksichtigen. Danach muss dem Vorhabenträger ausreichend Zeit bleiben, um den Anforderungen an den Antrag gerecht werden zu können[305]. Auch die Gesetzesbegründung enthält allerdings keine bestimmte Vorgabe für die Fristbestimmung, so dass die BNetzA letztendlich im Rahmen einer pflichtgemäßen Ermessensausübung unter Berücksichtigung des Ziels des Gesetzes, vor allem der Sicherstellung eines zügigen Netzausbaus, und dem

---

300 Vgl. auch: Teil 3 B.III.1.d.dd.(2).

301 Dazu ausführlich: Teil 3 B.III.1.e.

302 *Appel* in: BerlKommEnR, NABEG, § 6, Rn. 5.

303 *Schmitz/Jornitz*, NVwZ 2012, 332.

304 So kritisch: *Kment*, RdE 2011, 341 (344).

305 BT-Drucks. 17/6073, S. 24.

Umfang des Vorhabens in jedem Einzelfall die entsprechende Frist zu bestimmen hat[306].

(bb) Antragskonferenz

Unverzüglich nach Einreichung des Antrags wird sodann eine Antragskonferenz durchgeführt, im Rahmen derer zunächst der Gegenstand und der Umfang der Bundesfachplanung festgelegt werden, § 7 Abs. 1 S. 1 und 2 NABEG. Dabei soll gem. § 7 Abs. 1 S. 3 NABEG erörtert werden, inwieweit Übereinstimmung der beantragten Trassenkorridore mit den Erfordernissen der Raumordnung der Länder besteht oder hergestellt werden kann und in welchem Umfang und Detaillierungsgrad Angaben in dem Umweltbericht nach § 14g UVPG aufzunehmen sind. Neben dem Vorhabenträger werden an der Antragskonferenz auch die betroffenen Träger öffentlicher Belange, deren Aufgabenbereiche berührt sind, insbesondere die für die Landesplanung zuständigen Landesbehörden, sowie die nach § 3 UmwRG anerkannten Umweltvereinigungen beteiligt, § 7 Abs. 2 S. 1 i. V. m. § 3 Abs. 2 NABEG. Da die Antragskonferenz gem. § 7 Abs. 2 S. 3 NABEG öffentlich ist, kann auch die allgemeine Öffentlichkeit teilnehmen, wobei sie zunächst auf eine Zuhörerrolle beschränkt bleibt[307].

Vor dem Hintergrund eines beschleunigten Verfahrensablaufs im Zusammenhang mit dem Netzausbau *sollen*[308] die Festlegungen im Rahmen der Antragskonferenz gem. § 7 Abs. 5 NABEG innerhalb von zwei Monaten nach Antragsstellung abgeschlossen sein. Gem. § 7 Abs. 7 kann die Antragskonferenz allerdings auch unterbleiben, wenn die Voraussetzungen für ein vereinfachtes Verfahren nach § 11 NABEG vorliegen[309].

(cc) Vorlage an BNetzA

Im Anschluss daran legt der Vorhabenträger der BNetzA die Ergebnisse der Antragskonferenz für die raumordnerische Beurteilung und die SUP in einer von der BNetzA festgesetzten ebenfalls „angemessenen“ Frist vor, § 8 S. 1 NABEG. Auch in diesem Zusammenhang ist fraglich, wann die Frist als „angemessen“ zu beurteilen ist. Dabei sind bei der Bestimmung der Frist wieder in jedem Einzelfall das mit dem NABEG verfolgte Ziel der Sicherstellung eines zügigen Netzausbaus und der Umfang der beizubringenden Unterlagen zu berücksichtigen[310]. Hinsichtlich der Fristsetzung gem. § 8 S. 1 NABEG ist des Weiteren streitig, ob es sich hierbei um einen Verwaltungsakt oder um einen Realakt handelt. Während die Fristsetzung im Zusammenhang mit der Aufforderung zur Antragsstellung gem.

---

306 *Durinke* in: de Witt/Scheuten, NABEG, § 6, Rn. 13.
307 *Durinke* in: de Witt/Scheuten, NABEG, § 7, Rn. 19.
308 Zur Bedeutung von *Soll-Vorschriften* im Verwaltungsrecht vgl.: Fn. 262.
309 Dazu ausführlich: Teil 3 B.II.1.a.bb.(e).
310 *Durinke* in: de Witt/Scheuten, NABEG, § 8, Rn. 4.

§ 6 S. 2 NABEG den Vorhabenträger durch die Regelungs- und Außenwirkung unmittelbar in seinen Rechten verletzt und damit nach der einhelligen Meinung im Schrifttum als Verwaltungsakt i. S. v. § 35 S. 1 VwVfG eingestuft wird, der mittels eines verwaltungsrechtlichen Rechtsbehelfs angegriffen werden kann[311], wird im Zusammenhang mit der Fristsetzung nach § 8 S. 1 NABEG vertreten, dass es sich hierbei um einen Verfahrensrealakt handele, der nicht selbstständig anfechtbar ist[312]. Dem ist zuzustimmen: Hinsichtlich der Beurteilung der Rechtsqualität der Fristsetzung gem. § 8 S. 1 NABEG ist rechtsdogmatisch darauf abzustellen, ob die tatbestandlichen Voraussetzungen eines Verwaltungsaktes erfüllt sind, insbesondere ob die Fristsetzung eine *Regelung eines Einzelfalls* darstellt. Dabei umschreibt die Regelung als Folge der Maßnahme, dass und welche Rechtswirkungen eingetreten sind[313]. Diese müssen also abschließend bzw. endgültig sein[314]. Die Vorschrift des § 8 NABEG mag den Vorhabenträger zwar dazu verpflichten, die Unterlagen innerhalb einer bestimmten Frist beizubringen, gleichwohl enthält sie keine abschließende Regelung für den Fall, dass der Vorhabenträger die Frist trotzdem fruchtlos verstreichen lässt. Daran ändert die Vorschrift des § 33 Abs. 1 Nr. 1, Abs. 2 NABEG nichts, weil sie nur den Fall der „nicht richtigen" und nicht den Fall der „nicht rechtzeitigen" Vorlage von Unterlagen nach Maßgabe von § 8 NABEG mit einem Bußgeld sanktioniert. Damit fehlt der Fristsetzung gem. § 8 S. 1 NABEG der für einen Verwaltungsakt erforderliche Regelungsgehalt.

(dd) Behörden- und Öffentlichkeitsbeteiligung

Die BNetzA führt gem. § 9 NABEG spätestens zwei Wochen nach Zugang der vollständigen Unterlagen eine Behörden- und Öffentlichkeitsbeteiligung durch. Dabei sind gem. § 9 Abs. 1 NABEG diejenigen Behörden nach § 14h UVPG zu beteiligen, deren umwelt- und gesundheitsbezogener Aufgabenbereich durch die Trassenplanung berührt wird. Gleichzeitig werden auch *Träger öffentlicher Belange* innerhalb einer von der BNetzA zusetzenden Frist, die drei Monate nicht überschreiten darf, zur Stellungnahme aufgefordert, § 9 Abs. 2 S. 1 NABEG. Hierunter fallen neben den Raumordnungsbehörden der Länder vor allem die Umweltsowie andere Fach- und Planungsbehörden, die durch die Bundesfachplanung in ihrem Aufgabenbereich betroffen sind[315]. Ob auch die von der Trassenplanung betroffenen Gemeinden von dem Begriff „Träger öffentlicher Belange" umfasst

---

311 So u. a. *Appel* in: BerlKommEnR, NABEG, § 6, Rn. 8; *Durinke* in: de Witt/Scheuten, NABEG, § 6, Rn. 12.

312 *Durinke* in: de Witt/Scheuten, NABEG, § 8, Rn. 4; **a.A.:** *Posser/Schulze* in: Posser/Faßbender, Praxishandbuch Netzplanung und Netzausbau, Kap. 13, Rn. 82 ff.

313 *Stelkens* in: Stelkens/Bonk/Sachs, VwVfG, § 35, Rn. 142.

314 *Beckmann*, NVwZ 2011, 842 f.

315 *Appel* in: BerlKommEnR, NABEG, § 9, Rn. 8 f.

werden, ist in der Literatur und Rechtsprechung umstritten[316]. Dies kann jedoch dahinstehen, da die Gemeinden nach herrschender Rechtsprechung zumindest im Rahmen der allgemeinen Öffentlichkeitsbeteiligung am Verfahren teilnehmen können[317]. Des Weiteren können sich gem. § 9 Abs. 6 S. 1 NABEG Vereinigungen i. S. v. § 3 Abs. 2 sowie die allgemeine Öffentlichkeit, die im Rahmen der Antragskonferenz gem. § 7 noch auf die Zuhörerrolle verwiesen war, innerhalb eines Monats nach Ablauf der Veröffentlichungsfrist zu den beabsichtigten Trassenkorridoren äußern. Etwaig rechtzeitig erhobene Einwendungen werden gem. § 10 S. 1 NABEG mündlich mit dem Vorhabenträger und dem Einwendenden erörtert.

(d) Materiell-rechtliche Anforderungen

In materiell-rechtlicher Hinsicht berücksichtigt die BNetzA, ob der Verwirklichung des Vorhabens öffentliche oder private Belange entgegenstehen, § 5 Abs. 1 S. 2 NABEG, und ob das Vorhaben mit den *Erfordernissen der Raumordnung* (§ 3 Abs. 1 Nr. 1 ROG) oder *anderen raumbedeutsamen Planungen und Maßnahmen* (§ 3 Abs. 1 Nr. 6 ROG) übereinstimmt, § 5 Abs. 1 S. 3 NABEG. Der Begriff der Erfordernisse der Raumordnung nach § 3 Abs. 1 Nr. 1 ROG wird gesetzlich definiert als *Ziele der Raumordnung*, *Grundsätze der Raumordnung* und *sonstige Erfordernisse der Raumordnung*. Dabei werden die Begriffe *Grundsätze der Raumordnung* und *sonstige Erfordernisse der Raumordnung* durch die Vorschrift nach § 3 Abs. 1 Nr. 3 und Nr. 4 ROG näher konkretisiert. Sie werden gem. § 4 Abs. 1 S. 1 ROG als öffentliche Belange in die planerische Abwägung eingestellt[318]. Damit sind sie für die BNetzA nicht bindend. Der Begriff *Ziele der Raumordnung* ist gem. § 3 Abs. 1 Nr. 2 ROG ebenfalls gesetzlich definiert und zwar als *verbindliche Vorgaben* in Form von räumlich und sachlich bestimmten oder bestimmbaren, vom Träger der Raumordnung abschließend abgewogenen (§ 7 Abs. 2 ROG) textlichen oder zeichnerischen Festlegungen in Raumordnungsplänen zur Entwicklung, Ordnung und Sicherung des Raumes. Die Ziele der Raumordnung sind – anders als die Grundsätze und sonstige Erfordernisse der Raumordnung – bindend (vgl. § 4 Abs. 1 S. 1 ROG), so dass hiervon grundsätzlich nicht abgewichen werden darf[319].

(aa) Bindung an Raumordnungspläne

Da die bundesfachplanerischen Festlegungen mit den verbindlichen Zielen der Raumordnung kollidieren können, ist fraglich, ob im Rahmen der Bundesfachplanung dennoch von den Festlegungen in den Raumordnungsplänen und damit

316 *Appel* in: BerlKommEnR, NABEG, § 9, Rn. 10.
317 BVerwG, NVwZ 2005, 812.
318 *de Witt* in: de Witt/Scheuten, NABEG, § 5, Rn. 15 f.
319 *Runkel* in: Spannowsky/Runkel/Goppel, ROG, § 3, Rn. 52.

von den Zielen der Raumordnung abgewichen werden darf. Dies wird in der Literatur kontrovers diskutiert. Ausgangspunkt dieser Diskussion ist die Frage nach der Bindungswirkung der Landesplanung gegenüber der Bundesfachplanung.

Nach einer Auffassung sollen die Ziele der Raumordnung für die Bundesfachplanung keine rechtsverbindliche Wirkung entfalten[320], so dass die Festlegungen in den Raumordnungsplänen lediglich als planerische Abwägung von der BNetzA im Rahmen der öffentlichen Interessen zu berücksichtigen seien[321]. Als Argument hierfür wird u. a. auf die Vorschrift des § 4 Abs. 1 S. 1 Nr. 1 ROG verwiesen. Danach sind die Ziele der Raumordnung bei raumbedeutsamen Planungen und Maßnahmen bindend, die von *öffentlichen Stellen* in Wahrnehmung ihrer eigenen Aufgaben durchgeführt werden[322]. Zwar könne die BNetzA ausweislich der Vorschriften gem. § 5 Abs. 1 S. 1 und § 7 Abs. 3 S. 2 NABEG auf die Bundesfachplanung Einfluss nehmen, dennoch werde die Bundesfachplanung auf Antrag des Übertragungsnetzbetreibers betrieben, so dass sie auch nur in dessen Verantwortungsbereich liege. Folglich handle es sich bei der Bundesfachplanung nicht um eine raumbedeutsame Planung und Maßnahme, die von der BNetzA als öffentliche Stelle durchgeführt werde. Sollte die Vorschrift nach § 4 Abs. 1 S. 1 Nr. 1 ROG dennoch zur Anwendung gelangen, so müsse die Regelung nach § 5 Abs. 1 ROG berücksichtigt werden. Danach seien die Ziele der Raumordnung für die BNetzA nur dann bindend, wenn die BNetzA bei der Aufstellung des Raumordnungsplans beteiligt worden sei und innerhalb einer Frist von zwei Monaten nach Mitteilung des rechtsverbindlichen Ziels nicht widersprochen habe. Diese Voraussetzung sei mangels Beteiligung der BNetzA bei den bereits bestehenden Festlegungen in den Raumordnungsplänen in der Regel nicht erfüllt. Des Weiteren habe der Gesetzgeber mit der Vorschrift nach § 15 Abs. 1 S. 2 NABEG eine spezialgesetzliche Raumordnungsklausel des Bundes geschaffen, die der Bundesfachplanung gegenüber den Zielen der Raumordnung Vorrang einräume[323].

Nach einer anderen Auffassung sollen die Ziele der Raumordnung für die Bundesfachplanung verbindlich sein[324] und stehen daher außerhalb der planerischen Abwägung der BNetzA[325]. Danach soll es sich bei der Bundesfachplanung durch die BNetzA um eine raumbedeutsame Planung und Maßnahme einer *öffentlichen Stelle* i. S. d. § 4 Abs. 1 S. 1 Nr. 1 ROG handeln, da es auf die Zurechenbarkeit der Planungsentscheidung ankomme. Diese liege bei der BNetzA, weil sie erheblichen Einfluss auf die Bundesfachplanung habe. So seien der BNetzA gem. § 6 S. 2 NABEG weitreichende Einflussmöglichkeiten auf die Antragsstellung

320 *Appel*, NVwZ 2013, 457 ff.; *de Witt* in: de Witt/Scheuten, NABEG, § 5, Rn. 22; *Ders.* in: de Witt/Scheuten, NABEG, § 15, Rn. 33.
321 *de Witt* in: de Witt/Scheuten, NABEG, § 5, Rn. 22.
322 *Appel*, NVwZ 2013, 459 ff.
323 Wie vorige Fn.
324 *Kümper*, NVwZ 2014, 1409 ff.; *Kment*, NVwZ 2015, 617 ff.
325 *Kümper*, NVwZ 2015, 1486 (1487).

eingeräumt, indem sie den Übertragungsnetzbetreiber sogar dazu verpflichten könne, einen Antrag auf Bundesfachplanung zu stellen. Im Übrigen sei die BNetzA gem. § 7 Abs. 3 S. 2 NABEG ohnehin nicht an diesen Antrag gebunden, was ein Zeichen für die Planungsverantwortung der BNetzA sei. Dies wird durch die in § 15 Abs. 1 S. 1 NABEG geregelte Bindungswirkung der bundesfachplanerischen Entscheidung für das nachgelagerte Planfeststellungsverfahren flankiert. Eine solche Bindungswirkung könne nur durch eine hoheitliche Entscheidung ausgelöst und keinem Privaten zugerechnet werden. Des Weiteren begründe die Regelung nach § 15 Abs. 1 S. 2 NABEG kein Sonderraumordnungsrecht des Bundes, da sich diese Vorschrift nicht an den Bund, sondern an die Planungsträger der Länder richte[326]. Daher könne die BNetzA keine Trassenkorridore in Widerspruch zu den Raumordnungszielen der Länder festlegen.

(bb) Stellungnahme

Da beide Ansichten gute Argumente für sich vorbringen können, fällt es sehr schwer, eine Entscheidung zu treffen. Gleichwohl sprechen wohl die besseren Gründe für die erstgenannte Ansicht. Gegen eine strikte Bindung der Raumordnungsziele spricht auch der Sinn und Zweck des Gesetzes. Insoweit sollen mit dem NABEG die Planungs- und Genehmigungsverfahren und damit der Übertragungsnetzausbau beschleunigt werden[327]. Würde man nun den Raumordnungszielen eine verbindliche Bindungswirkung auch für die Bundesfachplanung zuerkennen, so könnte sich die Realisierung des Netzausbauvorhabens verzögern, weil sich die BNetzA bei dem Trassenverlauf strikt an die Festlegungen in den Raumordnungsplänen der Länder halten müsste, auch wenn eine andere Trasse nach Ansicht der BNetzA vorzugswürdiger erschiene. Dies könnte beispielsweise dann der Fall sein, wenn die Trasse in räumlicher Nähe zu einem Windpark oder einem Kraftwerk verlaufen würde, so dass diese Anlagen ohne einen größeren zusätzlichen finanziellen Aufwand oder ohne zusätzliche Eingriffe in Natur und Landschaft an das Übertragungsnetz angeschlossen werden könnten, weil weitere Anschlussleitungen zwischen dem Windpark bzw. dem Kraftwerk und dem in der Trassenplanung festgelegten Übertragungsnetz nicht erforderlich wären. Folglich spricht vieles dafür, dass die Ziele der Raumordnung i. S. d. § 3 Abs. 1 und 2 ROG für die Bundesfachplanung nicht als verbindlich anzusehen sind, so dass die BNetzA im Rahmen der Bundesfachplanung von den Festlegungen in den Raumordnungsplänen grundsätzlich abweichen darf.

326 *Kümper*, NVwZ 2014, 1409 (1410 ff.).
327 BT-Drucks. 17/6073, S. 18 f.

(e) Vereinfachtes Verfahren

(aa) Zielsetzung

Die Bundesfachplanung kann allerdings auch im Wege eines vereinfachten Verfahrens nach Maßgabe des § 11 NABEG durchgeführt werden. Im Falle der Durchführung eines vereinfachten Verfahrens kann insofern auch die Behörden- und Öffentlichkeitsbeteiligung sowie die Antragskonferenz unterbleiben, vgl. § 9 Abs. 7 und § 7 Abs. 7 NABEG. Die Entscheidung, ob eine Behörden- und Öffentlichkeitsbeteiligung respektive ob eine Antragskonferenz durchgeführt wird, liegt insoweit im Ermessen der BNetzA[328]. Dies gilt auch hinsichtlich der Frage, ob die Bundesfachplanung überhaupt im Wege eines vereinfachten Verfahrens durchgeführt werden soll. Insofern haben die Übertragungsnetzbetreiber keinen Anspruch auf die Durchführung der Bundesfachplanung im Wege eines vereinfachten Verfahrens[329]. Ziel des vereinfachten Verfahrens ist eine organisatorische Erleichterung und Verkürzung des Verfahrens der Bundesfachplanung[330]. Ferner sollen bei der Trassenplanung ebenfalls Anreize gesetzt werden, möglichst schon vorhandene Trassen oder bereits ausgewiesene Trassenkorridore zu nutzen, da dadurch größere Eingriffe in die Natur und das Landschaftsbild i. S. v. § 14 BNatSchG vermieden werden[331]. Mit dem zweitgenannten Ziel der Nutzung von bereits ausgewiesenen Trassenkorridoren sind die Fälle der sog. „Parallelführung" gemeint. Zwar werden Eingriffe in die Natur und Umwelt bei der Parallelführung nicht im gleichen Maße wie bei § 11 Abs. 1 Nr. 1 NABEG vermieden, da mit einem Neubau stets neue Belastungen derselben einhergehen. Gleichwohl ist bei der Parallelführung mit geringeren Umwelt- und Naturbeeinträchtigungen als bei einem völlig neuen Trassenbau zu rechnen, da die Parallelführung ein vorbelastetes Gebiet betrifft, bei dem bereits Eingriffe in Natur und Umwelt beispielsweise durch Waldschneisen oder Rodungen vorgenommen worden sind[332].

(bb) Anwendungsbereich

Die Voraussetzungen für ein vereinfachtes Verfahren sind gegeben, soweit eine SUP nach § 14d S. 1 UVPG nicht erforderlich ist[333] und wenn die Ausbaumaßnahme in einer bereits zugelassenen Hoch- oder Höchstspannungsleitung erfolgt und die Bestandsleitung ersetzt oder ausgebaut (§ 11 Abs. 1 Nr. 1 NABEG) oder *unmittelbar neben* der Trasse einer bestehenden oder bereits zugelassenen Hoch- oder Höchstspannungsleitung errichtet werden soll (§ 11 Abs. 1 Nr. 2 NABEG).

---

328 *Durinke* in: Danner/Theobald, EnR, NABEG, § 11 Rn. 11.
329 *Durinke* in: de Witt/Scheuten, NABEG, § 11, Rn. 29.
330 *Durinke* in: de Witt/Scheuten, NABEG, § 11, Rn. 2.
331 BT-Drucks. 17/6073, S. 26.
332 *Appel* in: BerlKommEnR, NABEG, § 11, Rn. 11.
333 *Durinke* in: Danner/Theobald, EnR, NABEG, § 11 Rn. 3.

Angesichts der unbestimmten Begrifflichkeit *unmittelbar nebenan* ist fraglich, in welcher räumlichen Distanz die Parallelführung zu der bereits bestehenden Trasse verlaufen muss. Die Gesetzesbegründung enthält hierzu keine näheren Ausführungen, so dass im Rahmen der Auslegung letztendlich alle Einzelfallumstände zu prüfen sind, was allerdings gewisse Interpretationsspielräume eröffnet[334]. Im Rahmen der Auslegung ist jedoch zu berücksichtigen, dass das vereinfachte Verfahren gem. § 11 Abs. 1 NABEG nur dann in Betracht kommt, soweit eine Ausnahme von der SUP-Pflicht i. S. v. § 14d S. 1 UVPG vorliegt. Danach ist eine SUP jedenfalls dann durchzuführen, wenn der Plan oder das Programm voraussichtlich erhebliche Umweltauswirkungen hat. Hieraus ergibt sich zwangsläufig, dass die räumliche Distanz der künftigen Paralleltrasse immer als „unmittelbar neben" der bereits bestehenden bzw. zugelassenen Trasse angesehen werden kann, solange dadurch keine erheblichen Umweltauswirkungen entstehen und der gesamte Trassenkorridor bestehend aus der Parallel- und der Bestandstrasse einen Breite von 1.000 Meter nicht überschreitet. Die Einschränkung hinsichtlich der Breite erscheint dabei sachgerecht, da ein Trassenkorridor nach dem Gesetzeswillen ohnehin nur eine Breite von 500 bis 1.000 Meter ausweisen soll[335].

Ein vereinfachtes Verfahren wird ferner gem. § 11 Abs. 1 Nr. 3 NABEG in den Fällen durchgeführt, soweit bereits in einem anderweitigen Verfahren in einem Raumordnungsplan gem. § 3 Abs. 1 Nr. 7 ROG über die Trassenführung entschieden wurde oder wenn der durch die Bundesfachplanung bestimmte Trassenkorridor nur *geringfügig* geändert wird, § 11 Abs. 1 Nr. 4 NABEG. Auch der unbestimmte Rechtsbegriff der *geringfügigen* Abweichung ist nicht näher definiert, so dass bei der Auslegung ebenfalls auf die Einzelfallumstände abzustellen ist. Dabei sind einerseits der mit der Regelung zum vereinfachten Verfahren verfolgte Zweck, nämlich die Beschleunigung des Netzausbaus[336], und andererseits Art und Ausmaß der Auswirkungen auf Natur und Umwelt zu berücksichtigen.

(cc) Verfahren

Das vereinfachte Verfahren ist gem. § 9 Abs. 3 S. 1 NABEG binnen drei Monaten abzuschließen. Andernfalls beträgt die Abschlussfrist vier Monate, § 11 Abs. 3 S. 2 NABEG. Das reguläre Bundesfachplanungsverfahren ist hingegen innerhalb von sechs Monaten abzuschließen, § 12 Abs. 1 NABEG. Dabei knüpft die Abschlussfrist in allen Fällen an das Vorliegen der *vollständigen* Unterlagen bei der BNetzA i. S. v. § 8 S. 6 NABEG an. Das Gesetz trifft allerdings keine weitergehende Konkretisierung dahingehend, wann die Unterlagen als *vollständig* anzusehen sind, so dass die BNetzA das Bundesfachplanungsverfahren – zumindest theoretisch – durch

334 *Appel* in: BerlKommEnR, NABEG, § 11, Rn. 12.
335 BT-Drucks. 17/6073, S. 23.
336 *Appel* in: BerlKommEnR, NABEG, § 11, Rn. 1.

neue Anforderungen an die Vollständigkeit der Unterlagen nach ihrem Ermessen verlängern kann. Dies könnte der Beschleunigungswirkung entgegenstehen. Daher wird in der Literatur gefordert, dass eine gesetzliche Regelung getroffen werden müsse, nach der die Vollständigkeit der Antragsunterlagen nach einem rügelosen Ablauf einer gewissen Frist fingiert werde[337].

Dem ist zuzustimmen, da durch eine solche Fiktion der zeitliche Rahmen der Bundesfachplanung final konkretisiert und dadurch das Hinauszögern des Verfahrensabschlusses auf unbestimmte Zeit durch die BNetzA ausgeschlossen werden kann. Hierzu wäre allerdings eine Gesetzesänderung notwendig. Eine solche Fiktion ist dem Gesetz allerdings nicht fremd und daher auch nicht systemwidrig. So wird beispielsweise nach § 13b Abs. 5 S. 6 EnWG die Genehmigung einer Systemrelevanzausweisung eines Kraftwerks fingiert, soweit die BNetzA nicht „innerhalb einer Frist von drei Monaten nach Vorliegen der *vollständigen* Unterlagen" entschieden hat.

(dd) Materielle Anforderungen

Im Rahmen des vereinfachten Verfahrens prüft die BNetzA in materiell-rechtlicher Hinsicht, ob die Ausbaumaßnahme raumverträglich ist, § 11 Abs. 2 NABEG, mithin ob die Ausbaumaßnahme mit den Erfordernissen der Raumordnung (§ 3 Abs. 1 Nr. 1 ROG) oder anderen raumbedeutsamen Planungen und Maßnahmen (§ 3 Abs. 1 Nr. 6 ROG) übereinstimmt[338]. Da die Raumordnungsbehörden der Länder grundsätzlich für die Prüfung der überörtlichen Raumverträglichkeit zuständig sind, ist die BNetzA gem. § 11 Abs. 2 NABEG diesbezüglich verpflichtet, mit ihnen ein *Benehmen*[339] herzustellen[340]. Anders als beim *Einvernehmen* setzt das Benehmen allerdings kein Zustimmungserfordernis der Raumordnungsbehörde voraus, so dass die BNetzA daher auch von dem Votum der Raumordnungsbehörden abweichen kann[341]. Eine weitere materiell-rechtliche Besonderheit des vereinfachten Verfahrens im Vergleich zum Regelverfahren ist, dass eine Prüfung von alternativen Trassenkorridoren nicht stattfindet[342], vgl. § 12 Abs. 3 NABEG.

Obwohl eine entsprechende Vorschrift im Gesetz nicht ausdrücklich enthalten ist, wird in der Literatur zuweilen die Meinung vertreten, dass die BNetzA auch im Rahmen des vereinfachten Verfahrens eine Prüfung etwa entgegenstehender öffentlicher und privater Belange i. S. v. § 5 Abs. 1 S. 2 NABEG durchzuführen habe[343]. Zur Begründung wird angeführt, die Vorschrift des § 5 Abs. 1

---

337 *Appel* in: BerlKommEnR, NABEG, § 8, Rn. 16.
338 *Appel* in: BerlKommEnR, NABEG, § 11, Rn. 31.
339 Zum Begriff „Benehmen" vgl. auch: Teil 3 B.III.1.c.cc.(2)(b)(cc).
340 *Durinke* in: de Witt/Scheuten, NABEG, § 11, Rn. 43.
341 Wie vorige Fn.
342 *Durinke* in: de Witt/Scheuten, NABEG, § 11, Rn. 44.
343 *Durinke* in: de Witt/Scheuten, NABEG, § 11, Rn. 39; *Appel* in: BerlKommEnR, NABEG, § 11, Rn. 32.

NABEG habe in der Gesetzesentwurfsfassung[344] zunächst auch nur eine Raumverträglichkeitsprüfung beinhaltet und sei erst nachträglich auf Vorschlag des Wirtschaftsausschusses[345] um die Prüfung der öffentlichen und privaten Belange ergänzt worden. Daher sei eine entsprechende Ergänzung beim vereinfachten Verfahren offenbar nur wegen der Eile im Gesetzgebungsverfahren versäumt worden, weshalb das Gebot der Prüfung der öffentlichen und privaten Belange auch beim vereinfachten Verfahren gem. § 11 Abs. 2 NABEG in das Gesetz hineinzulesen sei[346].

Diese Auffassung vermag allerdings nicht zu überzeugen. Eine solche Gesetzesergänzung lässt sich weder dem Gesetzeswortlaut noch dem Willen des Gesetzgebers entnehmen. Insoweit ist der Gesetzestext diesbezüglich eindeutig. Hätte der Gesetzgeber tatsächlich auch eine Prüfung der öffentlichen und privaten Belange im Rahmen des vereinfachten Verfahrens regeln wollen und dies nur „versäumt“, so hätte der Gesetzgeber seither mehrmals erneut die Möglichkeit gehabt, diesen Aspekt durch eine entsprechende Gesetzesänderung klarzustellen. So ist beispielsweise die Vorschrift des § 5 NABEG im Oktober 2016 durch Art. 7 EEAusG[347] geändert worden. Im Zuge dessen wäre es dem Gesetzgeber ebenfalls möglich gewesen, die Vorschrift des § 11 NABEG hinsichtlich der Prüfungserweiterung zu novellieren. Davon hat er allerdings keinen Gebrauch gemacht, was bereits gegen einen entsprechenden gesetzgeberischen Willen spricht. Gegen die Annahme einer Prüfungserweiterung spricht darüber hinaus auch der Telos der Vorschrift. Denn eine solche Erweiterung hinsichtlich der Verpflichtung zur Prüfung von öffentlichen und privaten Belangen würde dem mit einem vereinfachten Verfahren verfolgten Ziel einer besonderen Netzausbaubeschleunigung nicht gerecht werden, da die Durchführung eines solchen Abwägungsprozesses erfahrungsgemäß zeitaufwendig ist. Hierbei ist zudem zu berücksichtigen, dass die Ausbaumaßnahmen im Zusammenhang mit dem vereinfachten Verfahren ein vorbelastetes Areal betreffen, auf dem gerade Hoch- oder Höchstspannungsleitungen bereits errichtet oder verbindlich zugelassen worden sind. Mithin wurden die privaten und öffentlichen Belange in Bezug auf dieses Areal spätestens im Rahmen des vorhergegangenen Planfeststellungsverfahrens der Hoch- oder Höchstspannungsleitungen abgewogen, weshalb eine erneute Abwägung vor dem Hintergrund der besonderen Beschleunigung des Netzausbaus nicht zweckdienlich erscheint. Aufgrund dessen ist ebenfalls nicht zu erwarten, dass im Rahmen eines erneuten bundesfachplanerischen Abwägungsprozesses im Zusammenhang mit dem vereinfachten Verfahren nach § 11 NABEG völlig neue Einwendungen geltend gemacht werden, also solche, die nicht bereits bei der Errichtung respektive Zulassung der bestehenden Hoch- und

---

344 BT-Drucks. 17/6073, S. 7.
345 BT-Drucks. 17/6366, S. 19.
346 *Appel* in: BerlKommEnR, NABEG, § 11, Rn. 32.
347 BGBl. I S. 2258 v. 18.10.2016.

Höchstspannungsleitungen bekannt waren und berücksichtigt wurden. Im Übrigen würde die implizite Verpflichtung zur Durchführung eines Abwägungsprozesses gar keinen Sinn machen, weil im vereinfachten Verfahren gem. § 11 Abs. 1 i. V. m. § 9 Abs. 7 NABEG eine Behörden- und Öffentlichkeitsbeteiligung gerade unterbleiben kann, wodurch in Fällen, in denen die BNetzA von diesem Ausschließungsrecht ermessensfehlerfrei Gebrauch gemacht hat, gar keine privaten und öffentlichen Belange vorgetragen werden können. Es wäre systemwidrig, wenn die BNetzA in solchen Fällen von Amtswegen die privaten und öffentlichen Belange ermitteln müsste, weil die vorgetragenen Einwendungen auch bei einer ordentlichen Behörden- und Öffentlichkeitsbeteiligung i. S. v. § 9 NABEG nicht von Amts wegen ermittelt, sondern durch die BNetzA nur geprüft werden, vgl. § 5 Abs. 1 S. 2 ff. und § 9 Abs. 2 ff. NABEG. In Fällen, in denen die BNetzA von dem Ausschließungsrecht nach § 9 Abs. 7 keinen Gebrauch gemacht hat, würde hingegen der strengere Beibringungsgrundsatz des § 9 NABEG gelten.

(f) Einwendungsmöglichkeit

Gem. § 15 Abs. 1 S. 2 NABEG hat die Bundesfachplanung grundsätzlich Vorrang vor Landesplanungen. Daher ist jedes Bundesland, das von der Entscheidung im Rahmen der Bundesfachplanung betroffen ist, gem. § 14 S. 1 berechtigt, innerhalb einer Frist von einem Monat nach Abschluss des Verfahrens und Übermittlung der Entscheidung i. S. v. § 12 Abs. 2 und 3 Einwendungen zu erheben, zu denen die BNetzA Stellung nehmen muss, § 14 S. 3 NABEG. Da die Entscheidung der BNetzA im Rahmen der Bundesfachplanung gem. § 15 Abs. 3 S. 1 NABEG allerdings keine unmittelbare Außenwirkung entfaltet, sind hiergegen auch keine Rechtsbehelfe zulässig, wodurch der Rechtsschutz gegen planerische Festlegungen ausschließlich auf das Planfeststellungsverfahren beschränkt wird[348].

(g) Rechtswirkung

Die bundesfachplanerische Entscheidung der BNetzA nach § 12 ist für das anschließende Planfeststellungsverfahren i. S. v. §§ 18 ff. verbindlich, § 15 Abs. 1 S. 1 NABEG. Das bedeutet, dass der Planungsspielraum im nachfolgenden Planfeststellungsverfahren eingeschränkt ist und der Verlauf der Trassenkorridore, die an den Landesgrenzen gelegenen Länderübergangspunkte, die Raumverträglichkeit und die Alternativprüfung i. S. v. § 12 Abs. 2 NABEG nicht mehr in Frage gestellt werden können[349].

---

348 *Calliess/Dross*, JZ 2012, 1002 (1007).

349 *de Witt* in: de Witt/Scheuten, NABEG, § 15, Rn. 6 f.; *Calliess/Dross*, JZ 2012, 1002 (1007).

(2) Ergebnis

Die Entscheidung der BNetzA über die Festlegung des Trassenkorridors ist zunächst auf 10 Jahre befristet und kann um weitere fünf Jahre verlängert werden, § 15 Abs. 2 S. 1 und S. 2 NABEG. Gem. § 16 NABEG kann die BNetzA zudem für einzelne Trassenabschnitte Veränderungssperren festlegen, die eine noch weitergehende Trassensicherung bewirken. Die beschlossenen Trassenkorridore werden sodann gem. § 17 NABEG in den sog. *Bundesnetzplan*[350] aufgenommen. Dies hat zur Folge, dass ein Raumordnungsverfahren i. S. d. § 15 ROG für die Errichtung oder die Änderung der Höchstspannungsleitungen, die durch die festgelegten Trassenkorridore verlaufen, innerhalb der eben genannten Geltungsdauer „nicht stattfindet", § 28 NABEG, also durch Verfahren und Entscheidung der BNetzA ersetzt wird.

b. Bundesbedarfsplanung Offshore

aa. Anwendungsbereich

Für die Bundesbedarfsplanung in der ausschließlichen Wirtschaftszone der Bundesrepublik Deutschland (kurz: *AWZ*) hat der deutsche Gesetzgeber besondere Rechtsvorschriften vorgesehen, die in §§ 17a ff. EnWG näher konkretisiert sind. Als ausschließliche Wirtschaftszone gilt nach den völkerrechtlichen Vorgaben in Art. 55 SRÜ ein jenseits des Küstenmeers gelegenes und an dieses angrenzendes Gebiet, das der in diesem Teil des SRÜ festgelegten besonderen Rechtsordnung unterliegt, nach der die Rechte und Hoheitsbefugnisse des Küstenstaats und die Rechte und Freiheiten anderer Staaten durch die diesbezüglichen Bestimmungen dieses Übereinkommens geregelt werden. Gem. Art. 57 SRÜ darf sich die AWZ nicht weiter als 200 Seemeilen von den Basislinien erstrecken, von denen aus die Breite des Küstenmeeres gemessen wird. Entsprechend dieser Vorgaben hatte Deutschland die AWZ durch die Proklamation der Bundesrepublik Deutschland über die Errichtung einer ausschließlichen Wirtschaftszone der Bundesrepublik Deutschland in der Nordsee und in der Ostsee (AWZProk) näher definiert (vgl. nachstehende *Abbildungen*[351]).

---

350 Nicht zu verwechseln mit dem *Bundes*bedarfsplan i. S. d. BBPlG oder dem Bedarfsplan i. S. d. EnLAG.

351 *Abbildung 5*: Bundesamt für Naturschutz (BfN), URL: https://www.bfn.de/fileadmin/_processed_/csm_Offshore-Windkraftprojekte-Nordsee-sowie-Kabelanbindungen_ca1a99e77c.png (letzter Abruf: 26.07.2017) und URL: https://www.bfn.de/fileadmin/_processed_/csm_Offshore-Windkraftprojekte-Ostsee-sowie-Kabelanbindungen_c2e61dec02.png (letzter Abruf: 26.07.2017).

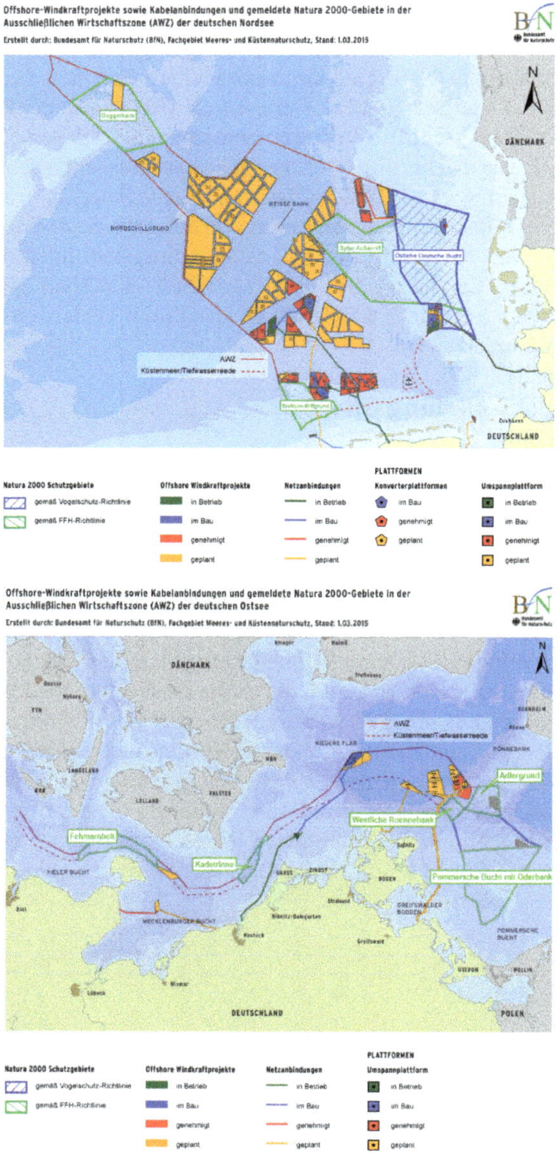

Abbildung 5: *Offshore-Windkraftprojekte sowie Kabelanbindungen und gemeldete Natura 2000-Gebiete in der Ausschließlichen Wirtschaftszone (AWZ) der deutschen Nord- und Ostsee*

bb. Systematische Abgrenzung

Die aktuellen Rechtsvorschriften hinsichtlich der Bundesbedarfsplanung in der AWZ weichen von der soeben dargestellten Bundesbedarfsplanung an Land ab. Anders als bei der Onshore-Bundesbedarfsplanung, bei der der NEP Strom gem. § 12b Abs. 1 S. 1 EnWG durch die Übertragungsnetzbetreiber auf der Grundlage des Szenariorahmens erstellt wird, wird dem eigentlichen Offshore-Netzentwicklungsplan (O-NEP, § 17b EnWG) ein sog. Offshore-Netzplan vorangestellt, der nach der Legaldefinition gem. § 17a Abs. 1 S. 1 EnWG „Bundesfachplan Offshore“ (BFO) genannt wird. Dabei ist der BFO nicht zu verwechseln mit dem Begriff der „Bundesfachplanung“ i. S. d. §§ 4 ff. NABEG[352]. Nach der Gesetzesbegründung soll der BFO dazu beitragen, den Offshore-Netzplan (= BFO) von dem Offshore-Netzentwicklungsplan (= O-NEP) klar abzugrenzen[353]. Dennoch enthält der BFO einige Parallelen zur Bundesfachplanung, auf die nachfolgend noch näher eingegangen wird.

In rechtlicher Hinsicht entfaltet der BFO zu einem deutlich früheren Zeitpunkt eine Rechtswirkung dahingehend, dass der von den Übertragungsnetzbetreibern zu erstellende nachgelagerte O-NEP bereits die vorgelagerten Festlegungen des BFO berücksichtigen muss, § 17b Abs. 1 S. 2 EnWG. Folglich wird die Netzentwicklungsplanung in der AWZ anders als an Land, wo die Stromtrassen erst auf der zweiten Stufe durch die BNetzA im Rahmen der Bundesfachplanung respektive durch die zuständige Landesbehörde im Rahmen eines Raumordnungsverfahrens festgelegt werden, bereits auf der Grundlage einer vorherigen Trassenfestlegung durch das BSH durchgeführt[354]. Somit werden die Fachplanung und die Bedarfsplanung kombiniert. Insoweit zielt der vorgelagerte BFO im Gegensatz zur Netzplanung an Land nicht auf die Beschleunigung des Ausbaus von Elektrizitätsleitungen, sondern ausschließlich auf eine koordinierte räumliche Entwicklung von Offshore-Windenergieanlagen und deren Netzanbindungsleitungen ab[355].

Damit kann zusammenfassend festgehalten werden, dass der Übertragungsnetzausbau an Land und auf See einem unterschiedlichen gesetzlichen Planungssystem folgt. Denn während beim Netzausbau an Land im Rahmen der Planungs- und Genehmigungsverfahren zunächst der übergeordnete Netzausbaubedarf (Bundesbedarfsplanung, §§ 12a ff. EnWG) ermittelt und ausgehend davon die Trassenplanung (Bundesfachplanung, §§ 4 ff. NABEG oder Landesfachplanung, § 15 ROG i. V. m. § 1 Nr. 14 RoV) bestimmt wird, welcher sodann das Genehmigungsverfahren für das eigentliche Netzausbauvorhaben folgt

---

352 *von Daniels/Uibeleisen* in: BerlKommEnR, § 17a EnWG, Rn. 2; zur „Bundesfachplanung“ vgl.: Teil 3 B.II.1.a.bb.

353 *von Daniels/Uibeleisen* in: BerlKommEnR, § 17a EnWG, Rn. 1.

354 *von Daniels/Uibeleisen* in: BerlKommEnR, § 17a EnWG, Rn. 2.

355 *Broemel* in: Britz/Hellermann/Hermes, EnWG, § 17a, Rn. 1.

(= Planfeststellungsverfahren nach §§ 18 ff. NABEG oder §§ 43 ff. EnWG), wird beim Netzausbau in der AWZ die auf der zweiten Stufe folgende Trassenplanung bereits im Rahmen der ersten Stufe der Bedarfsplanung berücksichtigt, sodass der Netzausbau in der AWZ im Ergebnis nur aus zwei Stufen besteht, nämlich der auf der ersten Stufe stehenden kombinierten Bedarfs-/Fachplanung gem. §§ 17a ff. EnWG und der sich daran anschließenden Planfeststellung gem. §§ 2 ff. SeeAnlG respektive gem. §§ 45 ff. WindSeeG.

cc. Entstehung / Entwicklung

In diesem Zusammenhang stellt sich vorliegend allerdings die Frage, weshalb der Gesetzgeber derart zwischen der Bedarfsplanung an Land und auf See differenziert. Dieses unterschiedliche Regelungsregime ist auf die bis zum 27. Dezember 2012 geltende Vorschrift des § 17 Abs. 2a EnWG a. F.[356] zurückzuführen. Diese normierte beim Erreichen der technischen Betriebsbereitschaft des Offshore-Windparks einen individuellen Netzanbindungsanspruch für den Windparkbetreiber. Daraus ergab sich allerdings noch keine hinreichende Steuerungsfunktion für die Errichtung der Offshore-Windparks sowie der hierfür erforderlichen Netzanbindungsleitungen. Dies führte indes zu einem sog. „Henne-Ei-Problem", da mangels einer entsprechenden gesetzlichen Koordination weder der Beginn der Errichtung der Netzanbindungsleitungen noch der Beginn der Errichtung der Offshore-Windparks sowie deren Standort bestimmt wurden[357]. Mit anderen Worten: wo keine Windparks, da keine Errichtung von Anbindungsleitungen, und wo keine Anbindungsleitungen, da keine Errichtung von Windparks. Aufgrund des Anbindungsanspruchs der Windparkbetreiber ergaben sich für die Übertragungsnetzbetreiber ebenfalls noch weitere technische und finanzielle Probleme[358], die insbesondere durch die bis heute noch gültige Vorschrift des § 17e Abs. 2 S. 1 EnWG flankiert werden. Diese normiert einen verschuldensunabhängigen Schadensersatzanspruch für entgangene Einspeiseerlöse des Windparkbetreibers gegenüber dem Übertragungsnetzbetreiber für den Fall, dass die Netzanbindung für den Offshore-Windpark nicht rechtzeitig hergestellt wird[359]. Mangels der Konkretisierung eines entsprechenden räumlichen und zeitlichen Rahmens für die Errichtung der Windparks und der Verpflichtung zur Zahlung eines Schadensersatzes für den Fall der nicht rechtzeitigen Netzanbindung sahen sich die Übertragungsnetzbetreiber logistisch

356 Aufgehoben durch Art. 1 des 3. EnWNG.
357 *von Daniels/Uibeleisen* in: BerlKommEnR, Vor §§ 17a-17j EnWG, Rn. 1.
358 *von Daniels/Uibeleisen* in: BerlKommEnR, Vor §§ 17a-17j EnWG, Rn. 1.
359 *Schink* in: Kment, EnWG, § 17e, Rn. 19.

und finanziell nicht in der Lage, die erforderlichen Netzanbindungsleitungen zu errichten. Mit dem als „Brandbrief" bekannt gewordenen Schreiben des Übertragungsnetzbetreibers TenneT TSO GmbH vom November 2011 wurde daher ein grundlegender Systemwechsel bei der Planung von Windparks und deren Netzanbindungsleitungen im Offshore-Bereich gefordert[360], was letztendlich mit Art. 1 des 3. EnWNG auch umgesetzt wurde. Seit der Verkündung dieses Gesetzes[361] sehen die Rechtsvorschriften hinsichtlich der Offshore-Netzentwicklungsplanung in der AWZ ab dem 28. Dezember 2012 daher nunmehr folgendes Regelungsregime vor:

dd. Bundesfachplan Offshore (BFO)

(1) Formell-rechtliche Anforderungen

(a) Zuständigkeit

Das Bundesamt für Seeschifffahrt und Hydrographie (BSH) erstellt gem. § 17a Abs. 1 S. 1 EnWG in jedem geraden Kalenderjahr, beginnend mit dem Jahr 2016, im *Einvernehmen* mit der BNetzA und in *Abstimmung* mit dem Bundesamt für Naturschutz (BfN) und den Küstenländern den Offshore-Netzplan (Bundesfachplan Offshore (BFO)) für die AWZ. Nach ständiger Rechtsprechung bedeutet *Einvernehmen* eine völlige Willensübereinstimmung, wohingegen *Abstimmung* eine schwächere Form darstellt und mit dem Begriff *Benehmen* gleichgestellt werden kann[362]. Demnach setzen die Abstimmung bzw. das Benehmen lediglich eine Anhörung der betroffenen Behörde voraus. Eine Willensübereinstimmung ist dabei nicht erforderlich[363], so dass vorliegend das BSH von der Stellungnahme des BfN auch abweichen kann.

(b) Verfahren

Die Erstellung des BFO erfolgt in einem gestuften Verfahren, welches mit dem Anhörungstermin i. S. v. § 17a Abs. 2 EnWG beginnt[364]. Gem. § 17a Abs. 2 S. 1 i. V. m. Abs. 1 S. 1 EnWG ist unverzüglich nach Einleitung des Verfahrens zur Erstellung des BFO eine Antragskonferenz durchzuführen. In der Antragskonferenz werden gem. § 17a Abs. 2 S. 2 und S. 6 EnWG zunächst der Untersuchungsrahmen für den BFO sowie der Umfang und Detaillierungsgrad des sich anschließenden Umweltberichts näher bestimmt, § 17a Abs. 2 S. 3 EnWG. Dem folgt sodann die konkrete Erstellung eines Umweltberichts i. S. v. § 17a Abs. 3

360 *von Daniels/Uibeleisen* in: BerlKommEnR, Vor §§ 17a-17j EnWG, Rn. 2.
361 Vgl. Art. 8 Abs. 1 des 3. EnWNG.
362 *Gröpl* in: Maunz/Dürig, GG, Art. 89, Rn. 141.
363 *Kämpfer* in: BeckOK VwVfG, § 74, Rn. 136.
364 *Schink* in: Kment, EnWG, § 17a, Rn. 70.

EnWG, der den Anforderungen nach § 14d UVPG entsprechen muss. Im Rahmen der Antragskonferenz findet daher noch keine Prüfung der materiell-rechtlichen Festlegungen des BFO gem. § 17a Abs. 1 S. 2 EnWG statt[365]. Hinsichtlich der Beteiligung an der Antragskonferenz verweist § 17a Abs. 2 S. 5 EnWG auf die Vorschrift des § 7 Abs. 2 NABEG. Demnach sind Träger öffentlicher Belange, deren Aufgabebereich berührt ist, sowie Vereinigungen zu beteiligen, § 7 Abs. 2 S. 1 NABEG. Zu den ersteren gehört neben den ausdrücklich in § 7 Abs. 2 S. 1 NABEG genannten Raumordnungsbehörden („für die Landesplanung zuständigen Behörden") jede Stelle, die öffentliche Aufgaben wahrnimmt. Dazu zählen beispielsweise auch private Elektrizitätsunternehmen, denen durch Gesetz oder aufgrund eines Gesetzes die Wahrnehmung öffentlicher Belange, wie die Elektrizitätsversorgung als Teil der Daseinsvorsorge, übertragen wurde[366]. Nach der Legaldefinition des § 3 Abs. 2 NABEG handelt es sich bei den „Vereinigungen" um die nach § 3 UmwRG anerkannten Umweltvereinigungen, die in ihrem satzungsgemäßen Aufgabenbereich berührt sind. Obschon nicht ausdrücklich im Gesetz geregelt, ist anerkannt, dass „jedermann" an der Antragskonferenz teilnahmeberechtigt ist und damit auch nur interessierte Teilnehmer erfasst werden, ohne dass deren Belange berührt werden müssten. Dies folgt aus § 7 Abs. 2 S. 3 NABEG, wonach die Antragskonferenz „öffentlich" ist. Diese Regelung erscheint sachgerecht, da dadurch eine Verfahrenstransparenz hergestellt und damit die erhoffte Akzeptanz für die Bundesfachplanung gesteigert werden kann[367]. Hinsichtlich des eigentlichen Entwurfs des BFO und des Umweltberichts gilt für die Beteiligung der Behörden und der Öffentlichkeit gem. § 17a Abs. 4 EnWG eine Einschränkung dahingehend, dass nur Behörden, deren Aufgabenbereich berührt ist, und die „betroffene" Öffentlichkeit (§ 17a Abs. 3 S. 3 i. V. m. § 12c Abs. 3 S. 5 EnWG) zu beteiligen sind.

(c) Strategische Umweltprüfung (SUP)

Der BFO unterliegt gem. § 14b Abs. 1 Nr. 1 UVPG i. V. m. Nr. 1.14 der Anlage 3 zum UVPG der Pflicht zur Durchführung einer Strategischen Umweltprüfung (SUP-Pflicht), die in die Erstellung eines Umweltberichts gem. § 17a Abs. 3 EnWG i. V. m. 14g UVPG mündet. Die Verfahrensvorschriften zur SUP werden in § 14e UVPG geregelt und durch die Regelungen gem. § 17a Abs. 2 bis 4 EnWG teilweise näher konkretisiert. Gem. § 17a Abs. 2 S. 1 EnWG i. V. m. § 14d S. 1 UVPG ist die Durchführung einer SUP im Rahmen der Erstellung des BFO jedoch entbehrlich, soweit der BFO nur *geringfügig geändert* wird. Hierbei ist zu beachten, dass nicht jede geringfügige Änderung automatisch eine Ausnahme von der SUP-Pflicht gem. § 14d UVPG rechtfertigt. Vielmehr kommt

365 *Schink* in: Kment, EnWG, § 17a, Rn. 78.
366 *Schink* in: Kment, EnWG, § 17a, Rn. 82 f.
367 *Schink* in: Kment, EnWG, § 17a, Rn. 84.

es darauf an, ob die Änderung oder Festlegung voraussichtlich erhebliche Umweltauswirkungen zur Folge hätte[368]. Diese Einschätzung obliegt dem BSH als der für die Durchführung der SUP zuständigen Behörde, § 17a Abs. 2 und Abs. 3 EnWG.

(2) Materiell-rechtliche Anforderungen

(a) Räumliche Festlegungen

Die materiell-rechtlichen Vorgaben hinsichtlich des BFO werden in § 17a Abs. 1 S. 2 EnWG näher geregelt. Wie in den vorstehenden *Abbildungen*[369] genauer dargestellt ist, enthält der BFO im Zusammenhang mit dem Netzausbau daher u. a. räumliche Festlegungen von Clustern für *Windparks*[370], die im räumlichen Zusammenhang stehen und für Sammelanbindungen geeignet sind (§ 17a Abs. 1 S. 2 Nr. 1 EnWG). Dadurch wird die Netzanbindung erleichtert. In diesem Zusammenhang legt der BFO gem. § 17a Abs. 1 S. 2 Nr. 2 EnWG insoweit auch konkrete Trassen und Trassenkorridore für die Anbindungsleitungen für diese Windparks sowie den Übergangsort zwischen den Anbindungsleitungen in der AWZ und der sich im angrenzenden Küstenmeer (12-Seemeilenzone) befindenden Offshore-Anbindungsleitung fest, § 17a Abs. 1 S. 2 Nr. 3 EnWG. Dabei werden die in den Landesraumordnungsprogrammen der Küstenländer vorgesehenen Übergabepunkte berücksichtigt. Eine solche vorgezogene Festlegung bereits auf der ersten Stufe erscheint sinnvoll, da die sich in der Regel erst im Rahmen der Fachplanung auf der zweiten Stufe herausbildenden ortsbezogenen Konflikte (z.B. wegen der Beschaffenheit des Meeresbodens) bereits vorab erkannt werden können, wodurch diesen frühzeitig entgegengesteuert werden kann[371]. Vor dem Hintergrund der Berücksichtigung der europäischen Vorgaben im Zusammenhang mit dem Ausbau einer transeuropäischen Netzinfrastruktur (vgl. bspw. den Offshore-Korridor „NSOG“)[372] enthält der BFO gem. § 17a Abs. 1 S. 2 Nr. 5 EnWG darüber hinaus auch Festlegungen zu Trassen und Trassenkorridoren für grenzüberschreitende Stromleitungen in der AWZ. Des Weiteren trifft der BFO ebenso Festlegungen zur Verbindung von Elementen der Anbindungsinfrastruktur untereinander, § 17a Abs. 1 S. 2 Nr. 6 EnWG.

(b) Abwägungsmaterial

Bei der Erstellung des BFO prüft das BSH gem. § 17a Abs. 1 S. 3 und 4 EnWG in materiell-rechtlicher Hinsicht, ob die Festlegungen mit öffentlichen und privaten

368 *Broemel* in: Britz/Hellermann/Hermes, EnWG, § 17a, Rn. 19.
369 Oben, Fn. 351.
370 Gem. § 17a Abs. 1 S. 2 Nr. 1 EnWG als „Windenergieanlagen auf See“ i. S. v. § 3 Nr. 49 EEG bezeichnet.
371 *Broemel* in: Britz/Hellermann/Hermes, EnWG, § 17a, Rn. 11.
372 Dazu ausführlich: Teil 3 A.I.

Belangen zu vereinbaren sind. Der Prüfungsmaßstab orientiert sich an dem Prüfungsmaßstab der Bundesfachplanung nach Maßgabe von § 5 Abs. 1 S. 2 bis 4 NABEG und umfasst dabei insbesondere die Belange der Schifffahrt, der Meeresumwelt und des Militärs[373]. Darüber hinaus sind die öffentlichen und privaten Belange auch mit raumbedeutsamen Planungen und Maßnahmen i. S. d. § 3 Abs. 1 Nr. 6 ROG abzustimmen, § 17a Abs. 1 S. 4 Nr. 2 EnWG. Zu den raumbedeutsamen Planungen gehören Raumordnungspläne[374], die speziell für die AWZ in der Nord- und Ostsee aufgestellt wurden[375].

(3) Rechtswirkung

Der BFO wird getrennt für die AWZ in der Nord- und Ostsee aufgestellt[376]. Er entfaltet allerdings keine Außenwirkung und ist (daher) nicht selbständig durch Dritte anfechtbar, § 17a Abs. 5 S. 1 EnWG. Nach dem Wortlaut des § 17a Abs. 5 S. 2 EnWG ist der BFO jedoch für die Planfeststellungs- und Genehmigungsverfahren nach der *SeeAnlV* verbindlich. In diesem Zusammenhang zeigt sich allerdings eine gesetzgeberische Unzulänglichkeit. Denn die SeeAnlV ist gem. Art. 25 Abs. 2 EEAusG bereits seit dem 1. Januar 2017 außer Kraft getreten. Durch das gem. Art. 20 EEAusG eingeführte SeeAnlG gilt hinsichtlich der Planfeststellungsverfahren von Elektrizitätsleitungen in der AWZ gem. § 1 Abs. 1 Nr. 2 i. V. m. §§ 2 Abs. 1, 4 ff. SeeAnlG[377] nunmehr das SeeAnlG und nicht mehr die SeeAnlV. Insoweit nimmt der Gesetzesverweis gem. § 17a Abs. 5 S. 2 EnWG Bezug auf eine nicht mehr gültige Rechtsvorschrift. Wie dies zu bewerten ist, kann vorliegend allerdings auch dahinstehen.

(4) Bundesnetzplan

Als weitere Parallele zur Bundesfachplanung i. S. d. §§ 4 ff. NABEG können die im BFO ausgewiesenen Leitungen gem. § 17a Abs. 6 EnWG durch die BNetzA (nicht aber durch das für die Offshore-Bundesfachplanung zuständige BSH) in den sog. „Bundesnetzplan“[378] gem. § 17 NABEG aufgenommen werden. Mit der Aufnahme der Elektrizitätsleitungen in den Bundesnetzplan wird die BNetzA berechtigt, die anbindungspflichtigen Übertragungsnetzbetreiber durch Bescheid, mithin durch einen Verwaltungsakt i. S. v. § 35 S. 1 VwVfG, dazu aufzufordern, innerhalb einer angemessenen Frist den für den Elektrizitätsleitungsbau

---

373 *Broemel* in: Britz/Hellermann/Hermes, EnWG, § 17a, Rn. 17.
374 *Broemel* in: Britz/Hellermann/Hermes, EnWG, § 17a, Rn. 17.
375 Vgl. dazu: AWZ Nordsee-ROV sowie AWZ Ostsee-ROV.
376 Vgl. BSH, URL: http://www.bsh.de/de/Meeresnutzung/BFO/index.jsp (letzter Abruf: 02.04.2017).
377 Beachte hierbei die Übergangsvorschriften gem. § 18 SeeAnlG.
378 Nicht zu verwechseln mit dem *Bundesbedarfsplan*.i. S. d. BBPlG oder dem *Bedarfsplan* i. S. v. EnLAG.

erforderlichen Antrag auf Planfeststellung oder Plangenehmigung zu stellen, vgl. § 17a Abs. 6 EnWG. Hierbei handelt es sich aufgrund des Gesetzeswortlauts „kann“ um eine Ermessensentscheidung der Regulierungsbehörde. Damit ist die Regelung des § 17a Abs. 6 EnWG für Elektrizitätsleitungen in der AWZ der Vorschrift des § 12 Abs. 2 S. 3 NABEG für länderübergreifende und grenzüberschreitende Höchstspannungsleitungen sowie Offshore-Anbindungsleitungen nachgebildet.

ee. Offshore-Netzentwicklungsplan (O-NEP)

(1) Formell-rechtliche Anforderungen

(a) Verfahren

Parallel zu dem Vorgehen an Land erstellen die Übertragungsnetzbetreiber auf der Grundlage des bestätigten Szenariorahmens gem. § 12a EnWG auch für die AWZ einen „Offshore-Netzentwicklungsplan“ (kurz: O-NEP) und legen ihn gem. § 17b Abs. 1 S. 1 EnWG zusammen mit dem NEP Strom der BNetzA zur Bestätigung gem. § 17c EnWG vor[379]. Die BNetzA prüft anschließend gem. § 17c Abs. 1 S. 1 EnWG in Abstimmung mit dem BSH, ob der Entwurf des aufgestellten O-NEP mit den Voraussetzungen nach § 17b EnWG übereinstimmt. Darüber hinaus findet gem. § 17c Abs. 1 S. 2 EnWG hinsichtlich der Prüfung und Bestätigung des O-NEP auch die Vorschrift des § 12c EnWG Anwendung, weshalb auch an dieser Stelle auf die vorstehenden Ausführungen zum NEP Strom verwiesen werden kann[380]. Bei der Bestätigung der Netzanbindungsleitungen im O-NEP differenziert der Gesetzgeber allerdings nach dem Zeitpunkt ihrer geplanten Fertigstellung. Denn während die Bestätigung von Netzanbindungsleitungen mit einem Fertigstellungszeitpunkt bis zum Ende des Jahres 2025 grundsätzlich ohne weitere Einschränkung im O-NEP erfolgt, werden Netzanbindungsleitungen, deren geplanter Fertigstellungszeitpunkt erst nach dem Jahr 2025 liegt, gem. § 17c Abs. 1 S. 3 EnWG nur unter dem Vorbehalt einer entsprechenden Festlegung in dem sog. *Flächenentwicklungsplan* i. S. d. § 5 WindSeeG bestätigt. Fraglich ist in diesem Zusammenhang der Sinn und Zweck einer doppelten Bestätigung der nach dem Jahr 2025 fertigzustellenden Netzanbindungsleitungen sowohl im O-NEP gem. § 17c Abs. 1 EnWG als auch im Flächenentwicklungsplan nach § 5 WindSeeG.

---

379 Gem. § 17b Abs. 4 EnWG richtet sich das Aufstellungsverfahren des O-NEP nach der für den NEP Strom maßgeblichen Vorschrift des § 12b Abs. 3 bis 5 EnWG, weshalb hierbei auf die Ausführungen zum NEP-Strom in Teil 3 B.II.1.a.(2)(b) verwiesen wird.

380 Vgl. vorige Fn.

(b) Gesetzlicher Systemwechsel

Ursächlich dafür ist der grundlegende Systemwechsel bei der künftigen Errichtung und dem Betrieb von Offshore-Windparks, welcher mit dem Jahr 2017 begonnen hat und bis Ende des Jahres 2025 abgeschlossen sein wird. Denn vor dem Hintergrund einer besseren Integration von Erneuerbaren Energien in die Strommärkte und in das Elektrizitätsversorgungssystem hat der deutsche Gesetzgeber insofern beschlossen, das bisherige Fördersystem von Erneuerbaren Energien auf ein Ausschreibungsmodell umzustellen[381]. Zu diesem Zweck hat der Gesetzgeber mit dem bereits genannten EEAusG ein umfangreiches Maßnahmenpaket verabschiedet, in dem u. a. das neue gesetzliche Ausschreibungsregime für Erneuerbare Energien gem. §§ 28 ff. EEG geregelt wurde. Dabei wurden im EEG 2017 allerdings nur Ausschreibungen für Windenergieanlagen an Land (§§ 36 ff.), Solaranlagen (§§ 37 ff.) und Biomasseanlagen (§§ 39 ff.) geregelt. Ausschreibungen für Windenergieanlagen auf See wurden hingegen im WindSeeG (§§ 14 ff.) normiert. Zur besseren Verzahnung dieses Ausschreibungsmodells mit der Errichtung und dem Betrieb der Offshore-Windenergieanlagen hat der Gesetzgeber zugleich die hierfür erforderliche Flächenplanung und Raumordnung sowie Netzanbindung im WindSeeG geregelt (§§ 4 ff. WindSeeG), so dass die gesamte damit zusammenhängende Regelungsmaterie im WindSeeG und damit in einem einzigen Fachgesetz zusammengeführt wurde[382]. Insofern wird die damit zusammenhängende Fachplanung in dem sog. Flächenentwicklungsplan nach §§ 4 ff. WindSeeG geregelt.

(c) Flächenentwicklungsplan

Bei dem Flächenentwicklungsplan handelt sich ausweislich des Regelungsgehaltes der Norm gem. § 5 WindSeeG letztendlich um einen speziell auf das Ausschreibungsmodell angepassten und abgestimmten BFO[383]. Eine wesentliche Änderung gegenüber den gegenwärtig vorhandenen Vorschriften im Zusammenhang mit dem Ausbau der Offshore-Anbindungsleitungen nach §§ 17a ff. EnWG besteht jedoch darin, dass in dem Flächenentwicklungsplan nicht nur die fachplanerischen Festlegungen von Netzanbindungsleitungen für die AWZ verbindlich festgelegt werden (§ 4 Abs. 1 S. 1), sondern auch Festlegungen für das Küstenmeer getroffen werden *können* (§ 4 Abs. 1 S. 2 WindSeeG), wobei die einzelnen Festlegungen dazu nach Maßgabe einer Verwaltungsvereinbarung zwischen dem Bund, vertreten durch das BSH, und dem für Festlegungen im Küstenmeere zuständigen Land erfolgen, § 4 Abs. 1 S. 3 WindSeeG.

381 BT-Drucks. 18/8860, S. 1.

382 BT-Drucks. 18/8860, S. 2 und S. 266.

383 Vgl. diesbezüglich die Vorschrift gem. § 5 Abs. 4 und 5 WindSeeG.

(d) Zeitlicher Ablauf

Vor dem Hintergrund dieses grundlegenden Systemwechsels tritt die gegenwärtig in §§ 17a bis 17c EnWG geregelte Bedarfs-/Fachplanung ausweislich Art. 25 Abs. 3 EEAusG mit Ablauf des Jahres 2025 außer Kraft, so dass die Festlegungen im bisherigen BFO nach § 17a EnWG ab dem Jahr 2026 durch den Flächenentwicklungsplan i. S. d. § 5 WindSeeG, die Festlegungen im O-NEP nach §§ 17b und 17c EnWG teilweise durch den Flächenentwicklungsplan i. S. d. § 5 WindSeeG und nach § 7 Nr. 2 WindSeeG teilweise durch den NEP Strom gem. §§ 12b und 12c EnWG abgelöst werden[384]. Daher wird gem. § 17a Abs. 7 EnWG ab dem 31. Dezember 2017 auch kein BFO mehr durch das BSH erstellt. Gleiches gilt gem. § 17b Abs. 5 EnWG für die Übertragungsnetzbetreiber, die ab dem 1. Januar 2018 von der Erstellung weiterer O-NEP befreit sind. Stattdessen ist das BSH gem. § 6 Abs. 8 WindSeeG dazu verpflichtet, bis zum 30. Juni 2019 den ersten Flächenentwicklungsplan bekannt zu machen. Damit wird durch die Bestätigung von Netzanbindungsleitungen mit einem Fertigstellungszeitpunkt nach dem Jahr 2025 im gegenwärtigen O-NEP gem. § 17c Abs. 1 S. 3 EnWG und einer entsprechenden Bestätigung dieser Leitungen auch im künftigen Flächenentwicklungsplan nach § 5 WindSeeG ein Gleichlauf zwischen dem alten und dem künftigen System bei der Bedarfs-/Fachplanung von Netzanbindungsleitungen sichergestellt und somit eine unumkehrbare Vorfestlegung für das künftige System ab dem Jahr 2026 verhindert[385].

(2) Materiell-rechtliche Anforderungen

In materiell-rechtlicher Hinsicht werden in dem O-NEP gem. § 17b Abs. 1 S. 2 EnWG die erforderlichen Maßnahmen zur bedarfsgerechten Optimierung, Verstärkung und zum Ausbau der Anbindungsleitungen (sog. NOVA-Prinzip) in der AWZ näher bestimmt[386]. Aufgrund der Tatsache, dass in der AWZ noch keine entsprechende Netzinfrastruktur vorhanden ist, konzentrieren sich die Netzausbaumaßnahmen im O-NEP allerdings anders als an Land, wo die Ausbaumaßnahmen in NEP Strom ebenfalls dem NOVA-Prinzip folgen[387], vorwiegend auf den Ausbau der Anbindungsleitungen bei nur eingeschränkter Vermaschung[388]. Darüber hinaus legt der O-NEP gem. § 17b Abs. 2 S. 1 EnWG verbindliche Zeitangaben fest, die sowohl den Fertigstellungszeitpunkt als auch den Umsetzungstermin der Netzausbauvorhaben bestimmen.

Da die in den Windparks in der AWZ produzierte Elektrizität in das Übertragungsnetz an Land eingespeist werden soll und es daher zur Überlastung des Übertragungsnetzes an Land kommen kann[389], ist es erforderlich, dass der

384 Beachte hierbei die Übergangsvorschrift gem. § 118 Abs. 16 EnWG.
385 BT-Drucks. 18/8860, S. 336.
386 *Schink* in: Kment, EnWG, § 17b, Rn. 1.
387 Dazu ausführlich: Teil 3 B.II.1.a.aa.(2)(c).
388 *Broemel* in: Britz/Hellermann/Hermes, EnWG, § 17b, Rn. 8.
389 So auch BT-Drucks. 18/8860, S. 3.

Ausbau von Netzanbindungsleitungen an Land mit dem Ausbau von Netzleitungen in der AWZ aufeinander abgestimmt wird. Vor diesem Hintergrund muss der O-NEP gem. § 17a Abs. 2 S. 6 EnWG mit dem NEP Strom an Land im Einklang stehen und genau wie der NEP Strom nach § 12b Abs. 1 S. 5 EnWG auch die übergeordneten europäischen Netzentwicklungsvorgaben nach Art. 8 Abs. 3b VO (EG) 714/2009 berücksichtigen[390].

Im O-NEP sind zudem auch die Festlegungen des BFO zu berücksichtigen, § 17b Abs. 1 S. 2 EnWG. Da die im O-NEP ausgewiesenen Festlegungen im Planfeststellungsverfahren i. S. d. WindSeeG umgesetzt werden und der BFO gem. § 17a Abs. 5 S. 2 EnWG für die Planfeststellungbehörde bindend ist, ergibt sich daraus, dass die Festlegungen im BFO auch eine mittelbare Verbindlichkeitswirkung für den O-NEP entfalten, weshalb im O-NEP von den Festlegungen im BFO nicht abgewichen werden darf[391].

ff. Bundesbedarfsplan

Der bestätigte O-NEP wird sodann gem. § 12e Abs. 1 S. 1 EnWG genau wie der NEP Strom an Land mindestens alle vier Jahre als Entwurf für den *Bundes*bedarfsplan an die Bundesregierung übermittelt. Diese legt den Entwurf ebenfalls mindestens alle vier Jahre dem Bundesgesetzgeber zur Entscheidung vor, § 12e Abs. 1 S. 2 EnWG. Hinsichtlich der weiteren Verfahrensregelungen und der sich daraus ergebenen Rechtsfolgen gelten dieselben Rechtsvorschriften wie für den NEP Strom, weshalb ebenfalls auf die vorstehenden Ausführungen zum NEP Strom verwiesen wird[392].

c. Bedarfsplanung i. S. d. EnLAG

aa. Einführung

Neben der soeben dargestellten Netzausbauplanung nach §§ 12a ff. EnWG und dem daraus resultierenden *Bundes*bedarfsplan i. S. d. Anlage zu § 1 Abs. 1 BBPlG sieht das deutsche Gesetz mit den Rechtsvorschriften gem. EnLAG noch ein weiteres Rechtsinstrument im Zusammenhang mit der Beschleunigung des Übertragungsnetzausbaus vor. Dabei ähnelt das EnLAG den Regelungen i. S. d. BBPlG. Insoweit werden auch im Anhang zum EnLAG bestimmte Leitungstrassen näher spezifiziert. Bei diesen Leitungstrassen handelt es sich ausweislich § 1 Abs. 1 EnLAG ebenfalls um Höchstspannungsleitungen, die der Anpassung, Entwicklung und dem Ausbau der Übertragungsnetze dienen und zur Einbindung von Elektrizität aus Erneuerbaren Energiequellen, zur Interoperabilität

---

390 Dazu ausführlich: Teil 3 A.I.

391 *Schink* in: Kment, EnWG, § 17b, Rn. 9.

392 Dazu ausführlich: Teil 3 B.II.1.a.aa.(3).

der Elektrizitätsnetze innerhalb der Europäischen Union, zum Anschluss neuer Kraftwerke oder zur Vermeidung struktureller Engpässe im Übertragungsnetz bestimmt sind. Gem. § 1 Abs. 1 EnLAG werden auch für diese Leitungen die energiewirtschaftliche Notwendigkeit und der vordringliche Bedarf zur Gewährleistung eines sicheren und zuverlässigen Netzbetriebes gesetzlich festgestellt. Damit sind zwischen den Vorschriften gem. BBPlG und EnLAG zumindest im sachlichen Anwendungsbereich keine wesentlichen Unterschiede festzustellen. Insoweit scheinen sich beide Gesetze auf den ersten Blick nur in der Bezeichnung des jeweiligen Anhangs zu unterscheiden. Denn während die Anlage zum EnLAG als „Bedarfsplan" bezeichnet wird (vgl. § 1 Abs. 1 EnLAG), wird der Anhang zum. BBPlG „*Bundes*bedarfsplan" genannt (vgl. § 1 Abs. 1 BBPlG). Fraglich ist daher, ob noch weitere Unterschiede zwischen den gesetzlichen Regelungen bestehen.

bb. Anlass und Entstehungsgeschichte

Zur Beantwortung dieser Frage müssen insbesondere die Motive und die Entstehungsgeschichte der gesetzlichen Neuregelung i. S. d. EnLAG näher betrachtet werden. Insofern wurde der Anlass für das EnLAG während der in Meseberg im August 2007 stattfindenden Klausurtagung der Bundesregierung gesetzt. Im Rahmen dessen wurde das IEKP beschlossen[393]. Zentrale Punkte des IEKP waren dabei die Erhöhung des Anteils an Erneuerbaren Energien an der Stromerzeugung, die Förderung des europaweiten Stromhandels sowie die Netzanbindung neuer konventioneller Kraftwerke[394]. Vor diesem Hintergrund wurde eine Beschleunigung der Planungs- und Genehmigungsverfahren für erforderlich gehalten, weil sich nach Ansicht der Bundesregierung eine Verzögerung des Leitungsbaus trotz des damals anderthalb Jahre zuvor beschlossenen Infrastrukturbeschleunigungsgesetzes und den damit einhergehenden Beschleunigungselementen nicht habe verhindern lassen und eine entsprechende Verzögerung beim Netzausbau auch künftig weiterhin zu erwarten sei[395]. Aufgrund dessen beschloss das Bundeskabinett am 18. Juni 2008 den Entwurf des „Gesetzes zur Beschleunigung des Ausbaus von Höchstspannungsnetzen"[396], welcher im Art. 1 die Einführung des neuen EnLAG vorsah[397]. Das Gesetz zur Beschleunigung des Ausbaus von Höchstspannungsnetzen und damit das EnLAG (vgl. Art. 1) wurde am 25. August 2009 verkündet[398] und trat gem. Art. 7 der Novelle einen Tag nach der Verkündung in Kraft. Doch auch das EnLAG brachte im Hinblick auf die Beschleunigung des Netzausbaus letztendlich nicht die erhoffte Wirkung[399]. So wurden bis Ende 2010

393 *Gramlich*, LKV 2008, 530. Zum IEKP vgl. auch: Teil 2 A.I.
394 *Ohms/Weiss* in: BerlKomnEnR, Vorbem. EnLAG, Rn. 1; *Gramlich* (vorige Fn.).
395 Dazu ausführlich: *Gramlich*, LKV 2008, 530 (533).
396 BT-Drucks. 16/10491.
397 *Gramlich* (Fn. 393).
398 BGBl. I S. 2870 v. 21.08.2009.
399 *Ohms/Weiss* in: BerlKomnEnR, Vorbem. EnLAG, Rn. 14.

nur 90 von 850 Kilometern an ermittelten Leitungstrassen errichtet[400]. Aus diesem Grund hatte das Bundeskabinett am 6. Juni 2011 den Entwurf eines neuen Gesetzes „zur Neuregelung energiewirtschaftlicher Vorschriften"[401] beschlossen. Dabei sah der Gesetzesentwurf in Art. 1 die Einführung des NABEG und damit eine erstmals gesetzlich koordinierte und gemeinsame Netzausbauplanung aller vier deutschen Übertragungsnetzbetreiber vor[402]. Die Novelle wurde am 28. Juli 2011 beschlossen und trat am 6. August 2011 in Kraft[403]. Das BBPlG trat dagegen erst zwei Jahre danach am 27. Juli 2013 mit dem „Zweiten Gesetz über Maßnahmen zur Beschleunigung des Netzausbaus Elektrizitätsnetze"[404] in Kraft und legte damit einen weiteren Grundstein für die Beschleunigung der Planungs- und Genehmigungsverfahren[405]. Seither herrschen für den Ausbau des Übertragungsnetzes mit den gesetzlichen Vorschriften des BBPlG und denen des EnLAG zwei unterschiedliche Regelungsregime für eine und dieselbe Materie.

cc. Systematische Abgrenzung

Trotz dieser Gemeinsamkeit auf der Ebene der Netzausbauplanung unterscheiden sich beide Regelungsregime im Wesentlichen in der gesetzlichen Zulassung der Netzausbauvorhaben. Denn die Planfeststellung der im Bedarfsplan i. S. d. des Anhangs zum EnLAG ausgewiesenen Höchstspannungsleitungen richtet sich gem. § 1 Abs. 2 EnLAG grundsätzlich nach den energiewirtschaftlichen Vorschriften gem. §§ 43 ff. EnWG. Dagegen werden Leitungen, die im *Bundes*bedarfsplan gem. Anhang zum BBPlG ausgewiesen wurden, überwiegend nach den besonderen Bestimmungen des NABEG planfestgestellt, vgl. § 2 BBPlG. Durch die Planfeststellung nach Maßgabe des NABEG soll der Netzausbau beschleunigt werden[406] Auf diese systematische Abgrenzung der jeweiligen Planfeststellung wird noch näher eingegangen, so dass auf die dortigen Ausführungen verwiesen werden kann[407].

dd. Verfahren

Ein weiterer Unterschied zwischen den Vorschriften des EnLAG und des BBPlG besteht in dem formalisierten Verfahren im Zusammenhang mit der Feststellung des vordringlichen Netzausbaubedarfs und in seiner Geltungsdauer. Denn während über den *Bundes*bedarfsplan i. S. d. BBPlG unter Einhaltung des komplexen

---

400 *Moench/Ruttloff*, NVwZ 2011, 1040.
401 BT-Drucks. 17/6073.
402 *Ohms/Weiss* (Fn. 399).
403 BGBl. I. S. 1690 v. 28.07.2011.
404 BGBl. I S. 2543 v. 23.07.2013.
405 BT-Drucks. 17/12638, S. 13.
406 *Appel* in: BerlKommEnR, NABEG, Vor § 1, Rn. 1.
407 Vgl. dazu ausführlich: Teil 3 B.III.1.b.

Verfahrensablaufs und unter Einbeziehung der Übertragungsnetzbetreiber, der BNetzA sowie der Bundesregierung gem. §§ 12a ff. EnWG in einem Zeitrhythmus von vier Jahren durch den Bundesgesetzgeber gem. § 12e Abs. 1 EnWG immer wieder aufs Neue entschieden werden muss, besteht der Bedarfsplan i. S. d. Anlage zu § 1 Abs. 1 EnLAG fort und wird gem. § 3 S. 1 EnLAG vom Bundesministerium für Wirtschaft und Energie im Einvernehmen mit dem Bundesministerium für Umwelt, Naturschutz, Bau und Reaktorsicherheit sowie dem Bundesministerium für Verkehr und digitale Infrastruktur auf einen möglichen Anpassungsbedarf hin überprüft. Sollte ein solcher Anpassungsbedarf festgestellt werden, so wird der Bedarfsplan unmittelbar durch den Gesetzgeber und ohne die Einbeziehung der Übertragungsnetzbetreiber und der BNetzA angepasst[408].

ee. Rechtswirkung

Hinsichtlich der Rechtswirkung der im Bedarfsplan (EnLAG) und *Bundes*bedarfsplan (BBPlG) aufgenommenen Vorhaben bestehen keine Unterschiede. Denn die Ausweisung der Vorhaben im Bedarfsplan und dem *Bundes*bedarfsplan bewirkt, dass die Prüfung der Planrechtfertigung im nachgelagerten Planfeststellungsverfahren entfällt, was zur Netzausbaubeschleunigung beitragen kann[409].

2. Rechtslage in Polen

a. Einführung

Die polnische Rechtslage im Bereich der gesetzlichen Netzausbauplanung scheint bei erster Betrachtung – genau wie die deutsche Rechtsordnung – inhomogen zu sein. Dabei unterscheiden sich die polnischen Vorschriften im Bereich der Netzausbauplanung erheblich von den deutschen Regelungen. Stellt man diesbezüglich auf die deutschen Vorschriften gem. §§ 12a ff. bzw. §§ 17a ff. EnWG ab, so existiert in Polen kein vergleichbares gesetzliches Bedarfsplanungsinstrument im Bereich des Übertragungsnetzausbaus. Denn wie bereits ausführlich dargestellt wurde, besteht die Netzausbauplanung in Deutschland (zumindest im Onshore-Bereich) aus einem zweistufigen Netzausbauplanungsverfahren. Ein solches zweistufiges Netzausbauplanungsverfahren sehen die polnischen Rechtsvorschriften hingegen nicht vor. Die polnische Netzausbauplanung im Bereich des Übertragungsnetzes besteht vielmehr aus einer Vielzahl von strategischen Zielen und Programmen des Landes respektive der Woiwodschaften. Dennoch scheint die Netzausbauplanung in Polen ebenfalls einige Parallelen zu den deutschen Rechtsvorschriften aufzuweisen. Schließlich ist auch Polen als Mitgliedstaat der EU zur Einhaltung von höherrangigen unionsrechtlichen Vorgaben insbesondere im Zusammenhang mit der Realisierung eines gemeinsamen

408 *Ohms/Weiss* in: BerlKommEnR, § 1 EnLAG, Rn. 15.
409 *Missling* in: Danner/Theobald, EnR, Vor §§ 43 ff. EnWG, Rn. 56.

Elektrizitätsbinnenmarktes (vgl. Richtlinie 2009/72/EG) und damit hinsichtlich der Gewährleistung eines grenzüberschreitenden Stromaustausches (vgl. Verordnung (EG) Nr. 714/2009) mittels einer zwischenstaatlich vernetzen Übertragungsnetzinfrastruktur (vgl. Verordnung (EU) Nr. 347/2013) verpflichtet. In diesem Zusammenhang nehmen die auf Unionsebene im Rahmen der europäischen Stromkorridore festgelegten und auch für Polen verbindlichen PCIs eine ganz besondere Rolle ein[410]. Vor diesem Hintergrund wurde auch in Polen ein gesetzliches Netzausbauplanungssystem kodifiziert, welches sich in der Detailschärfe der gesetzlichen Regelungen von den deutschen Vorschriften allerdings erheblich unterscheidet.

b. Ökonomisches Umfeld

Um die Rechtslage im Bereich des Übertragungsnetzausbaus in Polen besser verstehen zu können, müssen ebenfalls ökonomische Aspekte näher beleuchtet werden. Denn die mit dem Übertragungsnetzausbau zwangsläufig einhergehende Kostenfrage scheint in Polen eine ganz besondere Bedeutung einzunehmen. Insofern werden die Kosten für den Übertragungsnetzausbau in beiden Ländern durch zwei unterschiedliche Kostensysteme umgelegt. Dementsprechend werden die Kosten für den Netzausbau in Deutschland in Form von Netznutzungsentgelten an die Endverbraucher weitergewälzt. Die Umlage der Netzausbaukosten erfolgt in Polen dagegen in Form von sog. Tarifen (poln. *Taryfy*)[411].

Während nun die Netznutzungsentgelte für Haushaltskunden in einigen Teilen Deutschlands (z. B. in Baden-Württemberg) im Jahr 2018 beispielsweise um 8,3 % zum Vorjahr gestiegen sind[412], sind die Tarife in Polen im gleichen Zeitraum trotz entsprechender Netzausbaumaßnahmen im Schnitt sogar um 0,8 % gefallen[413]. Ein Grund für die im Vergleich zu Deutschland moderate Entwicklung der polnischen Tarife dürfte insbesondere in der Finanzierung der Netzausbauvorhaben liegen. Denn Polen setzt zumindest bei der Finanzierung der grenzüberschreitenden PCIs auf Subventionen aus der EU. Insoweit hat die EU zur Beseitigung von Ungleichgewichten in der regionalen Strukturentwicklung den „*Europäischen Fonds für regionale Entwicklung (EFRE) 2016 – 2020*“[414] verabschiedet.

---

410 Zu den europarechtlichen Zusammenhängen im Bereich des Übertragungsnetzausbaus vgl. ausführlich: Teil 3 A.I.

411 *Zawiska* in: Swora/Muras, EnR, Art. 16, S. 92.

412 Vgl. dazu: Mitteilung des Elektrizitätsverteilernetzbetreibers Netze BW GmbH vom 05.10.2017, URL: https://www.netze-bw.de/News/Netze-BW-GmbH-vorl%C3%A4ufige-Netzentgelte-fuer-2018 (letzter Abruf: 03.01.2018).

413 Vgl. Mitteilung des Präsidenten des Energieregulierungsamtes (poln. *Prezes Urzędu Regulacji Energetyki (URE)*), URL: https://www.ure.gov.pl/pl/urzad/informacje-ogolne/aktualnosci/7298,Taryfy-dla-energii-elektrycznej-na-2018-r.html (letzter Abruf: 03.01.2018). Zu den Netzausbaumaßnahmen in Polen vgl. Fallbeispiel: Teil 2 A.V.

414 Verordnung (EU) Nr. 1301/2013.

Dies zugrunde gelegt hat Polen das sog. *„Infrastruktur- und Umweltprogramm 2014–2020“* (poln. *Program Operacyjny Infrastruktura i Środowisko 2014–2020* (kurz: *IUP 2014–2020*) zur Förderung der emissionsarmen Wirtschaft, des Umweltschutzes, der Bekämpfung und Anpassung an den Klimawandel, Verkehr und Energiesicherheit entwickelt[415]. Dabei beinhaltet der IUP 2014 -2020 ebenfalls förderungsfähige Maßnahmen im Bereich des Übertragungsnetzausbaus aus Finanzmitteln der EU, auf dessen Basis der polnische Übertragungsnetzbetreiber PSE S.A. insbesondere für den Ausbau der grenzüberschreitenden Verbindungsleitungen zwischen Polen und Litauen sieben Finanzierungsverträge abgeschlossen hat[416]. Aus diesem Grund müssen die durch diese Netzausbaumaßnahmen entstehenden Kosten nicht auf die Endverbraucher umgelegt werden. Schließlich verfolgt der polnische Gesetzgeber mit den gesetzlichen Regelungen im Bereich der Netzausbauplanung insbesondere auch das Ziel, den behördlichen Organen die Möglichkeit einzuräumen, auf die Entwicklung des Übertragungsnetzbetreibers Einfluss nehmen zu können[417]. Dies soll sich in den Tarifen für den Endverbraucher widerspiegeln[418]. Aufgrund dessen verfolgt Polen im Bereich des Übertragungsnetzausbaus im Rahmen der gesetzlichen Regelungen einen marktwirtschaftlichen Ansatz, welcher sich insofern auch auf die unternehmerische Tätigkeit des polnischen Übertragungsnetzbetreibers PSE S.A. auswirkt.

c. Übertragungsnetzentwicklungsplan (ÜNEP)

aa. Vorbemerkung

Das zentrale gesetzliche Netzausbauplanungsinstrument im Onshore-Bereich in Polen ist der sog. Übertragungsnetzentwicklungsplan (poln. *Plan Rozwoju Sieci Przesyłowej*) (kurz: *ÜNEP*)[419]. Der polnische ÜNEP trägt den Namen „Entwicklungsplan zur Deckung des derzeitigen und zukünftigen Strombedarfs“ (poln. *Plan rozwoju w zakresie zaspokojenia obecnego i przyszłego zapotrzebowania na energię elektryczną*) und regelt insoweit die Netzausbauplanung in Polen für den Zeitraum von 2016 bis 2025. Dabei ähnelt der ÜNEP einer Kombination aus Regelungsinhalten, wie sie im Bereich der Netzausbauplanung gem. §§ 12a ff. EnWG ebenfalls in Deutschland bestehen. Anders als im deutschen Recht wird im Rahmen des ÜNEP allerdings nicht zwischen einem Szenariorahmen und dem

---

415 Der IUP 2014–2020 ist abrufbar unter URL: https://www.pois.gov.pl/media/10900/POIiS_2014-2020_04112015.pdf (letzter Abruf: 03.01.2018).

416 Vgl. dazu ausführlich: Gesetzesbegründung zum polnischen *Sondergesetz Übertragungsnetz*, Sejm Druk Nr. 3475, S. 6 ff., URL: http://orka.sejm.gov.pl/Druki7ka.nsf/0/5E5998411687AB28C1257E60002CE25D/%24File/3475.pdf (letzter Abruf: 03.01.2018).

417 *Zawiska* in: Swora/Muras, EnR, Art. 16, S. 86.

418 *Turkowski*, EnR, S. 394.

419 Vgl. dazu auch: Teil 2 B.II.

eigentlichen NEP unterschieden. Vielmehr vereint der ÜNEP diese Regelungsabschnitte, ohne dass hierzu im Gesetz ein separater Verfahrensablauf geregelt wird.

Trotz dieses grundsätzlichen Unterschiedes sind beide Rechtsordnungen dennoch mit den europäischen Vorschriften vereinbar, da die nationalen Regelungen zur Netzausbauplanung der Umsetzung der Richtlinie 2009/72/EG dienen und die dazu in Art. 22 enthaltenen Vorgaben grundsätzlich keine weiteren Bestimmungen zum Verfahrensablauf im Zusammenhang mit der Erstellung des zehnjährigen Netzentwicklungsplans beinhalten. Vielmehr heißt es gem. Art. 22 Abs. 1 der Richtlinie 2009/72/EG nur: *„Die Übertragungsnetzbetreiber legen der Regulierungsbehörde jedes Jahr nach Konsultation aller einschlägigen Interessenträger einen zehnjährigen Netzentwicklungsplan vor, (...)“*. Die Frage, in welcher Form das nationale Verfahren zur Erstellung des Netzentwicklungsplans auszugestalten ist, mithin ob möglicherweise ein Szenariorahmen voranzustellen ist, wird in dieser Vorschrift nicht näher behandelt. Damit wird dem jeweiligen Nationalstaat bei der Umsetzung der Richtlinie in Bezug auf den Ablauf der Netzentwicklungsplanung eine Entscheidungsfreiheit eingeräumt.

Dies vorausgeschickt wird das Verfahren zur Erstellung des polnischen ÜNEP in der Zentralvorschrift des Art. 16 EnR näher geregelt. Demnach muss der ÜNEP folgende Tatbestandsvoraussetzungen erfüllen:

bb. Formell-rechtliche Anforderungen

(1) Adressatenkreis

Ausweislich Art. 16 Abs. 1 EnR sind alle Energieversorgungsunternehmen, welche die Aufgabe der Übertragung oder Verteilung von Gasbrennstoffen oder Energie übernommen haben, zur Erstellung eines Netzentwicklungsplanes verpflichtet. Hierbei darf ein Zeitraum von drei Jahren nicht unterschritten werden. Adressat dieser Verpflichtung ist damit jedes Unternehmen, dessen Unternehmenstätigkeit in der Übertragung oder Verteilung von Energie respektive Gasbrennstoffen liegt. Hierzu zählen der Übertragungsnetzbetreiber[420]- sowie die Betreiber von Elektrizitätsverteiler-, Fernleitungs- und Gasverteilernetzen. Auf die gesetzliche Zertifizierung des Unternehmens als Übertragungsnetzbetreiber durch die

420 In Deutschland ist das Übertragungsnetz in vier Regelungszonen der Übertragungsnetzbetreiber TransnetBW GmbH, Amprion GmbH, TenneT TSO GmbH und 50Hertz Transmission GmbH aufgeteilt. In Polen wird dagegen nur ein Übertragungsnetzbetreiber zertifiziert, vgl. Art. 9h Abs. 2 EnR. Damit erübrigt sich in Polen ein zeitintensiver Abstimmungsprozess zwischen etwaigen Übertragungsnetzbetreibern, was sich für den Übertragungsnetzausbau positiv auswirken kann.

Energieregulierungsbehörde[421] gem. Art. 9h Abs. 1 EnR kommt es allerdings nicht an[422]. Folglich wird die gesamte polnische Netzausbauplanung im Übertragungs- und Elektrizitätsverteilernetz sowohl im Bereich von Elektrizität als auch von Gas zentral in Art. 16 EnR geregelt. Dabei enthält die Vorschrift gem. Art. 16 EnR mit den Regelungen nach Maßgaben von Abs. 1, 7, 10, 11, 12 und 17 zunächst für alle Energieversorgungsunternehmen allgemeinverbindliche Vorgaben, welche durch spezialgesetzliche Regelungen entweder für den Übertragungsnetzbetreiber oder für die Betreiber von Elektrizitätsverteiler-, Fernleitungs- und Gasverteilernetzen ergänzt werden. Etwaige spezialgesetzliche Regelungen für den Übertragungsnetzbetreiber folgen insoweit aus Art. 16 Abs. 2, 5, 8, 9, 14 und 15 EnR.

In diesem Zusammenhang zeigt sich allerdings ein wesentlicher Gesetzesunterschied zwischen den deutsch-polnischen Netzausbauplanungsvorschriften, auf den es sich zur besseren Vergleichbarkeit beider Rechtsordnungen anbietet, an dieser Stelle kurz einzugehen. Denn für die deutschen Betreiber von Elektrizitätsverteilernetzen (vgl. § 3 Nr. 3 EnWG) besteht im Gegensatz zum polnischen Recht keine gesetzliche Verpflichtung zur Netzausbauplanung für das Verteilernetz. Dies folgt aus der Vorschrift des § 14 Abs. 1 EnWG, wonach bestimmte Vorschriften, welche für die Übertragungsnetzbetreiber gelten, ebenfalls für die Betreiber von Verteilernetzen anzuwenden sind. Ausweislich des Gesetzeswortlauts wird allerdings nicht auf die Vorschriften zur Bedarfsplanung gem. §§ 12a ff. und §§ 17a ff. EnWG verwiesen. Vielmehr sind die Betreiber von Verteilernetzen gem. § 14 Abs. 1a EnWG nur auf Verlangen der Regulierungsbehörde zur Erstellung eines *Berichtes über den Netzzustand und die Netzausbauplanung* verpflichtet. Auch das Verfahren zur Erstellung eines solchen Berichtes wird in den Vorschriften der §§ 14 Abs. 1a ff. EnWG separat geregelt. Für Betreiber von Gasverteilernetzen (vgl. § 3 Nr. 7 EnWG) besteht nach der deutschen Rechtslage überhaupt keine Verpflichtung zur Erstellung eines etwaigen Netzausbauplanes für das Gasverteilernetz. Dies folgt aus der Vorschrift des § 16a EnWG, welche die Anwendung der für die Betreiber von Fernleitungsnetzen geltenden Vorschriften auch für die Betreiber von Gasverteilernetzen regelt. Nach der Querverweisung des § 16a EnWG ist die Vorschrift zur Erstellung eines NEP und damit zur Erstellung einer Bedarfsplanung i. S. v. § 15a EnWG gerade nicht auf die Betreiber von Gasverteilernetzen anzuwenden.

---

421 Anders als in Deutschland werden Entscheidungen der polnischen Energieregulierungsbehörde (URE) nicht durch etwaige Beschlusskammern, sondern durch den Behördenpräsidenten getroffen.

422 *Zawiska* in: Swora/Muras, EnR, Art. 16, S. 86.

(2) Erweiterte Mitwirkungspflicht

Darüber hinaus besteht für die Provinzregierungen der Woiwodschaften, für die Gemeinden sowie für Energieversorgungsunternehmen oder Letztverbraucher eine erweiterte Mitwirkungspflicht durch eine inhaltliche Unterstützung des Übertragungsnetzbetreibers bei der Erstellung des ÜNEP. Diese Adressaten sind gem. Art. 16 Abs. 19 EnR insoweit dazu verpflichtet, dem Übertragungsnetzbetreiber die notwendigen Informationen für die Erstellung von bestimmten Prognosen i. S. v. Art. 16 Abs. 7 Nr. 1 bis Nr. 4 sowie Nr. 7 EnR kostenlos zur Verfügung zu stellen. Bei diesen Prognosen handelt es sich um vergleichbare Dokumente, die im Rahmen des Szenariorahmens nach deutscher Rechtsordnung erstellt werden.

Die Verpflichtung zur Zusammenarbeit steht in einem engen Kontext zu der Vorschrift nach Art. 19 EnR. Ausweislich Art. 19 Abs. 1 EnR ist der Bürgermeister respektive der Stadtpräsident (poln. *wójt*) dazu verpflichtet, einen Entwurf von Annahmen für einen Plan zur Versorgung von Fernwärme, Elektrizität und Gasbrennstoffen (poln. *projekt założeń do planu zaopatrzenia w ciepło, energię elektryczną i paliwa gazowe*) auf dem Gemeindegebiet zu erstellen, der einen Zeitraum von 15 Jahren abdecken muss (Art. 19 Abs. 2 EnR). Dabei deckt sich der Inhalt dieser Annahmen teilweise mit den vom Übertragungsnetzbetreiber bei der Erstellung des ÜNEP zu beachtenden Tatbestandsanforderungen. Insoweit muss der Bürgermeister gem. Art. 19 Abs. 3 Nr. 2 EnR ebenfalls Annahmen hinsichtlich der Reduzierung des Wärme-, Elektrizitäts- und Gasverbrauchs treffen. Damit deckt sich diese Regelung inhaltlich mit der Vorschrift des Art. 16 Abs. 7 Nr. 4 EnR[423]. Der Grund für die Verpflichtung zur Zusammenarbeit mit dem Übertragungsnetzbetreiber dürfte folglich darin begründet sein, dass es sich bei der Vorschrift des Art. 16 Abs. 7 EnR um eine zentrale und damit für alle „Energieversorgungsunternehmen" i. S. v. Art. 16 Abs. 1 i. V. m. Art. 3 Nr. 12 EnR allgemein geltende Regelung handelt. Anders als bei Energieversorgungsunternehmen, die sich neben der Energielieferung auch mit Energieeffizienzmaßnahmen befassen, ist der Aufgabenbereich des Übertragungsnetzbetreibers in Art. 3 Nr. 24 EnR klar umrissen. Hierzu gehören der Betrieb des Übertragungsnetzes, nicht jedoch Aufgaben im Bereich der Reduzierung des Wärme-, Elektrizitäts- und Gasverbrauchs. Daher beschränkt sich die Verpflichtung zur Zusammenarbeit mit dem Übertragungsnetzbetreiber gem. Art. 16 Abs. 19 EnR nur auf die Bereiche, die nicht zur Unternehmenstätigkeit des Übertragungsnetzbetreibers gehören. Aufgrund dessen erstreckt sich die Informationspflicht nicht auf den Bereich i. S. v. Art. 16 Abs. 7 Nr. 5 und 6 EnR, mithin auf den Bereich der Finanzierung von Investitionen im Übertragungsnetz sowie die dazu notwendigen Einnahmen, da es sich hierbei um originäre Aufgaben des Übertragungsnetzbetreibers handelt.

---

423 *Zawiska* in: Swora/Muras, EnR, Art. 16,Rn. 6.

Eine mit der polnischen Vorschrift gem. Art. 16 Abs. 19 EnR vergleichbare Regelung ist der deutschen Rechtsordnung allerdings nicht gänzlich fremd. Insoweit normiert die Vorschrift gem. § 12 Abs. 4 EnWG die Verpflichtung zur Herausgabe von Informationen, die notwendig sind, damit die Elektrizitätsversorgungsnetze sicher und zuverlässig betrieben, gewartet und ausgebaut werden können. Da die Übertragungsnetzbetreiber gem. § 12a Abs. 1 S. 4 EnWG ebenfalls angemessene Annahmen für die jeweiligen Szenarien zur Erzeugung, Versorgung und Verbrauch von Strom (in diesem Zusammenhang ist auch die Reduzierung des Stromverbrauchs zu berücksichtigen[424]) zu treffen haben und dafür die notwendigen Informationen benötigen, werden gem. § 12 Abs. 4 S. 1 Nr. 1 bis 7 EnWG die damit befassten Betreiber von Erzeugungsanlagen, Betreiber von Anlagen zur Speicherung von elektrischer Energie, Betreiber von Elektrizitätsverteilernetzen, industrielle und gewerbliche Letztverbraucher, Anbieter von Lastmanagement und Großhändler oder Lieferanten von Elektrizität ebenfalls zur Herausgabe der zur Erstellung der Annahmen für die jeweiligen Szenarien erforderlichen Informationen verpflichtet. Der Unterschied zwischen beiden Rechtsordnungen besteht jedoch im Adressatenkreis der Verpflichtung, welche sich ausweislich der deutschen Regelungen nur an natürliche oder juristische Personen richtet, vgl. § 12 Abs. 4 S. 1 EnWG. Eine Verpflichtung zur Zusammenarbeit der Gemeinden mit den Übertragungsnetzbetreibern besteht insoweit nicht, da diese im Gegensatz zum polnischen Recht zur Erstellung von derartigen Annahmen zur Erzeugung, Versorgung und Verbrauch von Strom auf kommunaler Ebene gesetzlich nicht verpflichtet sind.

(3) Konsultation

(a) Beteiligtenkreis

Ausweislich des Gesetzeswortlautes gem. Art. 16 Abs. 15 EnR ist der Entwurf der ÜNEP mit „interessierten Parteien" zu konsultieren. Welcher Adressatenkreis unter der unbestimmten Rechtsbegrifflichkeit der „interessierten Parteien" zu verstehen ist, wird im Gesetz allerdings nicht weiter definiert. Daher scheint der polnische Übertragungsnetzbetreiber dazu eine eigene „Auslegungshilfe" entwickelt zu haben. Denn ausweislich der auf der Internetseite von PSE S.A. veröffentlichten Informationen zum Konsultationsverfahren des ÜNEP werden unter der Rechtsbegrifflichkeit „interessierte Parteien" diejenigen Interessensgruppen verstanden, die gem. Ziffer 3.1.5. in dem Teil „Die Bedingungen der Nutzung, des Betriebes, der Entwicklung und der Planung des Netzes" (poln. *Warunki korzystania, prowadzenia ruchu, eksploatacji i planowania rozwoju sieci*) der sog. „Anleitung zum Betrieb und Entwicklung des Übertragungsnetzes" (poln. *Instrukcja*

424 *Posser* in: Kment, EnWG, § 12a, Rn. 37.

Ruchu i Eksploatacji Sieci Przesyłowej)[425] näher bestimmt werden[426]. Dies zugrunde gelegt werden unter der Begrifflichkeit „interessierte Parteien" (1) die jeweiligen Nutzer des Übertragungsnetzes, (2) die potentiellen Nutzer, (i) welche einen Netzanschlussantrag an das Übertragungsnetz bereits gestellt haben, (ii) welche wichtige Verbindungsleitungen besitzen oder (iii) einen Netzanschlussvertrag an das Übertragungsnetz abgeschlossen haben, sowie (3) die lokalen Selbstverwaltungsbehörden der Woiwodschaften subsumiert. Folglich richtet sich die Konsultation des ÜNEP aufgrund der „Auslegungshilfe" des Übertragungsnetzbetreibers PSE S.A. an einen Adressatenkreis, bei welchem anzunehmen ist, dass dieser durch die künftigen Netzausbauvorhaben unmittelbar beeinträchtigt werden könnte, weil es durch die Netzausbaumaßnahmen beispielsweise zur Unterbrechung bei der Belieferung oder Einspeisung im Übertragungsnetz der jeweiligen Netznutzer[427] kommen könnte. Damit knüpft der polnische Übertragungsnetzbetreiber bei der Auslegung des Begriffs der „interessierten Parteien" an die unmittelbare Betroffenheit der Beteiligten an.

Fraglich ist in diesem Zusammenhang jedoch, ob bei der Erstellung des ÜNEP auch Umweltschutzvereinigungen sowie die allgemeine Öffentlichkeit, die von den Festlegungen im ÜNEP nicht unmittelbar betroffen wird, zu beteiligen ist, wodurch auch diesem Beteiligtenkreis die Möglichkeit eingeräumt wird, Einwendungen zu erheben und Stellungnahmen zum ÜNEP-Entwurf abzugeben. Diese Frage scheint von der polnischen Literatur bisher noch nicht weiter behandelt worden zu sein. Ein solcher Beteiligungsanspruch könnte sich allerdings aus einem Informationsanspruch nach Maßgabe von Art. 10 Abs. 1 des *Gesetzes über öffentliche Informationen* (kurz: *Öffentlichkeitsinformationsgesetz (ÖInfoG)*) (poln. *Ustawa o dostępie do informacji publicznej*) ergeben, weil es sich bei dem ÜNEP um ein Programm zur Umsetzung öffentlicher Aufgaben i. S. v. Art. 6 Abs. 1 Nr. 1c ÖInfoG, mithin um Aufgaben der öffentlichen Daseinsvorsorge, handelt und sich dieser gem. Art. 4 Abs. 1 Nr. 5 ÖInfoG gegen den Übertragungsnetzbetreiber als ausführendes Organ richtet. Dennoch dürfte sich ein solcher Informationsanspruch in der Praxis als nutzlos erweisen, weil der Entwurf des ÜNEP ohnehin auf der Internetseite des Übertragungsnetzbetreibers veröffentlicht wird, so dass dem Informationsbegehren der von der Konsultation ausgeschlossenen Parteien

425 Genehmigt durch Beschluss des Präsidenten der Energieregulierungsbehörde vom 15.12.2011, Nr. DPK-4320–1 (4)/2011/LK, gültig ab dem 01.12.2017.

426 PSE S.A., URL: https://www.pse.pl/-/pse-rozpoczynaja-konsultacje-projektu-planu-rozwoju-w-zakresie-zaspokojenia-obecnego-i-przyszlego-zapotrzebowania-na-energie-elektryczna-na-lata-2018-?safeargs=696e686572697452656469726563743d7472756526726564697265637443d253246686f6d65 (letzter Abruf: 09.02.2018).

427 In Betracht kommen beispielsweise Kraftwerksbetreiber, die die erzeugte Elektrizität aus ihren Kraftwerken oder EE-Anlagen direkt in das Übertragungsnetz einspeisen, oder Industrieunternehmen, die aufgrund ihres großen Bedarfs direkt aus dem Übertragungsnetz mit Elektrizität versorgt werden.

damit genüge getan wird. Etwaige Einwendungen und Stellungnahmen, auf die es im Rahmen der Konsultation gerade ankommt, können mit dem Informationsanspruch ausweislich der polnischen Regelung gem. Art. 10 Abs. 1 ÖInfoG allerdings nicht geltend gemacht werden.

(b) Rechtmäßigkeit der Beteiligtenbeschränkung

(aa) Problem

Somit kann festgehalten werden, dass die allgemeine Öffentlichkeit, welche von den Festlegungen im ÜNEP nicht unmittelbar betroffen ist, sowie Umweltschutzvereinigungen nach der Praxis des polnischen Übertragungsnetzbetreibers PSE S.A. von der Konsultation des ÜNEP-Entwurfs offensichtlich ausgeschlossen werden. Fraglich ist daher, ob eine derartige Beschränkung des Adressatenkreises ausschließlich auf die von den Festlegungen im ÜNEP unmittelbar betroffenen Interessensgruppen mit unionsrechtlichen Vorgaben vereinbar ist. Denn eine Unterbrechung im Übertragungsnetz dürfte sich mit hoher Wahrscheinlichkeit auch auf die nachgelagerten Elektrizitätsverteilernetze auswirken, wodurch auch die an das Elektrizitätsverteilernetz angeschlossenen Personen und damit die allgemeine Öffentlichkeit von einer Versorgungsunterbrechung im Übertragungsnetz potentiell beeinträchtigt werden. Des Weiteren dürfte sich die Netzausbauplanung zumindest auch mittelbar auf die Umwelt auswirken, da es im Zuge der Realisierung der im ÜNEP festgelegten Netzausbaumaßnahmen zu Umwelteingriffen kommen kann, wodurch eine Beteiligung von Umweltschutzvereinigungen bereits im Stadium der Netzausbauplanung als angebracht erscheinen könnte.

Auch diese Fragestellung ist in der polnischen Literatur bisher ebenfalls noch nicht weiter behandelt worden. Dies verwundert, da ausgehend von den Erfahrungen, die im Zusammenhang mit dem Ausbau der umstrittenen Leitungstrasse Plewiska – Kromolice gemacht wurden, grundsätzlich anzunehmen wäre, dass die Netzausbauplanung in Polen ein großes öffentliches Interesse ausgelöst haben sollte, weshalb die Beteiligungsfrage aus juristischer Sicht bereits näher beleuchtet worden sein müsste. Dies scheint allerdings offensichtlich (noch) nicht der Fall zu sein. Ob dies einem möglicherweise mangelnden juristischen Interesse für die Netzausbauplanung geschuldet ist, mag an dieser Stelle dahingestellt bleiben. Gegen eine derartige Beschränkung des Adressatenkreises auf die von den Festlegungen im ÜNEP unmittelbar betroffenen Interessenskreise bestehen zumindest aus hiesiger Sicht unionsrechtliche Bedenken.

(bb) Eigene Auffassung

Dies folgt allerdings nicht bereits aus der Vorschrift des Art. 22 Richtlinie 2009/72/EG, welche insoweit die europäische Grundlage für die nationale Netzentwicklungsplanung bildet. Schließlich lässt sich dieser Vorschrift eine

Beteiligung der allgemeinen Öffentlichkeit sowie von Umweltschutzvereinigungen im Rahmen der Netzausbauplanung nicht entnehmen. Insofern ist die Konsultation des Netzentwicklungsplans nach dem Wortlaut von Art. 22 Abs. 4 S. 1 der Richtlinie 2009/72/EG mit allen *tatsächlichen und potentiellen Netzbenutzern* durchzuführen. Der Begriff „Netzbenutzer“ wird in Art. 2 Nr. 18 der Richtlinie 2009/72/EG gesetzlich definiert. Darunter werden natürliche oder juristische Personen subsumiert, die Elektrizität in ein Übertragungs- oder Elektrizitätsverteilernetz einspeisen oder daraus versorgt werden. Wie die Begriffe „tatsächlich“ und „potentiell“ auszulegen sind, wird allerdings weder in Art. 2 Nr. 18 noch in den übrigen Begriffsbestimmungen gem. Art. 2 der Richtlinie 2009/72/EG näher definiert. Aus hiesiger Sicht würde es allerdings zu weit führen, soweit auch die allgemeine Öffentlichkeit, mithin alle Endverbraucher, die auch an das allgemeine Elektrizitätsverteilernetz angeschlossen sind, von der hier in Rede stehenden Begrifflichkeit der „tatsächlichen und potentiellen Netzbenutzer“ umfasst würden, da die vom europäischen Gesetzgeber offensichtlich bewusst getroffene Einschränkung auf die „tatsächlich und potentiell“ betroffenen Netzbenutzern ansonsten leerlaufen würde. Andernfalls hätte der europäische Gesetzgeber diese Einschränkung auch weglassen können, wodurch der Beteiligtenkreis auf alle Netzbenutzer und damit alle Endverbraucher, die auch aus dem Elektrizitätsverteilernetz versorgt werden, erweitert würde. Gleiches dürfte auch für Umweltschutzvereinigungen gelten, da diese mangels der Tätigkeit einer Elektrizitätseinspeisung bzw. -versorgung offensichtlich ebenfalls nicht unter dem Begriff „Netzbenutzer“ subsumiert werden können.

Eine Beteiligung der allgemeinen Öffentlichkeit sowie von Umweltschutzvereinigungen im Rahmen der Netzausbauplanung lässt sich vielmehr aus dem Zusammenspiel von europäischen und nationalen Vorschriften zum Umweltschutz ableiten. Um sich davon ein besseres Bild zeichnen zu können, hilft dabei ein Blick in die deutschen Regelungen. Denn obwohl nach der Richtlinie 2009/72/EG keine ausdrücklichen Regelungen zu umweltrechtlichen Begleitfragen getroffen werden[428], geht der deutsche Gesetzgeber zutreffend davon aus, dass auch im Rahmen der Netzausbauplanung eine SUP i. S. d. UVPG durchzuführen ist, vgl. § 12c Abs. 2 EnWG. Ausweislich § 42 Abs. 1 i. V. m. § 18 Abs. 1, § 2 Abs. 8 UVPG ist im Rahmen der SUP auch die Öffentlichkeit zu beteiligen. Dabei wird der betroffenen Öffentlichkeit gem. § 42 Abs. 3 i. V. m. § 2 Abs. 9 UVPG die Möglichkeit eingeräumt, sich nicht nur zu dem Umweltbericht, sondern auch zu dem Plan respektive dem Programm zu äußern.

Dabei beruhen die deutschen Vorschriften zur Öffentlichkeitsbeteiligung auf der Umsetzung der europäischen Richtlinie 2001/42/EG[429], welche insoweit die Grundlage für die Durchführung einer SUP im Rahmen der Netzausbauplanung

428 *Bourwieg* in: Britz/Hellermann/Hermes, EnWG, § 12c, Rn. 5.
429 *Gärditz* in: Landmann/Rohmer, UmweltR, UVPG, § 14i, Rn. 2.

gem. § 12c EnWG darstellt.[430] Danach muss gem. Art. 3 Abs. 2 a) Richtlinie 2001/42/EG bei *allen Programmen und Plänen im Energiebereich* eine *Umweltprüfung* durchgeführt werden. In diesem Falle ist gem. Art. 5 Abs. 1 der Richtlinie 2001/42/EG ein Umweltbericht zu erstellen. Dabei ist den Behörden und der *Öffentlichkeit* gem. Art. 6 Abs. 2 der Richtlinie 2001/42/EG Gelegenheit zu geben, *vor der Annahme des Plans oder Programms oder seiner Einbringung in das Gesetzgebungsverfahren zum Entwurf des Plans oder Programms sowie zum begleitenden Umweltbericht Stellung zu nehmen.* Dazu haben die Mitgliedstaaten gem. Art. 6 Abs. 4 Richtlinie 2001/42/EG zu bestimmen, was unter „Öffentlichkeit" zu verstehen ist. Dabei müssen die Mitgliedstaaten allerdings Sorge tragen, dass dieser Begriff auch die Teile der Öffentlichkeit mit einschließt, die vom Entscheidungsprozess gemäß dieser Richtlinie *betroffen sind* oder *voraussichtlich betroffen sein werden* oder *ein Interesse daran haben, darunter auch relevante Nichtregierungsorganisationen, z.B. Organisationen zur Förderung des Umweltschutzes und andere betroffene Organisationen.*

Zusammenfassend normieren die europäischen Vorgaben gem. der Richtlinie 2001/42/EG damit drei wesentliche Tatbestandsvoraussetzungen: es ist eine Öffentlichkeitsbeteiligung durchzuführen und es ist der betroffenen „Öffentlichkeit" die Gelegenheit zu geben, nicht nur zum Umweltbericht, sondern auch zu der Netzausbauplanung bzw. ÜNEP Stellung zu nehmen; der Begriff der „Öffentlichkeit" muss nach dem nationalen Recht alle von der Netzausbauplanung Betroffenen und an ihr interessierten Personen und Gruppen einschließlich Umweltschutzvereinigungen umfassen; es ist bereits im Stadium der Netzausbauplanung eine SUP durchzuführen (dazu sogleich).

(cc) Zwischenergebnis

Der polnische Gesetzgeber scheint das beschriebene Zusammenspiel zwischen den europäischen Umweltvorschriften und der Netzausbauplanung offensichtlich verkannt und daher nicht im nationalen Recht weiter berücksichtigt zu haben. Zwar wird in der Vorschrift des Art. 16 Abs. 15 EnR ebenfalls eine Konsultation des ÜNEP mit „interessierten Parteien" normiert. Allerdings wird dieser unbestimmte Rechtsbegriff nicht weiter im Gesetz definiert, so dass bereits dadurch die Vereinbarkeit dieser Vorschrift mit der europäischen Vorgabe nach Art. 6 Abs. 4 Richtlinie 2001/42/EG als zweifelhaft erscheint, da nach dieser Regelung unmissverständlich eine Definition des Begriffes der „Öffentlichkeit" im nationalen Recht gefordert wird. Ungeachtet dessen dürfte aber zumindest die vom polnischen Übertragungsnetzbetreiber PSE S.A. im Rahmen der Konsultation der Netzausbauplanung in der Praxis angewendete Beschränkung des

430 BT-Drucks. 17/6072, S. 69; zur europäischen Grundlage für die Einführung einer allgemeinen SUP im deutschen Recht vgl.: *Gärditz* in: Landmann/Rohmer, UmweltR, UVPG, Vorbem. zu §§ 14a bis 14n, Rn. 5.

Adressatenkreises nur auf die betroffenen Übertragungsnetznutzer unter Ausschluss der allgemeinen Öffentlichkeit sowie von Umweltschutzvereinigungen gegen die vorgenannte europäische Vorschrift nach Art. 6 Abs. 2 i. V. m. Abs. 4 Richtlinie 2001/42/EG verstoßen und damit unionsrechtswidrig sein, da es sich bei dem ÜNEP bzw. der Netzausbauplanung zweifelsfrei um einen Plan respektive Programm im Energiebereich handelt. Aus diesem Grund müssen auch der allgemeinen Öffentlichkeit, die ein Interesse an dem ÜNEP hat, sowie Umweltschutzvereinigungen als Organisationen zur Förderung des Umweltschutzes i. S. d. gesetzlichen Definition die Möglichkeit eingeräumt werden, im Rahmen einer Öffentlichkeitsbeteiligung zum ÜNEP Stellung nehmen zu können.

(c) Zuständigkeit

Des Weiteren unterscheiden sich die polnischen Vorschriften im Vergleich zu den deutschen Regelungen auch hinsichtlich der Verantwortlichkeit bei der Durchführung der öffentlichen Konsultation. Denn nach der deutschen Rechtslage sind die Übertragungsnetzbetreiber zunächst dazu verpflichtet, den NEP Strom noch vor Vorlage bei der Regulierungsbehörde zur öffentlichen Konsultation zu stellen, vgl. § 12b Abs. 3 S. 1 EnWG. Im Anschluss daran führt die BNetzA als zuständige Regulierungsbehörde erneut eine weitere Konsultation mit Behörden und der Öffentlichkeit durch, vgl. § 12c Abs. 3 S. 1 EnWG. Nach den polnischen Regelungen wird die Konsultation dagegen ausschließlich durch den Übertragungsnetzbetreiber durchgeführt, vgl. Art. 16 Abs. 15 EnR. Eine Konsultation des ÜNEP durch die Energieregulierungsbehörde URE findet insoweit nicht statt. Fraglich ist daher, ob die polnische Regelung zur Durchführung der Konsultation ausschließlich durch den Übertragungsnetzbetreiber und nicht durch die Regulierungsbehörde ebenfalls mit europäischem Recht vereinbar ist.

Rechtsgrundlage für die Durchführung der öffentlichen Konsultation bildet die Vorschrift gem. Art. 22 Abs. 4 der Richtlinie 2009/72/EG. Danach *führt die Regulierungsbehörde* offene und transparente Konsultationen zum zehnjährigen Netzentwicklungsplan durch. Im Anschluss daran wird das Ergebnis der Konsultationen ebenfalls von der *Regulierungsbehörde* veröffentlicht. Damit muss nach dem eindeutigen Wortlaut der Richtlinie (zumindest) eine öffentliche Konsultation zwingend durch die nationale Regulierungsbehörde durchgeführt werden. Ein Ermessensspielraum bei der Umsetzung dieser Regelung in nationales Recht steht den Vertragsstaaten daher nicht zu. Andernfalls hätte der europäische Gesetzgeber dies durch eine entsprechende Formulierung, wie z. B. „*kann* durch die Regulierungsbehörde durchgeführt werden“, zur Disposition der Nationalstaaten stellen können. Davon hat er allerdings keinen Gebrauch gemacht. Folglich dürfte die polnische Regelung gem. Art. 16 Abs. 15 EnR zur Durchführung der Konsultation des ÜNEP ausschließlich durch den Übertragungsnetzbetreiber und nicht durch die Energieregulierungsbehörde URE gegen europäisches Recht verstoßen[431].

(d) Einwendungsfrist

Weitere formelle Unterschiede zwischen beiden Rechtsordnungen ergeben sich auch hinsichtlich des zeitlichen Verfahrensablaufs im Zusammenhang mit der Behörden- und Betroffenenbeteiligung. Denn der Entwurf des deutschen NEP Strom und der Umweltbericht werden im Rahmen der Behörden- und Öffentlichkeitsbeteiligung zunächst für die Dauer von sechs Wochen am Sitz der Regulierungsbehörde ausgelegt und auf der Internetseite der Regulierungsbehörde öffentlich bekannt gegeben (vgl. § 12c Abs. 3 S. 4 EnWG). Dabei erhält die betroffene Öffentlichkeit die Gelegenheit, sich zum NEP Strom und zum Umweltbericht innerhalb von bis zu zwei Wochen nach Ende der Auslegung zu äußern, vgl. § 12c Abs. 3 S. 5 EnWG. Damit können Einwendungen innerhalb von insgesamt acht Wochen erhoben werden.

Im Vergleich dazu wird der Entwurf des polnischen ÜNEP nach dem Wortlaut des Art. 16 Abs. 15 EnR lediglich auf der Internetseite des Übertragungsnetzbetreibers veröffentlicht und mit einem Hinweis auf die Ausschlussfrist zur Erhebung von Einwendungen versehen. Dabei darf die Ausschlussfrist einen Zeitraum von 21 Tage nicht unterschreiten, vgl. Art. 16 Abs. 15 S. 2 EnR. Hieraus lässt sich allerdings noch nicht die gesamte Länge des Konsultationsverfahrens ableiten. Fraglich ist daher, ob der ÜNEP – ähnlich wie nach den deutschen Vorschriften – zunächst für einen bestimmten Zeitraum auf der Internetseite des Übertragungsnetzbetreibers veröffentlicht wird und die 21-tägige Ausschlussfrist zur Erhebung von Einwendungen erst nach Beendigung des Auslegungszeitraums zu laufen beginnt oder, ob die 21-tägige Ausschlussfrist bereits mit der Auslegung der Unterlagen in Gang gesetzt wird.

Auch diesbezüglich enthält die Gesetzesbegründung zum Art. 16 EnR keine näheren Angaben[432]. Ausweislich der im Internet zum Konsultationsverfahren des ÜNEP 2018–2027 veröffentlichten Informationen des polnischen Übertragungsnetzbetreibers PSE S.A. wird in der Praxis zwischen der Veröffentlichung des Entwurfs des ÜNEP und der Ausschlussfrist zur Erhebung von Einwendungen zeitlich allerdings nicht unterschieden. Vielmehr knüpft die 21-tägige Ausschlussfrist selbst an das Datum der Veröffentlichung des ÜNEP-Entwurfs an. Dies zugrunde gelegt hat PSE S.A. den Entwurf des ÜNEP 2018–2027 am

431 Nach der deutschen Vorschrift gem. § 12c Abs. 3 S. 1 EnWG ist dagegen auch die Regulierungsbehörde, mithin die BNetzA, zur Durchführung einer öffentlichen Konsultation verpflichtet, so dass die europäische Vorgabe gem. Art. 22 Abs. 4 Richtlinie 2009/72/EG nach deutschem Recht richtlinienkonform umgesetzt wurde.

432 Sejm Druk Nr. 946, S. 41 ff, abrufbar unter URL: http://www.sejm.gov.pl/Sejm7.nsf/PrzebiegProc.xsp?nr=946 (letzter Abruf: 28.01.2018).

23. Januar 2018 auf seiner Internetseite veröffentlicht und die Ausschlussfrist für die Erhebung von etwaigen Einwendungen auf den 13. Februar 2018, mithin 21 Tage später, bestimmt[433]. Folglich wird die 21-tägige Ausschlussfrist zur Erhebung von Einwendungen nach der Praxis des polnischen Übertragungsnetzbetreibers bereits mit der Auslegung der Unterlagen in Gang gesetzt, so dass das gesamte Konsultationsverfahren vom Zeitpunkt der Veröffentlichung des ÜNEP bis hin zum Ende der Einwendungsfrist insgesamt nur 21 Tage beträgt.

(e) Behördenbeteiligung

Abschließend muss durch die Energieregulierungsbehörde zusätzlich noch eine *Stellungnahme* (poln. *opinia*) der betroffenen Provinzregierung der Woiwodschaft zum ÜNEP-Entwurf eingeholt werden, vgl. Art. 23 Abs. 3 EnR[434]. Der Präsident der Energieregulierungsbehörde ist an diese Stellungnahme allerdings nicht gebunden, da es sich bei einer Stellungnahme nach der herrschenden Rechtsprechung der polnischen Gerichte lediglich um eine nach gesetzlichen oder subjektiven Beurteilungskriterien getroffene administrative „Faktenbewertung" handelt[435]. Diese entfaltet jedoch keine Rechtsbindungswirkung[436]. Daher kann eine entsprechende Stellungnahme auch unterbleiben, so dass in diesem Fall eine positive Stellungnahme nach Ablauf einer 14-tägigen Frist gesetzlich fingiert wird, vgl. Art. 23 Abs. 4 EnR.

(4) Strategische Umweltprüfung (SUP)

Fraglich ist des Weiteren, ob im Rahmen der Aufstellung des ÜNEP – genau wie nach deutschem Recht – ebenfalls eine Strategische Umweltprüfung (SUP) durchzuführen ist. Diesbezüglich lassen sich aus den polnischen Vorschriften zum formellen Aufstellungsverfahren nach Maßgabe von Art. 16 Abs. 13 bis 15 EnR keine weiteren Regelungen entnehmen. Diese Problemstellung ist offensichtlich auch in der polnischen Literatur zum EnR bisher noch nicht weiter behandelt worden. Insofern lassen sich der einschlägigen Literatur diesbezüglich keine weiteren Ausführungen entnehmen. Auch aus dem ersten ÜNEP 2016–2025[437] sowie aus dem zweiten im Januar 2018 zur Konsultation gestellten Entwurf des

---

433 PSE S.A., URL: https://www.pse.pl/konsultacje-aktywne/konsultacje-projektu-planu-rozwoju-w-zakresie-zaspokojenia-obecnego-i-przyszlego-zapotrzebowania-na-energie-elektryczna-na-lata-2018-2027 (letzter Abruf: 15.02.2018).

434 *Zawiska* in: Swora/Muras, EnR, Art. 16, S. 97 f.

435 Urteil des Obersten Verwaltungsgerichts (poln. *Naczelny Sąd Administracyjny (NSA)*) vom 13.10.1997, Az.: II SA 203/97.

436 Urteil des Verwaltungsgerichts der Woiwodschaft in Warschau (poln. *Wojewódzki Sąd Administracyjny (WSA)*) vom 15.06.2007, Az.: VI SA/Wa 1509/06.

437 PSE S.A., ÜNEP 2016–2025 (Fn. 159).

ÜNEP 2018–2027[438] kann nicht entnommen werden, ob eine entsprechende SUP tatsächlich durchgeführt wurde. Fraglich ist daher, ob die polnische Rechtsordnung überhaupt eine Pflicht zur Durchführung einer SUP bei der Aufstellung des ÜNEP normiert.

(a) Rechtsgrundlage

Die rechtlichen Vorschriften zur Durchführung einer SUP werden in Art. 46 ff. des polnischen *Umweltinformations-, Öffentlichkeitsbeteiligungs- und Umweltverträglichkeitsprüfungsgesetzes* (kurz: *UÖUG*) (poln. *Ustawa o udostępnianiu informacji o środowisku i jego ochronie, udziale społeczeństwa w ochronie środowiska oraz o ocenach oddziaływania na środowisko*) näher konkretisiert. Zentrale Norm ist dabei Art. 46 UÖUG, in der zunächst bestimmte Planungsvorhaben näher spezifiziert werden, im Rahmen derer eine SUP durchzuführen ist. Dabei unterscheidet die Vorschrift gem. Art. 46 UÖUG zwei Planungskategorien. Zu der ersten Planungskategorie gehören gem. Art. 46 Nr. 1 UÖUG Projekte im Bereich der nationalen und regionalen Raumplanung. Die darin normierten Dokumente sind abschließend. Ausweislich des Gesetzeswortlautes wird die Aufstellung des ÜNEP i. S. d. Art. 16 EnR allerdings nicht vom Tatbestand des Art. 46 Nr. 1 UÖUG umfasst. Die Vorschrift gem. Art. 46 Nr. 2 UÖUG ist dagegen als offener Tatbestandskatalog formuliert. Danach ist eine SUP bei Projekten durchzuführen, welche die „*Politik, Strategien, Pläne oder Programme in den Bereichen (...) Energie (...) betreffen, die von Verwaltungsbehörden entwickelt oder verabschiedet werden und den Rahmen für die spätere Durchführung von Projekten mit erheblichen Umweltauswirkungen bilden*“. Fraglich ist daher, ob sich eine Verpflichtung zur Durchführung einer SUP bei der Erstellung des ÜNEP womöglich aus der Vorschrift gem. Art. 46 Nr. 2 UÖUG ableiten lässt.

(aa) Gesetzeswortlaut

Stellt man auf den reinen Wortlaut der Norm ab, so sprechen gute Gründe dafür, den ÜNEP als ein SUP-pflichtiges Projekt i. S. d. Art. 46 Nr. 2 UÖUG einzuordnen. Dazu kann insbesondere die gesetzliche Systematik der polnischen Netzausbauplanung gem. Art. 16 EnR herangezogen werden. Denn die für die Erstellung des ÜNEP maßgebliche Zentralvorschrift des Art. 16 ist im Abschnitt 3 des EnR unter dem Titel „Energiepolitik“ eingebettet, so dass der ÜNEP nach dem reinen Wortlaut des Art. 46 Nr. 2 UÖUG als Projekt subsumiert werden könnte, welcher die „Politik im Bereich Energie“ betrifft.

438 Entwurf des ÜNEP 2018–2027 vom Januar 2018, abrufbar unter URL: https://www.pse.pl/c/document_library/get_file?safeargs=757569643d32363539613133322d613935312d346566372d396264622d30386531333134353033636426677 26f757049643d323031383226646f776e6c6f61643d74727565 (letzter Abruf: 11.02.2018).

Diese Argumentation würde dem gesetzlichen Wortlaut des Art. 46 Nr. 2 UÖUG allerdings nicht gerecht. Denn wie bereits dargestellt, müssen die Pläne etc. nach dem Wortlaut des Art. 46 Nr. 2 UÖUG von den *„Verwaltungsbehörden entwickelt oder verabschiedet werden"* (poln. „(...) *opracowanych lub przyjmowanych przez organy administracji"*)[439]. Der ÜNEP wird von der Regulierungsbehörde URE allerdings weder *entwickelt* noch *verabschiedet.* Zuständig für die Entwicklung des ÜNEP ist alleine der Übertragungsnetzbetreiber, vgl. Art. 16 Abs. 1 und Abs. 2 EnR. Daher hat die Regulierungsbehörde auch keine Möglichkeit, auf den ÜNEP inhaltlich Einfluss zu nehmen[440]. Der ÜNEP wird ferner auch nicht von einer Behörde *verabschiedet.* Denn ausweislich des Gesetzeswortlauts gem. Art. 16 Abs. 13 EnR wird der ÜNEP mit dem Präsidenten der Regulierungsbehörde URE „abgestimmt"[441] (poln. *„uzgodniony"*) und gerade nicht von der Behörde selbst „verabschiedet" (poln. *„przyjmowany"*). Der Begriff „Verabschieden" dürfte nach seinem Begriffsverständnis vielmehr dahingehend auszulegen sein, dass die Behörde zumindest einen wesentlichen Einfluss auf die Erstellung des Plans gehabt und dessen Inhalt auch gewollt hat. Dies ist vorliegend aber gerade nicht der Fall.

(bb) Systematische Einordnung

Ferner spricht auch die systematische Einordnung der SUP in der polnischen Rechtsordnung gegen die Annahme, dass im Rahmen der Erstellung des ÜNEP ebenfalls eine SUP durchzuführen ist. Denn nach der polnischen Literatur wird eine SUP bei Dokumenten im Bereich der lokalen und regionalen Entwicklung durchgeführt. Dabei nehmen Dokumente im Bereich der Raumplanung, wie beispielsweise das „Konzept über die Festlegungen der Raumbewirtschaftung des Landes" (poln. *ustalenia koncepcji przestrzennego zagospodarowania kraju*) (kurz: KFRL) oder das sog. „Konzept über die Festlegungen der Raumbewirtschaftung der Woiwodschaften" (poln. *ustalenia planu zagospodarowania przestrzennego województw*) (kurz: *KFRW*) eine ganz besondere Stellung ein[442]. Bei dem ÜNEP handelt es sich von seinem Rechtscharakter her allerdings um kein Dokument im Bereich der lokalen oder regionalen Raumplanung. Vielmehr soll durch den ÜNEP eine bessere öffentliche Steuerung von Investitionen des Übertragungsnetzbetreibers sichergestellt werden, um dadurch die mit dem Netzausbau einhergehenden Kosten besser beherrschen zu können[443].

---

439 Hervorhebung des Autors.

440 *Będowski-Kozioł* in: Rudnicki/Sobieraj, S. 116, URL: https://www.kochanskizieba.pl/images/news/MichalBedkowskiKoziol_Nowe%20Prawo%20Energetyczne_28.10.2013.pdf (letzter Abruf: 05.04.2018).

441 Zur Problematik der Verwendung des Begriffes „Abstimmung" im Rahmen der gesetzlichen Netzausbauplanung vgl. ausführlich: Teil 3 B.II.2.c.dd.

442 *Nowak*, Strategische Umweltverträglichkeitsprüfung, S. 126.

443 *Swora/Muras* in: Swora/Muras, EnR, Kapitel 3, S. 36; *Turkowski*, EnR, S. 394; *Czarnecka/Ogłódek*, EnR, Art. 16, Rn. 3, vgl. dazu auch ausführlich: Teil 3 B.II.2.b.

Dies deckt sich auch mit dem Wortlaut des Art. 16 Abs. 1 EnR, wonach das Energieversorgungsunternehmen den Plan für den „Bereich der eigenen Unternehmenstätigkeit“ (poln. *„dla obszaru swojego działania“*) zu erstellen hat. Damit handelt es sich bei dem ÜNEP nach polnischem Recht lediglich um ein unter der öffentlichen Aufsicht stehendes unternehmerisches Planungsdokument, das gerade keine übergeordnete regionale oder lokale Planung zum Ziel hat.

(b) Fazit

Aufgrund des Gesetzeswortlauts und der nationalen gesetzlichen Systematik sieht die polnische Rechtsordnung damit keine Durchführung einer SUP im Rahmen der Netzausbauplanung vor. Wie die obigen Ausführungen im Zusammenhang mit dem Erfordernis der öffentlichen Konsultation allerdings gezeigt haben[444], dürfte bei der Aufstellung des ÜNEP aufgrund der europäischen Vorgabe nach Art. 3 Abs. 2 a) der Richtlinie 2001/42/EG nichtsdestotrotz eine SUP verpflichtend durchzuführen sein. Folglich sprechen die besseren Argumente für die Annahme, dass die polnischen Vorschriften aufgrund der mangelnden Durchführung einer SUP im Rahmen der Erstellung des ÜNEP nicht richtlinienkonform umgesetzt und damit unionsrechtswidrig sind.

cc. Materiell-rechtliche Anforderungen

Die materiell-rechtlicher Vorschriften im Bereich der polnischen Netzausbauplanung unterscheiden sich in ihrer gesetzlichen Komplexität nur wenig von den deutschen Vorschriften, da auch sie in ihrem Regelungsgehalt sehr umfassend sind. Die materiell-rechtlichen Tatbestandsvoraussetzungen des ÜNEP finden sich vereinzelt an mehreren Stellen im Art. 16 EnR wieder.

(1) Prognosen

(a) Allgemeine Prognosen

Als erste materiell-rechtliche Tatbestandsvoraussetzung des ÜNEP sind die Bestimmungen des Art. 16 Abs. 7 EnR zu nennen. Dabei handelt es sich nach dem Gesetzeswortlaut durch die Formulierung „insbesondere“ (poln. *w szczególności*) um einen nicht abschließenden Tatbestandskatalog von Prognosen, die bei der Erstellung des ÜNEP obligatorisch einzubeziehen sind[445]. Demnach müssen im ÜNEP insbesondere folgende Punkte berücksichtigt werden: die prognostizierte Reichweite der Energieversorgung (Nr. 1); Vorhaben im Zusammenhang mit der Modernisierung, dem Ausbau oder Neubau des Übertragungsnetzes sowie Vorhaben zu neuen Elektrizitätserzeugungsquellen einschließlich EEG-Anlagen (Nr. 2); Vorhaben im Zusammenhang mit der Modernisierung, dem Ausbau oder

444 Dazu ausführlich: Teil 3 B.II.2.c.bb.(3)(b).
445 *Zawiska* in: Swora/Muras, EnR, Art. 16, S. 87.

Neubau von grenzüberschreitenden Verbindungsleitungen (Nr. 3); Maßnahmen zur Reduzierung des Elektrizitätsverbrauchs bei den Verbrauchern einschließlich der Erfassung, Übertragung und Verarbeitung von Messdaten aus Fernablesegeräten (Nr. 4); eine Prognose hinsichtlich der Finanzierung der Investitionsvorhaben (Nr. 5); eine Prognose über die zur Realisierung des ÜNEP notwendigen Einnahmen (Nr. 6) sowie einen Zeitplan für die Umsetzung der Investitionen (Nr. 7).

Eine dazu vergleichbare Regelung findet sich auch im deutschen Recht wieder. Demnach werden die Übertragungsnetzbetreiber gem. § 12a Abs. 1 S. 4 EnWG ebenfalls dazu verpflichtet, im Rahmen der Erstellung des Szenariorahmens *„angemessene Annahmen für die jeweiligen Szenarien zu Erzeugung, Versorgung, Verbrauch von Strom sowie dessen Austausch mit anderen Ländern (...)"* zu treffen und *„geplante Investitionsvorhaben der europäischen Netzinfrastruktur"* zu berücksichtigen. Der Unterschied zwischen beiden Rechtsordnungen liegt allerdings in der gesetzlichen Systematik. Denn das polnische Recht sieht eine Differenzierung zwischen einem Szenariorahmen und dem daraus resultierenden Netzentwicklungsplan im Rahmen des Netzausbauplanungsprozesses gerade nicht vor.

(b) Prognose über Elektrizitätsversorgungssicherheit

(aa) Prognosezeitraum

Gem. Art. 16 Abs. 5 EnR hat der Übertragungsnetzbetreiber ebenfalls eine Prognose über die Elektrizitätsversorgungssicherheit zu entwerfen, die bei der Erstellung des ÜNEP zu berücksichtigen ist. Auch diese Vorschrift ähnelt der deutschen Regelung im § 12a Abs. 1 S. 4 EnWG, nach der die Übertragungsnetzbetreiber im Rahmen der Erstellung der Szenarien und damit im Rahmen von Prognosen ebenfalls dazu verpflichtet sind, angemessene Annahmen zur Erzeugung, Versorgung und Verbrauch von Strom zu treffen. Der Unterschied zwischen den beiden Rechtsordnungen besteht jedoch in dem zeitlichen Horizont und der Anzahl der Prognosen. Denn ausweislich der Vorschrift des § 12a Abs. 1 S. 2 EnWG haben die Übertragungsnetzbetreiber drei Prognosen zu erstellen, wovon eine Prognose einen Zeitraum von 10 und höchstens 15 Jahren und eine Prognose einen Zeitraum von mindestens 15 und höchstens 20 Jahren (vgl. § 12a Abs. 1 S. 3 EnWG) darstellen muss[446]. Demgegenüber ist der polnische Übertragungsnetzbetreiber gem. Art. 16 Abs. 5 EnR nur zur Erstellung einer Prognose verpflichtet, die einen Zeitraum von mindestens 15 Jahren berücksichtigen muss. Fraglich ist daher, wie dieser Unterschied in den beiden Rechtsvorschriften zu erklären ist.

---

446 Vgl. dazu: Teil 3 B.II.1.a.aa.(1)(b).

Die Vorschriften im Zusammenhang mit der Erstellung der Prognosen dienen der Umsetzung des Art. 22 der Richtlinie 2009/72/EG[447]. Danach legen die Übertragungsnetzbetreiber der Regulierungsbehörde einen zehnjährigen Netzentwicklungsplan vor, der sich auf die derzeitige Lage und die Prognosen im Bereich von Angebot und Nachfrage stützt, vgl. Art. 22 Abs. 1 S. 1 der Richtlinie 2009/72/EG. In diesem Zusammenhang legt der Übertragungsnetzbetreiber gem. Art. 22 Abs. 3 der Richtlinie 2009/72/EG angemessene Annahmen über die Entwicklung der Erzeugung, der Versorgung, des Verbrauchs und des Stromaustauschs mit anderen Ländern unter Berücksichtigung der Investitionspläne für regionale und gemeinschaftsweite Netze zugrunde. Welcher Zeitraum bei der Prognose zu berücksichtigen ist, wird im Art. 22 der Richtlinie 2009/72/EG allerdings nicht weiter geregelt. Da der Netzentwicklungsplan jedoch für einen Zeitraum von 10 Jahren zu erstellt ist, erscheint es auch nur einleuchtend, wenn bei der Erstellung der Prognose für den Netzentwicklungsplan zumindest auch der gleiche Zeitraum berücksichtigt wird. Diesem Erfordernis werden beide Rechtsvorschriften mit der Verpflichtung zur Erstellung einer Prognose für einen Zeitraum von mindestens 15 Jahren und damit sogar einem längeren Zeitraum als 10 Jahre gerecht.

(bb) Prognoseanzahl

In diesem Zusammenhang fällt jedoch noch ein weiterer Unterschied zwischen den beiden nationalen Rechtsordnungen auf. Denn nach deutschem Recht werden im Rahmen der Erstellung des NEP Strom drei Szenarien und damit drei Prognosen im Hinblick auf die Elektrizitätsversorgungssicherheit erstellt, vgl. § 12a Abs. 1 S. 2 EnWG. Die polnische Rechtsordnung sieht dagegen nur die Erstellung einer einzigen Prognose vor. Fraglich ist daher, ob dieser Unterschied im europäischen Recht seine Rechtfertigung findet. Für eine derartige Rechtfertigung kommt vorliegend erneut die für den Übertragungsnetzausbau zentrale Vorschrift des Art. 22 der Richtlinie 2009/72/EG in Betracht. Diese Vorschrift enthält allerdings keine weiteren Angaben hinsichtlich der Frage nach der Anzahl der zu erstellenden Prognosen. Zwar hat sich der zehnjährige Netzentwicklungsplan nach dem Gesetzeswortlaut gem. Art. 22 Abs. 1 S. 1 der Richtlinie 2009/72/EG „auf die Lage und die *Prognosen* im Bereich von Angebot und Nachfrage" zu stützen. Dennoch ist damit offensichtlich keine Mehrzahl an Betrachtungszeiträumen gemeint, auch wenn nach dem Gesetzeswortlaut von „Prognosen" im Plural gesprochen wird. Vielmehr bezieht sich die Formulierung „Prognosen" auf die inhaltlichen Vorgaben, nämlich die Berücksichtigung von Angebot und Nachfrage. Daher erscheint eine einzige Prognose mit einem Betrachtungszeitraum von mindestens 10 Jahren im Rahmen der Erstellung des Netzentwicklungsplans grundsätzlich als ausreichend, solange Angebot und Nachfrage darin

447 *Posser* in: Kment, EnWG, § 12a, Rn. 16; so auch: Sejm Druk Nr. 946 (Fn. 432), S. 41 ff.

berücksichtigt werden. Folglich sind die Vorschriften gem. Art. 16 Abs. 5 EnR und § 12a Abs. 1 EnWG in beiden Ländern richtlinienkonform umgesetzt worden, obwohl im Hinblick auf die Elektrizitätsversorgungssicherheit in Polen nur eine und in Deutschland gleich drei Prognosen erstellt werden.

(cc) Betrachtungshorizont

Obwohl nach den europäischen Vorgaben gem. Art. 22 Abs. 1 S. 1 i. V. m. Abs. 3 der Richtlinie 2009/72/EG damit grundsätzlich nur ein Prognosezeitraum von 10 Jahren zu berücksichtigen ist, fällt dennoch auf, dass bei der Erstellung der Prognosen nach den nationalen Vorschriften gem. Art. 16 Abs. 5 EnR wie auch nach der Regelung im § 12a Abs. 1 S. 3 EnWG ein Betrachtungszeitraum von mindestens *15 Jahren* berücksichtigt wird. Fraglich ist daher, wie diese über die europäische Anforderung hinausgehende nationale Tatbestandsvoraussetzung zur Erstellung einer Prognose für einen Betrachtungszeitraum von mindestens 15 Jahren in beiden Ländern zu erklären ist.

Diese „Abweichung" lässt sich weder der deutschen[448] noch der polnischen[449] Gesetzesbegründung entnehmen. Daher können die Gründe für diesen „Mehr"-Betrachtungshorizont nur gemutmaßt werden. Als mögliche Erklärung könnte jedoch die Regelung im Art. 8 Abs. 3b der Verordnung (EG) Nr. 714/2009 herangezogen werden. Danach ist die ENTSO (Strom) dazu verpflichtet, alle zwei Jahre einen nicht bindenden gemeinschaftsweiten zehnjährigen Netzentwicklungsplan einschließlich einer europäischen „Prognose zur Angemessenheit der Stromerzeugung" zu erstellen. Gem. Art. 8 Abs. 4 der Verordnung (EG) Nr. 714/2009 erstreckt sich die europäische „Prognose zur Angemessenheit der Stromerzeugung" auf die Gesamtangemessenheit des Stromsystems zur Deckung des bestehenden und des für den nächsten Fünfjahreszeitraum sowie des für den Zeitraum zwischen 5 und *15 Jahren* zu erwartenden Bedarfs. Zwar ist der Adressat der Regelung nach Art. 8 Abs. 3b der Verordnung (EG) Nr. 714/2009 nur die ENTSO (Strom). Da die ENTSO (Strom) gem. Art. 4 und 5 der Verordnung (EG) Nr. 714/2009 allerdings aus einem Zusammenschluss der nationalen Übertragungsnetzbetreiber besteht, werden demnach die europäischen Übertragungsnetzbetreiber im Rahmen der Erstellung des europäischen zehnjährigen Netzentwicklungsplans unmittelbar auch zur Erstellung einer Prognose für einen Betrachtungszeitraum von 15 Jahren verpflichtet. Da im Rahmen des nationalen Netzentwicklungsplans gem. Art. 16 Abs. 1 Nr. 4 EnR und § 12b Abs. 1 S. 6 EnWG ebenfalls der gemeinschaftsweite zehnjährige Netzentwicklungsplan und folglich auch mittelbar die damit verbundene Prognose von 15 Jahren zu beachten ist, könnte daraus geschlussfolgert werden, dass die nationale Verpflichtung zur Erstellung einer Prognose für einen Betrachtungszeitraum von 15 Jahren in beiden

448 BT-Drucks. 17/6072, S. 68 ff.
449 Sejm Druk Nr. 946 (Fn. 432), S. 44 ff.

Ländern eine bessere Verzahnung zwischen dem europäischen und dem jeweils nationalen Netzentwicklungsplan ermöglichen soll. Hierfür sprechen auch die Vorschriften im Art. 16 Abs. 1 Nr. 4 EnR und § 12b Abs. 1 S. 6 EnWG, wonach der jeweilige nationale Netzentwicklungsplan auch den gemeinschaftsweiten Netzentwicklungsplan nach Art. 8 Abs. 3b der Verordnung (EG) Nr. 714/2009 berücksichtigen muss.

(2) Regeln für die Raumplanung

Die Vorschrift gem. Art 16 Abs. 1 EnR normiert weitere materiell-rechtliche Voraussetzungen, die an den ÜNEP gestellt werden. Die Einhaltung dieser Vorgaben ist dabei zwingend[450], wobei sich die Verpflichtung zur Beachtung eines Bebauungsplans ausschließlich an die Betreiber von Elektrizitätsverteilernetzen und Betreiber von Gasverteilernetzen richtet (vgl. Art. 16 Abs. 1 Nr. 1 EnR)[451], weshalb vorliegend nicht weiter darauf eingegangen wird. Insoweit muss bei der Erstellung des ÜNEP gem. Art. 16 Abs. 1 Nr. 2 EnR das Konzept über die Festlegungen der Raumbewirtschaftung des Landes (kurz: *KFRL*) oder das Konzept über die Festlegungen der Raumbewirtschaftung der Woiwodschaften (kurz: *KFRW*) berücksichtigt werden[452]. Sollte letzteres fehlen, so ist die „Entwicklungsstrategie der Woiwodschaften" (poln. *strategia rozwoju województw*) (kurz: *ESW*) heranzuziehen.

(a) Konzept über die Festlegungen der Raumbewirtschaftung

(aa) Systematische Einordnung

Rechtsgrundlage für den KFRL bildet insoweit die Vorschrift gem. Art. 46 i. V. m. Art. 47 Abs. 2 Nr. 4 des *Gesetzes über die Raumplanung und Raumbewirtschaftung* (kurz: *Raumplanungsgesetz (RPG)*) (poln. *Ustawa o planowaniu i zagospodarowaniu przestrzennym*), auf dessen Basis der aktuelle KFRL mit Datum vom 25. Januar 2011 für einen Zeitraum bis zum Jahr 2030 (kurz: *KFRL 2030*) (poln. *ustalenia koncepcji przestrzennego zagospodarowania kraju 2030*) erstellt wurde. Dabei löste der KFRL 2030 das bis dato geltende „Konzept der Raumentwicklungspolitik des Landes" (poln. *Koncepcja polityki przestrzennego zagospodarowania kraju*) ab, welches aus dem Jahr 1999 stammte und daher die infrastrukturellen Neuerungen, die mit dem Beitritt Polens zur EU im Jahr 2004 entstanden sind, nicht berücksichtigte[453]. Anders als der Name zunächst vermuten lässt, werden im KFRL allerdings keine räumlichen Festlegungen von bestimmten Infrastrukturvorhaben geregelt. Vielmehr handelt es sich beim KFRL um „das wichtigste" strategische Dokument der

---

450 *Zawiska* in: Swora/Muras, EnR, Art. 16, S. 88.
451 Dazu ausführlich: Teil 3 B.II.2.c.bb.(1).
452 Dazu auch: Teil 3 B.II.2.c.bb.(4)(a)(bb).
453 KFRL 2030, S. 6, abrufbar unter URL: https://mr.bip.gov.pl/strategie-rozwoj-regionalny/17847_strategie.html (letzter Abruf: 24.01.2018).

räumlichen Entwicklung und Modernisierung Polens für einen Zeitraum von 20 Jahren, in dem die Ziele und die Richtung der polnischen Raumpolitik im Einklang mit der Entwicklung der europäischen Infrastruktur näher bestimmt werden. Ziel des KFRL ist damit eine stärkere Vernetzung Polens innerhalb der EU, um dadurch langfristig wettbewerbsfähig bleiben zu können[454]. Dabei gibt der KFRL nur die Richtung der Investitionstätigkeiten an, nicht dagegen die Struktur der Investitionsausgaben. Diese bleiben den mittelfristigen strategischen operativen Planungsdokumenten, wie z.B. den vorgenannten IUP 2014–2020, vorbehalten[455]. Daher ist der KFRL von den deutschen Raumordnungsplänen zu unterscheiden, in denen für einen bestimmten Planungsraum und einen regelmäßig mittelfristigen Zeitraum bestimmte Festlegungen getroffen werden (vgl. § 7 Abs. 1 S. 1 ROG), so dass dadurch den Raumordnungsplänen die Funktion von überörtlichen und fachübergreifenden Planwerken zukommt[456]. Der KFRL ist dagegen „nur“ ein Strategiepapier, das im Bereich der Infrastruktur und dabei insbesondere auch im Bereich des Übertragungsnetzausbaus etwaigen Investitionsbedarf näher beschreibt.

(bb) Inhalt

Inhaltlich normiert der KFRL 2030 sechs strategische Ziele, die unmittelbar miteinander in Verbindung stehen. Im Rahmen der normierten Ziele werden zunächst die damit zusammenhängenden Probleme beschrieben und sodann die möglichen Lösungsansätze aufgezeigt. Eines der strategischen Ziele ist dabei die „Erhöhung der Widerstandsfähigkeit der räumlichen Struktur des Landes gegenüber Naturgefahren und *Energieverlusten* sowie die Gestaltung von räumlichen Strukturen, die die Verteidigungsfähigkeit des Landes unterstützen“, welches insoweit als Ziel 5 festgelegt wurde. Im Zusammenhang mit dem Problem des „Energieverlustes“ wurde dabei die unzureichende Übertragungsnetzinfrastruktur als ein zentrales Problem für die Elektrizitätsversorgungssicherheit des Landes beurteilt und die Tätigung von Investitionen in den Ausbau des Übertragungsnetzes, welche sodann tabellarisch und schematisch näher bestimmt wurden, als eine wesentliche Gegenmaßnahme charakterisiert[457].

---

454 KFRL 2030 (vorige Fn.), S. 5 ff.
455 KFRL 2030 (Fn. 453), S. 7.
456 *Runkel* in: Spannowsky/Runkel/Goppel, ROG, § 1, Rn. 61.
457 KFRL 2030 (Fn. 453), S. 134 ff. und S. 146 ff.

(b) Konzept über die Festlegungen der Raumbewirtschaftung der Woiwodschaften

(aa) Systematische Einordnung

Bei dem KFRW handelt es sich hingegen um kein rein strategisches Dokument, sondern bereits um ein Planungsinstrument, welches unter Beachtung der ESW allgemeine Bedingungen zur regionalen Entwicklung der Siedlungsstruktur und dem damit verbundenen Bereich von Kommunikation und Infrastruktur trifft[458]. Rechtsgrundlage für den KFRW ist dabei Art. 38 i. V. m. Art. 39 Abs. 3 Nr. 1 RPG.

(bb) Inhalt

Der KFRW wird durch die Provinzregierung der Woiwodschaft erstellt und durch den Rat der Woiwodschaft genehmigt. Wie ein Blick in den aktuellen KFRW für die Woiwodschaft Pommern (poln. *ustalenia planu zagospodarowania przestrzennego województwa pomorskiego 2030*) (kurz: *KFRW Pommern 2030*)[459] beispielhaft zeigt, beinhaltet der KFRW regelmäßig die im KFRL genannten Entwicklungsziele im Zusammenhang mit den Investitionen im Bereich des Übertragungsnetzausbaus, welche speziell das Gebiet der Woiwodschaft selbst betreffen[460]. Dies dürfte wohl das Konkurrenzverhältnis gem. Art. 16 Abs. 1 Nr. 2 EnR erklären, wonach ausweislich des Gesetzeswortlauts bei der Erstellung des ÜNEP entweder der KFRL „oder" (poln. „*lub*") der KFRW zu beachten ist.

(c) Entwicklungsstrategie der Woiwodschaften

Sofern kein KFRW für die Woiwodschaft erstellt wurde, hat der Übertragungsnetzbetreiber die ESW zu beachten, welche insoweit die Grundlage für den KFRW selbst bildet und daher deren „Vorstufe" darstellt. Rechtsgrundlage für die ESW ist Art. 11 ff. des *Gesetzes über die Selbstverwaltung der Woiwodschaft* (poln. *Ustawa o samorządzie województwa*).

(3) Regionale Zusammenarbeit

Dabei steht die Verpflichtung zur Berücksichtigung des KFRL oder des KFRW respektive der ESW nach Maßgabe von Art. 16 Abs. 1 Nr. 2 EnR im engen Kontext zu der Vorschrift des Art. 16 Abs. 12 EnR[461]. Ausweislich ihres Gesetzeswortlauts handelt es sich bei dieser Vorschrift um eine allgemeine Regelung, welche

---

458 *Zawiska* in: Swora/Muras, EnR, Art. 16, S. 88 f.

459 KFRW Pommern 2030, URL: https://pbpr.pomorskie.eu/documents/294485/1406828/KFRWP+2030+-+30.12.2016.pdf/b6d7f899-b6b9-410d-ac45-7b58e704e9ff (letzter Abruf: 24.01.2018).

460 KFRW Pommern 2030 (vorige Fn.), S. 232.

461 *Zawiska* in: Swora/Muras, EnR, Art. 16, S. 88 f.

sich insoweit an alle Energieversorgungsunternehmen i. S. d. Art. 16 Abs. 1 EnR richtet. Die Vorschrift des Art. 16 Abs. 12 EnR normiert im Zusammenhang mit der Erstellung des ÜNEP zunächst die Verpflichtung der Energieversorgungsunternehmen zur Zusammenarbeit mit den Gemeinden sowie mit den an das Netz angeschlossenen Verbrauchern. Hiervon abweichend gilt für Energieversorgungsunternehmen im Bereich der Übertragung von Elektrizität nur die Verpflichtung zur Zusammenarbeit mit der Provinzregierung der jeweiligen Woiwodschaft. Dies macht auch Sinn, da im Rahmen des ÜNEP gem. Art. 16 Abs. 1 Nr. 2 EnR (neben dem KFRL) auch nur der KFRW respektive die ESW zu berücksichtigen sind. Diese werden gerade von der Provinzregierung der Woiwodschaft erstellt, wohingegen sich die Verpflichtung zur Beachtung des von der Gemeinde erstellten Bebauungsplans gem. Art. 16 Abs. 1 Nr. 1 EnR nur an die Betreiber von Verteilernetzen richtet. Durch die Zusammenarbeit sollen gem. Art. 16 Abs. 1 Nr. 2 EnR insbesondere die Investitionspläne im Bereich des Netzausbaus mit den Plänen der Provinzregierung der Woiwodschaft in Einklang gebracht werden[462].

(4) Energiepolitik des Landes

(a) Begriffsbestimmung

Des Weiteren ist bei der Erstellung des ÜNEP gem. Art. 16 Abs. 1 Nr. 3 EnR auch die *Energiepolitik des Landes* zu berücksichtigen. Diese Vorschrift deckt sich insoweit mit der deutschen Regelung im § 12a Abs. 1 S. 2 EnWG, wonach bei der Erstellung des Szenariorahmens ebenfalls die *energiepolitischen Ziele der Bundesregierung* zu berücksichtigen sind. Ein wesentlicher Unterschied zwischen den beiden nationalen Vorschriften ist allerdings, dass der deutsche Begriff nur schwer zu fassen ist, weil der Begriff der „energiepolitischen Ziele der Bundesregierung" gesetzlich nicht weiter konkretisiert ist. Daher können beispielsweise förmliche Beschlüsse des Bundeskabinetts oder bestimmte Festlegungen im Koalitionsvertrag ein energiepolitisches Ziel darstellen[463]. Diese sind allerdings abhängig von der jeweils gewählten Bundesregierung und können sich daher nach Ablauf der vierjährigen Legislaturperiode wesentlich ändern.

Im Vergleich dazu sieht das polnische Recht in den Vorschriften der Art. 12 bis 20 EnR einen eigenen Abschnitt vor, in dem der Begriff der Energiepolitik des Landes näher konkretisiert wird. Folglich ist auch die in Art. 16 EnR geregelte Erstellung des ÜNEP ein Teil der polnischen Energiepolitik. Im Rahmen der gesetzlichen Regelungen dieses Abschnitts werden sowohl die energiepolitischen Ziele (vgl. Art. 13 EnR) als auch deren Inhalt (vgl. Art. 14 und 15 EnR) sowie der zeitliche Festlegungsrahmen (vgl. Art. 15 EnR) bestimmt. Dabei berücksichtigt die polnische Energiepolitik gem. Art. 14 Nr. 3 EnR insbesondere

---

462 *Zawiska* in: Swora/Muras, EnR, Art. 16, S. 88 ff.
463 *Bourwieg* in: Britz/Hellermann/Hermes, EnWG, § 12a, Rn. 19.

den Bereich der Elektrizitätsübertragung und die damit zusammenhängenden grenzüberschreitenden Verbindungsleitungen. Die polnische Energiepolitik wird gem. Art. 15a Abs. 1 EnR durch den Ministerrat[464] beschlossen und im polnischen Amtsblatt („Monitor Polski") bekanntgemacht. Gem. Art. 15 Abs. 1 Nr. 2 EnR wird dabei ein Zeitraum von 20 Jahren berücksichtigt. Auf dieser Basis wurde im Jahr 2009/10 das Strategiepapier „Energiepolitik Polens bis zum Jahr 2030"[465] beschlossen, welches die wesentlichen energiepolitischen Ziele Polens für die nächsten 20 Jahre bestimmt.

(b) Erneuerbare Energien

Zur Energiepolitik Polens gehört auch der Ausbau von Erneuerbaren Energien (vgl. Art. 14 Nr. 6 EnR), welcher ebenfalls unmittelbaren Einfluss auf den Netzausbau hat. Schließlich ist der Übertragungsnetzbetreiber in Polen gesetzlich dazu verpflichtet, den Anschluss von Erneuerbaren Energien durch einen entsprechenden Übertragungsnetzausbau und die dazu erforderlichen Investitionen sicherzustellen, vgl. Art. 7 Abs. 5 EnR. Vor diesem Hintergrund ist der Übertragungsnetzbetreiber daher auch dazu verpflichtet, bei der Erstellung des ÜNEP neue Erzeugungsanlagen, mithin auch neue EE-Anlagen, zu berücksichtigen, vgl. Art. 16 Abs. 11 EnR. Der Ausbau von Erneuerbaren Energien wird in Polen in dem Strategiepapier „Nationaler Aktionsplan im Bereich der Erneuerbaren Energien" (poln. *Krajowy plan działania w zakresie energii ze źródeł odnawialnych*)[466] näher bestimmt. Dieser legt die nationalen Ziele hinsichtlich des Anteils des Verbrauchs von Elektrizität aus Erneuerbaren Energien bis zum Jahr 2020 fest und dient der Umsetzung der europäischen Vorgaben gem. Art. 4 der Richtlinie 2009/28/EG. Um allerdings diese Ziele erreichen zu können, müssen die Übertragungsnetze für einen entsprechenden Anschluss der EE-Anlagen und für den Abtransport der daraus produzierten Elektrizität ausgebaut werden, so dass bei der Erstellung des ÜNEP im Zusammenhang mit der Beachtung der Energiepolitik des Landes gem. Art 16 Abs. 1 Nr. 3 EnR ebenfalls weitergehende nationale Dokumente und Strategiepapiere – wie beispielsweise der vorstehende Aktionsplan – zu beachten sind.

(c) Einschränkung

Davon zu unterscheiden sind andere strategische Dokumente mit einem Bezug zum Übertragungsnetzausbau, die allerdings nicht unmittelbar unter

464 Bei dem Ministerrat handelt es sich um die polnische Regierung, vgl. dazu Art. 146 ff. der Polnischen Verfassung.

465 Vgl. dazu oben, Fn. 9.

466 Abrufbar unter URL: http://www.ebb-eu.org/legis/ActionPlanDirective2009_28/national_renewable_energy_action_plan_poland_pl.pdf (letzter Abruf: 09.06.2018).

dem Begriff der Energiepolitik des Landes i. S. d. Art. 16 Abs. 1 Nr. 3 EnR subsumiert werden. Dazu zählt beispielsweise die Strategie *EUP 2020*[467]. Hierbei handelt es sich um eine von neun übergeordneten Entwicklungsstrategien des Landes, die auf der Grundlage des *Gesetzes über die Leitlinien der Entwicklungspolitik* (kurz: *Leitlinienentwicklungspolitikgesetz (LEpG)*) (poln. *Ustawa o zasadach prowadzenia polityki rozwoju*) beschlossen wurden. Dabei werden im EUP 2020 die Grundsätze der mittelfristigen Entwicklungspolitik des Landes (vgl. Art. 9 Nr. 2 LEpG) im Bereich von Umwelt und Energie festgelegt und damit die Leitlinien für die Energiepolitik Polens bestimmt[468]. Daraus kann der Schluss gezogen werden, dass es sich bei EUP 2020 um die Vorstufe und folglich um einen Grundlagenteil für die nachgelagerte Energiepolitik des Landes handelt.

(5) Unionsrechtliche Vorgaben

Schließlich hat der Übertragungsnetzbetreiber bei der Erstellung des ÜNEP gem. Art. 16 Abs. 1 Nr. 4 EnR ebenfalls den von der ENTSO (Strom) erstellten 10-jährigen gemeinschaftlichen Netzentwicklungsplan i. S. v. Art. 8 Abs. 3 der Verordnung (EG) Nr. 714/2009 zu berücksichtigen[469]. Diese Vorschrift deckt sich insoweit mit der deutschen Regelung nach § 12b Abs. 1 S. 6 EnWG. In diesem Zusammenhang fällt jedoch ein redaktioneller Fehler des polnischen Gesetzgebers auf, der offenkundig ist und dennoch bis heute noch nicht berichtigt wurde, obwohl der polnische Gesetzgeber z.B. mit der EnR-Novelle von 2016[470] die Möglichkeit hatte, diesen Fehler zu korrigieren. Insofern heißt es ausweislich des Gesetzeswortlauts nach Art. 16 Abs. 1 Nr. 4 EnR, aus dem Polnischen übersetzt, wie folgt: „10-jähriger gemeinschaftlicher Netzentwicklungsplan (...) i. S. v. Art. 8 Abs. 3 der Verordnung des Europäischen Parlamentes und Rates Nr. *714/2010* vom 13. Juli 2009 (...)“[471] Rechtsgrundlage für den gemeinschaftlichen 10-jährigen Netzentwicklungsplan ist allerdings nicht die Verordnung Nr. 714/2010, sondern die Verordnung Nr. *714/2009* vom 13. Juli 2009[472]. Die Verordnung Nr. 714/2010 datiert auf den 9. August 2010 und beinhaltet *Festlegungen pauschaler Einfuhrwerte für die Bestimmung der für Obst und Gemüse geltenden Einfuhrpreise*. Dieser Fehler scheint sich offenbar bereits im

467 Dazu auch: Teil 2 B.II.

468 Vgl. dazu das Polnische Energieministerium, URL: http://www.me.gov.pl/Energetyka/Strategia+Bezpieczenstwo+Energetyczne+i+Srodowisko (letzter Abruf: 28.01.2018).

469 Dazu ausführlich: Teil 3 A.I.

470 Vgl. dazu das Gesetzgebungsverfahren zur EnR-Novelle von 2016, URL: http://www.sejm.gov.pl/Sejm8.nsf/PrzebiegProc.xsp?nr=653 (letzter Abruf: 28.01.2018).

471 Hervorhebung des Autors.

472 Hervorhebung des Autors.

Gesetzgebungsverfahren eingeschlichen zu haben und setzt sich seitdem fort. Denn eine entsprechend „falsche" Formulierung findet sich bereits im Gesetzesentwurf zum Art. 16 EnR vom 18. Oktober 2012 wieder[473].

(6) Systemrelevanz

Eine weitere materiell-rechtliche Tatbestandsvoraussetzung findet sich in Art. 16 Abs. 9 EnR. Danach muss der Übertragungsnetzbetreiber bei der Erstellung des ÜNEP ebenfalls die „Ebene der systemübergreifenden Verbindungsleitungen" (poln. *poziom połączeń międzysystemowych elektroenergetycznych*) berücksichtigen. Eine entsprechende gesetzliche Definition dieser Begrifflichkeit findet sich in den Begriffsbestimmungen i. S. d. Art. 3 EnR allerdings nicht. Was unter dieser unbestimmten Begrifflichkeit zu verstehen ist, dürfte sich aber aus der weiteren Konkretisierung im Art. 16 Abs. 9 Nr. 1 EnR ergeben. Danach sind im Zusammenhang mit der Ebene der systemübergreifenden Verbindungsleitungen insbesondere die nationalen, regionalen und europäischen Ziele zu beachten, darunter die vorrangigen Energieinfrastrukturkorridore und -gebiete[474], welche nach dem Gesetzeswortlaut dieser Norm gem. „Anhang I in der Entscheidung i. S. d. Art. 15b Abs. 5 Nr. 4" näher bestimmt werden. In diesem Kontext zeigt sich eine weitere Unzulänglichkeit in der polnischen Gesetzgebung. Denn in der Vorschrift des Art. 15b Abs. 5 Nr. 4 EnR wird auf die Entscheidung Nr. 1364/2006/EG vom 6. September 2006 verwiesen. Diese Entscheidung ist allerdings bereits im Jahr 2013 durch die Verordnung (EU) Nr. 347/2013 aufgehoben worden.

dd. Rechtswirkung

Der konsultierte Entwurf des ÜNEP wird schließlich dem Präsidenten der Energieregulierungsbehörde URE bis zum 31. März eines Jahres zur *Abstimmung* vorgelegt (poln. *Plan (...) podlega <u>uzgodnieniu</u> z Prezesem*)[475], vgl. Art. 16 Abs. 13 i. V. m. Abs. 14 S. 1 EnR. Aufgrund des unbestimmten Rechtsbegriffes der „Abstimmung" ist fraglich, ob der ÜNEP – ähnlich wie in Deutschland – durch einen hoheitlichen Verwaltungsakt in Form einer administrativen *Entscheidung* (poln. *decyzja*)[476] erlassen wird. Für die Beantwortung dieser Frage ist demnach maßgeblich, ob die „Abstimmung" ein hoheitliches Handeln begründet.

(1) Grammatische Auslegung

Der polnische Begriff der „Abstimmung" (poln. *uzgodnienie*) ist von seiner sprachlichen Übersetzung her nur schwer zu fassen. Dieser kann indes auch als

---

473 Sejm Druk Nr. 946 (Fn. 432), S. 15.

474 Dazu ausführlich: Teil 3 A.I.

475 Hervorhebung des Autors.

476 Eine *Entscheidung* i. S. d. polnischen Rechtsordnung ist mit einem Verwaltungsakt gem. § 35 VwVfG vergleichbar.

Vereinbarung oder *Absprache* übersetzt werden[477]. Nach dem allgemeinen Begriffsverständnis setzt eine Vereinbarung bzw. Absprache allerdings stets zwei übereinstimmende Willenserklärungen voraus, ähnlich wie bei einem zweiseitigen Vertrag. Typisch für einen Vertrag ist allerdings eine rechtliche Gleichordnung zwischen den Vertragsparteien, die bei einem hoheitlichen Handeln jedoch fehlt[478]. Ob die Abstimmung des ÜNEP zwischen dem Übertragungsnetzbetreiber PSE S.A. und der Regulierungsbehörde URE in einem derartigen rechtlichen Gleichordnungsverhältnis erfolgt, kann alleine aufgrund der Begriffsübersetzung nicht eindeutig geklärt werden. Daher ist aus rechtlicher Sicht zweifelhaft, ob es sich bei dem hier vorliegenden Begriff der „Abstimmung" um eine hoheitliche Maßnahme handelt, die durch einen administrativen Akt erlassen wird und gegen den der Rechtsweg eröffnet ist.

(2) Auffassung in der Literatur

Die Frage nach der Rechtswirkung des ÜNEP wird insofern auch in der polnischen Literatur diskutiert. Dabei gelangt die wohl herrschende Literatur zu der Auffassung, dass der ÜNEP durch eine administrative *Entscheidung* und damit durch hoheitliches Handeln nach Maßgabe von Art. 104 § 1 des polnischen *Verwaltungsverfahrensgesetzes* (kurz: *PVerwVfG*) (poln. *Kodeks postępowania administracyjnego*) erlassen wird[479], gegen den gem. Art. 30 Abs. 1 und Abs. 3 EnR (abweichend[480]) der Rechtsweg nach Maßgabe der *polnischen Zivilprozessordnung* (kurz: *PZPO*) (poln. *Kodeks postępowania cywilnego*) unter Anwendung des Kapitels IVc („Angelegenheiten der Energieregulierung", Art. 479^{46} – Art. 479^{56} PZPO) eröffnet ist[481]. Zur Begründung wird u. a. auf die Vorschrift des Art. 23 Abs. 3 EnR verwiesen. Danach muss die Regulierungsbehörde vor der Abstimmung zum ÜNEP-Entwurf eine „Stellungnahme" der betroffenen Provinzregierung der Woiwodschaft einholen. In diesem Kontext normiert die Vorschrift des Art. 106 § 1 PVerwVfG, dass in Fällen, in denen

---

477 Vgl.: PONS, Online-Übersetzung, URL: https://de.pons.com/übersetzung?q=uzgodnienie&l=depl&in=ac_pl&lf=pl (letzter Abruf: 20.02.2018).

478 *Stein* in: BeckOK Vergaberecht, GWG, § 103, Rn. 17.

479 *Czarnecka/Ogłódek*, EnR, Art. 16, Rn. 6; *Stawicki* in: Baehr/Stawicki/Antczak, EnR, S. 161.

480 Auch nach der polnischen Rechtsordnung ist bei administrativen *Entscheidungen* nach Durchführung eines vorherigen Widerspruchsverfahrens grundsätzlich der Verwaltungsrechtsweg zum Verwaltungsgericht eröffnet, vgl. Art. 3 § 2 Nr. 1 des *Gesetzes über Verfahren vor Verwaltungsgerichten* (kurz: *GVerfVG*) (poln. *Prawo o postępowaniu przed sądami administracyjnymi*), vgl. dazu auch: Teil 3 C.I.2.b.ff.(2)(b). Daher handelt es sich bei der Vorschrift des Art. 30 Abs. 1 und Abs. 3 EnR um eine abdrängende Sonderzuweisung.

481 Vgl. dazu: *Walaszczyk*, Die Beilegung von Streitigkeiten in Energiesachen, S. 10 und S. 17, URL: http://www.cire.pl/pliki/2/Rozstrzyganie_sporow_-_R__Walaszczyk.pdf (letzter Abruf: 22.02.2018).

eine Rechtsvorschrift die Erteilung einer „Entscheidung“ davon abhängig macht, dass eine andere Stelle eine „Stellungnahme“ abgibt, eine derartige Entscheidung nur dann erlassen werden darf, nachdem die Stelle die Stellungnahme abgeben hat. Folglich lasse sich aus dem Erfordernis zur vorherigen Einholung einer Stellungnahme durch eine andere Stelle nach Art. 23 Abs. 3 EnR darauf schließen, dass die Abstimmung des ÜNEP-Entwurfs in Form einer hoheitlichen Entscheidung i. S. d. Art. 104 § 1 PVerwVfG erlassen wird[482].

(3) Eigene Auffassung

(a) Hoheitliches Handeln

Die vorgenannte Literaturansicht vermag nicht zu überzeugen. Zwar könnte auch aus dem Wortlaut der Vorschrift des Art. 107 § 1 Nr. 6 PVerwVfG geschlossen werden, dass die Abstimmung in Form einer Entscheidung ergeht, weil danach die Abstimmung einen materiellen Teil der Entscheidung selbst bildet[483]. Wie die Vorschrift des Art. 107 § 1 PVerwVfG allerdings auch zeigt, muss eine administrative Entscheidung darüber hinaus noch weitere Tatbestandsvoraussetzungen erfüllen. Dabei werden nach der herrschenden Rechtsprechung der polnischen Gerichte die Benennung der ausstellenden Behörde, die Angabe des Adressaten der hoheitlichen Entscheidung und die Feststellung des Sachverhalts sowie die Unterschrift der Person, die die Behörde vertritt, als zwingende Voraussetzung für eine Entscheidung angesehen[484]. Des Weiteren muss die Entscheidung auch die materiell-rechtliche Vorschrift bezeichnen, aufgrund derer die Entscheidung erlassen wurde[485]. Der Blick in den abgestimmten ÜNEP 2016–2025 zeigt jedoch, dass die genannten und damit für eine hoheitliche Entscheidung erforderlichen Tatbestandsvoraussetzungen gerade nicht erfüllt sind. Es scheint so, als ob die Energieregulierungsbehörde auf den vom PSE S.A. erstellten Originalentwurf des ÜNEP vom 10. November 2015 auf der ersten Seite lediglich den Zusatz: „*(...) Uzgodniony z Prezesem Urzędu Regulacji Energetyki* <u>*pismo*</u> *DRE-4310–35(17)/2015/2016/ŁM z dnia 15 stycznia 2016*“[486] eingefügt hat. Übersetzt heißt dies: „*(...) Abgestimmt mit dem Präsidenten der Energieregulierungsbehörde* <u>*Schreiben*</u>

482 *Turkowski*, EnR, S. 398.

483 *Woś* in: Woś/Knysiak-Molczyk/Romańska, Art. 3, Rn. 35.

484 NSA, Urteil vom 20.07.1981, Az.: SA 1163/81.

485 *Proskin*, Die Entscheidung in Verwaltungsverfahren, S. 139; *Gętkowska*, Investitionsprozess und Entscheidung über Umweltbedingungen, S. 68, URL: http://www.wspia.eu/dzialalnosc-naukowa/konferencje-naukowe/studenckie-konferencje-naukowe/5460,studencka-konferencja-naukowa-nr-3.html (letzter Abruf: 13.04.2018).

486 Wie bereits unter Fn. 159 dargelegt wurde, ist der ÜNEP 2016–2025 nicht mehr auf der Internetseite von PSE S.A. abrufbar. Allerdings befand sich zum Zeitpunkt der vorliegenden Ausarbeitung auf der ersten Seite des damals abrufbaren

DRE-4310–35(17)/2015/2016/ŁM vom 15. Januar 2016“[487]. Daraus gehen weder der Adressat noch die Feststellung des Sachverhaltes unter Nennung der konkreten Rechtsgrundlage, die der behördlichen Entscheidung zugrunde lag, noch eine Unterschrift des Behördenvertreters hervor. Damit sind die notwendigen Voraussetzungen für eine administrative Entscheidung und damit für ein hoheitliches Handeln nicht erfüllt. Ausweislich der genannten Formulierung geht offensichtlich auch die Energieregulierungsbehörde selbst davon aus, dass die Abstimmung nicht durch eine administrative Entscheidung und damit durch einen Verwaltungsakt i. S. d. deutschen Rechtordnung, sondern lediglich als Anhang zu einem gewöhnlichen „Schreiben“ an den Übertragungsnetzbetreiber übermittelt wird. Ein gewöhnliches Schreiben stellt allerdings noch kein hoheitliches Handeln in Form des Erlasses einer administrativen Entscheidung dar.

(b) Gesetzeswortlaut

Gegen die vorgenannte Ansicht der Literatur spricht auch der eindeutige Gesetzeswortlaut. Denn im polnischen EnR wird zwischen einer *Abstimmung* und einer *hoheitlichen Entscheidung* unterschieden. Dies verdeutlicht beispielsweise die Vorschrift des Art. 4i Abs. 1 EnR. Danach kann der Präsident der Energieregulierungsbehörde auf Antrag des Unternehmens *im Wege einer Entscheidung* (poln. *w drodze decyzji*) das Unternehmen von der Verpflichtung zur Erbringung bestimmter Leistungen befreien. Diesbezüglich wird etwas weiter in derselben Vorschrift unter Abs. 5 geregelt, dass diese Befreiung *nach Abstimmung* (poln. *po uzgodnieniu*) mit interessierten Behörden anderer Mitgliedsstaaten erlassen wird. Damit werden die Begriffe „Abstimmung“ und „Entscheidung“ vom polnischen Gesetzgeber offensichtlich bewusst in unterschiedlicher Weise verwendet. Hätte der polnische Gesetzgeber tatsächlich regeln wollen, dass der ÜNEP-Entwurf im Wege einer Entscheidung und damit im Wege eines administrativen Aktes, gegen den der Rechtsweg eröffnet ist, erlassen wird, so hätte er dies durch eine entsprechende Formulierung wie beispielsweise: *„Der Plan wird durch den Präsidenten der Energieregulierungsbehörde im Wege einer Entscheidung abgestimmt“* (poln. *„Prezes*

ÜNEP 2016–2025 die hier in Raum stehende Formulierung. Dies kann auch dem Kontrollbericht (P/17/020) vom 03.10.2017 über die Tätigkeit des Übertragungsnetzbetreibers PSE S.A des Obersten Rechnungshofs NIK entnommen werden, in dem bestätigt wird, dass die Abstimmung des ÜNEP 2016–2025 mit der Regulierungsbehörde URE in dem entsprechendem Schreiben stattgefunden hat (vgl. dort Seite 4). Der Kontrollbericht ist abrufbar unter URL: https://www.google.com/url?sa=t&rct=j&q=&esrc=s&source=web&cd=3&ved=2ahUKEwi33Ki5vurlAhXhyIUKHZeFA1kQFjACegQIAhAB&url=https%3A%2F%2Fwww.nik.gov.pl%2Fkontrole%2Fwyniki-kontroli-nik%2Fpobierz%2Ckgp~p_17_020_201709181219251505737165~id4~01%2Ctyp%2Ckj.pdf&usg=AOvVaw08lARLqkE3-1kM_86PjZRF (letzter Abruf: 11.11.2019).

487 Hervorhebung des Autors.

Urzędu Regulacji Energetyki uzgadnia Plan w drodze decyzji") klarstellen können. Davon hat er allerdings keinen Gebrauch gemacht.

(c) Sinn und Zweck

Das Beispiel des Art. 4i Abs. 1 und Abs. 5 EnR zeigt ebenfalls deutlich, dass die Begriffe „Abstimmung" und „Entscheidung" nach dem Sinn und Zweck des Gesetzes offensichtlich auch ein anderes rechtliches Verständnis aufweisen. Während die Zurückweisung des o. g. Antrags im Wege einer Entscheidung für das Unternehmen eine belastende Wirkung haben kann, dürfte die Abstimmung mit den anderen Behörden dem Präsidenten lediglich dabei helfen, alle für den Entscheidungsprozess notwendigen Argumente zu sammeln und gegeneinander abzuwägen. Daher spricht vieles dafür, dass die Abstimmung und die Entscheidung auch eine unterschiedliche Regelungswirkung haben. Dies dürfte auch auf die Vorschrift des Art. 16 Abs. 13 EnR zutreffen, so dass davon ausgegangen werden kann, dass es sich bei der Abstimmung des ÜNEP-Entwurfs mit dem Präsidenten der Energieregulierungsbehörde um keinen administrativen Akt i. S. e. Entscheidung, sondern um eine gewöhnliche Betätigung der Regulierungsbehörde handelt[488], die gegenüber dem Übertragungsnetzbetreiber keine Regelungswirkung entfaltet.

(d) Konsequenz für die Praxis

Die Rechtsauffassung des Autors würde im Übrigen auch nicht zu einem völlig absurden Ergebnis führen. Denn eine fehlende Regelungswirkung des ÜNEP würde noch nicht zwangsläufig bedeuten, dass der Übertragungsnetzbetreiber nicht zu einer entsprechenden Netzausbaumaßnahme verpflichtet werden kann. Schließlich können gem. Art. 56 Abs. 1 EnR auch Verstöße gegen Verpflichtungen, die sich aus den Vorschriften des EnR ergeben, mit Geldbuße sanktioniert werden. Wenn der ÜNEP aber keine Regelungswirkung gegenüber dem Übertragungsnetzbetreiber entfaltet, so bleibt fraglich, ob die Nichtvornahme einer Netzausbaumaßnahme, die sich aus dem ÜNEP ergibt, überhaupt mit einer Geldbuße sanktioniert werden kann. Eine dazu vergleichbare deutsche Vorschrift ergibt sich aus § 65 Abs. 2a EnWG. Danach können die Übertragungsnetzbetreiber durch eine Aufsichtsmaßnahme der BNetzA zur Vornahme der im NEP festgelegten Netzausbauinvestition angehalten werden, soweit nicht innerhalb von drei Jahren seit Bestandskraft des NEP mit der Netzausbaumaßnahme begonnen wird. Das polnische EnR sieht eine derartige Regelung allerdings nicht vor. Gleichwohl können derartige Nichtvornahmen auch nach dem polnischen EnR sanktioniert werden. Dies wird aus folgender rechtlicher Konstruktion hergeleitet: Der

488 *Zawiska* in: Swora/Muras, EnR, Art. 16, S. 95. Nach *Zawiska* sind davon die Programmpläne (wie beispielsweise der KFRL oder KFRW, Anm. d. Autors.) zu unterscheiden.

Übertragungsnetzbetreiber ist gem. Art. 7 Abs. 4 und 5 zum Netzausbau und zur Herstellung technischer Netzstandards sowie gem. Art. 9c Abs. 1 Nr. 3 EnR zur Instandsetzung des Netzes einschließlich seiner Anlagen und Einrichtungen verpflichtet, um dadurch die Elektrizitätsversorgungssicherheit zu gewährleisten und den Netzzugang für Netzanschlusspetenten zu ermöglichen. Die Nichtvornahme einer Netzausbaumaßnahme sowie eine mangelhafte Instandsetzung können allerdings dazu führen, dass technische Netzstandards nicht eingehalten werden. Die Nichteinhaltung von technischen Netzstandards, Installationen und Vorrichtungen wird gem. Art. 56 Abs. 1 Nr. 10 EnR mit Geldbuße bestraft, so dass der Übertragungsnetzbetreiber unter Androhung dieser Sanktion zur Vornahme der Netzausbaumaßnahme angehalten werden kann[489].

(4) Zwischenergebnis

Damit ist festzuhalten, dass der ÜNEP nicht durch eine hoheitliche Maßnahme und damit auch nicht im Wege einer administrativen Entscheidung erlassen wird.

ee. Aktualisierung

Der abgestimmte ÜNEP wird vom Übertragungsnetzbetreiber gem. Art. 16 Abs. 2 EnR alle drei Jahre aktualisiert. Im Vergleich dazu wird der NEP Strom nach deutscher Rechtsordnung in einem 2-Jahres-Rhythmus aktualisiert. Wie bereits aufgezeigt wurde, ist die ursprünglich in Art. 22 Abs. 1 der Richtlinie 2009/72/EG geregelte jährliche Aktualisierung des Netzentwicklungsplans mit der neuen Elektrizitätsbinnenmarktrichtlinie (EU) 2019/944 nunmehr auf zwei Jahre geändert worden[490], so dass die deutsche Regelung richtlinienkonform umgesetzt wurde. Dagegen dürfte eine Aktualisierung des polnischen ÜNEP in einem Zeitrhythmus von drei Jahren gegen europäische Vorschriften verstoßen.

ff. Umsetzungsbericht

Um den Fortschritt des Ausbaus der im ÜNEP abgestimmten Maßnahmen überprüfen zu können, ist der polnische Übertragungsnetzbetreiber gem. Art. 16 Abs. 18 EnR schließlich dazu verpflichtet, dem Präsidenten der Energieregulierungsbehörde jährlich bis zum 30. April einen Umsetzungsbericht vorzulegen. Diese Vorschrift ähnelt der deutschen Regelung im § 12d EnWG.

---

489 So auch: *Zawiska* in: Swora/Muras, EnR, Art. 16, S. 96; **a.A.:** *Czarnecka/Ogłódek*, EnR, Art. 16, Rn. 8.

490 Dazu ausführlich: Teil 3 A.II.

d. Raumplanung Offshore

aa. Einführung

Im Vergleich zu den deutschen Vorschriften nach Maßgabe von §§ 17a ff. EnWG gibt es in Polen dagegen keine spezialgesetzliche Netzausbauplanung von Übertragungsnetzleitungen im Offshore-Bereich. Eine Erklärung hierfür dürfte in der Tatsache begründet sein, dass in Polen bisher noch kein Offshore-Windpark errichtet wurde[491]. Die Gründe dafür liegen insbesondere in den naturschutzrechtlichen Einschränkungen sowie in der komplizierten und unklaren Rechtslage in den polnischen Meeresgebieten[492]. Daher besteht gegenwärtig noch keine dringende Notwendigkeit für den Ausbau einer entsprechenden Offshore-Netzinfrastruktur. Dieser Umstand dürfte sich in naher Zukunft vermutlich jedoch ändern. Denn dank der windreichen Ostsee-Meeresküste wird das Ausbaupotential der polnischen Offshore-Windenergie mit bis zu 6 GW[493] prognostiziert[494]. Dies entspricht beinahe dem gleichen Ausbauziel, wie es in Deutschland bis zum Jahr 2020 gesetzlich festgelegt wurde, vgl. § 4 Nr. 2a) EEG. Bei einer durchschnittlichen Erzeugungsleistung eines Offshore-Windkraftrades von 5 MW[495] müssen zur Erfüllung dieses ambitionierten Zieles somit 1.200 neue Windkraftanlagen im polnischen Meeresbereich gebaut werden. Daher sieht auch der polnische Übertragungsnetzbetreiber im Bereich des Offshore-Netzausbaus erheblichen Handlungsbedarf[496]. Denn obwohl noch keine entsprechende Offshore-Netzinfrastruktur errichtet wurde, hat der polnische Übertragungsnetzbetreiber bereits die ersten Verträge für den Anschluss der geplanten Windparks an das *nationale Energiesystem* (poln. *Krajowy System Elektroenergetyczny*) mit einer Leistung von 2,25 GW abgeschlossen[497]. Aufgrund dessen ist der polnische

---

491 Vgl. dazu: Fundacja na rzecz Energetyki Zrównoważonej (FNEZ), URL: http://morskiefarmywiatrowe.pl/mew-w-liczbach (letzter Abruf: 08.03.2018).

492 *Pyć*, WiRO 2010, 13 (16).

493 *Remy/Mbistrova*, Offshore Wind in Europe, S. 26, URL: https://windeurope.org/wp-content/uploads/files/about-wind/statistics/WindEurope-Annual-Offshore-Statistics-2017.pdf (letzter Abruf: 08.03.2018).

494 Die polnischen Prognosen zum Ausbaupotential der Energieerzeugung im Offshore-Bereich sind allerdings widersprüchlich. Insofern schätzen andere Autoren das Ausbaupotential der Energieerzeugung im Offshore-Bereich auf 7,5 bis 14 GW ein, vgl. dazu: *Purta* et al., Entwicklung der Offshore-Energie in Polen, S. 19, URL: https://mckinsey.pl/wp-content/uploads/2016/10/McKinsey_Rozwój-morskiej-energetyki-wiatrowej-w-Polsce_całyraport.pdf (letzter Abruf: 08.03.2018).

495 Zur durchschnittlichen Erzeugungsleistung einer Offshore-Windenergieanlage vgl. RP-Energie-Lexikon, URL: https://www.energie-lexikon.info/windenergieanlage.html (letzter Abruf: 08.03.2018).

496 PSE S.A., ÜNEP 2016–2025 (Fn. 159), S. 64 f.

497 FNEZ (Fn. 473).

Übertragungsnetzausbau im Offshore-Bereich jedenfalls mittelfristig nicht mehr wegzudenken.

Vor diesem Hintergrund entstand bereits im Jahr 2009 die Idee eines *Polnischen Offshore-Netzes* (poln. *Polskie Sieci Morskie*), welche insbesondere die Sicherstellung des Netzanschlusses der künftigen Offshore-Windparks zum Ziel hatte. Zu diesem Zwecke wurde ein Konsortium aus mehreren Wirtschaftsunternehmen gegründet, welches in enger Zusammenarbeit mit dem polnischen Übertragungsnetzbetreiber PSE S.A. sowie mit zwei weiteren Forschungsinstituten aus Danzig und Warschau die rechtliche und tatsächliche Realisierung des künftigen Offshore-Netzes sicherstellen sollte[498]. Dabei umfasste die Idee – abhängig von der europäischen Entwicklung der Windenergie mindestens bis zum Jahr 2030 (perspektivisch bis 2050) – den Bau der sog. *Ostsee-Trasse* (poln. *Szyna Bałtycka*), auf die sogar im ÜNEP 2016–2025 Bezug genommen wird[499]. Ziel der Ostsee-Trasse war die Anbindung der künftigen Offshore-Windparks durch ein Übertragungskabel mit einer Spannung von 400 kV und einer Länge von 350 Kilometer, welches in einer Entfernung von 20 Kilometern seewärts parallel zur Ostseeküste verlaufen sollte[500]. Trotzt dieser Bemühungen und der sicheren Erkenntnis über einen mittelfristig benötigten Offshore-Netzausbau für den Anschluss der geplanten Offshore-Windparks hat die Idee eines Polnischen Offshore-Netzes und damit auch indirekt die Idee einer gesetzlichen Netzausbauplanung im Offshore-Bereich bisher allerdings noch keine ausdrückliche Berücksichtigung in der polnischen Energiepolitik und den damit einhergehenden gesetzlichen Regelungen gefunden[501].

bb. Raumordnungs- und Raumbewirtschaftungsplan

(1) Einführung

Dennoch hat der polnische Gesetzgeber mit den Vorschriften der Art. 37a ff. MVerwG zumindest mittelbar die ersten wichtigen Weichen für eine Offshore-Netzausbauplanung gestellt. Auch wenn es sich hierbei zunächst (nur) um Regelungen im Bereich der Raumordnung und Raumbewirtschaftung des Meeresgebietes[502] und damit um keine Netzausbauplanung eines Offshore-Übertragungsnetzes im engeren Sinne handelt, erscheint es sachgerecht, nachfolgend auch auf

---

498 *Gutkowski/Sawicki*, Polnische Meeresnetze, S. 6 ff.

499 PSE S.A., ÜNEP 2016–2025 (Fn. 159), S. 65 f.

500 *Gutkowski/Sawicki*, Polnische Meeresnetze, S. 10 ff.

501 Bisher wurde der Offshore-Netzausbau in dem wichtigsten polnischen Strategiepapier im Energiebereich: „Energiepolitik Polens bis zum Jahr 2030" (Fn. 9) (noch) nicht erwähnt.

502 Zur maritimen Raumplanung in Deutschland vgl. BSH, URL: http://www.bsh.de/de/Meeresnutzung/Raumordnung_in_der_AWZ/index.jsp (letzter Abruf: 10.03.2018).

diese Vorschriften kurz einzugehen, weil in den maritimen *Raumordnungs- und Raumbewirtschaftungsplänen* unter dem Aspekt der „öffentlichen Investitionen" (vgl. Art. 37a Abs. 2 Nr. 3 MVerwG) oder unter dem Aspekt der „Bedingungen der Gewinnung von Erneuerbaren Energien" (vgl. Art. 37a Abs. 2 Nr. 5c MVerwG) auch Festlegungen für ein Offshore-Übertragungsnetz getroffen werden können, solange diese speziellen Festlegungen keine negativen Auswirkungen auf die allgemeinen Festlegungen haben (vgl. Art. 37a Abs. 3 MVerwG). Damit stellen die allgemeinen Festlegungen nach Maßgabe von Art. 37a Abs. 2 MVerwG einen offenen Tatbestandskatalog dar[503], der durch weitere spezielle Festlegungen im Rahmen der Pläne (beispielsweise Festlegungen von Offshore-Übertragungsnetzleitungen) näher konkretisiert werden kann. Die polnischen Vorschriften im Bereich der maritimen Raumplanung gem. Art. 37a ff. MVerwG dienen dabei der Umsetzung der europäischen *Richtlinie zur Schaffung eines Rahmens für die maritime Raumplanung*[504]. Die maritime Raumplanung soll insoweit helfen, die unterschiedlichen Nutzungsinteressen besser auf einander abzustimmen, um künftige Raumkonflikte zu vermeiden[505].

(2) Sachlicher Anwendungsbereich

Gem. Art. 37a Abs. 1 MVerwG können die Raumordnungs- und Raumbewirtschaftungspläne für die inneren Gewässer (Art. 4), für das Küstenmeer (Art. 5) und für die Ausschließliche Wirtschaftszone (AWZ) (Art. 14 ff.) erlassen werden. Die Aufteilung des polnischen Meeresbereiches erfolgt dabei genau wie in Deutschland nach den völkerrechtlichen Vorgaben[506]. Demnach umfasst das Küstenmeer – genau wie nach deutschem Recht – einen Bereich von 12 Seemeilen seewärts der Küstenlinie, vgl. Art. 5 Abs. 1 MVerwG. Daran schließt sich die AWZ an, die nördlich unmittelbar an die schwedische AWZ angrenzt[507]. Aufgrund der auch für Polen geltenden völkerrechtlichen Vorschrift gem. Art. 55 SRÜ ergeben sich hinsichtlich der Bestimmung der AWZ keine Abweichungen, so dass diesbezüglich auf die Ausführungen zur deutschen Bundesbedarfsplanung Offshore verwiesen werden kann[508]. Zu den Inneren Gewässern gehören im Einklang mit der Vorschrift gem. Art. 8 Abs. 1 SRÜ die landwärts der Basislinie des

503 *Cehak*, Maritime Raumordnungs- und Raumbewirtschaftungspläne, S. 2, URL: http://gpcodziennie.pl/data/13grudnia2017UMSzczecin.pdf (letzter Abruf: 15.03.2018).

504 So im Ergebnis: *Krzywda/Stelmaszyk-Świerczyńska*, IMiG 2015, S. 810, URL: http://imig.pl/pliki/artykuly/2015-5/2015-5_807-812_Krzywda.pdf (letzter Abruf: 10.03.2018). Zur *Richtlinie zur Schaffung eines Rahmens für die maritime Raumplanung* vgl. ABl. L 257 S. 135 v. 28.08.2014.

505 *Krzywda/Stelmaszyk-Świerczyńska* (wie vorige Fn.), S. 807.

506 Dazu ausführlich: Teil 3 B.II.1.b.aa

507 *Janusz-Pawletta*, Aspekte der Verlegung von Pipelines, S. 44.

508 Zur Definition der AWZ vgl.: Teil 3 B.II.1.b.aa.

Küstenmeeres gelegenen Gewässer, so wie beispielsweise ein Teil des Stettiner Haffs (vgl. Art. 4 Nr. 1) oder das Frische Haff (vgl. Art. 4 Nr. 3 MVerwG).

(3) Formell-rechtliche Anforderungen

(a) Inhaltsbestimmung

Gem. Art. 37b Abs. 4 MVerwG können die formell-rechtlichen Tatbestandsvoraussetzungen der Raumordnungs- und Raumbewirtschaftungspläne in einer *Verordnung* näher bestimmt werden, die durch den Minister für Seewirtschaft und durch den Minister für Bau, Planung und Raumentwicklung sowie Wohnungsbau im *Einvernehmen* (poln. *porozumienie*)[509] mit dem Minister für Fischerei und dem Minister für Umwelt zu erlassen ist. Hiervon haben die vorstehenden Minister Gebrauch gemacht und die *Verordnung über die maritimen Raumordnungs- und Raumbewirtschaftungspläne für die inneren Gewässer, das Küstenmeer und die Ausschließliche Wirtschaftszone* (poln. *Rozporządzenie Ministra Gospodarki Morskiej i Żeglugi Śródlądowej oraz Ministra Infrastruktury i Budownictwa w sprawie wymaganego zakresu planów zagospodarowania przestrzennego morskich wód wewnętrznych, morza terytorialnego i wyłącznej strefy ekonomicznej*) erlassen. In der Verordnung werden insbesondere die Anforderungen an den schriftlichen sowie an den grafischen Teil des Raumordnungs- und Raumbewirtschaftungsplanes festgelegt, vgl. §§ 4 ff. der Verordnung.

(b) Zuständigkeit

Die Zuständigkeit für die Erstellung der Raumordnungs- und Raumbewirtschaftungspläne liegt gem. Art. 37a Abs. 1 MVerwG beim Minister für Seewirtschaft und beim Minister für Bau, Planung und Raumentwicklung sowie Wohnungsbau. Dabei werden die Raumordnungs- und Raumbewirtschaftungspläne im Wege einer *Verordnung* (poln. *rozporządzenie*) i. S. v. Art. 87 Abs. 1 i. V. m. Art. 92 Abs. 1 der polnischen Verfassung verabschiedet. Gem. Art. 37a Abs. 1 MVerwG muss dazu allerdings das vorherige Einvernehmen mit den Ministern für Umwelt, Wasserwirtschaft, Kultur und für den Schutz des nationalen Erbes, Landwirtschaft, Fischerei, Transport, innere Angelegenheiten und mit dem Verteidigungsminister hergestellt werden. Ein Einvernehmen mit dem Minister für Energie wird ausweislich des Gesetzeswortlautes nicht vorausgesetzt.

(c) Fachliche Durchführung

Obwohl die Zuständigkeit für die maritime Raumplanung bei den o. g. Ministern liegt, werden die Raumordnungs- und Raumbewirtschaftungspläne in

509 Zum Rechtscharakter des „Einvernehmens“ in der polnischen Rechtsordnung vgl. ausführlich: Teil 3 C.I.1.b.bb.(2).

fachlicher Hinsicht durch den Minister für Seewirtschaft und den *Direktor des Meeresamtes* erstellt, vgl. Art. 37a Abs. 5 i. V. m. Art. 37b Abs. 1 MVerwG. Wie die nachstehende *Abbildung*[510] allerdings zeigt, wird das polnische Meeresgebiet durch die Meeresämter in Stettin, Stolp und Gdingen verwaltet. Daher sind bei der Erstellung der Raumordnungs- und Raumbewirtschaftungspläne abweichend von dem Gesetzeswortlaut, welcher insoweit im Singular gehalten wird, nicht ein Direktor, sondern gleich drei Direktoren der jeweiligen Meeresämter zuständig.

Zur Vermeidung von Überschneidungen bei der Planerstellung haben die Direktoren der drei Meeresämter ein Einvernehmen über eine Zusammenarbeit hergestellt und die weiteren Einzelheiten diesbezüglich in einer *Bekanntmachung* (poln. *obwieszczenie*) vom 15. November 2013 veröffentlicht[511].

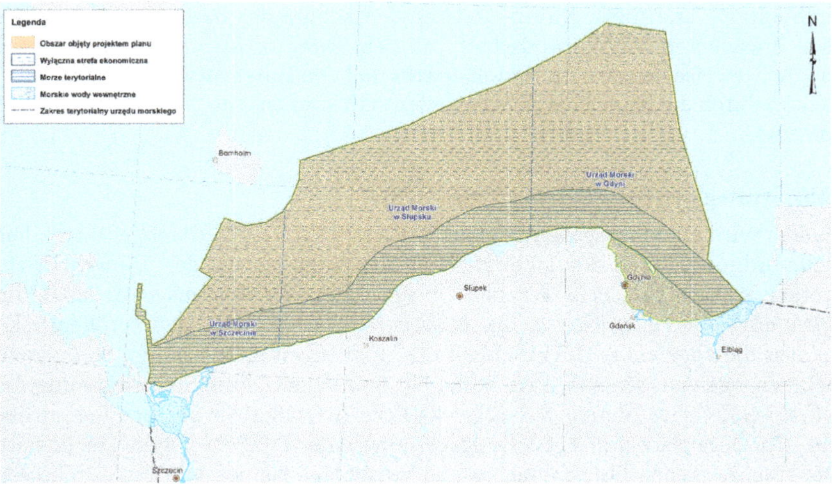

Abbildung 6: *Zuständigkeitsverteilung der polnischen Meeresämter*

(d) Formelles Verfahren

(aa) Beteiligung

Anders als bei der Erstellung des ÜNEP wird das formelle Verfahren im Zusammenhang mit der Erstellung der Raumordnungs- und Raumbewirtschaftungspläne detailliert im Gesetz geregelt. Danach führen die Direktoren

---

510 *Abbildung 6*: Meeresamt Stettin, URL: http://www.ums.gov.pl/ObszaryMorskie/2016/zg-msp-pl-200.pdf (letzter Abruf: 15.03.2018).

511 *Krzywda/Stelmaszyk-Świerczyńska*, IMiG 2015, S. 808.

der Meeresämter gem. Art. 37e Abs. 1 MVerwG eine breite und umfangreiche Öffentlichkeits- und Behördenbeteiligung durch. Dabei sind die Direktoren auch zur Einholung einer Stellungnahme des Denkmalschutzbeauftragten der Woiwodschaft, des Direktors der regionalen Wasserwirtschaftsbehörde, des Gesundheitsministers, des bergbehördlichen Kontrollorganes, des für die Durchführung der strategischen Umweltprüfung zuständigen Organes sowie des Präsidenten der nationalen Wasserwirtschaftsbehörde verpflichtet, vgl. Art. 37e Abs. 1 Nr. 7 MVerwG. Die jeweiligen Stellungnahmen sind für die Entscheidung der Direktoren der Meeresämter allerdings nicht binden[512]. Des Weiteren unterliegen die Raumordnungs- und Raumbewirtschaftungspläne einer umfangreichen Abstimmung[513] mit dem unmittelbar betroffenen Gemeindevorsteher, dem Bürgermeister oder dem Stadtpräsidenten, mit dem regionalen Direktor der Umweltschutzbehörde, mit dem Verteidigungsminister sowie mit den Ministern für Wirtschaft, Fischerei, Umwelt, Wasserwirtschaft, innere Angelegenheiten, Touristik, Kommunikation, Transport, Kultur und für den Schutz des nationalen Erbes, mit dem Präsidenten der Woiwodschaft, mit dem Direktor für die von den Plänen möglicherweise betroffenen Nationalparks und den Hafenverwaltungsbehörden, welche durch die Pläne ebenfalls betroffen sein können, vgl. Art. 37e Abs. 1 Nr. 8 MVerwG.

(bb) Strategische Umweltprüfung (SUP)

Zudem wird eine SUP nach Maßgabe der Art. 46 ff. UÖUG durchgeführt[514]. Die Raumordnungs- und Raumbewirtschaftungspläne sowie der Umweltbericht werden sodann für sechs Wochen bei den Meeresämtern ausgelegt sowie im *öffentlichen Mitteilungsblatt* (poln. *Biuletyn Informacji Publicznej*) veröffentlicht, so dass die allgemeine Öffentlichkeit die Möglichkeit erhält, hierzu Stellung zu nehmen, vgl. Art. 37e Abs. 1 Nr. 9 und Nr. 10 MVerwG. Eine Einschränkung der Öffentlichkeitsbeteiligung auf eine mögliche Betroffenheit der Beteiligten findet – im Gegensatz zum Aufstellungsverfahren des ÜNEP[515] – folglich nicht statt. Die eingegangenen Einwendungen und Vorschläge werden von den Direktoren der Meeresämter geprüft und ggfs. bei der weiteren Erstellung der Pläne berücksichtigt. Die Entscheidung der Direktoren der Meeresämter, ob die eingegangenen Einwendungen und Vorschläge bei der Erstellung der Raumordnungs- und

512 Zum Rechtscharakter der „Stellungnahme" in der polnischen Rechtsordnung vgl.: Teil 3 B.II.2.c.bb.(3)(e).

513 Der vorliegende Begriff der „Abstimmung" ist nicht zu verwechseln mit dem gleichen im Rahmen des Art. 16 Abs. 13 EnR verwendeten Begriff. Zu dieser Problematik vgl. ausführlich: Teil 3 B.II.2.c.dd. Zum Rechtscharakter der „Abstimmung" in der polnischen Rechtsordnung vgl.: Teil 3 B.III.2.a.bb.(3)(c)(cc).

514 *Krzywda/Stelmaszyk-Świerczyńska*, IMiG 2015, S. 809. Zur SUP vgl. ausführlich: Teil 3 B.II.2.c.bb.(4).

515 Dazu ausführlich: Teil 3 B.II.2.bb.(3).

Raumbewirtschaftungspläne tatsächlich eine nähere Berücksichtigung finden oder auch nicht, ist gerichtlich allerdings nicht anfechtbar, vgl. Art. 37f Abs. 2 MVerwG.

(cc) Bestätigung

Im Anschluss an die Öffentlichkeits- und Behördenbeteiligung werden die Entwürfe der Raumordnungs- und Raumbewirtschaftungspläne dem Minister für regionale Entwicklung zur Feststellung ihrer Rechtmäßigkeit mit den lang- und mittelfristigen Entwicklungsstrategien des Landes und anderen Entwicklungsstrategien[516] vorgelegt, vgl. Art. 37e Abs. 1 Nr. 13 MVerwG. Des Weiteren müssen die Pläne auch dem Minister für Bau, Planung und Raumentwicklungsplanung zur Feststellung ihrer Vereinbarkeit mit dem Strategiepapier KFRL[517] vorgelegt werden, vgl. Art. 37e Abs. 1 Nr. 13a MVerwG. Sollten die Raumordnungs- und Raumbewirtschaftungspläne auch grenzüberschreitende Umweltauswirkungen haben, so wird ebenfalls der Generaldirektor für Umweltschutz hierüber informiert.

(4) Materiell-rechtliche Anforderungen

Bei der Erstellung der Raumordnungs- und Raumbewirtschaftungspläne wird in materiell-rechtlicher Hinsicht ein sog. „ökosystematischer Ansatz" (poln. *podejście ekosystemowe*) angewendet, vgl. Art. 37b Abs. 1 MVerwG. Dieser zunächst unbestimmte Rechtsbegriff wird in Art. 37b Abs. 1b MVerwG näher konkretisiert und legt die grundlegenden Planungsmaßstäbe fest. Danach ist die Planung so zu steuern, dass (1) nachteilige Auswirkungen auf das Ökosystem auf einem Niveau gehalten werden, die es ermöglichen, einen guten ökologischen Zustand zu erreichen und aufrechtzuerhalten, (2) dass die Funktionsfähigkeit des Ökosystems aufrechterhalten werden kann und die Fähigkeit gegenüber Veränderungen erhalten bleibt und (3) dass ökologische Ressourcen für die gegenwärtige und die zukünftigen Generationen erhalten bleiben. Diesbezüglich ist eine Prognose über die potentiellen Umweltauswirkungen zu erstellen, vgl. Art. 37b Abs. 2 MVerwG.

(5) Überprüfung

Die Raumordnungs- und Raumbewirtschaftungspläne unterliegen einer regelmäßigen Überprüfung, die einen Zeitraum von 10 Jahren nicht überschreiten darf, vgl. Art. 37i Abs. 1 MVerwG.

---

516 Dies sind beispielsweise die Strategiepapiere: *Energiepolitik Polens bis zum Jahr 2030, Nationaler Aktionsplan im Bereich der Erneuerbaren Energien und Energieversorgungssicherheit und Umwelt – eine Perspektive bis 2020.*

517 Vgl. zum KFRL ausführlich: Teil 3 B.II.2.c.cc.(2)(a).

III. Systematik der Zulassung von Netzausbauvorhaben

1. Rechtslage in Deutschland

a. Einführung

Aufgrund ihrer weitreichenden Folgen bedürfen raumbezogene Vorhaben in Deutschland grundsätzlich einer förmlichen Planfeststellung. Das Planfeststellungsverfahren stellt folglich die dritte und damit die letzte Stufe des Übertragungsnetzausbaus dar. Im Rahmen des Planfeststellungsverfahrens wird somit der eigentliche Verlauf der Elektrizitätsleitungen rechtsverbindlich festgelegt.

Die allgemeinen Rechtsvorschriften zum Planfeststellungsverfahren als einem besonderen Verwaltungsverfahren sind in den §§ 72 ff. VwVfG näher geregelt. Das Planfeststellungsverfahren unterscheidet sich von der „gewöhnlichen" administrativen Genehmigung[518] im Wesentlichen darin, dass der Planfeststellungsbehörde bei ihrer Entscheidung ein *planerischer Gestaltungsspielraum* eingeräumt wird[519], wohingegen es sich bei der Genehmigung lediglich um eine objektive „Unbedenklichkeitsbescheinigung" des Vorhabens handelt[520]. Das bedeutet allerdings nicht, dass im Planfeststellungsverfahren eigens eine staatliche Planung des raumbezogenen Vorhabens stattfindet. Die Planung des Vorhabens obliegt einzig und alleine dem (privaten oder auch öffentlichen) Vorhabenträger. Der Planfeststellungsbehörde wird vielmehr nur eine planerische Einflussnahme auf das Vorhaben eröffnet[521]. Diese Einflussnahme schlägt sich in der von der Planfeststellungsbehörde im Rahmen der öffentlich-rechtlichen Zulässigkeit des Vorhabens zu treffendenden Abwägungsentscheidung nieder, bei der alle vorhabenrelevanten Belange durch die Planfeststellungsbehörde zu ermitteln und abzuwägen sind. Aufgrund seiner Raumbedeutsamkeit bedarf auch der Übertragungsnetzausbau der Durchführung eines vorherigen Planfeststellungsverfahrens, im Rahmen dessen die eigentliche Zulassungs- und Standortentscheidung für die Elektrizitätsleitungen getroffen wird[522]. Damit wird nur, aber insoweit umfassend über die öffentlich-rechtliche Zulässigkeit des eigentlichen Trassenverlaufs entschieden.

b. Gesamtüberblick

Aufgrund der komplexen Regelungen zur Netzausbauplanung scheint zunächst auch die gesetzliche Systematik der Planfeststellung im Bereich des Übertragungsnetzausbaus äußerst inhomogen und unübersichtlich zu sein. Auch bei

518 Beispielsweise eine Sachgenehmigung nach §§ 4 ff. BImSchG.
519 *Kämper* in: BeckOK VwVfG, § 72, Rn. 6.
520 *Dietlein* in: Landmann/Rohmer, UmweltR, BImSchG, § 4, Rn. 53.
521 *Kämper* in: BeckOK VwVfG, § 72, Rn. 6.
522 *Missling* in: Danner/Theobald, EnR, § 43 EnWG, Rn. 1.

genauerer Betrachtung können diese anfänglichen Bedenken nicht gänzlich ausgeräumt werden. Insoweit kann zumindest eines festgestellt werden: Die Planfeststellung von Übertragungsnetzausbauvorhaben (Onshore) richtet sich im Ergebnis nach zwei unterschiedlichen Verfahrensabläufen, wobei hier auf die „Art“ der Übertragungsnetzleitung abgestellt wird. Dabei gilt der allgemeine Grundsatz, dass die Planfeststellung im Bereich des Übertragungsnetzausbaus zunächst nach den allgemeinen energiewirtschaftlichen Vorschriften der §§ 43 ff. EnWG erfolgt. Durch die Verweisung gem. § 43 S. 7 EnWG wird klargestellt, dass die verwaltungsrechtlichen Vorschriften zum Planfeststellungsverfahren nach Maßgabe der §§ 72 ff. VwVfG ergänzend Anwendung finden. Sie werden insoweit durch die energiewirtschaftlichen Vorschriften gem. §§ 43 ff. EnWG modifiziert[523].

Gem. § 43 S. 1 Nr. 1 EnWG bedürfen die Errichtung und der Betrieb sowie die Änderung von Hochspannungsfreileitungen – ausgenommen Bahnstromfernleitungen (s. § 3a EnWG) – mit einer Nennspannung von 110 kV oder mehr der Planfeststellung. Damit finden die Vorschriften der §§ 43 ff. EnWG zunächst auf alle Höchstspannungsleitungen des Übertragungsnetzes entsprechend Anwendung, da diese eine Netzspannung von mindestens 220 kV aufweisen. Dies gilt auch für Vorhaben, die im Bedarfsplan i. S. d. EnLAG aufgeführt sind[524]. Das hat der Gesetzgeber durch die Vorschrift gem. § 2 Abs. 4 NABEG klargestellt, indem er diese Leitungen vom Anwendungsbereich des NABEG ausgenommen hat.

Für Übertragungsnetzleitungen, die im *Bundes*bedarfsplan nach BBPlG als länderübergreifende oder grenzüberschreitenden Höchstspannungsleitungen sowie als Offshore-Anbindungsleitungen, die vor dem 31. Dezember 2020 in Betrieb genommen werden[525], gekennzeichnet wurden, sieht das Gesetz ein besonderes Planfeststellungsverfahren vor, das in den Vorschriften gem. §§ 18 ff. NABEG näher geregelt wird. Diese enthalten vorrangige Spezialregelungen (*lex specialis*), so dass die Vorschriften gem. §§ 43 ff. EnWG nur subsidiär zur Anwendung gelangen[526]. Für die übrigen Übertragungsnetzleitungen, die im *Bundes*bedarfsplan mit dem Buchstaben „E“ und „F“ gekennzeichnet wurden, gilt dagegen das allgemeine energiewirtschaftliche Planfeststellungsverfahren nach Maßgabe der Vorschriften gem. §§ 43 ff. EnWG, vgl. § 43 S. 1 Nr. 5 EnWG i. V. m. § 2 Abs. 5 und 6 BBPlG. Bei diesen Leitungen handelt es sich um Höchstspannungs-Gleichstrom- und Höchstspannungs-Drehstrom-Übertragungsnetzleitungen, die als Erdkabel errichtet und betrieben werden. Darauf wird noch näher eingegangen[527].

---

523 *Schmitz/Uibeleisen*, Netzausbau, Rn. 207.
524 *Hermes/Kupfer* in: Britz/Hellermann/Hermes, EnWG, § 43, Rn. 5h.
525 Vgl. § 2 Abs. 1 bis Abs. 3 BBPlG i. V. m. § 2 Abs. 1 NABEG.
526 *Hermes/Kupfer* in: Britz/Hellermann/Hermes, EnWG, § 43, Rn. 1; vgl. dazu auch § 18 Abs. 3 S. 2 NABEG.
527 Dazu ausführlich: Teil 3 B.III.1.f.

Die Vorschriften zur Planfeststellung von Übertragungsnetzleitungen im Offshore-Bereich sind weitaus komplizierter und noch unübersichtlicher. Ein grober Überblick der Vorschriften zur Planfeststellung im Offshore-Bereich ist aufgrund der gesetzlichen Komplexität daher nicht ohne weiteres möglich, so dass alle Vorschriften im Zusammenhang mit der Planfeststellung Offshore der besseren Übersicht wegen in einem eigenen Abschnitt gebündelt werden[528].

Nach den vorstehenden Ausführungen bietet es sich vorliegend zunächst an, mit der *lex specialis* zu beginnen:

c. Planfeststellungsverfahren gem. NABEG

aa. Formell-rechtliche Anforderungen

(1) Einleitung des Verfahrens

Genau wie bei der Bundesfachplanung beginnt auch das Planfeststellungsverfahren nach Maßgabe des NABEG in formell-rechtlicher Hinsicht mit dem Antrag des Vorhabenträgers, § 19 S. 1 NABEG. Als Vorhabenträger kommen die für den Übertragungsnetzausbau verantwortlichen und derzeit nach § 4a EnWG als Übertragungsnetzbetreiber zertifizierten Unternehmen TransnetBW GmbH, Amprion GmbH, TenneT TSO GmbH und 50Hertz Transmission GmbH in Betracht[529]. Im Hinblick auf die Netzausbaubeschleunigung kann der Vorhabenträger gem. § 12 Abs. 2 S. 4 NABEG dazu verpflichtet werden, nach Abschluss der Bundesfachplanung innerhalb einer von der BNetzA zu bestimmenden angemessenen Frist einen entsprechenden Planfeststellungsantrag zu stellen. Hinsichtlich des unbestimmten Rechtsbegriffs der „angemessenen" Frist gelten die vorherigen Ausführungen zum Bundesfachplanungsverfahren[530]. Genau wie bei der Bundesfachplanung kann die Anordnung der BNetzA zur Antragstellung mittels eines Zwangsgelds bis zu einer Höhe von 250.000 Euro durchgesetzt werden.

(2) Zuständigkeit

Die Behördenzuständigkeit für die Durchführung des Planfeststellungsverfahrens richtet sich im Allgemeinen nach der zu errichtenden Leitungsart. Die Zuständigkeitszuweisung im Zusammenhang mit dem Planfeststellungsverfahren nach Maßgabe der §§ 18 ff. NABEG war im Rahmen des Gesetzgebungsverfahrens zwischen der Bundesregierung und dem Bundesrat äußerst umstritten[531]. Nach dem Gesetzesentwurf der Bundesregierung sollten sowohl

528 Zur Planfeststellung Offshore vgl.: Teil 3 B.III.1.e.
529 *Naujoks* in: BerlKommEnR, § 19 NABEG, Rn. 4.
530 Vgl. dazu: Teil 3 B.II.1.a.bb.(1)(c)(aa).
531 *Calliess/Dross*, JZ 2012, 1002 (1008).

die Bundesfachplanung (§§ 4 ff. NABEG) als auch das Planfeststellungsverfahren (§§ 18 ff. NABEG) für alle Vorhaben im Anwendungsreich des NABEG aus „einer Hand“ durch die BNetzA erfolgen[532]. Dadurch sollte u. a. vermieden werden, dass Raumordnungs- und Planfeststellungsverfahren von unterschiedlichen Behörden durchgeführt würden[533]. Dies stieß beim Bundesrat auf heftige Kritik, der bei Planfeststellungsverfahren eine größere Einbindung der Landesbehörden forderte. Als Argumente hierfür wurde insbesondere moniert, dass durch die Übertragung der Zuständigkeit an die BNetzA das besondere Fachwissen der Länder bei der Planfeststellung nicht genutzt[534] und auch die öffentliche Akzeptanz für diese Leitungsbauvorhaben nicht sichergestellt werde, wenn eine ortsfremde Behörde das Verfahren leite[535]. Als Kompromiss einigten sich die Bundesregierung und der Bundesrat schließlich darauf, dass die BNetzA neben der Bundesfachplanung auch die Planfeststellung i. S. d. §§ 18 ff. NABEG für Leitungen übernehmen sollte, soweit dies durch eine Rechtsverordnung mit Zustimmung des Bundesrates festgelegt wird[536], vgl. § 31 Abs. 2 i. V. m. § 2 Abs. 2 NABEG. Von dieser Befugnis hat die Bundesregierung allerdings erst mit der PlfZV[537] vom 25. April 2013 Gebrauch gemacht. Die PlfZV trat schließlich erst am 23. Juli 2013 in Kraft und damit fast zwei Jahre nach dem Inkrafttreten des NABEG. Gem. § 1 PlfZV wird die Zuständigkeit für das Planfeststellungsverfahren für länderübergreifende und grenzüberschreitende Höchstspannungsleitungen i. S. d. NABEG folglich an die BNetzA übertragen.

Wie auch aus dem Verordnungstitel klar hervorgeht, gilt dies allerdings nur für länderübergreifende und grenzüberschreitende Höchstspannungsleitungen, vgl. § 1 Nr. 1 und Nr. 2 PlfZV. Mangels einer besonderen Zuweisung per Verordnung verbleibt die Planfeststellungszuständigkeit für Offshore-Anbindungsleitungen somit bei den Landesplanfeststellungsbehörden, § 31 Abs. 2 NABEG. Die Frage, weshalb der Verordnungsgeber die Planfeststellungszuständigkeit für Offshore-Anbindungsleitungen nicht ebenfalls auf die BNetzA übertragen hat, kann dahinstehen, weil diese Frage in der Praxis ohnehin ohne Belang ist. Denn schließlich ist bisher keines der 47 Leitungsausbauvorhaben gem. Anlage zu § 1 Abs. 1 BBPlG mit dem Buchstaben „C“ und damit als Offshore-Anbindungsleitung gem. § 2 Abs. 3 BBPlG i. V. m. § 2 Abs. 1 NABEG gekennzeichnet worden[538].

532 *Appel* in: BerlKommEnR, § 2 NABEG, Rn. 3.
533 *Calliess/Dross*, JZ 2012, 1002 (1008).
534 *Appel* (Fn. 532).
535 BT-Drucks. 17/6249, S. 13.
536 *Appel* (Fn. 532).
537 BR-Drucks. 333/13.
538 Stand: 06/2017.

(3) Antragskonferenz

Die Planfeststellungsbehörde führt gem. § 20 Abs. 1 S. 1 NABEG unverzüglich nach Einreichung des Antrags mit dem Vorhabenträger, den betroffenen Trägern öffentlicher Belange und den Vereinigungen i. S. d. § 3 Nr. 8 NABEG eine Antragskonferenz durch, bei der gem. § 20 Abs. 1 S. 2 der Gegenstand, Umfang und Methode der Unterlagen für die Umweltverträglichkeitsprüfung (UVP) erörtert sowie der Untersuchungsrahmen für die Planfeststellung bestimmt wird, § 20 Abs. 3 S. 1 NABEG. Die Antragskonferenz ist öffentlich, § 20 Abs. 2 S. 3, und *soll*[539] innerhalb von zwei Monaten nach Antragsstellung abgeschlossen sein, § 20 Abs. 3 S. 2 NABEG. Damit ist dieser Verfahrensablauf mit dem Festlegungsverfahren im Rahmen der Bundesfachplanung nach § 7 NABEG deckungsgleich, so dass ergänzend hierzu auf die obigen Ausführungen verweisen werden kann[540]. Gem. § 20 Abs. 5 NABEG *kann* die Antragskonferenz in Fällen des § 25 NABEG allerdings auch unterbleiben. Hierbei handelt es sich ausweislich des Wortlauts „kann“ wieder um eine Ermessensentscheidung der Planfeststellungsbehörde.

(4) Anhörungsverfahren

(a) Vorbereitung

Zur Vorbereitung auf die Durchführung des sich an die Antragskonferenz anschließenden Anhörungsverfahrens gem. § 22 reicht der Vorhabenträger auf der Grundlage der Ergebnisse der Antragskonferenz einen Plan bei der Planfeststellungsbehörde ein, § 21 Abs. 1 NABEG. Dabei besteht der Plan gem. § 21 Abs. 2 NABEG aus Zeichnungen und Erläuterungen, die das Vorhaben, den Anlass und die von dem Vorhaben betroffenen Grundstücke und Anlagen erkennen lassen. Darüber hinaus kann die Planfeststellungsbehörde von dem Vorhabenträger die Vorlage von Gutachten verlangen oder selbst Gutachten einholen, § 21 Abs. 3 S. 1 NABEG. Hinsichtlich der Beibringung von Unterlagen im Rahmen der UVP nach Maßgaben von § 6 UVPG regelt § 21 Abs. 4 NABEG, welche bereits im Rahmen der Bundesfachplanung eingereichten SUP-Unterlagen auch für die planfeststellungsrechtliche UVP verwendet werden können. In diesem Zusammenhang wird durch den in § 21 Abs. 4 NABEG normierten gesetzlichen Verweis auf § 5 und § 14f Abs. 3 UVPG allerdings deutlich, dass die Verwendung der Unterlagen aus der Bundesfachplanung nur der Reduzierung der Antragsunterlagen in mehrstufigen Genehmigungsverfahren dienen soll, wohingegen der eigentliche Prüfungsmaßstab im Rahmen der planfeststellungsrechtlichen UVP dadurch nicht berührt wird[541]. Damit zielt dieser Vorschrift auf die Beschaffung von

539 Zur Bedeutung von *Soll-Vorschriften* im Verwaltungsrecht vgl. oben, Fn. 262.
540 Dazu ausführlich: Teil 3 B.II.1.a.bb.(1)(c)(bb).
541 *Naujoks* in: BerlKommEnR, § 21 NABEG, Rn. 15.

Informationen über zusätzliche oder andere Umweltauswirkungen als diejenigen, die bereits im Rahmen der SUP gem. Bundesfachplanung gewonnen worden sind[542].

(b) Prüfung

Die Planfeststellungsbehörde ist abschließend dazu verpflichtet, die Antragsunterlagen innerhalb einer Frist von einem Monat nach deren Eingang auf Vollständigkeit hin zu überprüfen, § 21 Abs. 5 S. 1 NABEG. Diese zeitliche Prüfungsvorgabe weicht insoweit von derjenigen im Rahmen der Bundesfachplanung ab, da in § 8 S. 6 NABEG diesbezüglich keine dahingehende Frist geregelt wurde. Die Antragskonferenz endet sodann mit der schriftlichen Bestätigung der Vollständigkeit der Unterlagen durch die Planfeststellungsbehörde, § 21 Abs. 5 S. 4NABEG.

(c) Durchführung

Nach Abschluss der vorgenannten Prüfung beginnt gem. § 22 NABEG das Anhörungsverfahren und damit das eigentliche „Hauptverfahren" des Planfeststellungsverfahrens. Hierzu werden nach § 22 Abs. 1 die gem. § 21 Abs. 5 vollständigen Unterlagen durch die Planfeststellungsbehörde innerhalb von zwei Wochen schriftlich oder elektronisch an die Träger öffentlicher Belange, die von dem Vorhaben berührt sind, und an die Vereinigungen i. S. d. § 3 Abs. 2 NABEG übermittelt[543]. Im Zuge dessen werden (nur) die Träger öffentlicher Belange innerhalb einer Frist, die drei Monate nicht überschreiten darf, zur Stellungnahme aufgefordert, § 22 Abs. 2 S. 1 NABEG. Für Vereinigungen besteht keine derartige Mitwirkungsverpflichtung. Allerdings können diese gem. § 22 Abs. 6 S. 2 NABEG – genau wie jede Person, deren Belange durch das Vorhaben berührt werden – innerhalb von zwei Wochen nach Ablauf der Auslegungsfrist nach § 22 Abs. 3 S. 1 Einwendungen erheben. Die Vorschrift nach § 22 Abs. 2 S. 2 NABEG stellt indes klar, dass innerhalb der Beteiligung der Träger öffentlicher Belange nur solche Einwendungen geltend gemacht werden können, die sich auf die Gegenstände des Planfeststellungsvorhabens beziehen. Einwendungen, welche die Bundesfachplanung betreffen und zu denen bereits im Rahmen der Bundesfachplanung Stellung genommen werden konnte, bleiben hierbei unberücksichtigt.

542 *Naujoks* in: BerlKommEnR, § 21 NABEG, Rn. 16.

543 Zur Definition des Begriffs „Träger öffentlicher Belange" und „Vereinigungen" vgl.: Teil 3 B.II.1.b.dd.(1)(b).

(d) Öffentlichkeitsbeteiligung

(aa) Durchführung

Die Planfeststellungsbehörde veranlasst gem. § 22 Abs. 3 S. 1 NABEG i. V. m. § 43a Nr. 1 EnWG und § 73 Abs. 2 VwVfG ebenfalls innerhalb von zwei Wochen nach Vorlage der vollständigen Unterlagen die Durchführung einer Öffentlichkeitsbeteiligung, im Rahmen derer der Plan in allen Gemeinden, in denen sich das Vorhaben voraussichtlich auswirken wird, für die Dauer von einem Monat ausgelegt wird. Hierzu wird die Auslegung in Abweichung von der Regel (ortsübliche Bekanntmachung i. S. v. § 73 Abs. 5 VwVfG) im amtlichen Verkündungsblatt, auf der Internetseite der Planfeststellungsbehörde sowie in den örtlichen Tageszeitungen, die in dem Gebiet verbreitet sind, auf das sich das Vorhaben voraussichtlich auswirken wird, bekannt gemacht, § 22 Abs. 3 S. 2 NABEG. Dabei hat die Bekanntgabe aufgrund des eindeutigen Wortlauts der Norm in *allen* örtlichen Zeitungen der voraussichtlich betroffenen Gebiete zu erfolgen. Diesbezüglich steht der Planfeststellungsbehörde keine Auswahlbefugnis zu[544]. Ziel dieser umfangreichen Bekanntgabe ist neben einer breiteren Unterstützung der Planfeststellungsbehörde bei der Sammlung des für das Planungsvorhaben maßgeblichen Abwägungsmaterials durch die Öffentlichkeit auch die Schaffung von Akzeptanz für das Planungsvorhaben, da durch eine breite Beteiligung der allgemeinen Öffentlichkeit eine größere Transparenz für die spätere Entscheidung der Planfeststellungsbehörde geschaffen wird. Dies kann ebenfalls zur Beschleunigung des Netzausbaus führen[545]. Zeitgleich mit der öffentlichen Auslegung wird der Plan gem. § 22 Abs. 4 S. 1 NABEG für die Dauer von einem Monat im Internet veröffentlicht. Die Internetveröffentlichung ist entsprechend der Regelung im Zusammenhang mit der öffentlichen Auslegung ebenfalls im amtlichen Verkündungsblatt, auf der Internetseite der Planfeststellungsbehörde sowie in den örtlichen Tageszeitungen bekannt zu machen, § 22 Abs. 4 S. 2 i. V. m. Abs. 3 S. 2 und 3 NABEG. Gem. § 22 Abs. 6 S. 1 NABEG kann jede Person, deren Belange durch das Planvorhaben berührt werden, innerhalb von zwei Wochen nach Ablauf der Auslegungsfrist Einwendungen gegen den Plan erheben.

(bb) Präklusion

Anders als beim Anhörungsverfahren, wonach gem. § 22 Abs. 2 S. 4 NABEG etwaige Stellungnahmen von Trägern öffentlicher Belange nach Ablauf der Anhörungsfrist nicht mehr berücksichtigt werden, ist im NABEG allerdings nicht ausdrücklich geregelt, ob auch Einwendungen der Öffentlichkeit oder Vereinigungen nach Ablauf der vorgenannten zweiwöchigen Auslegungsfrist i. S. d.

---

544 *Wiesendahl* in: de Witt/Scheuten, NABEG, § 22, Rn. 42.

545 *Wiesendahl* in: de Witt/Scheuten, NABEG, § 22, Rn. 3.

§ 22 Abs. 6 S. 1 NABEG ebenfalls präkludiert sind, d. h. sie nicht mehr im Rahmen eines späteren Gerichtsverfahrens geltend gemacht werden können. Nach einer Auffassung in der Literatur sollen Einwendungen der Öffentlichkeit und Vereinigungen nach Ablauf der zweiwöchigen Auslegungsfrist ausgeschlossen sein. Zur Begründung wird angeführt, der Gesetzgeber habe vermutlich nur eine entsprechende Anordnung in § 22 NABEG vergessen, weshalb diese Gesetzeslücke durch die analoge Anwendung der Vorschrift gem. § 73 Abs. 4 S. 3 VwVfG, welche eine entsprechende materielle Präklusion im Planfeststellungsverfahren beinhaltet, zu schließen sei[546]. Nach einer anderen Auffassung soll ebenfalls eine materielle Präklusion für verspätete Einwendungen greifen, wobei als Begründung hierfür auf die Vorschrift des § 43a Nr. 7 EnWG a. F.[547], welche nach dem Wortlaut der Norm eine entsprechende Präklusion zum Gegenstand hatte, zurückgegriffen wird[548]. In Anbetracht der jüngsten Rechtsprechung des EuGH dürften sich diese Meinungen aber wohl als obsolet erweisen. Insofern hat der EuGH mit Urteil vom 15. Oktober 2015 entschieden, dass eine Präklusion von verspäteten Einwendungen im Rahmen eines UVP-pflichtigen Planfeststellungsvorhabens – so wie in dem hier vorliegenden Fall (vgl. § 23 NABEG) – gegen Art. 11 der Richtlinie 2011/92/EU verstoße, da dadurch das mit dieser Vorschrift verfolgte Ziel, nämlich im Rahmen des Umweltschutzes einen weitreichenden Zugang zu den Gerichten zu gewähren, verletzt werde[549]. Folglich können Einwendungen der Öffentlichkeit und von Vereinigungen im Rahmen der nachgelagerten gerichtlichen Rechtmäßigkeitsprüfung der Planfeststellung auch noch nach Ablauf der zweiwöchigen Auslegungsfrist i. S. d. § 22 Abs. 6 S. 1 NABEG wirksam geltend gemacht werden.

(e) Anzeigeverfahren

In Anlehnung an das vereinfachte Verfahren im Rahmen der Bundesfachplanung nach § 11 kann gem. § 22 Abs. 8 auch das Anhörungsverfahren unterbleiben und durch ein einfaches Anzeigeverfahren ersetzt werden, soweit die Voraussetzungen nach § 25 NABEG erfüllt sind. Dies ist gem. § 25 S. 1 bei einer *unwesentlichen* Änderung oder Erweiterung des Planungsvorhabens der Fall, wobei der unbestimmte Rechtsbegriff „unwesentlich" durch § 25 S. 2 NABEG näher konkretisiert wird. Des Weiteren können im Anschluss an das Anhörungsverfahren gem. § 27 NABEG auch eine vorzeitige Besitzanweisung sowie ein vorzeitiges Enteignungsverfahren durch Beschluss durchgeführt werden. Dabei wird der Besitzanweisungs- bzw. Enteignungsbeschluss unter der aufschiebenden Bedingung

546 *Wagner* in: Hoppe/Beckmann, UVPG, § 9, Rn. 67.
547 Fassung gültig bis zum 01.06.2015.
548 *Wiesendahl* in: de Witt/Scheuten, NABEG, § 22, Rn. 72 ff.
549 EuGH, Urt. v. 15.10.2015 – C-137/14, EnWZ 2016, 78 (82).

erlassen, dass das Ergebnis des Planfeststellungsbeschlusses bestätigt wird, § 27 Abs. 1 S. 3 bzw. Abs. 2 S. 3 NABEG.

bb. Materiell-rechtliche Anforderungen

(1) Planrechtfertigung

Als ungeschriebenes Erfordernis jeder Fachplanung setzt grundsätzlich auch die Planfeststellung von Elektrizitätsleitungen in materiell-rechtlicher Hinsicht zunächst und vor allem eine Planrechtfertigung voraus[550]. Das Erfordernis der Planrechtfertigung geht auf die ständige Rechtsprechung des BVerwG[551] zurück und beruht auf der Erwägung, dass eine hoheitliche Planung aufgrund einer mit ihr einhergehenden Beeinträchtigung für Dritte (beispielsweise aufgrund der enteignungsrechtlichen Vorwirkung) nicht bereits eine Rechtfertigung in sich trägt. Vor diesem Hintergrund wird im Rahmen der Planrechtfertigung geprüft, ob für das konkrete Planfeststellungsvorhaben auch ein Bedürfnis besteht. Dies ist der Fall, soweit das Vorhaben *objektiv erforderlich* ist[552]. Korrigierend hat das BVerwG in einer späteren Entscheidung hinzugefügt, dass das Vorhaben allerdings nicht nur dann erforderlich ist, wenn es unausweichlich ist, sondern bereits dann, wenn es *vernünftigerweise geboten* ist[553]. Für Elektrizitätsleitungen, die im Rahmen der gesetzlichen Netzausbauplanung in den *Bundes*bedarfsplan gem. § 12e Abs. 4 EnWG i. V. m. § 1 Abs. 1 BBPlG (= Leitungen i. S. d. NABEG) oder in den Bedarfsplan gem. § 1 Abs. 2 EnLAG aufgenommen worden sind, entfällt jedoch eine gesonderte Prüfung der Planrechtfertigung, weil jene Leitungen dadurch schon Gegenstand einer parlamentarischen Rechtfertigung gewesen sind, die wiederum die nachfolgende Planfeststellung verbindlich determiniert[554]. Insoweit wird die objektive Erforderlichkeit für diese Leitungsausbauvorhaben bereits durch die gem. § 12e Abs. 4 S. 1 i. V. m. § 1 Abs. 1 BBPlG respektive § 1 Abs. 2 S. 2 EnLAG festgeschriebene energiewirtschaftliche Notwendigkeit und den vordringlichen Bedarf gesetzlich festgestellt.

(2) Abwägungsgebot

Eine weitere materiell-rechtliche Anforderung an das Planfeststellungsverfahren ist gem. § 18 Abs. 3 S. 1 NABEG eine ordnungsgemäße Abwägung der öffentlichen und privaten Belange. Daraus folgt, dass die Planfeststellungsbehörde die verschiedenen öffentlichen und privaten Belange und Interessen in Bezug auf

---

550 *Pielow* in: BerlKommEnR, § 43 EnWG, Rn. 40.
551 BVerwG, NJW 1975, 1373.
552 *Gerhardt* in: Schoch/Schneider/Bier, VwGO, § 114, Rn. 32.
553 *Pielow* in: BerlKommEnR, § 43 EnWG, Rn. 40 unter Verweis auf BVerwGE 56, 110, 119.
554 *Pielow* in: BerlKommEnR, § 43 EnWG, Rn. 43.

das geplante Netzausbauvorhaben miteinander abstimmen muss und mit oder ohne Ausgleich so in Einklang zu bringen hat, dass die mit dem Vorhaben verfolgten Ziele zu den mit ihm unvermeidbar einhergehenden Beeinträchtigungen in einem angemessenen Verhältnis stehen[555].

(a) Öffentliche Belange

Zu den öffentlichen Belangen gehört vor allem die Einhaltung zwingender gesetzlicher Vorgaben[556]. Diesbezüglich folgt der Prüfungsumfang im Zusammenhang mit der Planfeststellung nach §§ 18 ff. NABEG grundsätzlich den Anforderungen, die an die energiewirtschaftliche Planfeststellung nach §§ 43 ff. EnWG gestellt werden, wobei dieser aber durch die speziellen Vorschriften des NABEG modifiziert wird[557].

(aa) Raumordnungsverfahren

Eine entsprechende gesetzliche Modifizierung der allgemeinen energiewirtschaftlichen Planfeststellungsvorschriften findet sich beispielsweise in § 28 S. 1 NABEG wieder. Hiernach wird das regelmäßig im Rahmen des Planfeststellungsverfahren nach §§ 43 ff. EnWG durchzuführende Raumordnungsverfahren gem. § 15 Abs. 1 ROG i. V. m. § 1 S. 2 Nr. 14 RoV bei der Errichtung oder Änderung von Höchstspannungsleitungen, für die im Bundesnetzplan (§ 17 NABEG) entsprechende Trassenkorridore oder Trassen ausgewiesen sind, für die Dauer der bundesfachplanerischen Festlegungen suspendiert[558]. Damit können raumordnerische Belange nicht erneut und eigenständig als öffentliche Belange in die Abwägung im Zusammenhang mit der Planfeststellung nach §§ 18 ff. NABEG eingebracht werden[559]. Der Gesetzgeber geht in diesem Zusammenhang davon aus, dass die Raumverträglichkeit der Trassen oder Trassenkorridore bereits in der Bundesfachplanung geprüft worden ist. Damit soll eine Doppelprüfung im Planfeststellungsverfahren vermieden werden[560]. Im Umkehrschluss müssen nach der Ansicht in der Literatur regionale Planungen als öffentliche Belange im Rahmen des Planfeststellungsverfahrens nach NABEG gleichwohl eine Berücksichtigung finden, soweit diese bei der Bundesfachplanung *keinen* Eingang gefunden haben oder dort gänzlich *nicht* berücksichtigt wurden. Demnach könne die Befreiung von der Durchführung eines Raumordnungsverfahrens gem. § 28 S. 1 NABEG nur dann seine Wirkung entfalten, soweit tatsächlich auch eine Prüfung

555 *Scheuten* in: de Witt/Scheuten, NABEG, § 18, Rn. 87.
556 *Naujoks* in: BerlKommEnR, § 18 NABEG, Rn. 46.
557 *Naujoks* in: BerlKommEnR, § 18 NABEG, Rn. 45.
558 *Naujoks* in: BerlKommEnR, § 18 NABEG, Rn. 47.
559 *Scheuten* in: de Witt/Scheuten, NABEG, § 18, Rn. 90.
560 BT-Drucks. 17/6073, S. 31.

der raumordnerischen Belange für das einzelne Netzausbauvorhaben im Rahmen der Bundesfachplanung stattgefunden hat[561].

In diesem Zusammenhang stellt sich allerdings eine noch weitaus interessantere Frage, nämlich wie mit Fällen zu verfahren ist, bei denen die raumordnerischen Belange zwar tatsächlich in die bundesfachplanerische Abwägungsentscheidung eingeflossen sind, die BNetzA diese Belange jedoch (angeblich) falsch oder nur unzureichend abgewogen hat. Fraglich ist in diesen Fällen daher, ob die Vorschrift des § 28 S. 1 NABEG zumindest im Wege der teleologischen Reduktion dahingehend auszulegen ist, dass die im Rahmen der Bundesfachplanung falsch oder nur unzureichend abgewogenen raumordnerischen Belange im Rahmen des Planfeststellungsverfahrens erneut abzuwägen sind, wodurch die Mängel der Bundesfachplanung geheilt werden könnten.

Nach Ansicht des Autors dürfte hiergegen wohl bereits der Sinn und Zweck der Vorschrift des § 28 S. 1 NABEG sprechen. Danach soll nur eine Doppelprüfung der raumordnerischen Belange vermieden werden. Folglich soll nach dem Willen des Gesetzgebers damit offensichtlich gerade nicht auch die Möglichkeit einer nachträglichen Korrektur von Fehlern, die in der bundesfachplanerischen Abwägungsentscheidung begangen wurden, im nachgelagerten Planfeststellungsverfahren geschaffen werden. Dagegen spricht ferner ebenfalls der Gedanke der Rechtsverbindlichkeit der Bundesfachplanung für das nachgelagerte Planfeststellungsverfahren gem. § 15 Abs. 1 S. 1 NABEG. Eine erneute Prüfung der raumordnerischen Belange im Rahmen des nachgelagerten Planfeststellungsverfahrens könnte bewirken, dass die im Rahmen der vorgelagerten Bundesfachplanung bereits festgelegten Trassen bzw. Trassenkorridore angepasst oder ggfs. neu festgelegt werden müssten, soweit die Trassen oder Trassenkorridore bei fehlerfreier Abwägung der raumordnerischen Belange ursprünglich anders festgelegt worden wären. Dies könnte zu einer Missachtung der in § 15 Abs. 1 S. 1 NABEG normierten Rechtsverbindlichkeit der bundesfachplanerischen Festlegungen für das nachgelagerte Planfeststellungsverfahren führen und dadurch den Kern dieser Regelung aushöhlen. Des Weiteren würde dies zu einer Netzausbauverzögerung führen, die durch die Vorschriften des NABEG gerade vermieden werden soll. Hätte der Gesetzgeber die Möglichkeit zur Überprüfung der bundesfachplanerischen Festlegung auf mögliche Abwägungsfehler hin regeln wollen, so hätte er wohl kaum die rechtsverbindliche Wirkung der Bundesfachplanung gem. § 15 Abs. 1 S. 1 NABEG geregelt, sondern den Rechtsweg gegen die bundesfachplanerischen Festlegungen zugelassen.

(bb) Natur-, Umwelt- und Landschaftsschutz

Des Weiteren sind in die Abwägung auch die öffentlichen Belange des Umwelt-, Natur- und Landschaftsschutzes einzustellen[562]. Besonders relevant sind hierbei

---

561 *Naujoks* in: BerlKommEnR, § 18 NABEG, Rn. 50.
562 *Scheuten* in: de Witt/Scheuten, NABEG, § 18, Rn. 92.

unionsrechtliche Vorgaben zum Vogelschutz (vgl. neugefasste *Vogelschutzrichtlinie*[563]) oder Vorgaben zur Erhaltung von Flora, Fauna und Habitat (vgl. *FFH-Richtlinie*[564]), welche dem Aufbau und Erhalt des europäischen Schutzgebietes „Natura 2000" dienen und mit den nationalen Vorschriften der §§ 31 bis 36 BNatSchG umgesetzt wurden[565]. Angesichts der Vorschrift des § 21 Abs. 4 NABEG ist hierbei allerdings zu beachten, dass nur solche Belange des Umwelt-, Natur- und Landschaftsschutzes berücksichtigt werden können, die noch nicht Gegenstand der bundesfachplanerischen Abwägungsentscheidung waren. Andernfalls greift auch hier die Bindungswirkung des § 15 Abs. 1 S. 1 NABEG mit der Folge, dass die bereits im Rahmen der Bundesfachplanung berücksichtigten öffentlichen Belange des Umwelt-, Natur- und Landschaftsschutzes nicht mehr als (neue) Belange in die Abwägungsentscheidung im Rahmen der Planfeststellung einbezogen werden können[566].

(cc) Sonstige Belange

Eine darüberhinausgehende Darstellung von öffentlichen Belangen, die ebenfalls in die Abwägung einzustellen sind, würde aufgrund ihrer Vielzahl den Rahmen dieser Ausarbeitung sprengen. Daher erscheint eine allgemeine Aufzählung jener gesetzlichen Vorgaben ausreichend, die im Rahmen der Abwägung i. S. d. § 18 Abs. 3 S. 1 NABEG im Zusammenhang mit dem Elektrizitätsleitungsausbau als wesentlich erscheinen. Dazu gehören insbesondere die gesetzlichen Vorgaben aus dem Wasser-, Wald-, Bau-, Bodenschutz,- Denkmalschutz-, Luftverkehrs-, Jagd-, Arbeitsschutz-, Berg-, Straßen-, Eisenbahn- oder auch Kreislaufwirtschaftsrecht[567].

(b) Private Belange

Etwaige private Belange können sich im Wesentlichen aus dem drohenden Verlust oder der Beeinträchtigung des Grundeigentums, der sonstigen dinglichen Rechte, beispielsweise der Grunddienstbarkeiten nach §§ 1018 ff. BGB, sowie aus der Beeinträchtigung privatrechtlicher Berechtigungen, beispielsweise aufgrund eines Pacht- oder Mietverhältnisses, ergeben. Weiterhin können die Netzausbauvorhaben auch zur Gefährdung oder Vernichtung von Unternehmen/Betrieben, beispielsweise in der Landwirtschaft, führen, weshalb auch diese privaten Belange in die Abwägungsentscheidung einfließen müssen[568].

---

563 ABl. L 20 S. 7 v. 26.01.2010.
564 ABl. L 206 S. 7 v. 22.07.1992.
565 *Hermes/Kupfer* in: Britz/Hellermann/Hermes, EnWG, § 43, Rn. 21.
566 *Scheuten* in: de Witt/Scheuten, NABEG, § 18, Rn. 92.
567 *Naujoks* in: BerlKommEnR, § 18 NABEG, Rn. 55.
568 *Scheuten* in: de Witt/Scheuten, NABEG, § 18, Rn. 96.

(c) Zwischenergebnis

Wird im Rahmen der Abwägungsentscheidung den öffentlichen bzw. privaten Belangen, die gegen das Vorhaben sprechen, durch die Planfeststellungsbehörde der Vorzug eingeräumt, so ist das Planungsvorhaben nicht feststellungsfähig. In diesem Fall bleibt dem Vorhabenträger nur die Möglichkeit, einen anderen Trassenverlauf innerhalb der festgestellten Trassenkorridore unter erneuter Durchführung des formellen Verfahrensgangs nach Maßgabe der §§ 18 ff. NABEG zu beantragen. Ein (einfaches) Anzeigeverfahren[569] i. S. d. § 25 NABEG ohne die erneute Durchführung des gesamten Planfeststellungsverfahrens kommt in diesem Fall nicht in Betracht, da ein Anzeigeverfahren nur bei etwaigen Änderungen bereits festgestellter und tatsächlich errichteter Leitungsvorhaben durchgeführt werden kann[570], wohingegen die Netzausbauvorhaben in dem hier beschriebenen Fall zunächst einmal erst noch planfestgestellt werden müssen.

cc. Planfeststellungsbeschluss

(1) Form und Zustellung

Das Verfahren endet mit dem Erlass eines Planfeststellungsbeschlusses durch die Planfeststellungsbehörde, § 24 Abs. 1 NABEG. Soweit in § 24 nichts Abweichendes geregelt ist, finden auf den Planfeststellungsbeschluss durch den Querverweis nach § 18 Abs. 3 S. 2 NABEG i. V. m § 43 S. 6 EnWG die Vorschriften der §§ 72 bis 78 VwVfG entsprechend Anwendung.

Der Planfeststellungsbeschluss wird gem. § 24 Abs. 2 S. 1 NABEG dem Vorhabenträger, den Betroffenen sowie den Einwendenden zugestellt, wobei die Zustellung durch den Verweis gem. § 24 Abs. 2 S. 2 NABEG auf § 75 Abs. 5 VwVfG auch durch eine öffentliche Bekanntgabe ersetzt werden kann, soweit neben der Zustellung an den Vorhabenträger mehr als 50 weitere Zustellungen vorzunehmen wären. Der Beschluss ist mit einer Rechtsbehelfsbelehrung zu versehen, § 24 Abs. 3 S. 1 NABEG, und wird am Sitz der Planfeststellungsbehörde, mithin in Bonn – dem Sitz der für das Planfeststellungsverfahren zuständigen BNetzA – sowie an den Auslegungsorten für zwei Wochen zur Einsicht ausgelegt. Dabei werden der Ort und die Zeit der Auslegung in (allen) örtlichen Tageszeitungen, die in dem Gebiet verbreitet sind, auf das sich das Vorhaben voraussichtlich auswirken wird, im amtlichen Verkündungsblatt sowie auf der Internetseite der BNetzA bekannt gemacht, § 24 Abs. 3 S. 2 NABEG.

569 Dazu ausführlich: Teil 3 B.III.1.c.aa.(4)(e).

570 *Turiaux* in: Kment, EnWG, § 43f, Rn. 7. Da die Vorschrift des § 43f EnWG mit der Vorschrift des § 25 NABEG deckungsgleich ist, kann auf die Kommentierung zum § 43f EnWG verwiesen werden.

(2) Rechtswirkung

(a) Formelle Konzentrationswirkung

Hinsichtlich der Rechtswirkung des Planfeststellungsbeschlusses gilt § 75 Abs. 1 S. 1 Hs. 2 VwVfG. Nach dem Wortlaut dieser Vorschrift sind neben der Planfeststellung keine anderen behördlichen Entscheidungen, insbesondere öffentlich-rechtliche Genehmigungen, Verleihungen, Erlaubnisse, Bewilligungen, Zustimmungen und Planfeststellungen mehr erforderlich. Der Planfeststellungsbeschluss ersetzt somit sämtliche für das Netzausbauvorhaben behördlichen Genehmigungen, die für das Netzausbauvorhaben grundsätzlich erforderlich wären; er entfaltet somit eine *formelle Konzentrationswirkung*[571]. Diese bewirkt eine funktionelle Zuständigkeitsverlagerung für alle im Zusammenhang mit dem Netzausbauvorhaben i. S. d. NABEG verbundenen Entscheidungsthemen auf die dafür zuständige Planfeststellungsbehörde, wodurch zugleich den an sich zuständigen Fachbehörden ihre Entscheidungsbefugnis genommen wird[572]. Von der formellen Konzentrationswirkung des Planfeststellungsbeschlusses können beispielsweise Ausnahmeerteilungen bei Beeinträchtigungen der Erhaltungsziele der Schutzgebiete „Natura 2000“ (§ 34 Abs. 3 BNatSchG) oder bei prioritären FFH-Lebensraumtypen (§ 34 Abs. 4 BNatSchG) umfasst werden[573]. Eine materiell-rechtliche Konzentrationswirkung kommt dem Planfeststellungsbeschluss hingegen nicht zu. Das bedeutet, dass sämtliche materiell-rechtlichen Vorschriften der jeweiligen Fachgesetze im Rahmen der vorzunehmenden Abwägungsentscheidung im Zusammenhang mit dem planfestzustellenden Netzausbauvorhaben nicht zur Disposition der Planfeststellungsbehörde stehen, sondern verbindlich bleiben[574].

(b) Wasserrechtliche Ausnahme

(aa) Einführung

Eine Ausnahme von der formellen Konzentrationswirkung gilt jedoch hinsichtlich einer wasserrechtlichen Erlaubnis oder Bewilligung i. S. d. § 8 WHG. In diesem Zusammenhang ist die Vorschrift des § 19 Abs. 1 WHG zu beachten. Diese normiert für Vorhaben, für die ein Planfeststellungsverfahren durchgeführt wird, neben der Planfeststellungsentscheidung eine Verpflichtung zum Erlass einer zusätzlichen wasserrechtlichen Entscheidung (Erlaubnis oder Bewilligung i. S. d. § 8 WHG) durch die für das Planvorhaben zuständige Planfeststellungsbehörde,

---

571 *Scheuten* in: de Witt/Scheuten, NABEG, § 18, Rn. 18 f.
572 *Scheuten* in: de Witt/Scheuten, NABEG, § 18, Rn. 21.
573 *Scheuten* in: de Witt/Scheuten, NABEG, § 18, Rn. 26.
574 *Scheuten* in: de Witt/Scheuten, NABEG, § 18, Rn. 20.

soweit mit dem Vorhaben die *Benutzung eines Gewässers* verbunden ist. Damit wird die umfassende Entscheidungskonzentration im Planfeststellungsbeschluss nach dem NABEG durch die Vorschrift des § 19 Abs. 1 WHG eingeschränkt[575].

(bb) Gewässerbenutzung

Der Begriff der „Gewässerbenutzung" wird in § 9 WHG näher konkretisiert, wobei im Zusammenhang mit Leitungsausbauvorhaben eine Benutzung in Form des „Einbringens und Einleiten von Stoffen in ein Gewässer" i. S. d. § 9 Abs. 1 Nr. 4 WHG am ehesten in Betracht kommt. Ein Einbringen setzt demnach ein zweckgerichtetes, gewässerbezogenes Verhalten voraus[576], das immer dann vorliegt, wenn die mit dem Planungsvorhaben verbundenen Maßnahmen direkt auf ein Gewässer gerichtet sind und sich dieses Gewässer zur Erreichung eines bestimmten Zwecks bedienen[577]. Das können beispielsweise Trägerkonstruktionen von Stromleitungsmasten sein, die im Gewässer errichtet werden, oder eine Unterdükerung eines Gewässers durch ein Erdkabel, wobei in diesem Fall aber streitig ist, ob überhaupt eine Gewässerbenutzung vorliegt[578]. Der Streit kann vorliegend allerdings auch dahinstehen, da er für die gegenständliche Ausarbeitung unerheblich ist.

(cc) Benehmen

In den Fällen der Gewässerbenutzung ordnet § 19 Abs. 3 WHG an, dass die wasserrechtliche Entscheidung im *Einvernehmen* und bei Planfeststellungen durch eine *Bundesbehörde* im *Benehmen* mit der zuständigen Wasserbehörde zu treffen ist. Da die BNetzA als Bundesbehörde für Planfeststellungsverfahren i. S. d. §§ 18 ff. NABEG zuständig ist, ist insoweit nur ein *Benehmen* zwischen der BNetzA und der (Landes-)Wasserbehörde herzustellen. Dem Erfordernis des Benehmens wird Genüge getan, soweit die Wasserbehörde Gelegenheit erhält, sich mit der vorgesehenen Entscheidung vertraut zu machen und die Möglichkeit hat, die in ihre Zuständigkeit fallenden Belange geltend zu machen, wobei die Planfeststellungsbehörde von dieser Stellungnahme auch abweichen kann, da ihr keine bindende Wirkung zukommt[579]. Gleichwohl muss aber auch die Planfeststellungsbehörde bei der wasserrechtlichen Entscheidung die gesamten materiellen und formellen Vorschriften des Wasserrechts berücksichtigen[580]. Die wasserrechtliche Entscheidung kann zwar zusammen mit der Planfeststellung durch die für das

---

575 *Giesberts* in: BeckOK UmweltR, § 19 WHG, Rn. 7.
576 *Czychowski/Reinhardt*, WHG, § 9, Rn. 26.
577 *Scheuten* in: de Witt/Scheuten, NABEG, § 18, Rn. 27.
578 Zu diesem Streit vgl.: *Czychowski/Reinhardt*, WHG, § 9, Rn. 32.
579 *Pape* in: Landmann/Rohmer, UmweltR, WHG, § 19, Rn. 27; *Giesberts* in: BeckOK UmweltR, § 19 WHG, Rn. 7.
580 *Schenk* in: Sieder/Zeitler/Dahme/Knopp, WHG, § 19, Rn. 39.

Planvorhaben zuständige BNetzA in einem einzigen Bescheid erlassen werden. Dabei ist jedoch zwingend darauf zu achten ist, dass diese Genehmigung von der Planfeststellungsentscheidung deutlich getrennt und besonders tenoriert wird[581]. Aufgrund dessen wird in der Literatur ebenfalls die Meinung vertreten, dass die wasserrechtliche Entscheidung sogar einer separaten Rechtsbehelfsbelehrung bedarf[582].

(3) Geltungsdauer

Die Geltungsdauer des Planfeststellungsbeschlusses ist gem. § 24 Abs. 1 NABEG i. V. m. § 43c Nr. 1 EnWG zunächst auf 10 Jahre befristet und wird auf Antrag des Vorhabenträgers um höchstens fünf weitere Jahre verlängert[583].

(4) Rechtsschutz

Aufgrund des Verweises gem. § 74 Abs. 1 S. 2 auf das förmliche Verwaltungsverfahren (§§ 63 ff.) handelt es sich bei dem Planfeststellungsbeschluss um einen Verwaltungsakt i. S. d. § 35 S. 1 VwVfG[584], weshalb hiergegen – anders als gegenüber den bundesfachplanerischen Festlegungen – der Verwaltungsrechtsweg gem. § 40 Abs. 1 VwGO eröffnet wird. Da es sich bei den Leitungen des NABEG um Vorhaben i. S. d. Bundesbedarfsplangesetzes handelt, ist bei Rechtsstreitigkeiten das BVerwG ausschließlich zuständig, § 50 Abs. 1 Nr. 6 VwGO.

d. Planfeststellungsverfahren gem. §§ 43 ff. EnWG

Da das Planfeststellungsverfahren für länderübergreifende oder grenzüberschreitende Höchstspannungsleitungen sowie Offshore-Anbindungsleitungen nach Maßgabe der §§ 18 ff. NABEG bereits ausführlich behandelt worden ist und als lex specialis den allgemeinen Vorschriften des Planfeststellungsrechts i. S. d. §§ 43 ff. EnWG vorgeht[585], werden nachfolgend nur die wesentlichen Unterschiede zwischen den beiden Planfeststellungsverfahren dargestellt.

aa. Sachlicher Anwendungsbereich

Für alle übrigen Übertragungsnetzleitungen an Land richtet sich das Planfeststellungsverfahren nach den allgemeinen energiewirtschaftlichen Vorschriften der §§ 43 ff. EnWG. Von dem Anwendungsbereich der §§ 43 ff. EnWG werden damit u. a. die übrigen ebenfalls im *Bundes*bedarfsplan gem. Anlage zu § 1 Abs. 1 BBPlG ausgewiesenen Übertragungsnetzleitungen, die jedoch nicht als

---

581 *Giesberts* in: BeckOK UmweltR, § 19 WHG, Rn. 7.

582 *Czychowski/Reinhardt*, WHG, § 19, Rn. 5; *Scheuten* in: de Witt/Scheuten, NABEG, § 18, Rn. 29.

583 *Drygalla-Hein* in: de Witt/Scheuten, NABEG, § 24, Rn. 50, 55.

584 *Drygalla-Hein* in: de Witt/Scheuten, NABEG, § 24, Rn. 18.

585 Dazu ausführlich: Teil 3 B.III.1.b.

länderübergreifend oder grenzüberschreitend sowie als Offshore-Anbindungsleitungen gekennzeichnet wurden, sowie Höchstspannungsleitungen i. S. d. Bedarfsplanes gem. EnLAG und alle sonstigen Übertragungsnetzleitungen[586] erfasst, da für letztere durch ihre Nennspannung von mindestens 220 kV nach dem Wortlaut der Norm gem. § 43 S. 1 Nr. 1 EnWG (*„mit einer Nennspannung von 110 Kilovolt oder mehr“*) das energiewirtschaftliche Planfeststellungsverfahren nach Maßgabe der §§ 43 ff. EnWG einschlägig ist.

Darüber hinaus sieht die Vorschrift gem. § 43 S. 1 Nr. 5 EnWG seit dem 31. Dezember 2015 ebenfalls die Möglichkeit der Planfeststellung einer Erdverkabelung von Leitungen zur Höchstspannungs-Gleichstrom-Übertragung und zur Höchstspannungs-Drehstrom-Übertragung (§ 2 Abs. 5 und 6 BBPlG) vor, die im *Bundes*bedarfsplan gem. Anlage 1 zu § 1 Abs. 1 BBPLG mit dem Buchstaben „E“ und „F“ gekennzeichnet sind[587]. Die Änderung dieser Vorschrift[588] ist insoweit ein rechtliches Novum, da die bis dahin geltende Vorschrift des § 2 Abs. 2 BBPlG a. F. zwar eine Möglichkeit zur Erdverkabelung von Pilotprojekten vorsah, eine solche jedoch weder nach §§ 18 ff. NABEG noch nach §§ 43 ff. EnWG planfestgestellt werden konnte. Stattdessen bedurfte die Erdverkabelung seinerzeit einer aufwändigen Einholung von Einzelgenehmigungen[589]. Diese rechtliche Neuerung im Bereich der Erdverkabelung ist mit Sicherheit auf den dargestellten Widerstand der bayrischen Staatsregierung gegen Stromtrassen im Freistaat und des in diesem Zusammenhang gefundenen Konsenses zur Einräumung des Vorrangs einer Erdverkabelung von HGÜ-Leitungen zurückzuführen[590].

bb. Praxisrelevanz

Aufgrund dieses überaus weiten sachlichen Anwendungsbereichs spielt das energiewirtschaftliche Planfeststellungsverfahren nach Maßgabe der §§ 43 ff. EnWG in der Praxis eine sehr wichtige Rolle. Denn alleine von der im *Bundes*bedarfsplan (BBPlG) ausgewiesenen Gesamtlänge von 5.900 Kilometern an

---

586 Als sonstige Übertragungsnetzleitungen kommen beispielsweise Leitungen in Betracht, welche der Anbindung von konventionellen Großkraftwerken an das Übertragungsnetz dienen.

587 Gem. § 43 S. 5 EnWG können ebenfalls *Hochspannungsleitungen mit einer Nennspannung von 110 kV* im Küstenbereich von Nord- und Ostsee planfestgestellt werden. Anders als in § 43 S. 1 Nr. 1 EnWG, wonach es heißt: *„Hochspannungsfreileitungen (...) mit einer Nennspannung von 110 Kilovolt oder mehr“* werden vom Wortlaut des § 43 S. 5 EnWG damit nur Hochspannungsleitungen (110kV) erfasst, während Übertragungsleitungen eine Nennspannung von mindestens 220 kV aufweisen. Daher bleiben diese Leitungen bei der weiteren Darstellung unberücksichtigt.

588 § 43 EnWG geändert durch Art. 1 des *Gesetzes zur Änderung von Bestimmungen des Rechts des Energieleitungsbaus* vom 21.12.2015, BGBl I S. 2490.

589 *Missling* in: Danner/Theobald, EnR, § 43 EnWG, Rn. 17e.

590 Vgl. dazu: Teil 2 A.IV.

erforderlichen Leitungen (Stand: erstes Quartal 2019) fallen etwa 2.200 Kilometer in die Zuständigkeit von Landesbehörden[591], weshalb diese Leitungen nach Maßgabe der §§ 43 ff. EnWG planfestgestellt werden[592]. Zudem liegt auch der Gesamtbedarf der im Bedarfsplan i. S. d. EnLAG ausgewiesenen Leitungsausbauvorhaben bei rund 1.800 Kilometern Länge (Stand: erstes Quartal 2019)[593]. Zusammengerechnet ergibt sich damit ein Netzausbaubedarf von 7.700 Kilometern an neuen Leitungstrassen. Davon entfallen rund 4.000 Kilometer auf Leitungen, welche nach Maßgabe der energiewirtschaftlichen Vorschriften gem. §§ 43 ff. EnWG planfestgestellt werden. Dies entspricht einem Anteil von rund 52 % an dem gesamten Übertragungsnetzausbaubedarf. Folglich wird (nur) rund 48 % des gesetzlich im *Bundes*bedarfsplan (BBPlG) ausgewiesenen Netzausbaubedarfs nach Maßgabe der spezielleren Vorschriften gem. §§ 18 ff. NABEG planfestgestellt.

cc. Formell-rechtliche Anforderungen

(1) Zuständigkeit

Des Weiteren zeichnen sich beide Planfeststellungsverfahren in der unterschiedlichen Behördenzuständigkeit aus. Während beim Planfeststellungsverfahren i. S. d. §§ 18 ff. NABEG die Zuständigkeit für das Planfeststellungsverfahren sowie das damit einhergehende Anhörungsverfahren bei der BNetzA begründet wird, sind für die Durchführung des energiewirtschaftlichen Anhörungs- und Planfeststellungsverfahrens ausweislich des Wortlauts gem. §§ 43a, 43 S. 6 EnWG i. V. m § 73 und § 74 VwVfG die „Anhörungs- und Planfeststellungsbehörden" zuständig. Aufgrund dieser gesetzlichen Formulierung könnte der Schluss gezogen werden, dass zwischen der Anhörungsbehörde und der Planfeststellungsbehörde keine Behördenidentität gegeben sei. Fraglich ist daher, ob das energiewirtschaftliche Anhörungs- und Planfeststellungsverfahren tatsächlich von unterschiedlichen Behörden durchgeführt wird. Mit den Begriffen „Anhörungsbehörde" (§ 73) und „Planfeststellungsbehörde" (§ 74 VwVfG) werden in der Regel nur unterschiedliche Funktionen bezeichnet, die durch die fachplanungsrechtlichen Zuständigkeitsvorschriften zwar häufig, aber nicht zwingend unterschiedlichen Behörden im organisationsrechtlichen Sinn zugeordnet sind[594]. So verhält es sich ebenfalls im Rahmen des energiewirtschaftlichen Anhörungs- und Planfeststellungsverfahrens. Demnach wird die Zuständigkeit für die Durchführung des energiewirtschaftlichen Anhörungs- und Planfeststellungsverfahrens

591 Vgl. dazu: BNetzA, URL: https://www.netzausbau.de/leitungsvorhaben/de.html (letzter Abruf: 16.05.2019).

592 Zur Zuständigkeit von Landesbehörden im Rahmen der Planfeststellung gem. §§ 43 ff. EnWG vgl.: Teil 3 B.III.d.bb(1).

593 BNetzA (Fn. 591).

594 *Kämpfer* in: BeckOK VwVfG, § 74, Rn. 2a.

in den landesrechtlichen Zuweisungsvorschriften näher geregelt. Diese sehen in der Regel eine Zuständigkeitszuweisung sowohl für das Anhörungs- als auch Planfeststellungsverfahren bei derselben Landesbehörde vor[595]. Folglich besteht der rechtliche Unterschied zwischen den beiden Planfeststellungsverfahren darin, dass im Rahmen der Planfeststellung und des damit verbundenen Anhörungsverfahrens bei Leitungen i. S. d. NABEG die BNetzA und bei planfeststellungsbedürftigen Höchstspannungsleitungen i. S. d. §§ 43 ff. EnWG die jeweiligen Landesplanfeststellungsbehörden zuständig sind.

(2) Einleitung des Verfahrens

Das energiewirtschaftliche Planfeststellungsverfahren nach Maßgabe der §§ 43 ff. EnWG beginnt in formell-rechtlicher Hinsicht mit der Einreichung des Plans bei der zuständigen Anhörungsbehörde, wodurch das Anhörungsverfahren gem. § 43a EnWG in Gang gesetzt wird[596]. Der Unterschied zwischen den beiden Planfeststellungsverfahren besteht insoweit darin, dass dem energiewirtschaftlichen Anhörungsverfahren nach § 43a EnWG keine entsprechende Antragskonferenz vorangestellt wird, in der Gegenstand, Umfang und die Methode der Unterlagen für die UVP erörtert sowie der Untersuchungsrahmen für die Planfeststellung bestimmt werden[597].

Ein weiterer wesentlicher Unterschied zwischen den beiden Planfeststellungsverfahren besteht in der Vorschrift des § 12 Abs. 2 S. 4 NABEG. Danach kann der Vorhabenträger innerhalb einer von der BNetzA zu bestimmenden Frist verpflichtet werden, einen Planstellungsantrag zu stellen, wodurch das Planfeststellungsverfahren i. S. d. §§ 18 ff. NABEG eröffnet wird. Eine solche ausdrückliche Verpflichtung im Rahmen des energiewirtschaftlichen Planfeststellungsverfahrens nach §§ 43 ff. EnWG besteht hingegen nicht.

(3) Behörden- und Öffentlichkeitsbeteiligung

(a) Benachrichtigung

Weitere formell-rechtlichen Unterschiede ergeben sich ebenfalls bei der Behörden- und Öffentlichkeitsbeteiligung, die auch im Rahmen des energiewirtschaftlichen Anhörungsverfahrens durchzuführen ist. Die Behördenbeteiligung wird

---

595 Vgl. dazu bspw. § 1 Abs. 1 EnWGZuVO BW oder § 1 Abs. 2 EnWGZuVO NRW, wonach die Regierungspräsidien in Baden-Württemberg bzw. die Bezirksregierung in Nordrhein-Westfalen die Aufgaben der Anhörungsbehörde wahrnehmen und gleichzeitig als Planfeststellungsbehörde für die Durchführung des Planfeststellungsverfahrens zuständig sind.

596 *Missling* in: Danner/Theobald, EnR, § 43 EnWG, Rn. 52.

597 Zur Antragskonferenz im Rahmen des Planfeststellungsverfahrens gem. NABEG vgl. ausführlich: Teil 3 B.III.1.c.aa.(3).

dabei durch den Verweis gem. § 43 S. 6 EnWG auf die verwaltungsrechtliche Vorschrift des § 73 Abs. 2 und Abs. 3a VwVfG näher geregelt. Demnach fordert die Anhörungsbehörde diejenigen Behörden, deren Aufgabenbereich durch das Vorhaben berührt wird, innerhalb *eines Monats* nach Zugang des vollständigen Plans zur Stellungnahme auf, vgl. § 73 Abs. 2 VwVfG. Im Rahmen des Planfeststellungsverfahrens i. S. d. NABEG erfolgt die Benachrichtigung dagegen bereits innerhalb von zwei Wochen nach Vorlage der vollständigen Unterlagen, vgl. § 22 Abs. 1 NABEG.

Im Zusammenhang mit der Monatsfrist i. S. d. § 73 Abs. 2 VwVfG ist allerdings die Vorschrift nach § 43a S. 1 Nr. 1 EnWG zu berücksichtigen. Danach ist der Plan innerhalb von *zwei Wochen* nach Zugang *auszulegen*. Fraglich ist daher, ob die Regelung gem. § 43a S. 1 Nr. 1 EnWG ebenfalls dahingehend auszulegen ist, dass auch die Verpflichtung der Anhörungsbehörde zur Benachrichtigung der betroffenen Behörden innerhalb eines Monats auf zwei Wochen zu verkürzen ist, wodurch ein formeller Gleichlauf zwischen den beiden Planfeststellungsverfahren hergestellt und somit der gesamte Übertragungsnetzausbau beschleunigt werden könnte.

Dies ist angesichts des eindeutigen Gesetzeswortlauts jedoch abzulehnen[598]. Insofern wird aus der Formulierung des § 43a S. 1 Nr. 1 EnWG *„Der Plan (...) ist auszulegen"* deutlich, dass die Zwei-Wochen-Frist nicht die monatliche Benachrichtigungsfrist im Rahmen der Behördenbeteiligung modifiziert, sondern nur die Frist zur Auslegung des Plans in den Gemeinden, in denen sich das Vorhaben voraussichtlich auswirken wird, betrifft[599]. Denn die Auslegungsfrist wird in § 73 Abs. 3 S. 1 VwVfG näher geregelt und beträgt originär drei Wochen. Aufgrund dessen ist zu schließen, dass der Gesetzgeber beim energiewirtschaftlichen Anhörungsverfahren gem. § 43a S. 1 Nr. 1 EnWG nur die im Rahmen der Betroffenenbeteiligung nach § 73 Abs. 3 S. 1, Abs. 4 S. 1 VwVfG geregelte behördliche Frist zur Auslegung der Planunterlagen innerhalb von drei Wochen auf zwei Wochen verkürzen wollte[600].

(b) Beteiligtenkreis

Ein weiterer Unterschied im Rahmen der Behördenbeteiligung ergibt sich aus dem Kreis der Beteiligten. Gem. § 22 Abs. 1 NABEG werden die Planunterlagen innerhalb von zwei Wochen nach ihrer vollständigen Einreichung sowohl an die Träger öffentlicher Belange als auch an die Vereinigungen übermittelt. Zu den Trägern öffentlicher Belange zählen ebenfalls privatrechtlich organisierte

---

598 Zu einer anderen Auffassung gelangt: *Kment* in: Kment, EnWG, § 43a, Rn. 3 und Rn. 72.

599 So im Ergebnis auch: *Kupfer* in: Britz/Hellermann/Hermes, EnWG, § 43a, Rn. 11.

600 Vgl. dazu auch BT-Drucks. 17/9666, S. 21.

Elektrizitätsunternehmen[601]. Im Rahmen des energiewirtschaftlichen Anhörungsverfahrens findet eine derartige Verpflichtung zur Übermittlung der Planunterlagen an die Träger öffentlicher Belange und Vereinigungen dagegen nicht statt. Nach dem Gesetzeswortlaut des § 43a EnWG i. V. m. § 73 Abs. 2 VwVfG werden die Planunterlagen nur an *Behörden* übermittelt, deren Aufgabenbereich durch das Vorhaben berührt wird. Der Begriff der Behörde wird in § 1 Abs. 4 VwVfG legal definiert. Demnach ist eine Behörde i. S. d. VwVfG jede Stelle, die Aufgaben der öffentlichen Verwaltung wahrnimmt. Folglich ist der funktionelle Behördenbegriff zugrunde zu legen, weshalb Träger öffentlicher Belange nicht von dem Behördenbegriff des § 1 Abs. 4 VwVfG umfasst werden[602]. Somit können privatrechtlich organisierte Elektrizitätsversorgungsunternehmen im Rahmen des energiewirtschaftlichen Planfeststellungsverfahrens nur im Rahmen der Betroffenenbeteiligung i. S. v. § 73 Abs. 4 VwVfG mitwirken[603]. Das gleiche gilt ebenfalls für Vereinigungen, die den Betroffenen i. S. d. § 73 Abs. 4 VwVfG gleichgestellt werden[604].

(c) Bekanntmachung

Im Rahmen der Öffentlichkeits- bzw. Betroffenenbeteiligung ergeben sich zudem noch weitere Unterschiede bei der Bekanntmachung über die Auslegung der Planunterlagen. Im Gegensatz zu der Vorschrift des § 22 Abs. 3 S. 2 NABEG, wonach eine umfangreiche Bekanntmachung über die Auslegung der Planunterlagen im amtlichen Verkündungsblatt der betroffenen Gemeinde, der Internetseite der Planfeststellungsbehörde sowie in den örtlichen Tageszeitungen erforderlich ist, enthält die Vorschrift gem. § 73 VwVfG keine spezielle Regelung, in welcher Form die Bekanntmachung im Rahmen des energiewirtschaftlichen Planfeststellungsverfahrens zu erfolgen hat. Ausweislich des § 43 S. 6 EnWG i. V. m. § 73 Abs. 5 S. 1 VwVfG ist die Auslegung lediglich vorher *ortsüblich bekannt zu machen.* Was unter dem Begriff der ortsüblichen Bekanntmachung anzusehen ist, ergibt sich wiederum aus den Normen des jeweiligen Landes- und Ortsrechts[605]. Diese können beispielsweise eine Veröffentlichung im amtlichen Bekanntmachungsteil eines amtlichen Anzeigers vorsehen, ohne dass die Bekanntmachung ebenfalls auch in den örtlichen Tageszeitungen vorzunehmen ist[606]. Fraglich ist in diesem Zusammenhang allerdings, ob eine entsprechende Bekanntmachung auch im Internet zu veröffentlichen ist.

---

601 Dazu ausführlich: Teil 3 B.II.1.b.dd.(1)(a).
602 *Kämper* in: BeckOK VwVfG, § 73, Rn. 16.
603 *Kupfer* in: Britz/Hellermann/Hermes, EnWG, § 43a, Rn. 14.
604 *Ramsauer/Wysk* in: Kopp/Ramsauer, VwVfG, § 73, Rn. 56.
605 *Lieber* in: Mann/Sennekamp/Uechtritz, VwVfG, § 73, Rn. 132; *Neumann/Külpmann* in: Stelkens/Bonk/Sachs, VwVfG, § 73, Rn. 51.
606 *Kämper* in: BeckOK VwVfG, § 73, Rn. 42.

Eine solche Verpflichtung könnte sich aus der Vorschrift gem. § 27a VwVfG ergeben. Danach soll die ortsübliche Bekanntmachung ebenfalls im Internet erfolgen[607]. Dies würde allerdings voraussetzen, dass die Regelung nach § 27a VwVfG auch im Rahmen des energiewirtschaftlichen Planfeststellungsverfahrens zur Anwendung gelangt. Angesichts des eindeutigen Gesetzeswortlauts ist dies allerdings abzulehnen. Daher bleibt für eine entsprechende Anwendung des § 27a VwVfG auf das energiewirtschaftliche Planfeststellungsverfahren kein Raum. Denn ausweislich der Vorschrift gem. § 43 S. 6 EnWG wird zur weiteren Konkretisierung des energiewirtschaftlichen Planfeststellungsverfahrens ausdrücklich nur auf die allgemeinen Verwaltungsvorschriften zum Planfeststellungsverfahren nach *§§ 72 bis 78 VwVfG* verwiesen. Auf die Vorschrift gem. *§ 27a VwVfG* wird dagegen weder im § 43 EnWG noch in den übrigen Vorschriften zum energiewirtschaftlichen Planfeststellungsverfahren im Teil 5 des EnWG verwiesen. Hätte der Gesetzgeber regeln wollen, dass die Bekanntmachung gem. § 27a VwVfG auch im Internet zu veröffentlich ist, so hätte er dies durch einen entsprechenden Gesetzesverweis klarstellen können. Davon hat er allerdings keinen Gebrauch gemacht.

dd. Materiell-rechtliche Anforderungen

(1) Planrechtfertigung

Des Weiteren ergibt sich in Zusammenhang mit der Planrechtfertigung von sonstigen Übertragungsnetzleitungen, wie beispielsweise von Netzanbindungsleitungen von Großkraftwerken[608], ein weiterer nennenswerter materiell-rechtlicher Unterschied. Denn während bei allen anderen Übertragungsnetzleitungen die energiewirtschaftliche Notwendigkeit gem. § 1 Abs. 1 BBPlG bzw. § 1 Abs. 2 EnLAG bereits von Gesetzeswegen festgestellt wurde, wodurch sich für das Planvorhaben eine Planrechtfertigung ergibt[609], fehlt es bei den sonstigen Übertragungsnetzleitungen an einer solchen Planrechtfertigung, so dass diese als wesentliches Element des Planfeststellungsverfahrens im Planfeststellungsbeschluss positiv festgestellt werden muss[610]. Eine Planrechtfertigung liegt vor, wenn das Vorhaben vernünftigerweise geboten ist. Daran fehlt es aber, soweit die Elektrizitätsversorgung durch bereits vorhandene Leitungskapazitäten gedeckt werden kann[611]. Daher kann es u. U. dazu kommen, dass für die sonstigen Übertragungsnetzleitungen, die weder im Bedarfsplan noch im *Bundes*bedarfsplan ausgewiesen sind, eine zusätzliche Bedarfsprognose erstellt werden muss.

---

607 *Lieber* in: Mann/Sennekamp/Uechtritz, VwVfG, § 73, Rn. 133.
608 Vgl. oben, Fn. 586.
609 Dazu ausführlich: Teil 3 B.III.1.c.bb.(1).
610 *Schmitz/Jornitz*, NVwZ 2012, 332 (335).
611 *Kohls* in: Danner/Theobald, EnR, AnlZulR, Rn. 153.

(2) Raumordnung

Mangels einer der Vorschrift nach § 28 NABEG nachempfundenen Regelung ist im Rahmen des energiewirtschaftlichen Planfeststellungsverfahrens ein Raumordnungsverfahren gem. § 15 Abs. 1 ROG i. V. m. § 1 S. 2 Nr. 14 RoV durchzuführen[612], dessen Ergebnis als sonstiges Erfordernis der Raumordnung gem. § 3 Abs. 1 Nr. 4 ROG in die Abwägungsentscheidung eingestellt wird[613].

ee. Planfeststellungsbeschluss

(1) Form und Zustellung

Anders als beim Planfeststellungsverfahren i. S. d. §§ 18 ff. NABEG, wonach der Ort und die Zeit der Auslegung des Planfeststellungsbeschlusses gem. § 24 Abs. 3 S. 2 NABEG in den örtlichen Tageszeitungen, die in dem Gebiet verbreitet sind, auf das sich das Vorhaben voraussichtlich auswirken wird, im amtlichen Verkündungsblatt und auf der Internetseite der Planfeststellungsbehörde bekannt zu machen ist, werden der Ort und die Zeit der Auslegung im Rahmen des energiewirtschaftlichen Planfeststellungsverfahrens gem. § 43 S. 7 EnWG i. V. m. § 74 Abs. 4 S. 2 Hs. 2 VwVfG lediglich *ortsüblich bekannt* gemacht. Zum Begriff der ortsüblichen Bekanntmachung und der damit einhergehenden Problematik wird auf die vorstehenden Ausführungen verwiesen[614].

(2) Rechtswirkung

Hinsichtlich der formellen Konzentrationswirkung des energiewirtschaftlichen Planfeststellungsbeschlusses gem. §§ 43b, 43 S. 7 EnWG i. V. m. § 75 VwVfG ist die Vorschrift nach § 19 Abs. 3 WHG dahingehend zu beachten, dass die durch die Planfeststellungsbehörde ebenfalls zu erlassende wasserrechtliche Entscheidung nach § 8 WHG nicht im Benehmen, sondern im *Einvernehmen* mit der (Landes-)Wasserbehörde zu treffen ist. Dies ergibt sich daraus, dass für das energiewirtschaftliche Planfeststellungsverfahren nach Maßgabe der §§ 43 ff. EnWG nicht die BNetzA als Bundesbehörde, sondern eine Landesbehörde zuständig ist. Ein Einvernehmen liegt insofern vor, wenn die für den Erlass einer wasserrechtlichen Entscheidung originär zuständige Wasserbehörde mit der wasserrechtlichen Entscheidung der Planfeststellungsbehörde uneingeschränkt einverstanden ist. Eine bloße Beteiligung der Wasserbehörde reicht insofern nicht aus[615].

---

612 Gem. § 15 Abs. 6 ROG sind die Stadtstaaten Berlin, Bremen und Hamburg von der Durchführung eines Raumordnungsverfahrens befreit.
613 *Kohls* in: Danner/Theobald, EnR, AnlZulR, Rn. 221.
614 Dazu ausführlich: Teil 3 B.III.1.d.cc.(3)(c).
615 *Pape* in: Landmann/Rohmer, UmweltR, WHG, § 19, Rn. 24.

(3) Rechtsschutz

Auch bei Klagen gegen die nach §§ 43 ff. EnWG planfestgestellten sonstigen Übertragungsnetzleitungen, wie z. B. Anschlussleitungen von Großkraftwerken[616], besteht in der gerichtlichen Zuständigkeitszuweisung ein weiterer Unterschied zum Verfahren nach Maßgabe der §§ 18 ff. NABEG. Insoweit regelt § 50 Abs. 1 Nr. 6 VwGO die Zuständigkeit des BVerwG für erst- und damit letztinstanzliche Klagen, die Planfeststellungsverfahren von Übertragungsnetzleitungen betreffen, die im BBPlG und im EnLAG ausgewiesen sind. Daher haben beide Planfeststellungsverfahren gemeinsam, dass das BVerwG auch bei Klagen gegen Leitungsvorhaben zuständig ist, die nach den Vorschriften der §§ 43 ff. EnWG planfestgestellt und im *Bundes*bedarfsplan oder im Bedarfsplan ausgewiesen wurden. Dies gilt jedoch nicht für die sonstigen Übertragungsnetzleitungen, die zwar ebenfalls nach den Vorschriften gem. §§ 43 ff. EnWG planfestgestellt werden, andererseits aber nicht im *Bundes*bedarfsplan oder Bedarfsplan ausgewiesen sind. In diesen Fällen ist das Verwaltungsgericht sachlich und örtlich zuständig, in dessen Bezirk der Planfeststellungsbeschluss erlassen wurde, § 45 i. V. m. § 52 Nr. 3 VwGO. Diese Differenzierung erscheint bei näherer Betrachtung durchaus als sachgerecht, weil es nach der Bedarfsprüfung der Übertragungsnetzbetreiber gem. §§ 12a ff. EnWG gerade bei diesen Leitungen an einem vordringlichen Netzausbaubedarf fehlt, weshalb diese auch nicht in den *Bundes*bedarfsplan oder in den Bedarfsplan aufgenommen worden sind. Daher ist es zumutbar, wenn gegen die Planfeststellung der sonstigen Übertragungsnetzleitungen zunächst der gesamte Rechtsweg bestehend aus mehreren Instanzen bestritten wird, was sich erfahrungsgemäß mehrere Jahre hinziehen kann.

e. Planfeststellung Offshore

aa. Einführung

Für die Planfeststellung von Übertragungsnetzleitungen im Offshore-Bereich hat der Gesetzgeber mit dem WindSeeG und dem SeeAnlG ab dem 1. Januar 2017 zwei unterschiedliche Rechtsrahmen geschaffen, die sich im Ergebnis allerdings nicht wesentlich voneinander unterscheiden[617]. Diese Vorschriften lösten die bis dahin in diesem Bereich gültige SeeAnlV ab. Damit hat der deutsche Gesetzgeber ein komplexes Rechtskonstrukt geschaffen, das selbst bei den Bundesbehörden für Verwirrung zu sorgen scheint. Denn nur so ist es zu erklären, dass selbst das für die Planfeststellung im Offshore-Bereich zuständige Bundesamt für Seeschifffahrt und Hydrografie (BSH) mehr als neun Monate nach dem Inkrafttreten

616 Dazu auch oben, Fn. 586.
617 Vgl. dazu: BT-Drucks. 18/9096, S. 379.

des WindSeeG bzw. SeeAnlG auf der Internetseite immer noch die Vorschriften gem. der außerkraftgetretenen SeeAnlV für die Beschreibung des Planfeststellungsverfahrens im Offshore-Bereich heranzieht[618].

bb. Sachlicher Anwendungsbereich

(1) Abgrenzung

Mit dem SeeAnlG und dem WindSeeG differenziert der Gesetzgeber nunmehr zwischen verschiedenen Anlagenarten. Von dem sachlichen Anwendungsbereich des SeeAnlG werden gem. § 1 Abs. 2 Nr. 1 SeeAnlG u. a. Anlagen erfasst, die der *Erzeugung von Energie aus Wasser und Strömungen* dienen. Dazu gehören beispielsweise Gezeiten- oder Wellenkraftwerke[619]. Das SeeAnlG ist gem. § 1 Abs. 2 Nr. 2 SeeAnlG zudem auf Leitungen für die Übertragung der aus diesen Anlagen gewonnenen Elektrizität anwendbar. Das WindSeeG regelt hingegen gem. § 2 Abs. 1 Nr. 3 WindSeeG die Zulassung, die Errichtung und die Inbetriebnahme von *Windenergieanlagen auf See* und *Offshore-Anbindungsleitungen*, soweit sie nach dem 31. Dezember 2020 in Betrieb genommen werden. Nach § 3 Nr. 7 WindSeeG handelt es sich bei dem Begriff der *Windenergieanlagen auf See* um Offshore-Windparks.

(2) Offshore-Anbindungsleitungen

(a) Inbetriebnahme bis 31. Dezember 2020

Auch der Begriff der *Offshore-Anbindungsleitungen* ist gesetzlich definiert und umfasst gem. § 3 Nr. 5 WindSeeG demnach die Offshore-Anbindungsleitungen i. S. d. § 2 Abs. 3 BBPlG[620]. Die Vorschrift nach § 2 Abs. 3 BBPlG verweist wiederum auf § 2 Abs. 1 NABEG. Damit handelt es sich bei den Offshore-Anbindungsleitungen i. S. d. § 3 Nr. 5 WindSeeG um Offshore-Anbindungsleitungen i. S. d. NABEG und damit um Leitungen, für welche die energiewirtschaftliche Notwendigkeit und der vordringliche Bedarf gem. § 12e Abs. 4 EnWG i. V. m. § 1 Abs. 1 BBPlG gesetzlich festgestellt wurden. Der Gesetzesverweis verwundert allerdings, weil es sich bei diesen Offshore-Anbindungsleitungen gerade um Leitungsabschnitte mit einem Netzverknüpfungspunkt an Land innerhalb des Küstenmeeres handelt, für welche der sachliche Anwendungsbereich des NABEG eröffnet ist, vgl. § 2 Abs. 1 NABEG[621]. Damit scheinen auf den Ausbau von Offshore-Anbindungsleitungen zwei unterschiedliche Gesetze zur Anwendung zu

---

618 Vgl. dazu BSH unter URL: http://www.bsh.de/de/Meeresnutzung/Wirtschaft/Windparks/Windparks/Planfeststellungsverfahren.jsp (letzter Abruf: 08.09.2017).

619 Zu Arten der Stromerzeugung aus Wasserkraft vgl.: *Wustlich* in: Altrock/Oschmann/Theobald, EEG, § 23, Rn. 10.

620 Zur Definition „Offshore-Anbindungsleitung“ vgl.: Teil 3 B.II.1.a.aa.(3)(b).

621 Dazu ausführlich: Teil 3 B.III.1.b.

gelangen, die in einem gesetzlichen Spannungsverhältnis zu stehen scheinen. Angesicht der in § 2 Abs. 1 Nr. 3 WindSeeG normierten zeitlichen Einschränkung ist allerdings davon auszugehen, dass auf Offshore-Anbindungsleitungen, die bis zum 31. Dezember 2020 in Betrieb genommen werden und für welche die energiewirtschaftliche Notwendigkeit und der vordringliche Bedarf festgestellt wurden, gegenwärtig das NABEG zur Anwendung gelangt. Das WindSeeG ist dagegen auf Offshore-Anbindungsleitungen anzuwenden, für die ebenfalls die energiewirtschaftliche Notwendigkeit und der vordringliche Bedarf festgestellt wurden, deren Inbetriebnahme jedoch erst ab dem 31. Dezember 2020 erfolgt.

Der Grund für diese Differenzierung liegt wohl in einer besseren Abstimmung zwischen dem Ausbau der Offshore-Windparks und dem dafür erforderlichen Ausbau der Übertragungsnetzleitungen, wodurch ein Gleichlauf in der jeweiligen Planung, Zulassung, Errichtung und Inbetriebnahme erreicht werden soll, vgl. § 1 Abs. 2 S. 3 WindSeeG. Dadurch soll einerseits sichergestellt werden, dass bei Inbetriebnahme der Offshore-Windparks ausreichend Anschlusskapazitäten zur Verfügung stehen und anderseits, dass unnötige Leerstände der Offshore-Anbindungsleitungen vermieden werden[622]. Dem steht auch nicht entgegen, dass das WindSeeG vorrangig auf die AWZ Anwendung findet, vgl. § 2 Abs. 2 WindSeeG. Denn das WindSeeG ist nach dieser Vorschrift auch im Bereich des Küstenmeeres und der Hohen See anzuwenden, soweit das WindSeeG dies ausdrücklich bestimmt. Mit der Vorschrift des § 2 Abs. 1 Nr. 3 WindSeeG findet sich damit eine ausdrückliche Bestimmung zur Anwendung des WindSeeG auf die sich innerhalb des Küstenmeers und damit außerhalb der AWZ befindenden Offshore-Anbindungsleitungen.

(b) Inbetriebnahme nach 31. Dezember 2020

Die Planfeststellung von Offshore-Anbindungsleitungen, die nach dem 31. Dezember 2020 in Betrieb genommen werden und für welche die energiewirtschaftliche Notwendigkeit und der vordringliche Bedarf gem. § 12e Abs. 4 EnWG i. V. m. § 1 Abs. 1 BBPlG und § 2 Abs. 1 NABEG festgestellt wurden, richtet sich nach den Vorschriften in §§ 2 Abs. 1 Nr. 3, 44 Abs. 2 WindSeeG, § 43 S. 1 Nr. 3 und S. 7 EnWG i. V. m. §§ 72 bis 78 VwVfG. Dies ergibt sich aus der systematischen Gesetzesverweisung. Insoweit ist auf derartige Offshore-Anbindungsleitungen gem. § 44 Abs. 2 WindSeeG der Abschnitt 2 Unterabschnitt 2 des Teils 4 des WindSeeG anzuwenden. Ausgehend von dieser Gesetzesverweisung sind auf derartige Offshore-Anbindungsleitungen demnach nur die Vorschriften der §§ 59 ff. WindSeeG einschlägig. Diese beinhalten jedoch keine Regelungen hinsichtlich einer etwaigen Planfeststellung. Vielmehr wird die Planfeststellung im Abschnitt 1 des Teils 4 des WindSeeG und damit in den Vorschriften der §§ 45 bis 54 WindSeeG geregelt. Ausweislich der Gesetzesbegründung ist der zulassungsrechtliche Teil

622 BT-Drucks. 18/8860, S. 266.

des Abschnitts 1 allerdings nicht auf Offshore-Anbindungsleitungen im Küstenmeer anwendbar, weil die Zulassung in diesem Bereich einem eigenen Regime unterliegt, nämlich dem nach *BImSchG*[623]. Daher sind die allgemeinen Vorschriften anzuwenden.

In diesem Zusammenhang zeigt sich allerdings erneut die Komplexität der gesetzlichen Vorschriften zum Übertragungsnetzausbau, die offensichtlich selbst der Gesetzgeber nicht ganz zu bewältigen vermag. Denn die Planfeststellung von Offshore-Anbindungsleitungen richtet sich nach den Vorschriften des EnWG (vgl. § 43 S. 1 Nr. 3 EnWG)[624] und nicht nach den Vorschriften des BImSchG. Schließlich bedürfen Höchstspannungsleitungen und damit auch Offshore-Anbindungsleitungen keiner immissionsschutzrechtlichen Genehmigung, vgl. § 4 Abs. 1 S. 3 BImSchG i. V. m. § 1 Abs. 1 der 4. BImSchV. Daher ist davon auszugehen, dass der Gesetzgeber im Rahmen der Gesetzesbegründung hinsichtlich des Verweises auf das BImSchG offensichtlich nur die Planfeststellung von Windanlagen im Küstenmeer und nicht die Planfeststellung von Offshore-Anbindungsleitungen vor Augen hatte. Folglich sind bei der Planfeststellung von Offshore-Anbindungsleitungen, die nach dem 31. Dezember 2020 in Betrieb genommen werden, die energiewirtschaftlichen Planfeststellungsvorschriften gem. §§ 2 Abs. 1 Nr. 3, 44 Abs. 2 WindSeeG, §§ 43 S. 1 Nr. 3 und S. 7, 43a ff. EnWG i. V. m. §§ 72 bis 78 VwVfG anzuwenden.

(c) Sonstige Offshore-Anbindungsleitungen

Die vorstehenden Ausführungen zugrunde gelegt kann damit festgehalten werden, dass der Gesetzgeber offensichtlich von einer allgemeinen energiewirtschaftlichen Notwendigkeit und einem vordringlichen Bedarf von Offshore-Anbindungsleitungen i. S. v. § 12e Abs. 4 EnWG i. V. m. § 1 Abs. 1 BBPlG ausgeht. Diesbezüglich stellt sich allerdings die Frage – auch wenn sie in der Praxis wohl nur eine untergeordnete Rolle spielen dürfte –, nach welchen Rechtsvorschriften sich die Planfeststellung von Offshore-Anbindungsleitungen richtet, für welche gerade keine energiewirtschaftliche Notwendigkeit und auch kein vordringlicher Bedarf festgestellt wurden.

Das Planfeststellungserfordernis für derartige Leitungen, für die gerade keine energiewirtschaftliche Notwendigkeit und auch kein vordringlicher Bedarf gesetzlich festgestellt wurden, folgt aus § 43 S. 1 Nr. 3 EnWG. Danach bedarf die Errichtung und der Betrieb sowie die Änderung von Hochspannungsleitungen, die zur Netzanbindung von Windenergieanlagen auf See

---

623 BT-Drucks. 18/8860, S. 308.

624 Eine Ausnahme gilt hinsichtlich der Offshore-Anbindungsleitungen, für welche die energiewirtschaftliche Notwendigkeit und der vordringliche Ausbaubedarf gesetzlich festgestellt wurden und die daher nach Maßgabe des NABEG planfestgestellt werden, vgl. dazu: Teil 3 B.III.1.b.

i. S. d. § 3 Nr. 49 EEG im Küstenmeer als Seekabel und landwärts als Freileitungen oder Erdkabel bis zum Verknüpfungspunkt mit dem Übertragungs- oder Elektrizitätsverteilernetz verlegt werden sollen, der Planfeststellung nach Maßgabe der §§ 43a ff. EnWG. Obwohl von der Planfeststellungspflicht des § 43 S. 1 Nr. 3 EnWG nach dem Wortlaut des Gesetzes nur *Hochspannungsleitungen* erfasst werden, gilt diese auch für Höchstspannungs- und damit für Übertragungsnetzleitungen. Dies folgt aus der Historie dieser Vorschrift. Diesbezüglich sah der Gesetzesentwurf zunächst noch eine Beschränkung auf Leitungen mit einer Nennspannung bis zu 150 kV vor. Diese Beschränkung wurde jedoch auf Beschlussempfehlung des Ausschusses für Wirtschaft und Technologie gänzlich aufgegeben[625]. Damit richtet sich die Planfeststellung von Offshore-Anbindungsleitungen, für welche keine energiewirtschaftliche Notwendigkeit und auch kein vordringlicher Bedarf festgestellt wurden, nach denselben energiewirtschaftlichen Vorschriften gem. §§ 43 S. 1 Nr. 3 und S. 7, 43a ff. EnWG i. V. m. §§ 72 bis 78 VwVfG wie die Planfeststellung von Offshore-Anbindungsleitungen, für welche die energiewirtschaftliche Notwendigkeit und der vordringliche Bedarf festgestellt wurden und die nach dem 31. Dezember 2020 in Betrieb genommen werden.

(d) Zwischenergebnis

Folglich kann festgehalten werden, dass in Bezug auf die Planfeststellung von Offshore-Anbindungsleitungen im Küstenmeer drei unterschiedliche Regelungsregime zur Anwendung gelangen. Dabei wird jeweils nach dem Zeitpunkt der Inbetriebnahme der Offshore-Anbindungsleitungen und nach der gesetzlichen Bedarfsfeststellung i. S. v. § 12e Abs. 4 EnWG i. V. m. § 1 Abs. 1 BBPlG differenziert.

(3) Anbindungsleitungen innerhalb der AWZ

(a) Gesetzlicher Anwendungsbereich

Des Weiteren ist fraglich, nach welchem Gesetz sich die Planfeststellung von Übertragungsnetzleitungen innerhalb der AWZ, die zum Abtransport der in den Offshore-Windparks erzeugten Elektrizität dienen, richtet. Schließlich werden Offshore-Windparks nicht im Küstenmeer, sondern in der AWZ errichtet[626]. Daher müssen für den Abtransport der aus den Offshore-Windparks produzierten Elektrizität zusätzlich Übertragungsnetzleitungen in der AWZ errichtet werden, die sodann mit den Offshore-Anbindungsleitungen im Küstenmeer verbunden werden, welche wiederum an das Übertragungsnetz an Land angeschlossen sind. Die Übertragungsnetzleitungen in der AWZ werden gem. § 2 Abs. 1 Nr. 3

625 *Missling* in: Danner/Theobald, EnR, § 43 EnWG, Rn. 10.
626 Vgl. dazu *Abbildung* oben, Fn. 351.

WindSeeG nämlich nicht ausdrücklich vom Anwendungsbereich des WindSeeG mitumfasst. Dennoch findet das WindSeeG auch auf Übertragungsnetzleitungen innerhalb der AWZ Anwendung. Dies folgt aus §§ 44 Abs. 1, 45 ff. WindSeeG i. V. m. §§ 72 bis 78 VwVfG. Nach § 44 Abs. 1 WindSeeG sind die Vorschriften der §§ 45 ff. WindSeeG auf das Planfeststellungsverfahren von Offshore-Windparks sowie von *„Anlagen zur Übertragung von Strom aus Windenergieanlagen auf See (...), wenn und soweit (1.) sie im Bereich der ausschließlichen Wirtschaftszone der Bundesrepublik Deutschland liegen (...)"* anzuwenden. Hierbei handelt es sich folglich um Übertragungsnetzleitungen, die innerhalb der AWZ verlaufen und mit den im Küstenmeer verlegten Offshore-Anbindungsleitungen verknüpft sind. Damit ist davon auszugehen, dass Übertragungsnetzleitungen innerhalb der AWZ, die zum Abtransport der aus den Offshore-Windparks erzeugten Elektrizität dienen, ebenfalls von Anwendungsbereich des WindSeeG i. S. d. § 2 Abs. 1 Nr. 3 WindSeeG umfasst werden und es sich insoweit lediglich um ein redaktionelles Versehen gehandelt haben muss.

(b) Inbetriebnahme vor 31. Dezember 2020

Da das WindSeeG gem. § 2 Abs. 1 Nr. 3 WindSeeG allerdings nur auf Übertragungsnetzleitungen Anwendung findet, die nach dem 31. Dezember 2020 in Betrieb genommen werden, ist fraglich, nach welchem Gesetz sich die Planfeststellung von Übertragungsnetzleitungen innerhalb der AWZ richtet, die vor dem 31. Dezember 2020 in Betrieb genommen werden und die zum Abtransport der aus den Offshore-Windparks erzeugten Elektrizität dienen. Hierzu enthält die Regelung nach § 77 Abs. 1 Nr. 2 WindSeeG eine Übergangsvorschrift. Danach sind auf diese Übertragungsnetzleitungen weiterhin die Bestimmungen der SeeAnlV in der bis zum 1. Januar 2017 geltenden Fassung anzuwenden, so dass sich die Planfeststellung von Übertragungsnetzleitungen, die vor dem 31. Dezember 2020 in Betrieb genommen werden, nach den Regelungen in §§ 2 ff. SeeAnlV richtet.

Dagegen richtet sich das Planfeststellungsverfahren von Übertragungsnetzleitungen innerhalb der AWZ, die zum Abtransport der aus den Erzeugungsanlagen aus Wasser und Strömungen (beispielsweise aus Gezeiten- oder Wellenkraftwerken) gewonnenen Elektrizität dienen, nach den Vorschriften der § 1 Abs. 1, Abs. 2 S. 1 Nr. 2 i. V. m. §§ 2 ff. SeeAnlG.

(4) Unterwasserkabel

Die gesetzliche Komplexität im Bereich des Übertragungsnetzausbaus in der AWZ wird zudem noch mit bergbaurechtlichen Regelungen weiter verschärft. Denn die Verlegung und der Betrieb von *Unterwasserkabeln* bedarf gem. § 133 Abs. 1, Abs. 4 BBergG einer bergbaurechtlichen Genehmigung. Fraglich ist daher, ob das BBergG vorliegend auch im Bereich der Verlegung von Leitungen in der AWZ, die zum Abtransport der aus den Offshore-Windparks oder aus den Gezeiten- bzw. Wellenkraftwerken erzeugten Elektrizität dienen, neben den soeben dargestellten Regelungsregimen zur Anwendung gelangt. In diesen Fällen dürfte die Anwendung des § 133 Abs. 1, Abs. 4 BBergG allerdings wohl ausscheiden. Zwar unterliegt der Anwendungsbereich des BBergG für Unterwasserkabel gem. § 133 Abs. 4 BBergG grammatisch keiner inhaltlichen Beschränkung, so dass bei strenger Auslegung des Wortlauts der Norm damit jedes Unterwasserkabel vom Anwendungsbereich des § 133 Abs. 4 BBergG umfasst wird. Dennoch ist bei der Auslegung der Gesamtwortlaut der Norm zu berücksichtigen. Gem. § 133 Abs. 1 BBergG wird die Genehmigungspflicht nach dem BBergG ausschließlich für *Transit-Rohrleitungen* begründet und damit für Leitungen, die von einem Staatsgebiet zu einem anderen Staatsgebiet führen. Daraus kann geschlussfolgert werden, dass die bergbaurechtliche Genehmigungspflicht daher auch nur für grenzüberschreitende *Transit-Unterwasserkabel* gilt[627] und nicht für Übertragungsnetzleitungen, die zum Abtransport der aus den Offshore-Windparks oder aus den Gezeiten- bzw. Wellenkraftwerken erzeugten Elektrizität dienen.

(5) Zusammenfassung

Wie die vorstehenden Ausführungen gezeigt haben, ist die Planfeststellung im Offshore-Bereich äußerst unüberschaubar, so dass diesbezüglich eine kurze Zusammenfassung der soeben dargestellten Ergebnisse als geboten erscheint. Demnach richtet sich die Planfeststellung für Übertragungsnetzleitungen im Offshore-Bereich nach den folgenden Vorschriften:

- Offshore-Anbindungsleitungen, die *vor* dem 31. Dezember 2020 in Betrieb genommen werden und für welche die energiewirtschaftliche Notwendigkeit und der vordringliche Bedarf gem. § 12e Abs. 4 EnWG i. V. m. § 1 Abs. 1 BBPlG und § 2 Abs. 1 NABEG festgestellt wurde = § 2 Abs. 3 BBPlG i. V. m. §§ 2 Abs. 1, 18 ff. NABEG;
- Offshore-Anbindungsleitungen, die *nach* dem 31. Dezember 2020 in Betrieb genommen werden und für welche die energiewirtschaftliche Notwendigkeit und der vordringliche Bedarf gem. § 12e Abs. 4 EnWG i. V. m. § 1 Abs. 1 BBPlG und § 2 Abs. 1 NABEG festgestellt wurden = §§ 2 Abs. 1 Nr. 3, 44 Abs. 2 WindSeeG, §§ 43 S. 1 Nr. 3 und S. 7, 43a ff. EnWG i. V. m. §§ 72 bis 78 VwVfG;
- Offshore-Anbindungsleitungen, für welche keine energiewirtschaftliche Notwendigkeit und kein vordringliche Bedarf gem. § 12e Abs. 4 EnWG i. V. m. § 1 Abs. 1 BBPlG festgestellt wurden = §§ 43 S. 1 Nr. 3 und S. 7, 43a ff. EnWG i. V. m. §§ 72 bis 78 VwVfG;
- Übertragungsnetzleitungen zur Anbindung von Offshore-Windparks innerhalb der AWZ und auf Hoher See, die *vor* dem 31. Dezember 2020 in Betrieb genommen werden = § 77 Abs. 1 Nr. 2 WindSeeG i. V. m. §§ 4 ff. SeeAnlV in der bis zum 1. Januar 2017 geltenden Fassung;

---

627 *Wolfshohl/Scheuten* in: de Witt/Scheuten, NABEG, § 2, Rn. 48; *Lang* in: BerlKommEnR, Vorbem. SeeAnlV, Rn. 7; *Wolf*, ZUR 2004, 65 (66 ff.).

- Übertragungsnetzleitungen zur Anbindung von Offshore-Windparks innerhalb der AWZ und auf Hoher See, die *nach* dem 31. Dezember 2020 in Betrieb genommen werden = §§ 44 Abs. 1, 45 ff. WindSeeG i. V. m. §§ 72 bis 78 VwVfG;
- Übertragungsnetzleitungen von Erzeugungsanlagen aus Wasser und Strömungen (z.B. Gezeiten- oder Wellenkraftwerken) in der AWZ und auf Hoher See = § 1 Abs. 1, Abs. 2 S. 1 Nr. 2 i. V. m. §§ 2 ff. SeeAnlG;
- Grenzüberschreitende Transit-Unterwasserseekabel = § 133 Abs. 1, Abs. 4 BBergG.

cc. Formell-rechtliche Anforderungen

(1) Betrachtung

Die energiewirtschaftliche Planfeststellung nach Maßgabe der §§ 43 ff. EnWG sowie die Planfeststellung nach Maßgabe der §§ 18 ff. NABEG sind bereits ausführlich dargestellt worden, so dass diesbezüglich auf die vorstehenden Ausführungen verwiesen werden kann[628]. Da sich die Vorschriften des SeeAnlG nicht wesentlich von den Vorschriften des WindSeeG unterscheiden und das WindSeeG weitgehend der SeeAnlV entspricht[629], werden nachfolgend nur die Besonderheiten des Planfeststellungsverfahrens nach Maßgabe der §§ 44 ff. WindSeeG und damit im Bereich des Ausbaus von Übertragungsnetzleitungen innerhalb der AWZ, die *nach* dem 31. Dezember 2020 in Betrieb genommen werden und die zum Abtransport der in den Offshore-Windparks erzeugten Elektrizität dienen, dargestellt. Eine Einzelbetrachtung aller soeben dargestellten Planfeststellungsverfahren würde insoweit den Rahmen dieser Ausarbeitung sprengen. In Anbetracht des gesetzlich geregelten Ausbaupfades gem. § 4 Nr. 2b EEG i. V. m. § 1 Abs. 1 S. 1 WindSeeG, wonach die installierte Leistung von Offshore-Windparks bis zum Jahr 2030 auf 15 Gigawatt gesteigert werden soll, dürfte dem Netzausbau in diesem Bereich künftig ohnehin die größte Bedeutung zukommen, so dass diesbezüglich eine Einschränkung als sachgerecht erscheint.

(2) Verfahren

Das Planfeststellungsbedürfnis von Übertragungsnetzleitungen innerhalb der AWZ, die nach dem 31. Dezember 2020 in Betrieb genommen werden und die zum Abtransport der in den Offshore-Windparks erzeugten Elektrizität dienen, folgt aus § 45 Abs. 1 WindSeeG. Gem. § 45 Abs. 2 WindSeeG ist das BSH für das Planfeststellungsverfahren sachlich zuständig. Das BSH ist gleichzeitig

---

628 Zur Planfeststellung nach Maßgabe der §§ 18 ff. NABEG vgl.: Teil 3 B.III.1.c. Zur energiewirtschaftlichen Planfeststellung nach Maßgabe der §§ 43 ff. EnWG vgl.: Teil 3 B.III.1.d.

629 Vgl. dazu: BT-Drucks. 18/9096, S. 379.

auch die Anhörungsbehörde, vgl. § 47 Abs. 3 WindSeeG. Des Weiteren finden gem. § 45 Abs. 3 WindSeeG die Vorschriften nach §§ 72 bis 78 VwVfG ergänzend Anwendung, soweit das WindSeeG nicht anderes bestimmt. Diesbezüglich sehen die Vorschriften nach §§ 47 ff. WindSeeG besondere Regelungen hinsichtlich des formellen Verfahrensablaufs vor. So werden gem. § 47 Abs. 1 WindSeeG besondere Anforderungen an den Planfeststellungsantrag konkretisiert. Diese umfassen neben den üblichen Zeichnungen und Erläuterungen i. S. v. § 73 Abs. 1 S. 2 VwVfG eine Darstellung der Sicherheits- und Vorsorgemaßnahmen (Nr. 2), einen Zeit- und Maßnahmenplan bis zur Inbetriebnahme (Nr. 3), einen UVP-Bericht nach Maßgabe von § 16 UVPG (Nr. 4), wobei diesbezüglich auch auf den UVP-Bericht im Zusammenhang mit der Voruntersuchung der Flächen i. S. v. § 10 Abs. 1 WindSeeG zurückgegriffen werden kann. Darüber hinaus kann das BSH den Vorhabenträger ebenfalls dazu auffordern, ein Gutachten eines anerkannten Sachverständigen zur Frage vorzulegen, ob bei der Planung der Anlage der Stand der Technik beachtet wurde (Nr. 5). Im Zusammenhang mit der öffentlichen Auslegung der Planunterlagen sieht die Vorschrift gem. § 47 Abs. 3 S. 2 WindSeeG eine Bekanntmachung in zwei überregionalen Tageszeitungen vor. Im Übrigen wird auf die vorstehenden Ausführungen zum energiewirtschaftlichen Planfeststellungsverfahren, in dem ebenfalls auf die Vorschriften nach §§ 72 bis 78 VwVfG Bezug genommen wird, verwiesen[630].

dd. Materiell-rechtliche Anforderungen

(1) Abwägungsmaterial

Auch in materiell-rechtlicher Hinsicht sind bei der Planfeststellung in der AWZ einige Besonderheiten zu beachten. So beinhaltet die Vorschrift gem. § 48 Abs. 4 WindSeeG einen abschließenden Tatbestandskatalog von Versagungsgründen, die dazu führen, dass das Vorhaben nicht planfeststellungsfähig ist, wenn die in dem Tatbestandskatalog bestimmten Schutzgüter durch das Vorhaben beeinträchtigt bzw. gefährdet werden könnten. Damit wird das Abwägungsmaterial, das in die Abwägungsentscheidung einzustellen ist, inhaltlich beschränkt. Zu den Schutzgütern zählen namentlich die Meeresumwelt (Nr. 1), die Sicherheit und Leichtigkeit des Verkehrs (Nr. 2), die Sicherheit der Landes- und Bündnisverteidigung (Nr. 3), vorrangig zu beachtende bergrechtliche Aktivitäten (Nr. 4), die Vereinbarkeit mit bestehenden und geplanten Kabel-, Offshore-Anbindungsleitungen und sonstigen Leitungen (Nr. 5), die Vereinbarkeit mit bestehenden und geplanten Standorten von Konverterplattformen oder Umspannanlagen (Nr. 6) und die Einhaltung von anderen Anforderungen nach dem WindSeeG und von sonstigen *öffentlich-rechtlichen Bestimmungen* (Nr. 8).

630 Dazu ausführlich: Teil 3 B.III.1.d.cc.

(2) Öffentlich-rechtliche Bestimmungen

Fraglich ist in diesem Zusammenhang allerdings, ob nationale Rechtsvorschriften i. S. v. *öffentlich-rechtlichen Bestimmungen* in der AWZ überhaupt eine Anwendung finden können. Diese Frage ist deshalb interessant, weil die AWZ nicht zum Hoheitsgebiet des Küstenstaates gehört. Vielmehr ist die AWZ eine Meereszone sui generis, die durch die völkerrechtlichen Vorschriften gem. Art. 55 bis 75 SRÜ näher geregelt ist[631]. In einem Urteil aus dem Jahr 2012 hatte sich der EuGH mit der Frage der Anwendbarkeit einer bestimmten EU-Verordnung in der AWZ beschäftigt[632]. Dem Rechtsstreit lag die Frage zugrunde, ob eine EU-Verordnung, welche die Anwendung des Sozialversicherungsrechts des Beschäftigungsstaates vorschreibt, auch auf eine Beschäftigung in der AWZ Anwendung findet. Dies hatte der EuGH bejaht. Daraus kann von einer generellen Anwendbarkeit von EU-Verordnungen in der AWZ ausgegangen werden[633]. In der Literatur wird zudem die Auffassung vertreten, dass ebenfalls EU-Richtlinien in der AWZ eine Anwendung finden[634]. Die Frage, ob auch nationale Rechtsvorschriften in der AWZ zur Anwendung gelangen, ist von der Rechtsprechung bisher allerdings noch unbeantwortet geblieben. Daher wird die Frage nach der Anwendbarkeit von Rechtsvorschriften in der AWZ in der deutschen Literatur umfänglich diskutiert[635]. Diesbezüglich scheint sich jedoch wohl eine einhellige Meinung durchgesetzt zu haben. Danach finden nationale Rechtsvorschriften in der AWZ nur dann Anwendung, soweit dies durch eine sog. *Erstreckungsklausel* ausdrücklich vorgesehen ist[636]. Eine solche Erstreckungsklausel findet sich bspw. in § 56 Abs. 1 BNatSchG, wonach die Vorschriften des BNatSchG mit Ausnahme des Kapitel 2 (dies sind die Vorschriften zur Landschaftspflege gem. §§ 8 bis 12 BNatSchG) auch in der AWZ zur Anwendung gelangen[637]. Folglich können anderweitige „öffentlich-rechtlichen Bestimmungen" nur dann zur Versagung des Planfeststellungsvorhabens führen, wenn sie durch eine entsprechende Erstreckungsklausel auch für die AWZ eine Anwendung finden und wenn das Vorhaben nicht mit diesen Regelungen vereinbar ist.

---

631 *Schulz/Gläsner*, EnWZ 2013, 163 (164).

632 EuGH, Urt. v. 17.01.2012, Rs. C-347/10.

633 Vgl. dazu ausführlich: *Fähndrich*, Geltung von EU-Recht für Offshore-Windparks in der AWZ, abrufbar unter URL: http://bme-law.de/cms_sources/dateien/publikationen/2012/EE-Rundbrief-0612_Sondernummer.pdf (letzter Abruf: 22.09.2017).

634 Vgl.: *Klinski*, Rechtliche Probleme in der AWZ, S. 23 ff., abrufbar unter URL: http://www.umweltbundesamt.de/sites/default/files/medien/publikation/long/2037.pdf (letzter Abruf: 20.09.2017); dazu kritisch: *Fähndrich*, wie vorige Fn.

635 Zum Überblick des Meinungsstandes vgl.: *Ehlers*, ZUR 2007, 166 ff.

636 *Lang* in: BerlKomnEnR, SeeAnlV, § 5, Rn. 6.

637 *Lang* in: BerlKomnEnR, SeeAnlV, § 5, Rn. 6.

ee. Planfeststellungsbeschluss

Hinsichtlich der Auslegung und Bekanntmachung des Planfeststellungsbeschlusses gilt gem. § 45 Abs. 3 WindSeeG die allgemeine Verfahrensvorschrift des § 74 Abs. 4 und 5 VwVfG. Daher wird diesbezüglich wird auf die vorstehenden Ausführungen zum energiewirtschaftlichen Planfeststellungsverfahren verwiesen[638].

Fraglich ist jedoch die zeitliche Geltung des Planfeststellungsbeschlusses. Wie bereits dargelegt, ist die Dauer des Planfeststellungsbeschlusses für Übertragungsnetzleitungen im Rahmen des energiewirtschaftlichen Planfeststellungsverfahrens sowie im Rahmen des Planfeststellungsverfahrens nach NABEG auf zehn Jahre befristet ist und wird auf Antrag des Vorhabenträgers einmalig um weitere fünf Jahre verlängert (vgl. dazu § 43c Nr. 1 EnWG). Im Bereich des Ausbaus von Übertragungsnetzleitungen in der AWZ sieht das Gesetz gem. § 48 Abs. 5 S. 1 Nr. 2 i. V. m. Abs. 3 WindSeeG allerdings eine abweichende Regelung vor. Danach kann der Planfeststellungsbeschluss aufgehoben werden, wenn unter der Berücksichtigung des vom Vorhabenträger vorgelegten Zeit- und Maßnahmenplans nicht mit der Errichtung oder der Inbetriebnahme des Vorhabens innerhalb einer von der Planfeststellungsbehörde gesetzten Frist begonnen wird. Damit scheint für die Anwendung der Vorschrift gem. § 45 Abs. 3 S. 1 WindSeeG i. V. m. § 75 Abs. 4 S. 1 VwVfG und der darin enthaltenen zeitlichen Befristung des Planfeststellungsbeschlusses auf fünf Jahre kein Raum zu bleiben, so dass die Planfeststellungsbehörde vor dem Hintergrund der Beschleunigung des Übertragungsnetzausbaus in der AWZ eine im Einzelfall angemessene Frist zur Errichtung der Übertragungsnetzleitung setzen kann[639]. Kommt der Vorhabenträger dieser Aufforderung nicht nach, kann die Planfeststellungsbehörde den Planfeststellungsbeschluss nach Ablauf der Frist jederzeit aufheben. Damit ist die Geltungsdauer des Planfeststellungsbeschlusses im Bereich des Ausbaus von Übertragungsnetzleitungen, die zum Abtransport der aus den Offshore-Windparks in der AWZ erzeugten Elektrizität dienen, an keine feste zeitliche Befristung geknüpft.

ff. Wasserrechtliche Entscheidung

Im Gegensatz zum energiewirtschaftlichen Planfeststellungsverfahren nach §§ 43 ff. EnWG sowie zum Planfeststellungsverfahren nach §§ 18 ff. NABEG ist eine wasserrechtliche Erlaubnis bzw. Bewilligung nach Maßgabe von § 8 WHG im Rahmen der Planfeststellung gem. §§ 45 ff. WindSeeG in der AWZ mangels des Vorliegens einer entsprechenden Erstreckungsklausel dagegen nicht erforderlich. Insoweit wird gem. § 2 Abs. 1a WHG der Anwendungsbereich des WHG auf

---

638 Dazu ausführlich: Teil 3 B.III.1.d.ee.(1).

639 *Schmälter* in: Danner/Theobald, EnR, § 5 SeeAnlV, Rn. 13.

Meeresgewässer geregelt. Nach der Legaldefinition gem. § 3 Nr. 2a WHG werden von dem Begriff des Meeresgewässers neben den Küstengewässern auch die Gewässer in der AWZ umfasst. Ausweislich der Vorschrift nach § 2 Abs. 1a S. 1 WHG finden auf die Meeresgewässer in der AWZ allerdings nur die Vorschriften des § 23, des Kapitels 2 Abschnitt 3a (dies sind die Vorschriften der §§ 45a bis 45l) und § 90 WHG eine Anwendung. Damit hat der Gesetzgeber den Anwendungsbereich des WHG bewusst nur auf die vorgenannten Vorschriften beschränkt, so dass die allgemeinen Regelungen über die Bewirtschaftung der Gewässer gem. §§ 6 bis 24 WHG und damit auch die Vorschrift nach § 8 WHG auf die Meeresgewässer in der AWZ keine Anwendung finden[640].

Exkurs: Planfeststellung bei Erdverkabelung
Im Bereich der Erdverkabelung existiert überdies ein weiteres und einziges Landesgesetz, das trotz der dargestellten gesetzlichen Neuerungen auf Bundesebene gegenwärtig immer noch nicht aufgehoben wurde[641] und daher vorliegend eine Erwähnung verdient. Mit dem *Nds. ErdkabelG*[642] wird ebenfalls die Möglichkeit zur Antragstellung auf Planfeststellung einer Erdverkabelung von Hochspannungsleitungen mit einer Nennspannung von *mehr als 110 kV* geschaffen, § 1 Abs. 1 Nds. ErdkabelG, weshalb das Gesetz auch für Übertragungsnetzleitungen mit einer Nennspannung von mehr 220 kV, die in Niedersachsen errichtet werden, Anwendung findet. Das aus Sicht des niedersächsischen Landesgesetzgebers bestehende Erfordernis zur Schaffung der Möglichkeit der Planfeststellung einer Erdverkabelung von Übertragungsnetzleitungen dürfte wohl in der Tatsache begründet gewesen sein, dass es bis zur o. g. Novelle des § 43 EnWG bis Ende 2015 keine explizite Vorschriften in diesem Bereich gegeben hat, so dass die Erdverkabelung von Übertragungsnetzleitungen stets einer umständlichen Einzelgenehmigung bedurfte. Hier sah sich der niedersächsische Gesetzgeber wohl vor große Herausforderungen gestellt, da von dem in der bereits erwähnten „dena-Netzstudie I" aus dem Jahr 2005 festgestellten Bedarf von 850 Kilometern an neuen Höchstspannungstrassen bis zum Jahr 2015[643] alleine 400 Kilometer auf Niedersachsen entfielen. Mit dem am 13. Dezember 2007 verabschiedeten Nds. ErdkabelG wurde daher eine entsprechende Rechtsgrundlage für die Durchführung von Planfeststellungsverfahren im Bereich der Erdverkabelung von Übertragungsnetzleitungen geschaffen[644]. Da der Bundesgesetzgeber mit den Vorschriften gem. § 43 S. 1 Nr. 5 EnWG i. V. m. § 2 Abs. 5 und 6 BBPlG jedoch eine ausdrückliche gesetzliche Möglichkeit zur Planfeststellung im Bereich der Erdverkabelung von Übertragungsnetzleitungen geschaffen hat, ist nunmehr

---

640 *Faßbender* in: Landmann/Rohmer, UmweltR, WHG, § 2, Rn. 37a.
641 Stand 07/2017.
642 Nds. GVBl. 2007 S. 709 v. 18.12.2007.
643 Dazu ausführlich: Teil 2 A.IV.
644 *Ohms/Weiss* in: BerlKomnEnR, Vorbem. EnLAG, Rn. 19.

fraglich, ob die landesrechtliche Abweichung gem. dem Nds. ErdkabelG weiterhin zulässig ist.

Dies dürfte aufgrund der vom Bund ausgeübten Gesetzgebungsbefugnis und damit der Schaffung einer Rechtsgrundlage im Bereich der Erdverkabelung von Übertragungsnetzleitungen nunmehr wohl zu verneinen sein. Insoweit haben die Länder im Bereich der konkurrierenden Gesetzgebung gem. Art. 72 Abs. 1 GG die Befugnis zur Gesetzgebung, solange und soweit der Bund von seiner Gesetzgebungszuständigkeit nicht durch Gesetz Gebrauch macht. Die konkurrierende Gesetzgebung erstreckt sich gem. Art. 74 Abs. 1 Nr. 11 GG auf dem Gebiet des Rechts der Wirtschaft, zu dem ebenfalls die Energiewirtschaft und damit der Bereich des Übertragungsnetzausbaus gehört. Spätestens mit der Novellierung der Vorschriften gem. § 43 S. 1 Nr. 5 EnWG i. V. m. § 2 Abs. 5 und 6 BBPlG zum 21. Dezember 2015 hat der Bund nunmehr von seiner Gesetzgebungskompetenz im Rahmen der konkurrierenden Gesetzgebung im Bereich der Energiewirtschaft und damit im Bereich des Netzausbaus Gebrauch gemacht, so dass vorliegend für eine abweichende Regelungskompetenz der Länder zur Durchführung von Planfeststellungsverfahren im Bereich der Erdverkabelung von Übertragungsnetzleitungen daher kein Raum mehr besteht[645]. Folglich dürften die landesrechtlichen Regelungen gem. dem Nds. ErdkabelG nicht mehr rechtmäßig sein.

2. Rechtslage in Polen

a. Einzelgenehmigungen

aa. Gesamtüberblick

Das polnische Rechtssystem im Bereich der Zulassung von Netzausbauinvestitionen unterscheidet sich grundlegend von den deutschen Vorschriften. Aufgrund ihrer raumbezogenen Folgen bedürfen Netzinvestitionsvorhaben in Deutschland einer förmlichen Planfeststellung, bei welcher den Planfeststellungsbehörden ein planerischer Gestaltungsspielraum eingeräumt wird[646]. Die polnischen Rechtsvorschriften sehen dagegen kein mit der deutschen Rechtsordnung vergleichbares Planfeststellungsverfahren für Netzausbauinvestitionen vor. Daher richtet sich der Netzausbau in Polen nach den allgemeinen Rechtsvorschriften. Danach müssen für das jeweilige Ausbauvorhaben zwingend die nachfolgenden Einzelgenehmigungen (sowie ggfs. eine formelle Benachrichtigung) eingeholt werden,

---

645 So auch: *Missling* in: Danner/Theobald, EnR, Vor §§ 43 ff. EnWG, Rn. 80; zu diesem Ergebnis gelangt auch: *Rufin*, ZUR 2009, 66 (72), wobei diese im Zusammenhang mit dem Gebrauch der konkurrierenden Gesetzgebung durch den Bund bereits auf die Regelung zur Erdverkabelung von Pilotprojekten nach Maßgabe des § 2 Abs. 2 a. F. (gültig bis zum 21.12.2015) abstellt und damit zu einem früheren Zeitpunkt ansetzt.

646 Dazu ausführlich: Teil 3 B.III.1.a.

für die jeweils unterschiedliche Behörden zuständig sind. Zu den Einzelgenehmigungen gehören eine:

- *Entscheidung über Umweltbedingungen,*
- *Entscheidung über die Standortfestlegung,*
- Ggfs. *wasserrechtliche Erlaubnis,*
- *Baugenehmigung,*
- *Benachrichtigung über die Baufertigstellung* oder eine *Nutzungsgenehmigung.*

Eine Konzentration des Planungsverfahrens bei einer einzigen Behörde und damit die „Planung aus einer Hand", wie es nach deutscher Rechtslage der Fall ist, finden somit nicht statt. Mit der Einzelgenehmigung wird folglich die Vereinbarkeit des Bauvorhabens mit dem geltenden Recht festgestellt. Der wesentliche Unterschied zwischen den beiden Regelungssystemen besteht daher darin, dass das Bauvorhaben durch die Genehmigung nach polnischem Recht eine „Unbedenklichkeitsbescheinigung" erhält, wogegen der Planungsbehörde nach deutschem Recht eine planerische Einflussnahme auf das Bauvorhaben selbst eröffnet wird[647].

Obwohl auch die polnische Rechtsordnung mit dem *Gesetz zur Vorbereitung und Realisierung von strategischen Investitionen im Bereich des Übertragungsnetzes* (kurz: *Sondergesetz Übertragungsnetz (SÜN)*)) (poln. *Ustawa o przygotowaniu i realizacji strategicznych inwestycji w zakresie sieci przesyłowych*) ein spezialgesetzliches Beschleunigungsinstrument im Bereich des Übertragungsnetzausbaus vorsieht, wird nach der polnischen Rechtslage – im Gegensatz zu den deutschen Vorschriften – nicht zwischen verschiedenen Leitungsarten und damit auch nicht zwischen unterschiedlichen Genehmigungssystemen differenziert. Der Grund dafür liegt in dem unterschiedlichen Planungs- bzw. Genehmigungssystem beider Rechtsordnungen. Denn während für länderübergreifende und grenzüberschreitende Höchstspannungsleitungen sowie Offshore-Anbindungsleitungen mit dem NABEG ein von den allgemeinen Vorschriften gem. §§ 43 ff. EnWG abweichendes Planfeststellungsverfahren sowie eine gesonderte Bundesfachplanung vorgesehen ist, werden im Rahmen des polnischen SÜN im Großen und Ganzen nur die Regelungen im Zusammenhang mit der *Entscheidung über die Standortfestlegung* von dem Regelungsinhalt her abgeändert, so dass für den Ausbau der im Anhang zum SÜN genannten Netzleitungen trotz dessen auch weiterhin die übrigen Genehmigungen einzuholen sind[648].

Ein weiterer Unterschied zwischen der deutschen und polnischen Rechtsordnung besteht ebenfalls auch darin, dass das polnische Genehmigungsverfahren von Netzausbauvorhaben im Offshore-Bereich im Wesentlichen demselben Muster wie an Land folgt. Daher sind auch für Netzausbauvorhaben

647 Zum Unterschied zwischen einer Genehmigung und der Planfeststellung nach deutschem Recht vgl.: Teil 3 B.III.1.a.

648 Dazu ausführlich: Teil 3 B.III.2.b.cc.(1).

im Offshore-Bereich im Großen und Ganzen dieselben Einzelgenehmigungen wie an Land einzuholen, wobei in diesem Bereich einige gesetzliche Besonderheiten zu beachten sind. Aus diesem Grund wird zunächst das allgemeine Genehmigungsprocedere im Onshore-Bereich dargestellt. Im Anschluss daran erfolgt eine Darstellung der spezialgesetzlichen Sondervorschriften gem. SÜN. Den Schluss bildet sodann das Genehmigungsverfahren von Netzausbauvorhaben im Offshore-Bereich.

bb. Entscheidung über Umweltbedingungen

(1) Rechtsdogmatische Einordnung

Um die *Entscheidung über Umweltbedingungen* (poln. *decyzja o środowiskowych uwarunkowaniach*) rechtsdogmatisch besser einordnen zu können, bietet es sich zunächst an, deren Rechtscharakter kurz darzustellen. Bei der Entscheidung über Umweltbedingungen handelt es sich um eine Genehmigung, in der konkrete Umweltanforderungen an das Vorhaben gestellt werden und ohne deren Erfüllung die Realisierung des Vorhabens nicht zulässig ist[649]. Dabei hat die Entscheidung über Umweltbedingungen Vorrang gegenüber allen anderen Genehmigungen, die im Rahmen des Übertragungsnetzausbaus erforderlich sind. Dies ergibt sich aus Art. 72 Abs. 1 UÖUG. Danach ist die Entscheidung über Umweltbedingungen noch vor der *Baugenehmigung* (vgl. Art. 72 Abs. 1 Nr. 1) sowie vor der *Entscheidung über die Standortfestlegung für eine Investition zu Gemeinwohlzwecken* (vgl. Art. 72 Abs. 1 Nr. 3) und vor der *wasserrechtlichen Genehmigung* (vgl. Art. 72 Abs. 1 Nr. 6 UÖUG) einzuholen. Entsprechendes gilt auch im Rahmen des Verfahrens zur Einholung der *Entscheidung über die Standortfestlegung einer Investition im Bereich des Übertragungsnetzes*, vgl. Art. 72 Abs. 1 Nr. 22 UÖUG. Davon darf auch nicht abgewichen werden. Sollten die nachrangigen Genehmigungen trotzdem noch vor der Entscheidung über Umweltbedingungen erteilt werden, so führt dies zu deren Unwirksamkeit[650].

(2) Sachlicher Anwendungsbereich

Gem. Art. 71 Abs. 2 UÖUG bedürfen Vorhaben, welche sich auf die Umwelt auswirken können, der vorherigen Einholung einer Entscheidung über Umweltbedingungen. Nach dieser Vorschrift wird zwischen Vorhaben mit obligatorischer (Nr. 1) oder fakultativer (Nr. 2) Umweltauswirkung unterschieden. Zu der ersten Gruppe gehören Vorhaben, die sich *stets wesentlich* auf die Umwelt auswirken können. Zu der zweiten Gruppe gehören dagegen Vorhaben, die sich *möglicherweise*

---

649 *Wójcik*, Entscheidung über Umweltbedingungen, S. 3, URL: www.korfantow.pl/download/attachment/28630/decyzja-o-srodowiskowych-uwarunkowaniach-oraz-ocena-oddzialywania-przedsiewziecia-na-srodowisko-poradnik-dla-inwestora.doc (letzter Abruf: 07.04.2018).

650 *Zapolska* in: Jeżyńska/Kruk, Umweltschutz, S. 244.

auf die Umwelt auswirken können[651]. Diese zunächst unbestimmten Rechtsbegriffe werden in der *Ministerverordnung über Vorhaben mit Umweltauswirkungen* (poln. *Rozporządzenie Rady Ministrów w sprawie przedsięwzięć mogących znacząco oddziaływać na środowisko*) näher konkretisiert[652]. Zu Vorhaben, die sich „stets wesentlich" auf die Umwelt auswirken können, zählen gem. § 2 Abs. 1 Nr. 6 der Verordnung demnach die Errichtung von Energiestationen sowie Elektrizitätsfreileitungen mit einer Spannung von mindestens 220 kV und einer Länge von mindestens 15 Kilometern. Da Übertragungsnetzleitungen eine Spannung von mehr als 220 kV und in der Regel auch eine Länge von mehr als 15 Kilometern aufweisen, handelt es sich hierbei um Vorhaben, die sich „stets wesentlich" auf die Umwelt auswirken können, so dass damit die Einholung einer Entscheidung über Umweltbedingungen erforderlich ist.

(3) Formell-rechtliche Anforderungen

(a) Zuständigkeit

Zuständig für die Erteilung der Entscheidung über Umweltbedingungen sind gem. Art. 75 Abs. 1 Nr. 4 UÖUG grundsätzlich der Gemeindevorsteher, der Bürgermeister oder der Stadtpräsident. Im Zusammenhang mit der Errichtung von Elektrizitätsleitungen wird hiervon abweichend die Zuständigkeit beim regionalen Direktor für Umweltschutz begründet, vgl. Art. 75 Abs. 1 Nr. 1 i. V. m. Art. 123, Art. 130 UÖUG. Dies gilt auch für Errichtung von Elektrizitätsleitungen, die im Anhang zu Art. 2 SÜN festgelegt wurden, vgl. Art. 75 Abs. 1 Nr. 1k) UÖUG. Bei Elektrizitätsleitungen, die sich über mehrere Woiwodschaften hinaus erstrecken, ist gem. Art. 75 Abs. 5 UÖUG derjenige regionale Direktor für Umweltschutz zuständig, auf dessen Gebiet sich der größte Teil des Bauvorhabens befindet, wobei mit den übrigen Direktoren ein Einvernehmen[653] herzustellen ist.

(b) Öffentlichkeitsbeteiligung

(aa) Rechtsdogmatische Einordnung

Die Beteiligung der Öffentlichkeit und damit das allgemeine Recht, Einwendungen zu erheben und Anträge im öffentlichen Interesse zu stellen, nimmt in der polnischen Rechtsordnung einen ganz besonderen Stellenwert ein, der mit der

---

651 *Knopp/Zgolak*, WiRO 2013, 97 (101).

652 *Zapolska* in: Jeżyńska/Kruk, Umweltschutz, S. 240, URL: http://phavi.umcs.pl/at/attachments/2017/1024/053847-prawne-instrumenty-ochrony-srodowiska-red-b-jezynska-e-kruk-.pdf (letzter Abruf: 13.04.2018).

653 Zum Rechtscharakter des „Einvernehmens" in der polnischen Rechtsordnung vgl. ausführlich: Teil 3 C.I.1.b.bb.(2).

Vorschrift gem. Art. 63 sogar einen Einzug in die *Polnische Verfassung* (kurz: *PV*) (poln. *Konstytucja Rzeczypospolitej Polskiej*) gefunden hat. Vor diesem Hintergrund enthält der Abschnitt VIII des PVerwVfG (vgl. Art. 221 bis 259), welches grundsätzlich bei administrativen Handlungen, mithin auch im Zusammenhang mit der Erteilung der Entscheidung über Umweltbedingungen, anzuwenden ist, allgemeine Vorschriften, die das verfassungsrechtlich garantierte Recht zur Erhebung von Einwendungen und zur Stellung von Anträgen im öffentlichen Interesse näher konkretisieren. Das PVerwVfG enthält allerdings keine konkreten Vorschriften zur Beteiligung der Öffentlichkeit im engeren Sinne, wie beispielsweise Regelungen zum Verfahrensablauf[654]. Vor diesem Hintergrund hat der polnische Gesetzgeber es für notwendig gehalten, die Beteiligung der Öffentlichkeit im Rahmen der umweltrechtlichen Verfahren nach Maßgabe des UÖUG näher zu regeln. In diesem Zusammenhang wurde mit den Vorschriften im Art. 29 bis Art. 45 UÖUG ein eigener Abschnitt III für die Beteiligung der Öffentlichkeit in umweltrechtlichen Angelegenheiten eingeführt. Diese Vorschriften sind *leges speciales* und verdrängen die allgemeinen verwaltungsrechtlichen Beteiligungsvorschriften der Art. 221 bis 259 PVerwVfG. Dies spiegelt sich in der Vorschrift des Art. 32 UÖUG wider, wonach der Abschnitt VIII des PVerwVfG im Rahmen der Verfahren i. S. d. UÖUG nicht anzuwenden ist.

(bb) Anwendbarkeit

Des Weiteren ist im Rahmen der umweltrechtlichen Öffentlichkeitsbeteiligung nach Maßgabe des UÖUG eine weitere gesetzliche Besonderheit zu beachten. Denn die Vorschriften zur Beteiligung der Öffentlichkeit gem. Abschnitt III des UÖUG sind in vier Unterabschnitte gegliedert. Dabei wird u. a. zwischen der Beteiligung der Öffentlichkeit bei *Entscheidungen* (vgl. Art. 33 bis 38) und bei *Umweltprüfungen*[655] (vgl. Art. 39 bis 43 UÖUG) unterschieden. Zu den *Entscheidungen* zählt die gegenständliche Entscheidung über Umweltbedingungen i. S. d. Art. 71 ff. UÖUG. Dagegen werden unter dem Begriff *Umweltprüfungen* die *Strategische Umweltprüfung (SUP)* (poln. *strategiczna ocena oddziaływania na środowisko*) gem. Art. 46 ff. und die *Umweltverträglichkeitsprüfung (UVP)* (poln. *ocena oddziaływania na środowisko)* i. S. d. Art. 59 ff. UÖUG subsumiert. Folglich wird

---

654 *Jendrośka/Bar*, UVP, S. 35, URL: http://www.zefe.org/images/media/ocena.raport/OOS-Training-Manual.pdf (letzter Abruf: 07.04.2018).

655 Der polnische Gesetzgeber verwendet den Begriff „*Dokumenty*". Dieser Begriff kann ins Deutsche als „Unterlagen" oder „Dokumente" übersetzt werden, vgl. PONS, Online-Übersetzung, URL: https://de.pons.com/%C3%BCbersetzung?q=dokumenty&l=depl&in=&lf=pl&qnac= (letzter Abruf: 24.10.2019). Von diesem Begriff werden ausweislich der gesetzlichen Überschrift die SUP und UVP umfasst. Hierbei handelt es sich im Ergebnis um Umweltprüfungen. Daher wird als Übersetzung für den polnischen Begriff „*Dokumenty*" nachfolgend der Begriff „*Umweltprüfungen*" verwendet.

die Beteiligung der Öffentlichkeit in beiden Verfahren nach unterschiedlichen Vorschriften geregelt, auch wenn sich deren Regelungsinhalte in vielen Punkten überschneiden. Den speziellen Vorschriften werden im Art. 29 bis 32 UÖUG allgemeine Regelungen zur Öffentlichkeitsbeteiligung vorangestellt. Diese Vorschriften finden in beiden Verfahren dieselbe Anwendung. Um den Unterschied hinsichtlich des Verfahrens zur Beteiligung der Öffentlichkeit nach Maßgabe des UÖUG allerdings besser verstehen zu können, muss zunächst die gesetzliche Systematik veranschaulicht werden.

(cc) Systematische Abgrenzung

Denn bei Vorhaben, die sich *stets wesentlich* oder *möglicherweise* auf die Umwelt auswirken können[656], ist mit dem Antrag auf Erteilung einer Entscheidung über Umweltbedingungen gleichzeitig auch ein UVP-Verfahren nach Maßgabe von Art. 59 ff. UÖUG durchzuführen, vgl. Art. 61 Abs. 1 Nr. 1 UÖUG i. V. m. Art. 61 Abs. 1 PVerwVfG. Bei dem UVP-Verfahren handelt es sich jedoch nicht wie nach der deutschen Rechtsordnung um einen Teilaspekt des gesamten Genehmigungsverfahrens. Das polnische UVP-Verfahren ist vielmehr ein selbständiges Verfahren, dessen Ergebnis in die Entscheidung über Umweltbedingungen einfließt, vgl. Art. 61 Abs. 2 UÖUG[657]. Dennoch beinhaltet die Entscheidung im UVP-Verfahren keine materielle Bindungswirkung gegenüber der Entscheidung über Umweltbedingungen, so dass im Rahmen dessen auch grundsätzlich davon abgewichen werden kann[658]. Daher ist bei Vorhaben mit obligatorischer oder fakultativer Umweltauswirkung – ungeachtet der Durchführung eines Verfahrens zur Erteilung einer Entscheidung über Umweltbedingungen – stets ein selbständiges UVP-Verfahren durchzuführen (vgl. Art. 59 Abs. 1 UÖUG). Aus diesem Grund wird das Verfahren zur Beteiligung der Öffentlichkeit gem. Abschnitt III des UÖUG sowohl für die UVP/SUP (vgl. Art. 39 bis 43) als auch für die Entscheidung über Umweltbedingungen (vgl. Art. 33 bis 38) durch unterschiedliche Vorschriften geregelt und durch die allgemeinen Regelungen gem. Art. 29 bis 32 UÖUG ergänzt.

(dd) Verfahren

Die Pflicht zur Durchführung einer Öffentlichkeitbeteiligung vor Erlass einer Entscheidung über Umweltbedingungen wird in Art. 79 Abs. 1 UÖUG bestimmt. Zuständig für die Durchführung der Öffentlichkeitsbeteiligung ist aufgrund der o. g. Sonderzuweisung im Bereich der Errichtung von Elektrizitätsleitungen der regionale Direktor für Umweltschutz. Die Öffentlichkeitsbeteiligung wird mit einer öffentlichen Bekanntmachung über den Antrag auf Erteilung

---

656 Dazu ausführlich: Teil 3 B.III.2.a.bb.(2).
657 Zum polnischen *UVP-Verfahren* vgl. ausführlich: Teil 3 B.III.2.a.bb.(6).
658 *Knopp/Zgolak*, WiRO 2013, 97 (101).

der Entscheidung über Umweltbedingungen eingeleitet, vgl. Art. 21 Abs. 2 Nr. 9 UÖUG. Diesbezüglich hat das zuständige Organ eine Vorlage zu verwenden, wobei nähere Angaben zum Verfahren, wie beispielsweise das Aktenzeichen der Behörde oder das Datum der Antragsstellung, darzulegen sind. Der genaue Inhalt der Vorlage in Angelegenheiten, die im Wege einer *Entscheidung* beschlossen werden, ist als Anhang B der vom Umweltminister erlassenen *Verordnung zur Konkretisierung eines Musters für ein öffentlich zugängliches Datenverzeichnis über Informationsdokumente im Bereich von Umwelt und deren Schutz* (poln. *Rozporządzenie Ministra w sprawie określenia wzoru dostępnego wykazu danych o dokumentach zawierających informacje o środowisku i jego ochronie*) geregelt. Die gesetzliche Legitimation zum Erlass der Verordnung folgt aus Art. 23 Abs. 2 UÖUG. Die öffentliche Bekanntmachung wird in elektronischer Form durchgeführt und im öffentlichen Mitteilungsblatt[659] zugänglich gemacht, vgl. Art. 23 Abs. 1 UÖUG.

Die weiteren formellen Voraussetzungen der Öffentlichkeitsbeteiligung werden in der Vorschrift des Art. 33 UÖUG geregelt. Danach hat das zuständige Organ die Öffentlichkeit insbesondere darüber zu informieren, an welchem Ort die Unterlagen ausgelegt werden (vgl. Art. 33 Abs. 1 Nr. 5) oder in welcher Form und an welchem Ort etwaige Einwendungen und Anträge gestellt werden können. Die öffentliche Information wird dabei am Sitz des Organs sowie in der Nähe des Vorhabens ausgehängt[660]. Soweit das Vorhaben mehrere Gemeinden betrifft, erfolgt die Information durch Mitteilung in der regionalen Presse oder durch Ankündigung in der Art und Weise, die im Rahmen solcher Vorhaben üblich ist. Falls das Organ eine Internetpräsentation hat, erfolgt die Information auch auf der Internetseite[661].

Anders als nach deutschem Recht, wo die Planunterlagen zunächst regelmäßig für die Dauer von einem Monat ausgelegt werden (vgl. § 73 Abs. 3 S. 1) und etwaige Einwendungen bis zwei Wochen nach Ablauf der Auslegungsfrist erhoben werden können (vgl. § 73 Abs. 4 S. 1 VwVfG), können Einwendungen und Anträge nach polnischem Recht nur innerhalb einer Frist von 30 Tagen geltend gemacht werden, vgl. Art. 33 Abs. 1 Nr. 7 UÖUG. Maßgeblich sind dabei Kalendertage. Für die Fristenberechnung sind die Vorschriften gem. Art. 57 ff. PVerwVfG heranzuziehen[662]. Demnach bleibt bei der Berechnung der 30-tägigen Frist der Tag des Ereignisses, mithin der Tag der Information, unberücksichtigt, vgl. Art. 57 § 1 PVerwVfG.

659 Zum öffentlichen Mitteilungsblatt ausführlich: Teil 3 B.II.2.d.bb.(3)(c)(aa).
660 *Zapolska* in: Jeżyńska/Kruk, Umweltschutz, S. 248.
661 *Zapolska* (vorige Fn).
662 *Zapolska* (Fn. 660).

(ee) Beteiligtenfähigkeit

Im Rahmen der Öffentlichkeitsbeteiligung hat *jeder* das Recht, Einwendungen zu erheben und Anträge zu stellen, vgl. Art. 29 UÖUG. Unter dem Begriff „*jeder*" werden sowohl natürliche als auch juristische Person sowie Organisationen verstanden, unabhängig von der Staatsangehörigkeit, dem Wohnsitz oder der Niederlassung. Eine durch das Vorhaben ausgehende rechtliche oder tatsächliche Betroffenheit ist nicht erforderlich[663]. Umweltvereinigungen werden davon aber nicht umfasst. Deren Beteiligungsmöglichkeit wird mit den Vorschriften der Art. 44 und Art 45 UÖUG in einem separaten Teilabschnitt geregelt. Die Beteiligtenfähigkeit für Umweltvereinigungen knüpft gem. Art. 44 Abs. 1 UÖUG an deren faktische Tätigkeit im Bereich des Umweltschutzes an. Danach sind nur Umweltvereinigungen beteiligtenfähig, die ihre Tätigkeit mindesten 12 Monate vor der Geltendmachung ihrer Einwendungen oder Anträge im Rahmen des jeweiligen Vorhabens aufgenommen haben. Die Umweltvereinigungen sind ferner ebenfalls klagebefugt, vgl. Art. 44 Abs. 2 UÖUG.

(c) Behördenbeteiligung

(aa) Systematische Einordnung

Die polnische Behördenbeteiligung im Zusammenhang mit dem Verfahren auf Erteilung der Entscheidung über Umweltbedingungen folgt ebenfalls einem anderen Prinzip, als dies für Behördenbeteiligungen in Planfeststellungsverfahren nach deutschem Recht vorgesehen ist. Dies ist auf die Tatsache zurückzuführen, dass raumbedeutsame Bauvorhaben in Deutschland grundsätzlich einer Planfeststellung bedürfen[664], wogegen nach polnischer Rechtslage jeweils die vorgenannten Einzelgenehmigungen einzuholen sind. Aus diesem Grund wird das gesamte Planfeststellungsverfahren nach deutschem Recht bei einer einzigen Behörde konzentriert, weshalb die Entscheidung einer anderen Fachbehörde, die für die Erteilung einer Genehmigung nach materiellem Recht grundsätzlich zuständig gewesen wäre (beispielsweise: Baubehörde), ersetzt wird[665]. Im Gegensatz dazu bleiben die Behörden bzw. Organe nach polnischer Rechtsordnung für die Erteilung der jeweiligen Fachgenehmigung weiterhin originär zuständig, so dass ihr Aufgabenbereich damit nicht tangiert wird. Daher werden nach deutschem Recht gem. § 73 Abs. 2 VwVfG die Behörden beteiligt, deren Aufgabenbereich von der Entscheidung im Planfeststellungsverfahren berührt wird. Im Rahmen des polnischen Verfahrens zur Erteilung der gegenständlichen Entscheidung über Umweltbedingungen ist nach Art. 77 UÖUG dagegen nur die

---

663 *Jendrośka/Bar*, UVP, S. 42.
664 Dazu ausführlich: Teil 3 B.III.1.a.
665 *Kämper* in: BeckOK VwVfG, § 73, Rn. 17.

Beteiligung ganz konkreter Behörden bzw. Organe vorgesehen und zwar solcher, deren Aufgabenbereich die Entscheidung über Umweltbedingungen mit umfasst. Daher kommt auch die Entscheidung über Umweltbedingungen nach polnischer Rechtsordnung zumindest gegenüber anderen Organen im Bereich des Umweltschutzes eine gewisse „Konzentrationswirkung“ zu, auch wenn dabei zu berücksichtigen ist, dass neben der Entscheidung über Umweltbedingungen keine weitere Entscheidung im Bereich des Umweltschutzes mehr erforderlich ist[666]. Folglich sind auch nur die im Art. 77 UÖUG ausdrücklich genannten Behörden bzw. Organe zu beteiligen.

(bb) Beteiligtenkreis

Zu den im Beteiligtenkatalog des Art. 77 UÖUG genannten Behörden bzw. Organen gehören primär der Umweltminister sowie der Generaldirektor für Umweltschutz, mit denen sich der für die Entscheidung über Umweltbedingungen im Rahmen des Netzausbaus zuständige regionale Direktor für Umweltschutz *abzustimmen*[667] hat, sofern sich das Ausbauvorhaben auf einen Nationalpark oder auf ein Naturschutzgebiet auswirken kann, vgl. Art. 77 Abs. 1 Nr. 1a) und Nr. 1b) UÖUG. Dabei stimmen sich die Organe insbesondere über mögliche Vorhabenalternativen oder Ausgleichsmaßnahmen ab.

Mit dem zum 1. Januar 2018 in Kraft getretenen WasserG wurde zudem das Erfordernis einer Abstimmung mit dem für die *wasserrechtliche Bewertung*[668] zuständigen Direktor der regionalen Wasserwirtschaftsbehörde Polnische Gewässer eingeführt, vgl. Art. 77 Abs. 1 Nr. 4 UÖUG i. V. m. Art. 397 Abs. 3 Nr. 1b, Art. 388 Abs. 1 Nr. 3 WasserG. Gem. den Übergangsvorschriften der Art. 545 Abs. 1 i. V. m. Art. 509 WasserG gilt dieses Erfordernis auch für Vorhaben, die vor dem Inkrafttreten des Gesetzes ausgesetzt oder bei denen das Verfahren über die Erteilung der Entscheidung über Umweltbedingungen noch nicht beendet waren. Sollte der Direktor der regionalen Wasserwirtschaftsbehörde allerdings zu der Einschätzung gelangen, dass das Vorhaben mit den in Art. 56, 57, 59 und Art. 61 WasserG normierten Umweltzielen nicht vereinbar ist (vgl. Art. 77 Abs. 5a UÖUG), so ist der Antrag auf Erlass der Entscheidung über Umweltbedingungen durch das zuständige Organ zwingend abzulehnen, vgl. Art. 81 Abs. 3 UÖUG.

666 Eine Ausnahme davon bildet eine *wasserrechtliche Erlaubnis*. Zur *wasserrechtlichen Erlaubnis* vgl. ausführlich: Teil 3 B.III.2.a.dd.

667 Der vorliegende Begriff der „Abstimmung“ ist nicht zu verwechseln mit dem gleichen im Rahmen des Art. 16 Abs. 13 EnR verwendeten Begriff. Zu dieser Problematik vgl. ausführlich: Teil 3 B.II.2.c.dd. Zum Rechtscharakter der „Abstimmung“ in der polnischen Rechtsordnung vgl.: Teil 3 B.III.2.a.bb.(3)(c)(cc).

668 Zur *wasserrechtlichen Bewertung* vgl. ausführlich: Teil 3 B.III.2.a.dd.(3).

Des Weiteren ist gem. Art. 77 Abs. 1 Nr. 2 i. V. m. Art. 78 UÖUG eine Stellungnahme[669] des Staatlichen Sanitärinspektors einzuholen. Fraglich ist, ob auch das Organ zu beteiligen, welches für den Erlass einer sog. *integrierten Genehmigung* nach Maßgabe von Art. 201 Abs. 1 des *Umweltschutzgesetzes* (kurz: *UmwSchG*) (poln. *Prawo ochrony środowiska*) zuständig ist. Eine solche Beteiligungspflicht wird in der Vorschrift gem. Art. 77 Abs. 1 Nr. 3 UÖUG normiert. Bei der integrierten Genehmigung handelt es sich um eine nach deutschem Recht mit der immissionsrechtlichen Genehmigung i. S. d. BImSchG vergleichbare Verwaltungsentscheidung. Die Pflicht zur Beteiligung dieses Organes gilt allerdings nur dann, wenn für das Vorhaben, für welches die Entscheidung über Umweltbedingungen beantragt wurde, auch die Einholung einer integrierten Genehmigung notwendig ist. Wann eine solche Genehmigung einzuholen ist, wird in der *Verordnung des Umweltministers über Festlegungen von Installationen mit erheblichem Verschmutzungspotential für natürliche Elemente oder für die gesamte Umwelt* (poln. *Rozporządzenie Ministra Środowiska w sprawie rodzajów instalacji mogących powodować znaczne zanieczyszczenie poszczególnych elementów przyrodniczych albo środowiska jako całości*) näher geregelt. Diese Verordnung normiert – ähnlich wie die BImSchV nach deutschem Recht – genehmigungspflichtige Vorhaben, die unter dem Anwendungsbereich der integrierten Genehmigung fallen. Derartige genehmigungspflichtige Vorhaben im Energiebereich werden unter Ziffer 1 der Verordnung unter der Überschrift „Anlagen zur Erzeugung von Energie und Brennstoffen" enumerativ aufgezählt. Hierunter fallen allerdings keine Elektrizitätsleitungen. Aus diesem Grund ist für den Ausbau von Elektrizitätsleitungen – unabhängig von ihrer Spannung – keine integrierte Genehmigung nach Maßgabe von Art. 201 Abs. 1 des *Umweltschutzgesetzes* notwendig. Daher ist die Einholung einer Stellungnahme des für die integrierte Genehmigung zuständigen Organs im Rahmen des Übertragungsnetzausbaus nicht erforderlich.

(cc) Rechtsform

Im Gegensatz zu der netzausbauplanungsrechtlichen Vorschrift gem. Art. 16 Abs. 13 EnR[670] wird die Rechtsform der *Abstimmung* zwischen der für die Erteilung der Entscheidung über Umweltbedingungen zuständigen Behörde und den soeben erwähnten Einzelbehörden konkret geregelt. Insoweit hat die Abstimmung gem. Art. 77 Abs. 3 UÖUG im Wege eines *Beschlusses* (poln. *postanowienie*) zu erfolgen. Bei dem *Beschluss* handelt es sich um einen mit der *Entscheidung*[671] vergleichbaren administrativen Akt, dessen Voraussetzungen in Art. 123 ff. PVerwVfG näher

669 Zum Rechtscharakter der „Stellungnahme" in der polnischen Rechtsordnung vgl.: Teil 3 B.II.2.c.bb.(3)(e).

670 Zur Problematik der rechtlichen Einordnung des Begriffes „Abstimmung" im Rahmen der gesetzlichen Netzausbauplanung gem. Art. 16 Abs. 13 EnR vgl. ausführlich: Teil 3 B.II.2.c.dd.

671 Zum Rechtscharakter einer „Entscheidung" in der polnischen Rechtsordnung vgl. oben, Fn. 476.

geregelt werden. Mit dem Beschluss wird nicht über die Angelegenheit selbst bestimmt, sondern über Verfahrensfragen[672]. Seine Tatbestandsvoraussetzungen werden in Art. 124 PVerwVfG näher geregelt und entsprechen den wesentlichen Tatbestandsvoraussetzungen einer Entscheidung. Das Organ ist an den Beschluss gebunden[673]. Das bedeutet, dass die zwischen den Behörden getroffenen Einzelheiten, die im Rahmen des Beschlusses festgehalten wurden, in die Entscheidung über Umweltbedingungen einfließen müssen. Dies wird in der Vorschrift des Art. 80 Abs. 1 Nr. 1 UÖUG klargestellt. Danach müssen die Ergebnisse der Abstimmung in der Entscheidung über Umweltbedingungen berücksichtigt werden. Das ist ein wesentlicher Unterschied zu der Behördenbeteiligung in Planfeststellungsverfahren nach deutschem Recht. Denn die Planfeststellungsbehörde ist nach h. M. nicht an die Stellungnahmen der beteiligten Behörden gebunden. Insoweit ist das Vorbringen (nur) als Abwägungsmaterial in der Planfeststellungsentscheidung zu berücksichtigen[674].

(4) Materiell-rechtliche Anforderungen

Der materiell-rechtliche Inhalt der Entscheidung über Umweltbedingungen wird in Art. 82 Abs. 1 UÖUG geregelt. Danach werden in der Entscheidung über Umweltbedingungen insbesondere Festlegungen zum Standort des Vorhabens, zur Art der Umweltnutzung im Rahmen der Bauphase, zu Kompensationsflächen oder allgemeinen Umweltschutzmaßnahmen etc. getroffen.

(5) Ergebnis

Die Entscheidung über Umweltbedingungen wird in der Form eines administrativen Aktes erlassen[675], gegen den ein Widerspruch (poln. *odwołanie*) nach Maßgabe von Art. 127 § 1 PVerwVfG statthaft ist[676]. Die Frist für die Widerspruchseinlegung beträgt dabei 14 Tagen ab Zugang der Entscheidung, vgl. Art 111 § 1 PVerwVfG. Zuständig für die Durchführung des Widerspruchsverfahrens ist gem. Art. 127 § 2 PVerwVfG das nächsthöhere Organ, mithin die Widerspruchskammer der lokalen Regierung, vgl. Art. 17 Nr. 1 PVerwVfG.

---

672 *Majerczyk*, Entscheidung und Entscheid, S. 4, URL: https://www.arslege.pl/5243/materialy-edukacyjne/6476/decyzja-i-postanowienie-w-kpa/ (letzter Abruf: 12.04.2018).

673 *Iławska*, Entscheidung, S. 1, URL: https://www.arslege.pl/10135/materialy-edukacyjne/7546/decyzja-postanowienie-skarga/ (letzter Abruf: 12.04.2018).

674 *Kämper* in: BeckOK VwVfG, § 73, Rn. 23.

675 *Kosieradzka-Federczyk*, Entscheidung über Umweltbedingungen, S. 48 f, URL: http://apcz.umk.pl/czasopisma/index.php/PPOS/article/view/PPOS.2013.009 (letzter Abruf: 13.04.2018).

676 *Florkiewicz/Kawicki*, Verwaltungsverfahren, S. 44.

(6) Annex: Umweltverträglichkeitsprüfung (UVP)

(a) Formell-rechtliche Anforderungen

(aa) Verfahren

Da sich Netzausbauvorhaben im Übertragungsnetz stets wesentlich auf die Umwelt auswirken können[677], muss neben der Entscheidung über Umweltbedingungen zudem eine eigenständige UVP durchgeführt werden[678], vgl. Art. 59 Abs. 1 Nr. 1 UÖUG. Obwohl die Durchführung einer UVP auch bei anderen Einzelgenehmigungsverfahren erforderlich werden kann, wird im Rahmen desselben Vorhabens allerdings nur eine einzige UVP durchgeführt[679]. Daher wird beispielsweise auch im Rahmen einer baurechtlichen Genehmigung, im Rahmen derer gem. § 49 Abs. 4a des polnischen *Baugesetzes* (kurz: *BauG*) (poln. *Prawo budowlane*) ebenfalls die Durchführung einer UVP erforderlich werden kann, nichtsdestotrotz keine weitere UVP mehr durchgeführt, sofern diese bereits im Rahmen der Entscheidung über Umweltbedingungen erfolgt ist. Dabei liegt die Zuständigkeit für die Durchführung des UVP-Verfahrens bei Vorhaben, die sich stets wesentlich auf die Umwelt auswirken können, beim regionalen Direktor für Umweltschutz, vgl. Art. 61 Abs. 2 UÖUG. Damit wird die fachliche Zuständigkeit bei derartigen Vorhaben sowohl im Rahmen der UVP als auch bei der Entscheidung über Umweltbedingungen bei demselben Organ gebündelt Das UVP-Verfahren wird automatisch mit dem Antrag des Vorhabenträgers auf Erlass einer Entscheidung über Umweltbedingungen eröffnet.

(bb) Öffentlichkeitsbeteiligung

Abweichend von den Vorschriften zur Öffentlichkeitsbeteiligung im Rahmen der Entscheidung über Umweltbedingungen (vgl. Art. 33 ff.) gelten für die Beteiligung der Öffentlichkeit im UVP-Verfahren die Vorschriften gem. Art. 39 ff. UÖUG[680]. Dennoch unterscheiden sich diese Regelungen hinsichtlich des Ablaufs der Öffentlichkeitsbeteiligung nur wenig voneinander. Eine Ausnahme hiervon bildet jedoch die Möglichkeit, Einwendungen zu erheben. Denn während Einwendungen und Anträge im Rahmen der Entscheidung über Umweltbedingungen innerhalb einer Frist von 30 Tagen geltend gemacht werden können[681],

677 Dazu ausführlich: Teil 3 B.III.2.a.bb.(2).

678 Bzgl. der rechtsdogmatischen Einordnung der UVP und ihrer Rechtswirkung im Rahmen der Entscheidung über Umweltbedingungen wird auf die vorstehenden Ausführungen gem. Teil 3 B.III.2.a.bb.(3)(b) verwiesen.

679 *Florkiewicz/Kawicki*, Verwaltungsverfahren, S. 21.

680 Dazu ausführlich: Teil 3 B.III.2.a.bb.(3)(b)(bb).

681 Dazu ausführlich: Teil 3 B.III.2.a.bb.(3)(b)(dd).

beträgt diese Frist im Rahmen des UVP-Verfahrens lediglich 21 Tage, vgl. Art. 39 Abs. 1 Nr. 4 UÖUG. Im Übrigen wird auf die Ausführungen zur Öffentlichkeitsbeteiligung im Rahmen der Entscheidung über Umweltbedingungen verwiesen[682].

(cc) Behördenbeteiligung

Eine Behördenbeteiligung findet im Rahmen des UVP-Verfahrens nicht statt.

(b) Materiell-rechtliche Anforderungen

Der Vorhabenträger hat einen *UVP-Bericht* (poln. *Raport o oddziaływaniu przedsięwzięcia na środowisko*) vorzulegen. Dabei bildet der UVP-Bericht die materiellrechtliche Grundlage im UVP-Verfahren. In diesem Zusammenhang stehen dem Vorhabenträger zwei Vorgehensweisen zur Auswahl. Danach kann der Vorhabenträger den UVP-Bericht bereits im Antrag auf Erteilung der Entscheidung über Umweltbedingungen vorlegen, vgl. Art. 74 Abs. 1 Nr. 1 UÖUG. In diesem Fall muss der Inhalt des UVP-Berichts den gesetzlichen Anforderungen nach Maßgabe der Art. 66 Abs. 1 i. V. m. Art. 62 Abs. 1 UÖUG entsprechen. Danach müssen in dem UVP-Bericht insbesondere die Auswirkungen des geplanten Vorhabens auf Umwelt und Menschen unter Berücksichtigung der lokalen, projektbezogenen, technologischen, technischen und organisatorischen Lösungen des Vorhabenträgers konkretisiert werden[683].

Der Vorhabenträger kann zunächst allerdings auch nur einen Antrag auf Konkretisierung des inhaltlichen Rahmens des UVP-Berichts stellen (sog. *Scoping*)[684], vgl. Art. 68 Abs. 1 UÖUG. Bei Vorhaben mit grenzüberschreitenden Umweltauswirkungen *muss* der Inhalt des UVP-Berichts zwingend mit dem zuständigen Organ vorher abgestimmt werden, vgl. Art. 69 Abs. 2 UÖUG. Daher ist zumindest beim Ausbau der PCIs[685] stets ein Scoping durchzuführen. Dem Antrag ist eine *Vorhabeninformationskarte* (poln. *karta informacyjna przedsiewzięcia*) beizufügen, in welcher das Vorhaben näher beschrieben wird, vgl. Art. 62a UÖUG. In diesen Fällen hat der regionale Direktor für Umweltschutz als zuständiges Organ gem. Art. 70 Abs. 1 Nr. 2 UÖUG eine Stellungnahme[686] des Sanitärinspektors einzuholen. Sofern für das Netzausbauvorhaben ebenfalls eine *wasserrechtliche Erlaubnis* erforderlich sein sollte, ist zudem eine Stellungnahme des für die Erteilung der wasserrechtlichen Erlaubnis zuständigen Organes einzuholen[687], vgl.

682 Wie vorige Fn.
683 *Łatuszyńska/Strulak-Wójcikiewicz*, Aspekte der UVP, S. 108.
684 *Kasztelewicz/Ptak*, UVP-Verfahren, S. 67.
685 Zum Begriff „PCI“ ausführlich.: Teil 3 A.I.
686 Zum Rechtscharakter der „Stellungnahme“ in der polnischen Rechtsordnung vgl.: Teil 3 B.II.2.c.bb.(3)(e).
687 Zur *wasserrechtlichen Erlaubnis* vgl. ausführlich: Teil 3 B.III.2.a.dd.

Art. 70 Abs. 1 Nr. 3 UÖUG. Dabei ist die Stellungnahme innerhalb von 14 Tagen nach Erhalt der Informationskarte und des Antrages auf Erlass der Hauptentscheidung abzugeben, vgl. Art 70 Abs. 3 UÖUG.

Im Anschluss daran wird der Inhalt des UVP-Berichts durch das zuständige Organ unter individueller Berücksichtigung des Vorhabens durch einen Beschluss festgelegt. Dabei kann das Organ auch alternative Methoden und Umfang hinsichtlich der Untersuchung der Auswirkungen des Vorhabens auf die Umwelt bestimmen[688]. Der Beschluss ist gem. Art. 70 Abs. 4 UÖUG spätestens innerhalb von 30 Tagen ab Eröffnung des Verfahrens auf Erteilung der Entscheidung über Umweltbedingungen zu fassen. Im Rahmen des Beschlusses wird eine Frist für die Erstellung des UVP-Berichts festgelegt. Bis dahin wird das Verfahren auf Erteilung der Entscheidung über Umweltbedingungen suspendiert, vgl. Art 69 Abs. 4 UÖUG. Gegen den Beschluss ist eine Beschwerde (poln. *zażalenie*) gem. Art. 141 ff. PVerwVfG statthaft. Auch dieser UVP-Bericht wird abschließend dem Antrag auf Erteilung der Umweltentscheidung beigefügt, vgl. Art. 74 Abs. 1 Nr. 1 UÖUG.

(c) Ergebnis

Die erhobenen Einwendungen und Stellungnahmen werden nach Beendigung der Öffentlichkeitsbeteiligung durch den regionalen Direktor für Umweltschutz geprüft (Art. 42 Nr. 1) und in einer Begründung zusammen mit den möglichen Umweltauswirkungen näher bewertet, vgl. Art 42 Nr. 2 UÖUG. Im Anschluss daran wird das UVP-Ergebnis über die Zulassung oder Ablehnung des Vorhabens samt der Begründung veröffentlich, vgl. Art. 43 UÖUG[689]. Das Ergebnis des UVP-Verfahrens wird sodann in der Entscheidung über Umweltbedingungen berücksichtigt, vgl. Art 80 Abs. 1 UÖUG. Dabei ist das UVP-Ergebnis nicht selbständig anfechtbar, so dass der Vorhabenträger bei Missfallen auf den Widerspruch gegen die Entscheidung über Umweltbedingungen nach Maßgabe von Art 127 § 1 PVerwVfG verwiesen wird[690].

Exkurs: Natura-2000-Gebiete

Der Vollständigkeit halber ist abschließend noch auf folgende rechtliche Besonderheit in der gebotenen Kürze hinzuweisen: Etwa 20 % der gesamten polnischen Landesfläche ist von *Natura-2000-Gebieten* umfasst[691]. Daher sieht die polnische Rechtsordnung im Zusammenhang mit dem Erlass der Entscheidung über Umweltbedingungen besondere Rechtsvorschriften hinsichtlich des

688 *Kasztelewicz/Ptak*, UVP-Verfahren, S. 67.

689 Damit unterscheiden sich die polnischen und deutschen Regelungen zumindest in Bezug auf die praktische Durchführung des UVP-Verfahren kaum voneinander.

690 *Florkiewicz/Kawicki*, Verwaltungsverfahren, S. 44.

691 *Knopp/Zgolak*, WiRO 2013, 101.

Schutzes von Natura-2000-Gebieten vor. Demnach hat das für die Entscheidung über Umweltbedingungen zuständige Organ gem. Art. 96 Abs. 1, Abs. 2 Nr. 1 UÖUG auch bei anderen Vorhaben als denjenigen, die sich wesentlich auf die Umwelt auswirken können und die nicht unmittelbar mit dem Schutz der Natura-2000-Gebiete im Zusammenhang stehen, noch vor Erlass der Entscheidung über Umweltbedingungen zu prüfen, ob sich dieses Vorhaben möglicherweise auch auf ein Natura-2000-Gebiet auswirken könnte. Kommt das zuständige Organ zu der Einschätzung, dass sich das Vorhaben tatsächlich möglicherweise auf ein Natura-2000-Gebiet auswirken könnte, so ist es gem. Art. 96 Abs. 3 UÖUG dazu verpflichtet, den regionalen Direktor für Umweltschutz darüber zu informieren. In diesem Fall hat der regionale Direktor für Umweltschutz darüber zu entscheiden, ob eine weitere UVP hinsichtlich des möglicherweise betroffenen Natura-2000-Gebietes durchgeführt wird, vgl. Art. 97 UÖUG. Ausgehend von dem Ergebnis einer etwaigen UVP bestimmt der regionale Direktor für Umweltschutz in einem *Beschluss* konkrete Festlegungen, die für die Realisierung des Projektes unter dem Gesichtspunkt des Schutzes des Natura-2000-Gebietes notwendig sind, vgl. Art. 98 Abs. 1 UÖUG. Das für die Entscheidung über Umweltbedingungen zuständige Organ ist an den *Beschluss* gebunden, vgl. Art. 100 UÖUG. Da der regionale Direktor für Umweltschutz allerdings ohnehin für den Erlass der Entscheidung über Umweltbedingungen im Zusammenhang mit der Errichtung von Elektrizitätsleitungen zuständig ist[692], muss vorliegend nicht weiter auf die Vorschriften zu Natura-2000-Gebieten eingegangen werden.

cc. Entscheidung über die Standortfestlegung

(1) Einführung

In der polnischen Rechtsordnung wird genau wie nach der deutschen Rechtslage zwischen dem Bauplanungs- und dem Bauordnungsrecht unterschieden[693]. Daher sind grundsätzlich auch in Polen nur Vorhaben zulässig, soweit sie den Festlegungen im Bebauungsplan i. S. d. Art. 14 RPG entsprechen, vgl. Art. 4 Abs. 1 RPG[694]. Dennoch ist in diesem Bereich ein erheblicher Unterschied zwischen den beiden Rechtsordnungen festzustellen. Denn anders als im deutschen Recht, wonach die Gemeinden gem. § 1 Abs. 3 BauGB zur Aufstellung von Bauleitplänen verpflichtet sind, steht es den Gemeinden in Polen grundsätzlich frei zu entscheiden, in welcher Form das Gemeindegebiet baulich genutzt werden soll. Eine Verpflichtung zur Aufstellung eines Bebauleitplanes – mit Ausnahme von Vorhaben

692 Dazu ausführlich: Teil 3 B.III.2.a.bb.(3)(a).

693 *Feldmann/Groth*, LKV 2004, 216.

694 Das Bauplanungsrecht wird im Rahmen der nachfolgenden Ausführungen nicht weiter berücksichtigt. Zum polnischen Bauplanungsrecht vgl. ausführlich: *Dombert/Harder*, LKV 2002, 159 ff.

in überregionalem öffentlichem Interesse – sieht die polnische Rechtordnung insoweit nicht vor[695]. Daher verwundert es nicht, dass nur ca. 22 % der polnischen Gemeinden einen Bebauungsplan aufgestellt haben[696]. Wie das Beispiel im Zusammenhang mit dem Ausbau der vierspurigen Leitungstrasse Plewiska – Kromolice gezeigt hat[697], kommt es aufgrund der fehlenden Bebauungspläne daher immer wieder zu erheblichen Verzögerungen bei Investitionsvorhaben.

(2) Systematische Abgrenzung

Diesem Umstand trägt die Vorschrift gem. Art. 50 Abs. 1 RPG Rechnung, durch welche der Ausbau von Infrastrukturvorhaben erleichtert werden soll[698]. Hiervon umfasst werden tatbestandlich aber nur *Investitionen zu Gemeinwohlzwecken*, die zunächst im Bebauungsplan festgelegt wurden. Sofern kein Bebauungsplan aufgestellt wurde, ist eine Investition zu Gemeinwohlzwecken allerdings auch dann zulässig, wenn dafür die sog. *Entscheidung über die Standortfestlegung für eine Investition zu Gemeinwohlzwecken*[699] (poln. *decyzja o ustaleniu lakalizacji inwestycji celu publicznego*) erlassen wurde. Darin wird der Standort des Bauvorhabens konkret festgelegt, so dass die Entscheidung über die Standortfestlegung am ehesten mit dem Planaufstellungsverfahren i. S. d. deutschen Rechtsvorschriften verglichen werden kann[700]. Angesichts der wenigen Flächennutzungspläne betrifft diese Entscheidung über die Standortfestlegung die meisten Baugenehmigungsfälle in Polen[701].

Davon abzugrenzen ist die *Entscheidung über Baubedingungen* (poln. *decyzja o warunkach zabudowy*), deren Voraussetzungen in Art. 59 ff. RPG geregelt werden. Die Entscheidung über Baubedingungen stellt die zweite rechtliche Genehmigungsmöglichkeit für die Bewirtschaftung von Flächen dar[702], für die kein Bebauungsplan aufgestellt wurde. Dabei regelt die Entscheidung über Baubedingungen die beabsichtigte Nutzungsänderung des Grundstücks durch die Errichtung eines Gebäudes oder durch Ausführung von Bauarbeiten im unbeplanten Bereich, vgl. Art. 59 Abs. 1 RPG. Letzteres könnte auch auf die Errichtung der Übertragungsnetzleitungen zutreffen. Maßgeblich für die Abgrenzung beider Planungsinstrumente ist jedoch die Frage, ob es sich bei dem Bauvorhaben um eine Investition zu Gemeinwohlzwecken handelt. Liegen diese Voraussetzungen

---

695 *Dombert/Harder*, LKV 2002, 159 (161).
696 *Knopp/Zgolak*, WiRO 2013, 97 (99 f.).
697 Dazu ausführlich: Teil 2 B.V.
698 *Knopp/Zgolak*, WiRO 2013, 100.
699 Nachfolgend „Entscheidung über die Standortfestlegung" genannt.
700 *Feldmann/Groth*, LKV 2004, 216 (218).
701 *Knopp/Zgolak*, WiRO 2013, 100.
702 *Despot-Mładanowicz* in: Wierzbowski/Plucińska-Filipowicz, RPG, Art. 50, Rn. 1.

vor, so ist die Entscheidung über die Standortfestlegung das richtige Genehmigungsinstrument[703]. Damit besteht zwischen beiden Genehmigungsarten ein Exklusivitätsverhältnis.

(3) Sachlicher Anwendungsbereich

Fraglich ist daher, ob auch Übertragungsnetzleitungen unter dem Begriff der „Investition zu Gemeinwohlzwecken" subsumiert werden können. Dies hätte zur Folge, dass deren Errichtung auch ohne eine konkrete Festsetzung im Bebauungsplan im Wege einer Entscheidung über die Standortfestlegung zulässig wäre. Andernfalls wäre womöglich die Einholung einer Entscheidung über Baubedingungen erforderlich. Der unbestimmte Rechtsbegriff der Investition zu Gemeinwohlzwecken wird in Art. 2 Nr. 5 RPG als „Aktivitäten von örtlicher, überörtlicher und landesweiter Bedeutung" definiert. Angesichts dieser ebenfalls auslegungsbedürftigen Begriffsbestimmung wird in der polnischen Literatur teilweise die Auffassung vertreten, dass der örtliche oder überörtliche Bezug der Investition als strenges Kriterium im Antragsverfahren zu überprüfen sei. Sollte dieser Bezug fehlen, so sei die Tatbestandsvoraussetzung der Investition zu Gemeinwohlzwecken nicht erfüllt. Dabei spiele es auch keine Rolle, ob die Investition tatsächlich einen öffentlichen Zweck erfülle. Insoweit müsse die Investition darauf abzielen, die kollektiven Bedürfnisse einer bestimmten Gemeinschaft zu befriedigen[704]. Diese Ansicht zugrunde gelegt dürften zumindest die als PCI ausgewiesenen Übertragungsnetzleitungen das Kriterium einer Investition für öffentliche Zwecke nicht erfüllen, weil sie grundsätzlich dazu bestimmt sind, die übergeordneten Ziele einer gemeinsamen europäischen Netzinfrastruktur zu erfüllen[705] und nicht die örtliche Elektrizitätsnachfrage der polnischen Gemeindeeinwohner zu befriedigen.

Diese Auslegung würde allerdings zu weit führen und ist daher abzulehnen[706]. Denn eine derartige Erweiterung lässt sich dem Wortlaut des Gesetzes gem. Art. 2 Nr. 5 RPG nicht entnehmen. Zum anderen stellt sich die Frage, welche Kriterien an die „kollektiven Bedürfnisse einer Gemeinschaft" zu stellen sind. Schließlich ist auch dieses Kriterium auslegungsbedürftig und würde einer weiteren Konkretisierung bedürfen. Insoweit wäre das Kriterium „kollektive Bedürfnisse einer Gemeinschaft" ohne eine gesetzliche Klarstellung durch die jeweilige Gemeinde individuell zu bestimmen. Dies könnte allerdings dazu führen, dass die jeweiligen Gemeinden abhängig von ihren individuellen sozialen, ökonomischen oder gesellschaftlichen Bedürfnissen unterschiedliche Anforderungen an

---

703 *Nowak*, Entscheidungen über Baubedingungen, S. 1.

704 *Nowak*, Örtliche und überörtliche Bedeutung von Investitionen, S. 1 ff.

705 Dazu ausführlich: Teil 3 A.I.

706 So im Ergebnis auch *Despot-Mładanowicz* in: Wierzbowski/Plucińska-Filipowicz, RPG, Art. 50, Rn. 3.

die Vorhaben stellen könnten. Sollte beispielsweise eine Gemeinde einen neuen Kinderspielplatz und die andere Gemeinde einen neuen Fußballplatz benötigen, so wäre der Kinderspielplatz in der einen Gemeinde auch ohne eine bestimmte Festlegung im Bebauungsplan zulässig, wohingegen ein Fußballplatz nur dann zulässig wäre, soweit er den Festlegungen im Bebauungsplan entspreche. Dies könnte zu einer unterschiedlichen Entwicklung in der Infrastruktur führen und dadurch die Lebensbedingungen in den jeweiligen Gemeinden beeinträchtigen. Daher erscheint es sachgerecht, ausschließlich auf den Gemeinwohlzweck der Investition abzustellen.

Dieser Streit kann im Ergebnis aber auch dahinstehen, weil ausweislich Art. 2 Nr. 5 RPG zumindest auf die Regelung in Art. 6 des *Gesetzes über die Bewirtschaftung von Immobilien* (kurz: *GBI*) (poln. *Ustawa o gospodarce nieruchomościami*) verwiesen wird. Danach werden von dem Begriff „Gemeinwohlzweck" u. a. die Errichtung und Instandhaltung von Leitungen und Einrichtungen zur Übertragung oder Verteilung von Energie umfasst, vgl. Art. 6 Nr. 2 GBI. Folglich handelt es sich bei den Übertragungsnetzleitungen um Investitionen zu Gemeinwohlzwecken, weshalb deren Errichtung im Wege einer Entscheidung über die Standortfestlegung gem. Art. 50 Abs. 1 i. V. m. Art. 4 Abs. 2 Nr. 1 RPG auch ohne eine entsprechende Festsetzung im Bebauungsplan zulässig ist, soweit die weiteren formellen und materiellen Tatbestandsvoraussetzungen erfüllt sind.

(4) Formell-rechtliche Anforderungen

(a) Verfahren

Die Entscheidung über die Standortfestlegung wird in formell-rechtlicher Hinsicht nur auf Antrag des Investors erlassen, vgl. Art. 52 Abs. 1 RPG. Dabei muss der Antrag die in Art. 52 Abs. 2 RPG näher genannten Voraussetzungen erfüllen. Hierzu gehören beispielsweise zeichnerische Festlegungen des Investitionsvorhabens auf einer Grundkarte oder die Beschreibung der technischen Parameter des Vorhabens und deren Einfluss auf die Umwelt. Sollte der Antrag die normierten Voraussetzungen nicht erfüllen, so wird er gem. Art. 64 § 2 PVerwVfG zurückgewiesen[707].

Die Verfahrensbeteiligten werden abweichend vom verwaltungsrechtlichen Schriftformerfordernis i. S. d. Art. 14 Abs. 1 PVerwVfG über die Eröffnung des Antragsverfahrens und über etwaige Beschlüsse sowie die abschließende Entscheidung im Wege einer öffentlichen Bekanntmachung (vgl. Art. 49 Abs. 1 PVerwVfG) und über den „in der betroffenen Ortschaft gängigen Weg" benachrichtigt, vgl.

707 *Grossmann*, Entscheidung über die Standortfestlegung, S. 185, URL: https://repozytorium.amu.edu.pl/bitstream/10593/5610/1/14_Tomasz_Grossmann_Post%C4%99powanie%20w%20sprawie%20ustalenia%20lokalizacji%20inwestycji%20celu%20publicznego_183-196.pdf (letzter Abruf: 21.04.2018).

Art. 53 Abs. 1 RPG. Ob damit auch eine Veröffentlichung auf der Internetseite der Behörde durchgeführt wird, hängt davon ab, ob eine solche Veröffentlichung in der Gemeinde „gängig“ ist. Eine ausdrücklich gesetzliche Pflicht zur Veröffentlichung auf der Internetseite der Behörde besteht dagegen nicht. Die Benachrichtigung gilt mit Ablauf von 14 Tagen ab dem Tag der öffentlichen Bekanntmachung als zugestellt, vgl. Art. 49 Abs. 2 PVerwVfG. Für den Investor, Eigentümer sowie für den *Nießbraucher des Grundstücks* gilt abweichend hiervon weiterhin die Pflicht zur schriftlichen Benachrichtigung, vgl. Art. 53 Abs. 1 RPG.

Das polnische Nießbrauchsrecht an einem Grundstück (poln. *Użytkowanie wieczyste nieruchomości*) unterscheidet sich in seinem Regelungscharakter jedoch grundlegend von dem Nießbrauchsrecht i. S. d. deutschen Vorschriften gem. §§ 1030 ff. BGB. Insofern stellt das polnische Nießbrauchsrecht an einem Grundstück gewissermaßen noch ein „Relikt des sozialistischen Enteignungssystems“ dar[708]. Denn dieses wurde mit dem *Gesetz über die Bewirtschaftung von Städten und Wohnsiedlungen* (poln. *Ustawa o gospodarce terenami w miastach i osiedlach*)[709] am 22. Oktober 1961 und damit noch zu Zeiten des sozialistischen Staatssystems eingeführt[710]. Durch dieses Rechtsinstrument wurde die Nutzung der sich im Staatseigentum befindenden Immobilien durch Privatpersonen geregelt[711]. Das Gesetz über die Bewirtschaftung von Städten und Wohnsiedlungen trat am 1. August 1985 außer Kraft. Das Nießbrauchsrecht an einem im Staatseigentum stehenden Grundstück[712] wird daher heutzutage in den Vorschriften gem. Art. 232 ff. des polnischen *Zivilgesetzbuches* (kurz: *ZGB*) (poln. *Kodeks cywilny*) i. V. m. Art. 27 ff. GBI geregelt. Die Einräumung dieses Nießbrauchsrechts erfolgt grundsätzlich im Wege einer Versteigerung, vgl. Art. 37 Abs. 1 GBI, wobei eine Versteigerung im Rahmen der gesetzlichen Grenzen auch unterbleiben kann, vgl. Art. 37 Abs. 2 GBI. Das Nießbrauchsrecht wird dabei für einen Zeitraum von höchstens 99 Jahren eingeräumt, vgl. Art. 236 § 1 ZGB.

(b) Zuständigkeit

Gem. Art. 51 Abs. 1 Nr. 1 RPG ist für das Antragsverfahren bei Investitionen von landesweiter und woiwodschaftsbezogener Bedeutung, mithin bei Investitionen

---

708 *Brzeski/Miklaszewski*, Nießbrauchsrecht in der Marktwirtschaft, S. 3.

709 Dz.U. 1961 nr. 32 poz. 159.

710 *Truszkiewicz* in: Gniewek, SachenR, § 1, Rn. 1.

711 *Truszkiewicz* (wie vorige Fn.), § 1 Rn. 2.

712 Etwa 1/3 aller Flächen in Polen stehen im Eigentum des polnischen Staates, wobei selbstverständlich nicht alle Flächen zur privaten Nutzung bestimmt sind. Zur Aufteilung der Flächennutzung vgl. *Prajsnar* in: „Jedna trzecia gruntów w Polsce jest państwowa. Jak są wykorzystywane?”, 28.06.2016, URL: https://forsal.pl/artykuly/954862,jedna-trzecia-gruntow-w-polsce-jest-panstwowa-jak-sa-wykorzystywane.html (letzter Abruf: 24.08.2020).

im Zusammenhang mit dem Übertragungsnetzausbau, der Gemeindevorsteher, der Bürgermeister oder der Stadtpräsident in Abstimmung mit dem Marschall der Woiwodschaft zuständig. Sollte die Investition, was beim Übertragungsnetz regelmäßig der Fall sein dürfte, über ein Gemeindegebiet hinausreichen, so ist – genau wie bei der Entscheidung über Umweltbedingungen – derjenige Gemeindevorsteher, Bürgermeister oder Stadtpräsident örtlich zuständig, auf dessen Gemeindegebiet sich der größte Teil des Investitionsvorhabens befindet, wobei mit dem betroffenen Organ der anderen Gemeinde ein Einvernehmen herzustellen ist, vgl. Art. 51 Abs. 3 RPG.

(c) Beteiligtenfähigkeit

Verfahrensbeteiligt sind der Investor und die *Parteien*, vgl. Art. 53 Abs. 1 RPG. Unter dem Begriff der „Partei“ (poln. *Strona*) werden gem. Art. 28 PVerwVfG jeder, dessen rechtliche Interessen durch die Entscheidung oder einer hieraus resultierenden Verpflichtung berührt werden sowie derjenige, der das Organ aufgrund seines rechtlichen Interesses zur Vornahme der Tätigkeit aufgefordert hat, subsumiert. Anders als bei der Öffentlichkeitsbeteiligung im Zusammenhang mit der Entscheidung über Umweltbedingungen respektive der UVP knüpft die Beteiligung im Rahmen der Entscheidung über die Standortfestlegung damit an die rechtliche oder faktische Betroffenheit an.

(d) Behördenbeteiligung

Des Weiteren normiert die Vorschrift nach Art. 53 Abs. 4 RPG eine umfassende *Abstimmung* zwischen dem für die Entscheidung über die Standortfestlegung zuständigen Organ und dem Organ, dessen Aufgabenbereich durch das Investitionsvorhaben betroffen ist. Dies kann beispielsweise der Gesundheitsminister sein, sofern das Investitionsvorhaben auf einer Fläche errichtet werden soll, die als Kurort ausgewiesen ist, vgl. Art. 53 Abs. 4 Nr. 1 RPG, oder auch der Direktor der regionalen Wasserwirtschaftsbehörde Polnische Gewässer, sofern für das Investitionsvorhaben eine wasserrechtliche Genehmigung i. S. d. Art. 388 Abs. 1 Nr. 1 WasserG[713] einzuholen ist, vgl. Art. 53 Abs. 4 Nr. 11a) RPG. Die Abstimmung zwischen den Organen erfolgt gem. Art. 53 Abs. 5 RPG im Wege einer verwaltungsrechtlichen Entscheidung i. S. d. Art. 106 PVerwVfG, die allerdings nur durch eine *Beschwerde* (poln. *zażalenie*) des Investors (vgl. Art. 141 ff. PVerwVfG) anfechtbar ist. Sofern das zu beteiligende Organ innerhalb einer Frist von zwei Wochen keine Stellungnahme abgegeben hat, wird seine Zustimmung fingiert, vgl. Art. 53 Abs. 5 RPG.

Im Zusammenhang mit dem Abstimmungserfordernis fällt jedoch eine grammatische Besonderheit im Gesetzeswortlaut auf. Denn nach dem Wortlaut gem. Art. 51 Abs. 1 Nr. 1 RPG wird die Entscheidung über die Standortfestlegung „in

713 Zur *wasserrechtlichen Genehmigung* vgl. ausführlich: Teil 3 B.III.2.a.dd.(5).

Abstimmung" (poln. w uzgodnieniu)[714] mit dem Marschall der Woiwodschaft getroffen. Gem. Art. 53 Abs. 4 RPG wird die Entscheidung dagegen „nach Abstimmung" (poln. *po uzgodnieniu*)[715]mit den betroffenen Organen getroffen. Trotz dieses Unterschiedes ist nach einhelliger Meinung in der Literatur jedoch davon auszugehen, dass mit beiden Formulierungen das gleiche Verfahren gemeint sei, wonach die Einholung einer vorherigen Einverständniserklärung des anderen Organes voraussetzt wird. Der Erlass der Entscheidung ohne eine vorherige Einverständniserklärung des anderen Organes sei demnach untersagt[716].

(5) Materiell-rechtliche Anforderungen

Der materiell-rechtliche Inhalt der Entscheidung über die Standortfestlegung wird in Art. 54 RPG näher bestimmt. Danach werden in der Entscheidung die Art des Investitionsvorhabens und die detaillierten Bedingungen sowie die Regeln der Bewirtschaftung des betreffenden Gebietes und auch dessen Grenzen, die in einer Karte eingezeichnet werden, festgelegt. Diese Festlegungen sind für das Organ, welches für die Erteilung der nachgelagerten Baugenehmigung zuständig ist, bindend, vgl. Art. 55 RPG. Die erteilte Entscheidung über die Standortfestlegung wird in einem Register geführt, für das je nach dem örtlichen Bezug des Investitionsvorhabens entweder der Marschall der Woiwodschaft (bei Investitionen von landesweiter oder woiwodschaftsbezogener Bedeutung) oder der Gemeindevorsteher, Bürgermeister oder Stadtpräsident (bei Investitionen in der Gemeinde oder im Bezirk) verantwortlich ist, vgl. Art. 57 Nr. 1 und Nr. 2 RPG.

(6) Ergebnis

Die Entscheidung über die Standortfestlegung wird ebenfalls in der Form eines administrativen Aktes, gegen den ein Widerspruch statthaft ist, erlassen. Diesbezüglich ergeben sich insofern keine Besonderheiten, so dass auf die Ausführungen im Zusammenhang mit der Entscheidung über Umweltbedingungen verwiesen werden kann[717].

Exkurs: Dingliche Grundstückssicherung

Genau wie der Planfeststellungsbeschluss begründet auch die Entscheidung über die Standortfestlegung allerdings noch kein Recht an dem Grundstück selbst. Daher muss der Übertragungsnetzbetreiber in einem weiteren Schritt die von dem Ausbauvorhaben betroffenen Grundstücke sichern. Dazu stehen dem polnischen Übertragungsnetzbetreiber sowohl privatrechtliche als auch öffentlich-rechtliche Rechtsinstitute zur Verfügung. Diese sind im Ergebnis mit dem

---

714 Hervorhebung des Autors.
715 Hervorhebung des Autors.
716 *Grossmann*, Entscheidung über die Standortfestlegung, S. 187.
717 Dazu ausführlich: Teil 3 B.III.2.a.bb.(5).

deutschen Recht vergleichbar, so dass darauf nicht weiter eingegangen wird. Die polnische Rechtsordnung sieht allerdings noch ein weiteres Rechtsinstitut zur dinglichen Sicherung von Grundstücken vor, welches der deutschen Rechtsordnung in dieser Form fremd ist. Daher erscheint es angebracht, einen kurzen Blick auf diese besondere Regelung zu werfen.

Bei diesem Rechtsinstitut handelt es sich um die sog. *Leitungsdienstbarkeit.* Deren tatbestandliche Voraussetzungen werden in Art. 305^1 ff. ZGB näher geregelt[718]. Danach kann zugunsten des Versorgungsunternehmens, welches u. a. beabsichtigt, Versorgungsleitungen i. S. d. Art. 49 § 1 ZGB, mithin Elektrizitätsleitungen, zu errichten, die genannte Leitungsdienstbarkeit bestellt werden. Hierdurch wird das Versorgungsunternehmen berechtigt, das Grundstück in der vereinbarten Art und Weise zu nutzen. Da dem Gesetz diesbezüglich allerdings keine weiteren Einzelheiten zu entnehmen sind, sollte die Art und Weise der Nutzung entweder im Vertrag oder im Wege einer gerichtlichen Entscheidung geregelt werden[719]. Der Erwerb der Leitungsdienstbarkeit setzt den Abschluss eines Vertrages zwischen dem Versorgungsunternehmen und dem Grundstückseigentümer voraus. Dabei bedarf die Willenserklärung des Grundstückseigentümers der notariellen Beurkundung, vgl. Art. 245 § 2 ZGB. Im Gegensatz zum deutschen Recht ist nach der polnischen Rechtsordnung allerdings keine Grundbucheintragung für die Bestellung von dinglichen Rechten erforderlich.

Die Einräumung der Leitungsdienstbarkeit kann gem. Art. 305^2 § 1 ZGB auch auf dem gerichtlichen Wege gegen Zahlung einer entsprechenden Vergütung durch das Versorgungsunternehmen verlangt werden, wenn der Grundstückseigentümer den Abschluss eines Vertrages über die Leitungsdienstbarkeit verweigert und diese zur Nutzung der Versorgungseinrichtung erforderlich ist[720]. Gem. Art. 305^2 § 2 ZGB steht dieses Recht umgekehrt allerdings auch dem Grundstückseigentümer zu.

dd. Wasserrechtliche Erlaubnis

(1) Einführung

Da in der Entscheidung über Umweltbedingungen nicht über eine wasserrechtliche Zulässigkeit des Netzausbauvorhabens entschieden wird, ist fraglich, wie sich die Rechtslage in Polen darstellt, wenn das Netzausbauvorhaben ein Gewässer durchquert. Das Recht zur Nutzung der Umwelt wird nach polnischer Rechtsordnung in Art. 4 Abs. 1 UmwSchG näher geregelt. Danach hat jeder das Recht, die Umwelt zur „Befriedigung der persönlichen Bedürfnisse“[721] sowie des

718 *Balwicka-Szczyrba/Lisiewicz*, IR 2015, 154 ff.
719 *Balwicka-Szczyrba/Lisiewicz*, IR 2015, 154 (155).
720 *Balwicka-Szczyrba/Lisiewicz* (vorige Fn).
721 So formuliert es der polnische Gesetzgeber in Art 4 Abs. 1 UmwSchG (poln. *Zaspokojenia potrzeb osobistych*).

Haushaltes ohne Zuhilfenahme von Installationen zu nutzen, einschließlich zur Erholung und zum Sport sowohl durch das Einbringen von Stoffen in die Umwelt oder Energie sowie durch eine über den Allgemeingebrauch hinausgehende Nutzung von Wasser. Eine Erlaubnis nach Maßgabe des *WasserG*[722] ist dazu nicht erforderlich. Gem. Art. 4 Abs. 2 UmwSchG kann durch das Gesetz allerdings auch bestimmt werden, dass eine über den Allgemeingebrauch hinausgehende Umweltnutzung einer Genehmigung bedarf, in welcher der Umfang und die Bedingung der Nutzung festgelegt werden[723].

(2) Systematische Abgrenzung

Ein derartiger Genehmigungsvorbehalt für eine über den Allgemeingebrauch hinausgehende Wassernutzung ist unter dem gesetzlichen Oberbegriff einer *wasserrechtliche Erlaubnis* (poln. *zgoda wodnoprawna*) im Kapitel IX (Art. 388 bis 440) des WasserG geregelt. Die wasserrechtliche Erlaubnis stellt nach der Gesetzessystematik allerdings noch kein hoheitliches Verwaltungshandeln dar. Daher täuscht dieser Rechtsbegriff, weil damit eine verwaltungsrechtliche Tätigkeit suggeriert wird, was allerdings nicht der Fall ist[724]. Denn die wasserrechtliche Erlaubnis wird gem. Art. 388 Abs. 1 WasserG wiederum unterteilt in die *wasserrechtliche Genehmigung* (Nr. 1) (poln. *pozwolenie wodnoprawne*), eine *wasserrechtliche Benachrichtigung* (Nr. 2) (poln. *zgłoszenie wodnoprawne*), eine *wasserrechtliche Bewertung* (Nr. 3) (poln. *ocena wodnoprawna*) sowie eine *Entscheidung hinsichtlich der Befreiung vom Verbot für bestimmte Vorhaben im Bereich von potentiellen Überflutungsgebieten i. S. d. Art. 77 Abs. 3 und 8 sowie Art. 176 Abs. 4 WasserG* (Nr. 4)[725].

---

722 Bei der gegenständlichen Untersuchung werden nur Rechtsvorschriften in der Gültigkeit bis zum 31.12.2017 berücksichtigt, dazu ausführlich: Teil 1 B. Die noch näher zu betrachtenden Vorschriften des hier erwähnten WasserG sind allerdings erst zum 01.01.2018 in Kraft getreten (vgl. dazu Art. 574 WasserG). Dabei wurden beispielsweise die Vorschriften zur wasserrechtlichen Bewertung gem. Art. 425 WasserG neu eingeführt, wodurch das bis dahin gültige Rechtssystem erheblich geändert wurde. Es wäre daher nicht sachgerecht, sofern bei den gegenständlichen Ausführungen auf die „alte" Rechtslage abgestellt werden würde, zumal das „neue" WasserG bereits am 20.07.2017 verabschiedet wurde und diese Vorschriften damit bereits vor Ablauf des Jahres 2017 bekannt waren. Somit steht das Abstellen auf die Vorschriften des „neuen" WasserG nicht im Wertungswiderspruch zu dieser Arbeit.

723 Vgl. dazu ausführlich: *Chochowski* in: Jeżyńska/Kruk, Entscheidung über Umweltbedingungen, S. 155 f., URL: http://phavi.umcs.pl/at/attachments/2017/1024/053847-prawne-instrumenty-ochrony-srodowiska-red-b-jezynska-e-kruk-.pdf (letzter Abruf: 15.04.2018).

724 *Rakoczy*, Wassergesetz, S. 211.

725 *Cybulska* et al., Neues Wassergesetz, S. 9.

Erst der Erlass eines derartigen Rechtsinstruments begründet ein hoheitliches Verwaltungshandeln[726].

(3) Sachlicher Anwendungsbereich

Fraglich ist nun, welche von diesen ersten drei in Betracht kommenden Genehmigungsarten[727] bei Netzausbauvorhaben letztlich zur Anwendung gelangen. Zur Beantwortung dieser Frage muss grundsätzlich auf den sachlichen Anwendungsbereich der wasserrechtlichen Vorschriften abgestellt werden.

Der sachliche Anwendungsbereich der *wasserrechtlichen Genehmigung* für Netzausbauvorhaben wird in Art 389 Nr. 10 WasserG näher konkretisiert. Danach bedürfen Elektrizitätsfreileitungen, welche Binnenwasserstraßen und Hochwasserschutzdeiche überqueren, stets der *wasserrechtlichen Genehmigung* i. S. d. Art. 388 Abs. 1 Nr. 1 WasserG. Die Binnenwasserstraßen werden in der *Ministerverordnung über Binnenwasserstraßen* (poln. *Rozporządzenie Rady Ministrów w sprawie śródlądowych dróg wodnych*) näher bestimmt. Ausweislich des Anhangs zu dieser Verordnung werden unter dem Begriff der Binnenwasserstraßen demnach bestimmte Flüsse, Kanäle und Seen subsumiert[728]. Dagegen bedürfen Elektrizitätsfreileitungen, welche über andere Gewässer als die ausgewiesenen Binnenwasserstraßen verlaufen, einer *wasserrechtlichen Benachrichtigung*, vgl. Art. 394 Abs. 1 Nr. 3 WasserG. Sollte ein Netzausbauvorhaben nicht nur über die ausgewiesenen Binnenwasserstraßen, sondern auch über andere Gewässer verlaufen, wodurch sowohl der Anwendungsbereich der wasserrechtlichen Genehmigung als auch der Anwendungsbereich der wasserrechtlichen Benachrichtigung eröffnet ist, so wird diesbezüglich nur durch eine wasserrechtliche Genehmigung entschieden, vgl. Art. 394 Abs. 4 WasserG. Trotz dieser vermeintlichen Subsidiarität erfüllen beide Rechtsinstrumente dieselbe Funktion, nämlich eine vorweggenommene Kontrolle der beabsichtigten Wassernutzung. Der wesentliche Unterschied zwischen den beiden Rechtsinstrumenten besteht insoweit darin, dass die wasserrechtliche Benachrichtigung eine weniger strengere Form der behördlichen Kontrolle darstellt[729] und damit offensichtlich eine Verfahrensbeschleunigung zum Ziel hat[730].

---

726 *Rakoczy*, Wassergesetz, S. 211.

727 Auf die vierte Genehmigungsart in Form einer *Entscheidung hinsichtlich der Befreiung vom Verbot für bestimmte Vorhaben im Bereich von potentiellen Überflutungsgebieten i. S. d. Art. 77 Abs. 3 und 8 sowie Art. 176 Abs. 4 WasserG* wird nicht weiter eingegangen, weil die Realisierung von Übertragungsnetzausbauvorhaben in derartigen Gebieten eher eine untergeordnete Rolle spielen dürfte.

728 Vgl. dazu ausführlich: Ministerverordnung über Binnenwasserstraßen, abrufbar unter: http://prawo.sejm.gov.pl/isap.nsf/download.xsp/WDU20020770695/O/D20020695.pdf (letzter Abruf: 28.02.2019).

729 *Rakoczy*, Wassergesetz, S. 214 f.

730 Zum Rechtscharakter einer „Benachrichtigung" in der polnischen Rechtsordnung vgl.: Teil 3 B.III.2.a.ff.(2).

Die wasserrechtliche Erlaubnis kann zudem auch in Form einer *wasserrechtlichen Bewertung* erlassen werden. Die Voraussetzungen dafür sind in den Vorschriften der Art. 425 ff. WasserG näher geregelt. Bei der wasserrechtlichen Bewertung handelt es sich um ein völlig neues Rechtsinstrument, das mit der WasserG-Novelle zum 1. Januar 2018 einen Einzug in die wasserrechtlichen Bestimmungen gefunden hat[731]. Gem. Art. 425 Abs. 1 ist eine wasserrechtliche Bewertung erforderlich, soweit es sich um ein Vorhaben handelt, das sich *möglicherweise* auf die in Art. 56, Art. 57, Art. 59 und Art. 61 WasserG normierten Umweltziele auswirkt und zwar in Bereichen, die gem. Nr. 1 bis 10 dieser Vorschrift näher konkretisiert werden. Welche Vorhaben unter dem unbestimmten Rechtsbegriff „möglicherweise" zu subsumieren sind, wurde gem. Art. 425 Abs. 2 WasserG durch die *Ministerverordnung über Arten von Investitionen und Aktivitäten, die eine wasserrechtliche Bewertung erfordern* (poln. *Rozporządzenie Ministra Gospodarki Morskiej i Żeglugi Śródlądowej w sprawie rodzajów inwestycji i działań, które wymagają uzyskania oceny wodnoprawnej*), konkretisiert. Elektrizitätsleitungen werden darunter jedoch nicht subsumiert, so dass vorliegend nicht weiter auf die Besonderheiten der wasserrechtlichen Bewertung eingegangen wird.

(4) Zwischenergebnis

Folglich kann festgehalten werden, dass die Nutzung von Gewässern auch nach der polnischen Rechtsordnung einer separaten *wasserrechtlichen Erlaubnis* (gesetzlicher Oberbegriff) bedarf. Diese kann durch vier verschiedene Rechtsinstrumente ergehen, wobei im Rahmen des Übertragungsnetzausbaus in der Praxis hauptsächlich nur eine *wasserrechtliche Genehmigung* oder eine *wasserrechtliche Benachrichtigung* in Betracht kommen dürften. Daher wird nachfolgend nur auf diese beiden Rechtsinstitute eingegangen.

(5) Wasserrechtliche Genehmigung

(a) Formell-rechtliche Anforderungen

(aa) Verfahren

Das wasserrechtliche Genehmigungsverfahren wird mit dem Antrag des Vorhabenträgers eröffnet, vgl. Art. 407 Abs. 1 WasserG. Die Mindestvoraussetzungen des Antrags werden durch die verwaltungsrechtlichen Vorschriften gem. Art. 63 ff. PVerwVfG näher bestimmt[732]. Dem Antrag ist zwingend die Entscheidung über

731 *Szopiński* in: „Wasserrechtliche Bewertung – eine Neuheit im Wasserrecht", 28.09.2017, URL: http://www.codozasady.pl/ocena-wodnoprawna-nowosc-w-prawie-wodnym/ (letzter Abruf: 16.04.2018).

732 *Malicka*, Wasserrechtliche Entscheidungen, S. 20.

Umweltbedingungen sowie die Entscheidung über die Standortfestlegung beizufügen, vgl. Art. 407 Abs. 2 Nr. 2 und Nr. 3 WasserG. Zuständig für die Erteilung der wasserrechtlichen Genehmigung ist gem. Art. 397 Abs. 3 Nr. 1c) WasserG der Direktor der regionalen Wasserwirtschaftsbehörde Polnische Gewässer. Dieser informiert über die Einleitung des Genehmigungsverfahrens im öffentlichen Mitteilungsblatt[733] sowie in der Form, wie sie am Ort des Vorhabens üblich ist, vgl. Art. 400 Abs. 7 WasserG.

(bb) Beteiligtenfähigkeit

Am Verfahren beteiligt ist zunächst einmal der Antragssteller. Darüber hinaus normiert die Vorschrift des Art. 401 Abs. 1 WasserG eine weitere Beteiligung für „Rechtsträger, die von der bestimmungsgemäßen Wassernutzung betroffen sind" (poln. *Podmioty, na które będzie oddizaływać zamierzone korzystanie z wód*) sowie für „Rechtsträger, auf die sich der geplante Bau der Wasseranlagen auswirken wird" (poln. *podmioty znajdujące się w zasięgu oddziaływania planowanych do wykonania urządzeń wodnych*). Fraglich ist in diesem Zusammenhang, welcher Beteiligtenkreis unter dem Begriff der „Rechtsträger" (poln. *podmioty*) zu subsumieren ist und ob dabei auch auf die rechtliche Betroffenheit abgestellt werden muss. Schließlich kann nach der polnischen Rechtsordnung auch eine Verwaltungsbehörde ein „Rechtsträger" sein[734]. Diese Fragen sind deshalb so relevant, weil die Beteiligten im wasserrechtlichen Genehmigungsverfahren bis zur Novellierung des WasserG[735] in der damaligen Vorschrift des Art. 127 Abs. 7 WasserG a. F. enumerativ aufgezählt waren. Aufgrund dessen war eine über den Katalogtatbestand hinausgehende Beteiligung ausgeschlossen, auch wenn ein rechtliches Interesse an der Verfahrensbeteiligung vorgelegen hat[736]. Daher bestand nach der damals herrschenden Rechtsprechung z. B. für den im Katalog nicht näher erwähnten regionalen Direktor für Umweltschutz oder für den Denkmalschutzbeauftragten keine Möglichkeit, an dem wasserrechtlichen Genehmigungsverfahren mitzuwirken, auch wenn dessen Aufgabenbereich von der wasserrechtlichen Genehmigung berührt war[737]. An dieser Ausgangslage dürfte sich auch nach der Novellierung des WasserG nichts geändert haben. Zwar wird diese Fragenstellung abermals weder in der Gesetzesbegründung[738] noch

---

733 Dazu ausführlich: Teil 3 B.II.2.d.bb.(3)(c)(aa).

734 *Karwowski*, Rechtsträger und Quellen des Verwaltungsrechts, S. 1, URL: https://www.arslege.pl/466/materialy-edukacyjne/311/podmioty-i-zrodla-prawa-administracyjnego/ (letzter Abruf: 11.03.2019).

735 Zur Novellierung des WasserG vgl. oben, Fn. 722.

736 *Kałużny* in: Kałużny, WasserG, Art. 127, Rn. 6.

737 WSA Stettin, Urteil vom 19.10.2010, Az.: II SA/Sz 548/10; WSA Warschau, Urteil vom 22.04.2010, Az.: IV SA/Wa 47/10.

738 Sejm Druk nr. 1529 S. 68 ff., URL: http://www.sejm.gov.pl/Sejm8.nsf/druk.xsp?nr=1529 (letzter Abruf: 11.03.2019).

im jüngeren Schrifttum näher beantwortet. Allerdings dürfte die Auslegung des Gesetzeswortlauts eine Klärung herbeiführen.

Denn ausweislich des Wortlauts gem. Art. 401 Abs. 1 WasserG werden an dem wasserrechtlichen Genehmigungsverfahren insoweit „Parteien" beteiligt (poln. *Stroną postępowania w sprawach dotyczących pozwoleń wodnoprawnych jest (...)*). Der Begriff „Partei" (poln. *strona*) wird in den Vorschriften der Art. 28 ff. PVerwVfG näher definiert. Danach können Parteien gem. Art. 29 WasserG „natürliche und juristische Personen sein, und wenn es um staatliche und selbstverwaltete Organisationseinheiten und soziale Organisationen geht auch solche ohne Rechtspersönlichkeit". Nach der Vorschrift des Art. 402 WasserG i. V. m. Art. 31 PVerwVfG wird die Beteiligung von sozialen Organisationen allerdings ausdrücklich ausgeschlossen. Des Weiteren wird gem. Art. 401 Abs. 2 WasserG eine Beteiligung der Binnenschifffahrtsbehörde als staatliche Organisationseinheit vorgesehen. Diese Beteiligung ist jedoch nur auf die Fälle beschränkt, bei denen von der wasserrechtlichen Genehmigung die speziell in der eingangs erwähnten Ministerverordnung ausgewiesenen Binnenwasserstraßen betroffen sind[739]. Damit ist nach dem Gesetzeswortlaut weder eine allgemeine Öffentlichkeitsbeteiligung – wie sie im Rahmen der Entscheidung über Umweltbedingungen[740] und im UVP-Verfahren[741] vorgesehen ist – noch eine über die Beteiligung der Binnenschifffahrtsbehörde hinausgehende Behördenkonsultation vorgesehen. Dabei ist offensichtlich auch unerheblich, ob durch die wasserrechtliche Genehmigung der Aufgabenbereich einer anderen Behörde berührt wird.

Folglich sind unter dem Begriff der „Rechtsträger" nur natürliche sowie juristische Personen zu subsumieren, die von der zu genehmigenden Wassernutzung in faktischer Hinsicht betroffen sein können. Die Festlegung dieses Adressatenkreises obliegt dabei ausschließlich dem für die Erteilung der wasserrechtlichen Genehmigung zuständigen Organ[742].

(b) Materiell-rechtliche Anforderungen

Die materiell-rechtliche Grundlage für die Erteilung der wasserrechtlichen Genehmigung bilden das sog. *wasserrechtliche Gutachten* (poln. *operat wodnoprawny*)[743] und ggfs. die im Rahmen des Antragsverfahrens beigebrachten Nachweise, Schriftstücke und Informationen, vgl. Art. 400 Abs. 8 WasserG. Der Inhalt

---

739 Dazu ausführlich: Teil 3 B.III.2.a.dd.(3).

740 Dazu ausführlich: Teil 3 B.III.2.a.bb.(3)(b).

741 Dazu ausführlich: Teil 3 B.III.2.a.bb.(6)(a)(bb).

742 *Hebda* in: „Wann Sie eine wasserrechtliche Genehmigung nach den neuen Vorschriften benötigen" (übersetzt aus dem polnischen), 01.06.2018, URL: http://www.news.wip.pl/archive/ochrona_srodowiska/Kiedy-musisz-uzyska-pozwolenie-wodnoprawne-zgodnie-z-nowymi-przepisami-95763.html (letzter Abruf: 11.03.2019).

743 *Kałużny* in: Kałużny, WasserG, Art. 132, Rn. 1.

des wasserrechtlichen Gutachtens wird in den Vorschriften der Art. 408 f. WasserG näher konkretisiert. Danach hat der Antragssteller gem. Art. 408 WasserG das wasserrechtliche Gutachten schriftlich vorzulegen, wobei der Inhalt aus einem beschreibenden Text und einer grafischen Darstellung bestehen muss. Der beschreibende Text ist auf einem elektronischen Datenträger und der grafische Teil in einer rasterartigen Datei als PDF-Dokument beizubringen. Der materielle Inhalt des wasserrechtlichen Gutachtens wird sodann in der Vorschrift des Art. 409 WasserG näher konkretisiert. Demnach bestimmt Abs. 1 dieser Vorschrift die Anforderungen an den beschreibenden Text, wohingegen in Abs. 2 die Anforderungen an die grafische Darstellung spezifiziert werden. Im Rahmen des beschreibenden Teils sind insbesondere die Art und die Ziele der Wassernutzung, ihre Auswirkungen auf Umwelt und Dritte sowie die Vereinbarkeit mit den in Art. 409 Abs. 1 Nr. 6 WasserG enumerativ aufgezählten wasserrechtlichen Planungsprogrammen darzulegen. Der grafische Teil besteht dagegen u. a. aus zeichnerischen Festlegungen des Vorhabens auf einer Standortkarte.

(c) Ergebnis

Die wasserrechtliche Genehmigung hat ebenfalls den Rechtscharakter einer administrativen *Entscheidung*[744], so dass die Vorschriften gem. PVerwVfG entsprechend anzuwenden sind, vgl. Art. 14 Abs. 2 WasserG. Daraus folgt, dass gegen die wasserrechtliche Genehmigung ein Widerspruch nach Maßgabe von Art. 127 § 1 PVerwVfG statthaft ist. Diesbezüglich kann auf die Ausführungen im Zusammenhang mit der Entscheidung über Umweltbedingungen verwiesen werden[745].

Die wasserrechtliche Genehmigung wird gem. Art. 400 Abs. 1 WasserG für einen Zeitraum von nicht länger als 30 Jahren erteilt. Da diesbezüglich in den wasserrechtlichen Vorschriften bis zur Novellierung des WasserG[746] keine weiteren Regelungen getroffen wurden, war bis dahin umstritten, ab wann die (damals noch 20-jährige) Genehmigungsdauer zu berechnen war. Nach der damals h. M. in der Rechtsprechung und Literatur wurde aufgrund der fehlenden Vorschriften bei der Berechnung der Genehmigungsdauer noch auf den Zeitpunkt der Erteilung der Entscheidung abgestellt[747]. Diese Regelungslücke hat der polnische Gesetzgeber mit der neuen Vorschrift gem. Art. 400 Abs. 1 WasserG nunmehr geschlossen und insoweit klargestellt, dass bei der Berechnung der Genehmigungsdauer auf die Bestandskraft der Entscheidung abzustellen ist.

744 *Rakoczy*, Wassergesetz, S. 215.
745 Dazu ausführlich: Teil 3 B.III.2.a.bb.(5).
746 Zur Novellierung des WasserG vgl.: Fn. 722.
747 NSA, Urteil vom 15.04.2010, Az.: II OSK 645/09; *Kałużny* in: Kałużny, WasserG, Art. 127,Rn. 2.

(6) Wasserrechtliche Benachrichtigung

(a) Formell-rechtliche Anforderungen

Die *wasserrechtliche Benachrichtigung* ist im Gegensatz zu der wasserrechtlichen Genehmigung kein Antragsverfahren im engeren Sinne, da mit der wasserrechtlichen Benachrichtigung das zuständige Organ lediglich über die Wassernutzung unterrichtet wird. Damit wird bei der wasserrechtlichen Benachrichtigung keine „wasserrechtliche Unbedenklichkeit“ des Vorhabens behördlich festgestellt[748]. Die wasserrechtliche Benachrichtigung muss zwingend noch vor dem eigentlichen Baubeginn erfolgen, vgl. Art. 423 Abs. 1 WasserG. Hierfür zuständig ist gem. Art. 397 Abs. 3 Nr. 3 WasserG der Leiter der Wasseraufsicht der Wasserwirtschaftsbehörde Polnische Gewässer. Damit wird im Vergleich zu der wasserrechtlichen Genehmigung eine abweichende institutionelle Zuständigkeit begründet. Vor dem Hintergrund der Verfahrensbeschleunigung sehen auch die übrigen formellen Tatbestandsvoraussetzungen der wasserrechtlichen Benachrichtigung einige Unterschiede im Vergleich zu der wasserrechtlichen Genehmigung vor. Insoweit wird die wasserrechtliche Benachrichtigung gem. Art. 423 Abs. 8 WasserG zwar ebenfalls im öffentlichen Mitteilungsblatt veröffentlicht. Allerdings erfolgt kein weiterer Aushang an dem Ort des Vorhabens. Auch ist die Information im öffentlichen Mitteilungsblatt auf den Namen des Vorhabenträgers sowie auf den Umfang der Benachrichtigung selbst beschränkt, vgl. Art. 423 Abs. 8 Nr. 1 WasserG. In diesem Zusammenhang ist im öffentlichen Mitteilungsblatt innerhalb einer Frist von 7 Tagen ab Zustellung der Benachrichtigung ebenfalls darüber zu informieren, ob das zuständige Organ gegen die beabsichtigte Wassernutzung Widerspruch erhoben hat, vgl. Art. 423 Abs. 8 Nr. 2 WasserG.

(b) Materiell-rechtliche Anforderungen

Auch in materiell-rechtlicher Hinsicht ergeben sich im Vergleich zu der wasserrechtlichen Genehmigung weitere Erleichterungen für den Vorhabenträger. Insoweit wird das Beibringen eines wasserrechtlichen Gutachtens nicht gefordert. Ausreichend ist vielmehr eine Beschreibung der Wassernutzung samt Angabe zum beabsichtigten Beginn des Vorhabens. Der Umfang der Beschreibung wird in der Vorschrift des Art. 421 WasserG näher geregelt. Daran werden allerdings keine komplexen Anforderungen gestellt. Der Beschreibung sind ebenfalls eine Standortkarte mit zeichnerischen Festlegungen des Vorhabens sowie entsprechende Skizzen und Illustrationen beizufügen, vgl. Art. 422 WasserG.

---

748 Zur Abgrenzung einer *Genehmigung* und einer *Benachrichtigung* in der polnischen Rechtsordnung vgl. ausführlich: Teil 3 B.III.2.a.ff.(2).

(c) Ergebnis

Sofern das zuständige Organ nicht widersprochen hat, darf mit dem Vorhaben nach Ablauf von 30 Tagen ab Zustellung der wasserrechtlichen Benachrichtigung an das zuständige Organ begonnen werden, vgl. Art. 423 Abs. 2 WasserG. Wird mit dem Vorhaben jedoch nicht innerhalb von drei Jahren ab dem angekündigten Vorhabenstart begonnen, so ist die wasserrechtliche Benachrichtigung als gegenstandslos zu betrachten, vgl. Art. 423 Abs. 3 WasserG. Der Widerspruch des Organs kann nur auf die in Art. 423 Abs. 5 WasserG explizit genannten Gründe gestützt werden. Danach ist der wasserrechtlichen Benachrichtigung zu widersprechen, wenn für die Wassernutzung eine wasserrechtliche Genehmigung erforderlich ist (Nr. 1) oder die in Art. 396 Abs. 1 Nr. 1 bis 7 enumerativ aufgezählten wasserrechtlichen Planungsprogramme, welche im Übrigen auch in dem wasserrechtlichen Gutachten zu berücksichtigen sind[749], sowie die Entscheidung über die Standortfestlegung oder Interessen Dritter berührt werden (Nr. 2). Ein weiterer Versagungsgrund liegt vor, wenn die in Art. 56 ff. WasserG genannten Umweltschutzziele gefährdet sind (Nr. 3). Der Widerspruch des Organs wird im Wege einer administrativen Entscheidung erlassen und ist damit anfechtbar. Diesbezüglich ergeben sich keine weiteren Unterschiede, so dass auf die vorstehenden Ausführungen verwiesen werden kann[750].

ee. Baugenehmigung

(1) Rechtliche Einordnung

Die Erteilung einer *Baugenehmigung* (poln. *decyzja o pozwoleniu na budowę*) stellt die letzte Phase im Investitionsprozess dar[751]. Bei der Baugenehmigung handelt es sich um einen materiellen Teilbereich des polnischen Verwaltungsrechts[752]. Damit gelangen die Vorschriften des PVerwVfG auch hier ergänzend zur Anwendung, sofern im BauG keine entsprechenden Regelungen getroffen wurden. Folglich sind die Vorschriften gem. BauG *lex specialis* zum PVerwVfG[753].

---

749 Dazu ausführlich: Teil 3 B.III.2.a.dd.(5)(b).

750 Dazu ausführlich: Teil 3 B.III.2.a.bb.(5).

751 *Gętkowska*, Investitionsprozess und Umweltentscheidung, S. 71.

752 *Biskup/Chruściel*, Baugenehmigung, S. 27, URL: https://repozytorium.ukw.edu.pl/bitstream/handle/item/1517/Katarzyna%20Biskup%20Milosz%20Chrusciel%20Pozwolenie%20na%20budowe.pdf?sequence=1&isAllowed=y (letzter Abruf: 25.04.2018).

753 *Piątek* in: Gliniecki, BauG, Art. 1, Rn. 6.

(2) Sachlicher Anwendungsbereich

Die gesetzlichen Voraussetzungen der Baugenehmigung werden in Art. 28 ff. BauG geregelt. Demnach bedarf jedes Bauvorhaben grundsätzlich einer vorherigen Baugenehmigung, vgl. Art. 28 Abs. 1 BauG. Dabei wird allerdings auch nach der polnischen Rechtsordnung zunächst zwischen genehmigungspflichtigen und genehmigungsfreien Bauvorhaben unterschieden[754]. Unter dem Katalog der genehmigungsfreien Bauvorhaben werden ausweislich Art. 29 Abs. 1 Nr. 19a) Buchstabe a) BauG auch Elektrizitätsleitungen subsumiert, wobei deren Spannung nicht höher als 1 kV sein darf. Mangels einer gesetzlichen Befreiung gehören Übertragungsnetzleitungen mit ihrer Spannung von mindestens 220 kV damit nicht zu den genehmigungsfreien Bauvorhaben, so dass für deren Errichtung stets eine Baugenehmigung i. S. d. Art. 28 Abs. 1 BauG erforderlich ist. Davon abzugrenzen sind allerdings Leitungen, welche beispielsweise zum Anschluss eines Kraftwerks oder eines Windparks an das Übertragungsnetz benötigt werden. Derartige Leitungsausbauvorhaben sind – unabhängig von ihrer Spannung – grundsätzlich genehmigungsfrei, vgl. Art. 29 Abs. 1 Nr. 20 BauG. Darauf wird unten noch näher eingegangen[755].

(3) Formell-rechtliche Anforderungen

(a) Verfahren

Das Baugenehmigungsverfahren wird auf Antrag des Bauherrn eingeleitet[756]. Der Baugenehmigungsantrag muss dabei spätestens innerhalb von sechs Jahren nach Eintritt der Bestandskraft der Entscheidung über Umweltbedingungen gestellt werden, vgl. Art. 72 Abs. 1 Nr. 1, Abs. 3 UÖUG. Abweichend davon kann der Baugenehmigungsantrag gem. Art. 72 Abs. 4 UÖUG auch innerhalb von 10 Jahren seit Eintritt der Bestandskraft der Entscheidung über Umweltbedingungen gestellt werden, soweit das Bauvorhaben in Teilabschnitten realisiert wird und sich die Bauplanung, die für die Erteilung der Entscheidung über Umweltbedingungen maßgeblich war, nicht verändert hat. Wird der Baugenehmigungsantrag nicht innerhalb dieser Frist gestellt, so muss erneut eine Entscheidung über Umweltbedingungen und ein damit einhergehendes UVP-Verfahren durchgeführt werden. Dem Baugenehmigungsantrag ist die Entscheidung über Umweltbedingungen beizufügen, vgl. Art. 72 Abs. 3 UÖUG.

754 *Dombert/Harder*, LKV 2002, 159 (162).
755 Dazu ausführlich: Teil 3 B.III.2.c.ff.(3).
756 *Knopp/Zgolak*, WiRO 2013, 97 (102).

(b) Zuständigkeit

Zuständig für die Erteilung der Baugenehmigung ist gem. Art. 28 Abs. 1a BauG das Organ der Architektur- und Bauverwaltungsbehörde. Dabei wird das Organ der Architektur- und Bauverwaltungsbehörde in Art. 80 ff. BauG näher bestimmt. Demnach ist das Organ der Architektur- und Bauverwaltungsbehörde bei Übertragungsnetzausbauvorhaben in erster Instanz der Landrat[757], vgl. Art. 80 Abs. 1 Nr. 1 i. V. m. Art. 82 Abs. 2 BauG.

(c) Beteiligtenfähigkeit

Anders als bei der wasserrechtlichen Genehmigung[758] wird die Beteiligtenfähigkeit im Rahmen des Baugenehmigungsverfahrens in Art. 28 Abs. 2 BauG konkret bezeichnet, so dass ein Rückgriff auf die allgemeine Vorschrift nach Art. 28 PVerwVfG entbehrlich ist. Danach sind an dem Baugenehmigungsverfahren der Investor und die sich im Einzugsbereich des Bauvorhabens befindenden Grundstückseigentümer, Nießbraucher sowie Grundstücksverwalter beteiligt. Eine Beteiligung von sozialen Organisationen findet – genau wie bei der wasserrechtlichen Genehmigung – nicht statt. Damit knüpft die Beteiligung im Rahmen des Baugenehmigungsverfahrens an die faktische Betroffenheit an. Zudem stellt die Vorschrift gem. Art. 28 Abs. 4 BauG klar, dass eine darüberhinausgehende allgemeine Öffentlichkeitsbeteiligung nicht durchgeführt wird, sofern diese bereits im Rahmen der Entscheidung über Umweltbedingungen oder im UVP-Verfahren stattgefunden hat. Dies ist beim Ausbau von Übertragungsnetzleitungen stets der Fall[759], so dass im Rahmen des Baugenehmigungsverfahrens keine weitere Öffentlichkeitsbeteiligung mehr durchgeführt wird.

(4) Materiell-rechtliche Anforderungen

Die materiell-rechtlichen Voraussetzungen der Baugenehmigung werden im Art. 33 Abs. 2 BauG geregelt. Danach müssen dem Baugenehmigungsantrag u. a. eine Bescheinigung über das Verfügungsrecht zur Nutzung des betroffenen Grundstücks zu Bauzwecken[760] sowie vier Exemplare des Projektentwurfs (poln. *projekt budowlany*) beigefügt werden, vgl. Art. 33 Abs. 2 Nr. 1 und Nr. 2 BauG. Der Begriff des Projektentwurfs wird in Art. 34 Abs. 2 BauG näher bestimmt. Danach sind der Umfang und Inhalt des Projektentwurfes an die „Eigenheiten sowie den Charakter und an den Grad der Komplexität des Bauvorhabens"

757 *Kosicki* in: Wierzbowski/Plucińska-Filipowicz, BauG, Art. 28, Rn. 3.
758 Dazu ausführlich: Teil 3 B.III.2.a.dd.(5)(a)(bb).
759 Dazu ausführlich: Teil 3 B.III.2.a.bb.(6)(a)(bb) und sowie Teil 3 B.III.2.a.bb.(3)(b).
760 Zum Spannungsverhältnis zwischen dem Erfordernis des Beibringens der Bescheinigung über das Grundstücksverfügungsrecht und der Entscheidung über die Standortfestlegung vgl. ausführlich: Teil 3 C.I.2.b.bb.(4).

anzupassen. Diese zunächst unbestimmte Tatbestandsvoraussetzung wird sodann in Art. 34 Abs. 3 BauG konkretisiert. Danach muss der Projektentwurf insbesondere eine Beschreibung der Bewirtschaftung des betroffenen Grundstücks bzw. des Gebietes durch die Einzeichnung von Gebietsgrenzen in einer entsprechenden Karte enthalten, vgl. Art. 34 Abs. 3 Nr. 1 BauG.

(5) Ergebnis

Nachdem alle Unterlagen eingereicht worden sind, prüft das zuständige Organ insbesondere, ob das Bauvorhaben den Festlegungen im Bebauungsplan entspricht oder – falls ein solcher nicht erlassen wurde – ob das beantragte Vorhaben aus baurechtlicher Sicht mit der Entscheidung über die Standortfestlegung sowie mit der Entscheidung über Umweltbedingungen konform ist, vgl. Art. 35 Abs. 1 Nr. 1 BauG. Sind die formellen und materiellen Voraussetzungen erfüllt, so hat der Bauherr gem. Art. 35 Abs. 4 BauG einen Rechtsanspruch auf die Erteilung der Baugenehmigung. Damit ähnelt diese Regelung dem deutschen Bauordnungsrecht[761]. Mit dem Bauvorhaben muss innerhalb von drei Jahren seit Bestandskraft der Baugenehmigung begonnen werden[762]. Andernfalls erlischt die Baugenehmigung, vgl. Art. 37 Abs. 1 BauG.

ff. Nutzungsgenehmigung vs. Benachrichtigung über die Baufertigstellung

(1) Rechtliche Einordnung

Die Baugenehmigung gewährt nach der polnischen Rechtsordnung allerdings noch kein Recht zur tatsächlichen Nutzung des Bauobjektes. Insoweit wird der Investitionsprozess von Bauvorhaben, welche einer vorherigen Baugenehmigung bedürfen, entweder durch eine *Benachrichtigung über die Baufertigstellung* (poln. *zawiadomienie o zakończeniu budowy*) oder durch eine *Nutzungsgenehmigung* (poln. *decyzja o pozwoleniu na użytkowanie*) beendet[763]. Dabei gilt das Prinzip, dass das zuständige Organ grundsätzlich nur über die Baufertigstellung nach Maßgabe von Art. 54 BauG zu benachrichtigen ist, es sei denn, für das Bauvorhaben wird ausnahmsweise eine Nutzungsgenehmigung i. S. d. Art. 55 ff. BauG vorausgesetzt[764]. Für welche dieser besonderen Bauvorhaben eine entsprechende Nutzungsgenehmigung einzuholen ist, wird in der Vorschrift des Art. 55 Abs. 1 BauG näher bestimmt. Dabei werden diese besonderen Bauobjekte ausweislich

761 *Knopp/Zgolak*, WiRO 2013, 97 (102).
762 *Kosicki* in: Wierzbowski/Plucińska-Filipowicz, BauG, Art. 28, Rn. 14.
763 *Wincenciak* in: Wierzbowski/Plucińska-Filipowicz, BauG, Art. 54, Rn. 1 und Art. 55, Rn. 5.
764 *Błażewski*, Die Reglementierung im Bauprozess, S. 535 f.

Art. 55 Abs. 1 Nr. 1 BauG in bestimmte Kategorien eingeordnet und im Anhang zum BauG näher konkretisiert. Der Begriff der „Baufertigstellung" wird dagegen im Gesetz nicht näher definiert. Hierunter ist nach der h. M. nicht die faktische, sondern eine rechtliche Fertigstellung des Bauvorhabens zu verstehen[765]. Diese liegt dann vor, wenn das Bauobjekt zu einer bestimmungsgemäßen Verwendung überlassen wurde[766]. Eine Inbetriebnahme ohne eine vorherige Benachrichtigung oder ohne Einholung der erforderlichen Nutzungsgenehmigung wird mit einer Geldstrafe sanktioniert, vgl. Art. 57 Abs. 7 BauG.

(2) Systematische Abgrenzung

Eine Benachrichtigung über die Baufertigstellung setzt – genau wie die wasserrechtliche Benachrichtigung[767] – noch kein administratives Verfahren in Gang, da es sich hierbei um keinen Antrag des Investors i. S. v. Art. 61 § 1 PVerwVfG handelt, der eine behördliche Bearbeitung erfordern würde. Bei der Benachrichtigung über die Baufertigstellung handelt es sich lediglich um eine Erklärung des Investors, ein bestimmtes Bauprojekt nutzen zu wollen[768]. Mit der Nutzung kann begonnen werden, sofern das zuständige Organ innerhalb von 14 Tagen ab Eingang der Benachrichtigung keinen Widerspruch erhoben hat, vgl. Art. 54 Abs. 1 BauG. Die stillschweigende Zustimmung durch die zuständige Behörde ist damit eine rein faktische Tätigkeit. Diese führt dazu, dass das Recht des Investors, mit der bestimmungsgemäßen Nutzung zu beginnen, unmittelbar kraft Gesetzes und nicht durch einen auf Rechtsnormen gestützten Verwaltungsakt entsteht[769]. Erst der Widerspruch des Organs stellt ein hoheitliches Verwaltungshandeln dar, weil er gem. Art. 54 Abs. 1 BauG in Form einer administrativen Entscheidung erlassen wird.

Im Gegensatz dazu wird mit dem Antrag auf Erteilung einer Nutzungsgenehmigung ein behördliches Verfahren eingeleitet, in welchem das zuständige Organ gesetzlich dazu verpflichtet wird, eine obligatorische Kontrolle des fertiggestellten Bauobjektes durchzuführen[770], vgl. Art. 57 Abs. 6 BauG. Mit der obligatorischen Kontrolle, deren Inhalt in der Vorschrift des Art. 59a geregelt ist, wird für das Bauobjekt eine bauordnungsrechtliche „Unbedenklichkeitsbescheinigung" ausgestellt, vgl. Art. 59a Abs. 1 BauG. Die Einholung einer Nutzungsgenehmigung hat für den Vorhabenträger damit eine Garantiefunktion. Denn durch die Erteilung einer Nutzungsgenehmigung wird die Vereinbarkeit des Vorhabens mit den bauordnungsrechtlichen Vorschriften behördlich festgestellt. Dadurch kann das Vorhaben nicht mehr nach Maßgabe von Art. 50 bis 51 BauG – beispielsweise

765 *Kostka* in: Gliniecki, BauG, Art. 54, Rn. 7.
766 WSA Krakau, Urteil vom 08.09.2010, Az.: I SA/Kr 673/10.
767 Dazu ausführlich: Teil 3 B.III.2.a.dd.(2) und (6).
768 *Kosicki* in: Wierzbowski/Plucińska-Filipowicz, BauG, Art. 30, Rn. 3.
769 *Kosicki* (vorige Fn).
770 *Wincenciak* in: Wierzbowski/Plucińska-Filipowicz, BauG, Art. 57, Rn. 8.

wegen möglicher Gefährdung von Personen oder der Umwelt (Art. 50 Abs. 1 Nr. 2 BauG) – gestoppt werden[771].

(3) Sachlicher Anwendungsbereich

Die vorstehenden Ausführungen zugrunde gelegt ist nun fraglich, ob das zuständige Organ vor Inbetriebnahme nur über die Fertigstellung der Übertragungsnetzausbauvorhaben benachrichtigt werden muss oder ob eine Nutzungsgenehmigung einzuholen ist. Zur Beantwortung dieser Frage muss insoweit geklärt werden, ob Übertragungsnetzleitungen unter den Katalog von Bauobjekten subsumiert werden, für welche gem. der Vorschrift des Art. 55 Abs. 1 Nr. 1 i. V. m. Anhang zum BauG eine Nutzungsgenehmigung erforderlich ist. Ausweislich der Bestimmungen im Anhang zum BauG werden Elektrizitätsleitungen als Bauvorhaben i. S. v. Kategorie XXVI qualifiziert. Der Katalog nach Art. 55 Abs. 1 BauGB beinhaltet jedoch keine Vorhaben i. S. v. Kategorie XXVI, so dass für Elektrizitätsleitungen grundsätzlich keine Pflicht zur Einholung einer Nutzungsgenehmigung nach Maßgaben von Art. 55 Abs. 1 Nr. 1 i. V. m. Anhang zum BauG besteht.

Auch wenn der Investor dazu grundsätzlich nicht verpflichtet ist, *kann* er gem. Art. 55 Abs. 2 BauG statt der Benachrichtigung über die Baufertigstellung auch einen Antrag auf Erteilung einer Nutzungsgenehmigung stellen. Dies ist jedoch nur dann möglich, soweit die Inbetriebnahme noch vor der Fertigstellung des Bauvorhabens erfolgen soll, vgl. Art. 55 Abs. 1 Nr. 3 BauG. Wie aus dem Wortlaut „kann" zu entnehmen ist, wird diese Entscheidung zur Disposition des Investors gestellt[772]. Allerdings ist auf Anhieb kein Fall vorstellbar, bei dem die Inbetriebnahme der Elektrizitätsleitung noch vor deren Fertigstellung in Betracht kommt. Daher ist regelmäßig davon auszugehen, dass eine Nutzungsgenehmigung für die Inbetriebnahme der Elektrizitätsleitungen nach Maßgabe von Art. 55 Abs. 1 BauG nicht erforderlich ist und der Übertragungsnetzbetreiber mangels einer vorherigen Fertigstellung der Netzleitung keinen Antrag auf Erteilung einer Nutzungsgenehmigung stellen wird. Insofern dürfte im Zusammenhang mit dem Übertragungsnetzausbau eine einfache *Benachrichtigung über die Baufertigstellung* nach Maßgabe des Art. 54 BauG ausreichend sein[773], so dass nachfolgend nur auf dieses Rechtsinstrument eingegangen wird.

---

771 *Wincenciak* in: Wierzbowski/Plucińska-Filipowicz, BauG, Art. 55, Rn. 7.

772 *Kostka* in: Gliniecki, BauG, Art. 54, Rn. 1.

773 In der deutschen Literatur zum polnischen Elektrizitätsleitungsausbau wird die Ansicht vertreten, dass die Inbetriebnahme von Elektrizitätsleitungen einer Nutzungsgenehmigung nach Maßgabe des Art. 55 BauG bedarf (vgl. *Knopp/Zgolak*, WiRO 2013, 97 (102)). Wie die vorstehenden Ausführungen allerdings gezeigt haben, ist dies bei Übertragungsnetzleitungen gerade nicht der Fall, so dass diese Auffassung insoweit relativiert werden muss.

(4) Benachrichtigung über die Baufertigstellung

Die Benachrichtigung über die Baufertigstellung ist an das Organ der Bauaufsichtsbehörde zu richten, vgl. Art. 54 Abs. 1 BauG. Dies ist in der Regel der Inspektor der Bauaufsichtsbehörde[774]. Diese Verpflichtung richtet sich an den Investor, Art. 57 Abs. 1 BauG. Zwar wird auch der Begriff des Investors im BauG nicht weiter definiert. Diesbezüglich wird in der Literatur allerdings auf die Baugenehmigung abgestellt. Danach soll der Investor i. S. d. Art. 57 Abs. 1 BauG mit derjenigen Partei identisch sein, welche auch Inhaber der Baugenehmigung ist[775].

Fraglich ist ferner, in welcher Form die Benachrichtigung zu erfolgen hat. Diese Frage ist deshalb so interessant, weil die baurechtlichen Vorschriften diesbezüglich keine weitere Regelung enthalten. Aus diesem Grund könnte womöglich auch eine telefonische Benachrichtigung als ausreichend angesehen werden, sofern in den allgemeinen verwaltungsrechtlichen Vorschriften gem. PVerwVfG diesbezüglich keine abweichende Regelung vorgesehen ist. Zwar wird die Form der Antragsstellung im verwaltungsrechtlichen Verfahren in der Vorschrift des Art. 63 § 1 PVerwVfG näher geregelt. Da es sich bei der Benachrichtigung allerdings gerade um keinen administrativen Antrag i. S. d. Art. 61 § 1 PVerwVfG handelt[776], dürfte die Regelung gem. Art. 63 § 1 PVerwVfG somit keine direkte Anwendung finden. Der Begriff der Benachrichtigung (poln. *zawiadomienie*) wird jedoch auch in anderen Vorschriften des PVerwVfG vereinzelt verwendet[777]. Allerdings wird die Form der Benachrichtigung auch darin nicht weiter definiert. Diese interessante Rechtsfrage hat leider auch in der polnischen Literatur bisher noch keine Beachtung gefunden. Die Klärung dieser Frage dürfte aber in der Vorschrift gem. Art. 57 Abs. 1 BauG zu suchen sein. Hiernach ist der Investor dazu verpflichtet, der Benachrichtigung über die Baufertigstellung ein Konvolut von Unterlagen, welche ausweislich dieser Vorschrift dort näher bezeichnet werden, „anzufügen" (poln. *dołączyć*). Daraus ist zu schließen, dass die Benachrichtigung über die Baufertigstellung als Mindestvoraussetzung zumindest in elektronischer Form durch Vorlage der in Art. 57 Abs. 1 BauG näher bezeichneten Dokumente und Unterlagen erfolgen muss, weil nur der E-Mail die bezeichneten Unterlagen „angefügt" werden können. Selbstverständlich bleibt es dem Investor unbenommen, das zuständige Organ über die Baufertigstellung in schriftlicher Form durch ein Schreiben oder Telefax zu benachrichtigen. Weitere formell- oder materiell-rechtlichen Anforderungen werden an die Benachrichtigung über die Baufertigstellung nicht gestellt.

774 *Kostka* in: Gliniecki, BauG, Art. 54, Rn. 8.
775 *Kostka* in: Gliniecki, BauG, Art. 54, Rn. 2.
776 Dazu ausführlich: Teil 3 B.III.2.a.ff.(2).
777 Beispielsweise: Art. 66 § 1, Art. 122c § 1 oder Art. 131 PVerwVfG.

b. Sondergesetz Übertragungsnetz

aa. Rückblick

Vor dem Hintergrund des mit dem UEFA Euro 2012-Gesetzes verfolgten Ziels der Beschleunigung von Infrastrukturvorhaben zur Vorbereitung auf die im Jahr 2012 stattfindende Fußballeuropameisterschaft[778] war das UEFA Euro 2012-Gesetz daher (folgerichtig) zunächst auch nur bis zum 31. Dezember 2012 befristet (vgl. Art. 40 UEFA Euro 2012-Gesetz a. F.). Da abzusehen war, dass nicht alle geplanten Infrastrukturvorhaben bis zum Beginn des Turniers realisiert werden würden, beschloss das polnische Parlament mit dem *UEFA Euro 2012-Änderungsgesetz* (poln. *Ustawa o zmianie ustawy o przygotowaniu finałowego turnieju Mistrzostw Europy w Piłce Nożnej UEFA EURO 2012*), die zeitliche Anwendung des UEFA Euro 2012-Gesetzes auch über das Datum des 31. Dezember 2012 hinaus für die noch nicht realisierten Infrastrukturvorhaben zu verlängern. Diese Verlängerung erwies sich letztendlich als verfassungswidrig, weil das mit dem UEFA Euro 2012-Gesetz verfolgte Ziel mit Beendigung des Turnieres weggefallen ist und dadurch eine über die Meisterschaft hinausgehende Gesetzesverlängerung die verfassungsrechtlich garantierten Eigentumsrechte gem. Art. 64 sowie den Grundsatz des Vertrauensschutzes der Bürger nach Art. 2 PV verletzte[779]. Aufgrund dessen hat der polnische Gesetzgeber mit dem Sondergesetz Übertragungsnetz (kurz: *SÜN*) ein neues spezialgesetzliches Instrument für die Beschleunigung des Ausbaus von Infrastrukturvorhaben im Bereich des Übertragungsnetzes eingeführt.

bb. Zielsetzung

Das SÜN trat am 15. September 2015 in Kraft und ist von seiner Regelungswirkung am ehesten mit den Vorschriften des NABEG vergleichbar. Ziel des SÜN ist dabei die Umsetzung der europäischen Vorgaben hinsichtlich der Schaffung eines gemeinsamen Elektrizitätsbinnenmarktes durch die Gewährleistung eines schrankenlosen grenzüberschreitenden Stromhandels[780]. Denn wie das Beispiel beim Ausbau der o. g. Leitungstrasse Plewiska – Kromolice gezeigt hat[781], führen die soeben dargestellten Regelungen zur Erlangung der jeweiligen Einzelgenehmigungen in der Praxis zu einem langwierigen Planungsprozess, wodurch sich der Übertragungsnetzausbau erheblich verzögern kann. Mit der im SÜN

778 Dazu ausführlich: Teil 2 B.V.

779 Urteil des polnischen Verfassungsgerichts (poln. *Trybunał Konstytucyjny*) vom 06.03.2013, Az.: KP 1/12, Rn. 101 ff., URL: http://ipo.trybunal.gov.pl/ipo/Sprawa?sprawa=10193&dokument=8999#uzasadnienia_czesc_8999_III (letzter Abruf: 02.12.2017).

780 Zu den europäischen Zusammenhängen vgl.: Teil 3 A.I.

781 Dazu ausführlich: Teil 2 B.V.

geregelten sog. *Entscheidung über die Standortfestlegung einer strategischen Investition im Bereich des Übertragungsnetzes*[782] (poln. *decyzja o ustaleniu lokalizacji strategicznej inwestycji w zakresie sieci przesyłowej*) soll die Anzahl der für den Übertragungsnetzausbau soeben dargestellten Einzelgenehmigungen reduziert, die Verfahrensdauer des Genehmigungsprozesses auf einen Zeitraum von drei bis sechs Monate begrenzt und die Zuständigkeitskompetenz bei einem Organ gebündelt werden[783].

cc. Entscheidung über die Standortfestlegung Übertragungsnetz

(1) Systematische Abgrenzung

Anders als die Bezeichnung zunächst vermuten lässt, modifiziert die Entscheidung über die Standortfestlegung Übertragungsnetz nach Maßgabe der Art. 4 ff. SÜN allerdings nicht die allgemeinen Vorschriften in Zusammenhang mit der Entscheidung über die Standortfestlegung (für eine Investition zu Gemeinwohlzwecken) gem. Art. 50 ff. RPG[784]. Denn die Vorschriften gem. RPG werden im Zusammenhang mit der gegenständlichen Entscheidung – mit Ausnahme der Verpflichtung zum Führen eines Registers i. S. v. Art. 57 Abs. 1 und Abs. 4 RPG – durch die Vorschriften des SÜN verdrängt, vgl. Art. 11 Abs. 1 SÜN. Dies ist darauf zurückzuführen, dass beide Entscheidungen einen unterschiedlichen Regelungszweck verfolgen. Denn mit der Entscheidung über die Standortfestlegung (für eine Investition zu Gemeinwohlzwecken) gem. Art. 50 Abs. 1 RPG soll über die fachplanerische Zulässigkeit eines Investitionsvorhabens von besonderer Bedeutung auf dem Gemeindegebiet entschieden werden, sofern ein Bebauungsplan für das Gemeindegebiet nicht erstellt wurde[785].

Die Entscheidung über die Standortfestlegung Übertragungsnetz stellt dagegen ein Verfahren zur Sicherung der für den Übertragungsnetzausbau benötigten Grundstücke dar, bei dem auch über die Vereinbarkeit der strategischen Übertragungsnetzinvestition mit anderen Vorhaben in diesem Gebiet entschieden wird[786]. Daher handelt es sich bei dem gesamten Verfahren nach Maßgabe der Vorschriften des SÜN um ein selbständiges verwaltungsrechtliches Verfahren im Bereich des Übertragungsnetzausbaus, auf das im Falle einer Regelungslücke

---

782 Nachfolgend „Entscheidung über die Standortfestlegung Übertragungsnetz“ genannt.

783 *Łubecki*, Strategische Investitionen, S. 8 ff., URL: https://www.cire.pl/pliki/2/realizacjastrategicznychinwestycjiwzakresiesieciprzesylowych.pdf (letzter Abruf: 18.10.2018).

784 Zur *Entscheidung über die Standortfestlegung* vgl. ausführlich: Teil 3 B.III.2.a.cc.

785 Dazu ausführlich: Teil 3 B.III.2.a.cc.(1).

786 *Łubecki* (Fn. 783), S. 10.

allenfalls die allgemeinen Vorschriften gem. PVerwVfG zur Anwendung gelangen.

(2) Zeitliche Geltung

Die Vorschriften i. S. d. SÜN sind zeitlich allerdings nur bis zum 31. Dezember 2025 befristet, vgl. Art. 35 SÜN. Dadurch soll zum Ausdruck kommen, dass diese spezialgesetzlichen Vorschriften ausschließlich der Realisierung einer grenzüberschreitenden Übertragungsnetzinfrastruktur gem. der europäischen Vorgaben im Zusammenhang mit der Schaffung eines gemeinschaftlichen Elektrizitätsbinnenmarktes dienen[787].

(3) Sachlicher Anwendungsbereich

Die gesetzlichen Vorschriften des SÜN sind darüber hinaus auch nur auf 23 Übertragungsnetzausbauvorhaben anwendbar, die in der Anlage zum SÜN festgelegt wurden. Diese Vorhaben stellen gem. Art. 3 SÜN ebenfalls eine *Investition zu Gemeinwohlzwecken* i. S. d. Art. 6 GBI[788] dar und werden dabei in drei Gruppen qualifiziert. Zur ersten Gruppe zählen die für eine grenzüberschreitende Verbindung erforderlichen Übertragungsnetzleitungen zwischen Polen und Litauen. Die zweite Gruppe bilden die Grenzverbindungsleitungen zwischen Polen und Deutschland sowie Tschechen. Zur dritten Gruppe gehören dagegen Übertragungsnetzleitungen für die Anbindung von Offshore-Windenergieanlagen an das Übertragungsnetz[789]. Nach der jüngsten Rechtsprechung sind die in der Anlage festgelegten Vorhaben allerdings nicht zu eng auszulegen. Daher können die speziellen Vorschriften i. S. d. SÜN zum Zwecke der Netzausbaubeschleunigung auch dann zur Anwendung gelangen, wenn die nicht ausgewiesenen Übertragungsnetzleitungen einen Teil des gesamten in der Anlage ausgewiesenen Übertragungsnetzabschnittes darstellen[790].

(4) Wahlrecht

Des Weiteren darf der polnische Übertragungsnetzbetreiber PSE S.A. zum Zwecke eines zügigen Netzausbaus auch darüber entscheiden, ob die bis zum Inkrafttreten des Gesetzes ausgesetzten oder noch nicht beschiedenen Genehmigungsanträge nach den allgemeinen Vorschriften oder nach den speziellen Vorschriften des SÜN weitergeführt werden sollen, vgl. Art. 33 SÜN.

---

787 *Dubiński* in: Minta/Śledzik, S. 71.
788 Dazu ausführlich: Teil 3 B.III.2.a.cc.(3).
789 *Łubecki* (wie Fn. 783), S. 9.
790 WSA Warschau, Urteil vom 09.02.2018, Az.: VI SA/Wa 2780/17.

(5) Formell-rechtliche Anforderungen

(a) Verfahren

Das Verfahren beginnt gem. Art. 4 Abs. 1 SÜN mit einem Antrag des Übertragungsnetzbetreibers PSE S.A. In dem Antrag müssen – ähnlich wie bei der Bundesfachplanung i. S. d. §§ 4 ff. NABEG – die Linien des Trassenkorridors planerisch und zeichnerisch auf einer Katasterkarte bestimmt werden, vgl. Art. 4 Abs. 1 Nr. 1 SÜN. Die Entscheidung über Umweltbedingungen i. S. d. Art. 71 Abs. 2 UÖUG sowie eine wasserrechtliche Genehmigung gem. Art. 388 Abs. 1 Nr. 1 WasserG – falls eine solche für das Vorhaben erforderlich ist – werden von der Konzentrationswirkung der Entscheidung über die Standortfestlegung Übertragungsnetz nicht mitumfasst[791]. Daher sind diese Entscheidungen dem Antrag beizufügen, vgl. Art. 4 Abs. 1 Nr. 5 und Nr. 6, (wobei das formelle Verfahren zur Erlangung der Entscheidung über Umweltbedingungen durch die spezielleren Vorschriften gem. Art. 14 bis 18 SÜN ergänzt wird).

Zuständig für den Erlass der Entscheidung über die Standortfestlegung Übertragungsnetz ist der örtliche Woiwode, vgl. Art. 5 Abs. 1 SÜN. Sollte sich das Übertragungsnetzausbauvorhaben über mehr als eine Woiwodschaft erstrecken, so ist – genau wie im Zusammenhang mit der Entscheidung über die Standortfestlegung – derjenige Woiwode zuständig, auf dessen Gebiet sich der längste Teil des Übertragungsnetzes befindet, vgl. Art. 5 Abs. 3 SÜN.

(b) Behördenbeteiligung

Ein weiterer deutlicher Unterschied zwischen dem Antragsverfahren i. S. d. SÜN und dem Antragsverfahren im Zusammenhang mit der Entscheidung über die Standortfestlegung nach Maßgabe des RPG zeigt sich in der Vorschrift des Art. 4 Abs. 1 Nr. 11 i. V. m. Abs. 2 SÜN, mit der das Antragsverfahren offensichtlich noch stärker beschleunigt werden soll. Denn die Vorschrift des Art. 53 Abs. 4 RPG setzt eine umfangreiche Abstimmung mit weiteren Organen voraus, soweit deren Aufgabenbereich betroffen ist. Das kann beispielsweise dann der Fall sein, sofern das Investitionsvorhaben auf einer Fläche errichtet werden soll, die als Kurort ausgewiesen ist, vgl. Art. 53 Abs. 4 Nr. 1 RPG. Das Ergebnis dieser Abstimmung erfolgt gem. Art. 53 Abs. 5 RPG im Wege einer verwaltungsrechtlichen Entscheidung i. S. d. Art. 106 PVerwVfG und ist daher für das Organ, welches über den Antrag zu entscheiden hat, bindend[792]. Eine derartige Abstimmung zwischen den Organen – und vor allem in einer solchen förmlichen Form – findet im Rahmen des Antragsverfahrens auf Erteilung der Entscheidung über die Standortfestlegung Übertragungsnetz nicht statt. Insofern ist der Antragssteller

---

791 *Zamroch*, Sondergesetz Übertragung, S. 49.
792 Dazu ausführlich: Teil 3 B.III.2.a.cc.(4)(b).

gem. Art. 4 Abs. 1 Nr. 11 i. V. m. Abs. 2 lediglich dazu verpflichtet, eine Stellungnahme der betroffenen Organe (wie beispielsweise des Gesundheitsministers, sofern das Investitionsvorhaben auf einer Fläche errichtet werden soll, die als Kurort ausgewiesen ist, vgl. Art. 4 Abs. 2 Nr. 1 SÜN) einzuholen. Eine „Stellungnahme" entfaltet allerdings noch keine Rechtsbindungswirkung gegenüber dem für die Entscheidung zuständigen Organ, so dass dieses von der Stellungnahme auch abweichen kann[793].

Eine Ausnahme gilt jedoch dann, wenn die Übertragungsnetzleitung eine Fahrbahnfläche passiert. In diesem Fall ist eine „Abstimmung"[794] mit der Straßenverkehrsbehörde erforderlich, vgl. Art. 4 Abs. 1 Nr. 13 SÜN. Der Grund für diese strengere Form der Kooperation mit der Straßenverkehrsbehörde ist, dass Höchstspannungsleitungen nach der polnischen Rechtsordnung nicht in der Nähe von Schnellstraßen und Autobahnen errichtet werden dürfen[795], vgl. Art. 43 des *Gesetzes über öffentliche Straßen* (poln. *Ustawa o drogach publicznych*). Damit es aber auch bei der Einholung der Stellungnahmen respektive der Abstimmung nicht zu erheblichen Verzögerungen kommt, werden die zuständigen Organe gem. Art. 4 Abs. 3 SÜN dazu verpflichtet, ihre Stellungnahme respektive die Abstimmung innerhalb von 21 Tag ab Eingang des Antrags des Investors abzugeben. Andernfalls wird ihre Zustimmung fingiert.

(c) Beteiligtenfähigkeit

Die Verfahrensbeteiligten werden gem. Art. 7 Abs. 1 SÜN genau wie bei der Entscheidung über die Standortfestlegung über die Eröffnung des Antragsverfahrens informiert. Der Unterschied zwischen den beiden Genehmigungsverfahren liegt jedoch in der Art und Weise der Benachrichtigung. Denn während der Antragssteller und die betroffenen Eigentümer sowie der Nießbraucher des Grundstücks[796] im Rahmen beider Genehmigungsverfahren noch in gleicher Weise durch Schriftform über die Eröffnung des Antragsverfahrens informiert werden, werden die "übrigen Parteien"[797] im Rahmen des Genehmigungsverfahrens hinsichtlich der Entscheidung über die Standortfestlegung Übertragungsnetz durch eine öffentliche Bekanntmachung i. S. d. Art. 49 Abs. 1 PVerwVfG benachrichtigt. Dabei wird die Benachrichtigung in den betroffenen Woiwodschafts- und

---

793 Zum Rechtscharakter der „Stellungnahme" in der polnischen Rechtsordnung vgl.: Teil 3 B.II.2.c.bb.(3)(e).

794 Der vorliegende Begriff der „Abstimmung" ist nicht zu verwechseln mit dem gleichen im Rahmen des Art. 16 Abs. 13 EnR verwendeten Begriff. Zu dieser Problematik vgl. ausführlich: Teil 3 B.II.2.c.dd. Zum Rechtscharakter der „Abstimmung" in der polnischen Rechtsordnung vgl.: Teil 3 B.III.2.a.bb.(3)(c)(cc).

795 *Knopp/Zgolak*, WiRO 2013, 97 (101).

796 Zum polnischen Nießbrauchsrecht an einem Grundstück vgl. ausführlich: Teil 3 B.III.2.a.cc.(4)(a).

797 Zum Begriff der „Partei" vgl. Art. 28 PVerwVfG.

Gemeindebüros ausgehängt und auf der Internetseite der Woiwodschaft sowie in der landesweiten Presse veröffentlich. Im Rahmen der Entscheidung über die Standortfestlegung gem. Art. 53 Abs. 1 RPG ist eine derart umfangreiche Benachrichtigung der übrigen Parteien dagegen nicht vorgesehen.

(6) Materiell-rechtliche Anforderungen

Die materiell-rechtlichen Anforderungen an die Entscheidung über die Standortfestlegung Übertragungsnetz werden in der Vorschrift gem. Art. 4 Abs. 1 SÜN sehr umfangreich geregelt. Danach ist u. a. in einer Gebietskarte der Verlauf der Trassenlinien samt dem dafür vorgesehenen Gebietskorridor einschließlich der Linien, welche zu dem angrenzenden Umspannwerk führen, einzuzeichnen, vgl. Art. 4 Abs. 1 Nr. 1 SÜN. Des Weiteren werden in der Vorschrift des Art. 4 Abs. 1 SÜN noch weitere Dokumente und Unterlagen bestimmt, die vom Vorhabenträger beizubringen sind. Eine detaillierte Darstellung dieser überaus umfangreichen Dokumente und Unterlagen würde den Rahmen dieser Bearbeitung sprengen, so dass diesbezüglich auf den Inhalt der Vorschrift des Art. 4 Abs. 1 SÜN verwiesen wird.

(7) Ergebnis

In der Entscheidung über die Standortfestlegung Übertragungsnetz werden inhaltlich insbesondere die Festlegungen über die räumlichen Gebietslinien des Trassenverlaufes für die Übertragungsnetzleitungen einschließlich der Gebietslinien für die dazugehörenden Umspannwerke bestätigt. Die von dem Übertragungsnetzausbau betroffenen Grundstücke werden anschließend anhand der Festlegung der Gebietslinien geteilt[798]. Zudem werden u. a. auch die technischen Bedingungen für die Übertragungsnetzleitung näher bestimmt sowie konkrete Umweltschutzauflagen definiert, vgl. Art. 8 Abs. 1 SÜN. Die Entscheidung über die Standortfestlegung Übertragungsnetz wird dem Übertragungsnetzbetreiber PSE S.A. als Antragssteller durch den Woiwoden schriftlich zugestellt, vgl. Art. 10 Abs. 1 SÜN i. V. m. Art. 109 § 1 PVerwVfG. Die Zustellung gegenüber den übrigen Parteien erfolgt dagegen nur durch eine öffentliche Bekanntmachung i. S. d. Art. 49 Abs. 1 PVerwVfG, welche in den betroffenen Woiwodschafts- und Gemeindebüros ausgehängt und auf der Internetseite der Woiwodschaft sowie in der landesweiten Presse veröffentlich wird, vgl. Art. 10 Abs. 1 SÜN. Die Festlegungen in der Entscheidung über die Standortfestlegung Übertragungsnetz sind für den vorbereitenden Bauleitplan (poln. *studium*) i. S. d. Art. 9 und für den Bebauungsplan i. S. d. Art. 14 RPG bindend, vgl. Art. 11 Abs. 2 SÜN.

---

798 *Łubecki* (wie Fn. 783), S. 8 ff.

dd. Entscheidung über Umweltbedingungen Übertragungsnetz

Neben dem vorgenannten Verfahren enthält das SÜN auch spezialgesetzliche Vorschriften zum Verfahren auf Erteilung der Entscheidung über Umweltbedingungen nach Maßgabe des Art. 71 Abs. 2 UÖUG. Diese regeln insbesondere das Recht zum Betreten von Grundstücken zum Zwecke von Messungen und Prüfungen, die im Rahmen der Durchführung des Verfahrens nach Maßgabe des UÖUG erforderlich sind, vgl. Art. 15 Abs. 1 SÜN. Auch diese Vorschriften haben die Beschleunigung des Verfahrens zum Ziel. Im Übrigen ergeben sich keine abweichenden Regelungen, so dass auf die allgemeinen Ausführungen zur Entscheidung über Umweltbedingungen sowie des UVP-Verfahrens verwiesen werden kann[799].

ee. Baugenehmigung Übertragungsnetz

Des Weiteren modifizieren die Vorschriften gem. Art. 14 bis 17 SÜN auch das Baugenehmigungsverfahren. Hierzu gehört u. a. die Bündelung des gesamten Verfahrens „in einer Hand". Daher ist für die Erteilung der Baugenehmigung abweichend von den Vorschriften der Art. 80 Abs. 1 Nr. 1 i. V. m. Art. 82 Abs. 2 BauG ebenfalls der Woiwode zuständig, vgl. Art. 13 Abs. 1 SÜN. Dieser ist an die Festlegungen in der Entscheidung über die Standortfestlegung Übertragungsnetz gebunden, vgl. Art. 13 Abs. 2 SÜN.

c. Übertragungsnetzausbau Offshore

aa. Einführung

Obwohl in Polen bisher noch kein Offshore-Windpark vollständig errichtet wurde[800], ist der Ausbau der Offshore-Energieerzeugung mittelfristig auch in Polen nicht mehr wegzudenken. Ursächlich hierfür dürften nicht nur die europäischen und internationalen Klimaschutzziele[801], sondern mitunter wohl auch wirtschaftliche Überlegungen sein. Denn das Potential der Energieerzeugung Offshore wird bis zum Jahr 2030 mit einem Umsatz von 60 Mrd. PLN (ca. 14,2 Mrd. EUR[802]) prognostiziert, was einem Zuwachs von einem halben Prozent des 10-jährigen BIP entsprechen würde. Durch den Ausbau der Offshore-Energieerzeugung könnten zudem 77.000 neue Arbeitsplätze entstehen[803]. Vor diesem Hintergrund ist zu erwarten, dass der Ausbau der Offshore-Energieerzeugung und der damit einhergehenden Offshore-Netzinfrastruktur in Polen mit großer Sicherheit zunehmen wird und zwar völlig losgelöst von der Frage, ob Polen dem deutschen

---

799 Dazu ausführlich: Teil 3 B.III.2.a.bb.
800 Dazu ausführlich: Teil 3 B.II.2.d.aa.
801 Dazu ausführlich: Teil 2 B.I.
802 Umrechnungskurs zum 28.11.2017.
803 *Purta* et al., Entwicklung der Offshore-Energie in Polen, S. 21.

Vorbild bei der Energiewende tatsächlich folgen sollte. Insoweit hat Polen mit der Planung des ersten Offshore-Windparks „Bałtyk Środkowy III“[804] bereits heute die ersten Weichen für die Offshore-Energieerzeugung gestellt. Fraglich ist daher, welches Regelungsregime für den Übertragungsnetzausbau im Offshore-Bereich nach der polnischen Gesetzeslage vorgesehen ist.

bb. Rechtsrahmen

Im Gegensatz zu den deutschen Regelungen[805] wird nach der polnischen Rechtslage nicht zwischen bestimmten Leitungsarten und deren zeitlichem Errichtungszeitpunkt unterschieden. Daher gelangen im Bereich des polnischen Offshore-Übertragungsnetzausbaus anders als in Deutschland keine unterschiedlichen Planungsregime zur Anwendung, unabhängig davon, ob die Leitungen in den Inneren Gewässern bzw. im Küstenmeer oder in der polnischen AWZ errichtet werden. Aufgrund dessen müssen auch für die Verlegung von Offshore-Übertragungsnetzleitungen grundsätzlich alle der vorgenannten Genehmigungen eingeholt werden, sofern eine entsprechende Benachrichtigung des zuständigen Organes nicht ausreichend ist[806]. Somit sind im Bereich des Ausbaus der Offshore-Netzinfrastruktur nach der polnischen Rechtslage die gleichen Genehmigungsverfahren zu durchlaufen wie an Land. Diese richten sich wiederum nach den gleichen gesetzlichen Regelungen, wie sie bereits im Rahmen der vorgenannten Genehmigungen ausführlich dargelegt wurden, wobei einige dieser Vorschriften speziell an die meeresrechtlichen Besonderheiten angepasst sind (beispielsweise im Hinblick auf die behördliche Zuständigkeit). Eine Ausnahme hiervon bildet allerdings das Verfahren im Zusammenhang mit der Standortfestlegung der Offshore-Leitungen. Dieses Verfahren ist in den Vorschriften der Art. 26 ff. MVerwG gesondert geregelt. Zur Vermeidung von Wiederholungen wird nachfolgend daher nur auf die im Zusammenhang mit dem Ausbau der Offshore-Netzinfrastruktur bestehenden gesetzlichen Besonderheiten eingegangen.

cc. Entscheidung über Umweltbedingungen Offshore

(1) Geltungsbereich

Fraglich ist zunächst, ob die polnischen Umweltvorschriften gem. UÖUG im Offshore-Bereich dem Grunde nach überhaupt zur Anwendung gelangen. Hierbei ist zwischen dem Bereich des Küstenmeeres und der AWZ zu unterscheiden. Denn

---

804 Weitere Informationen zum Offshore-Windpark „Bałtyk Środkowy III“ sind abrufbar unter URL: https://globenergia.pl/magazyn/baltyk-srodkowy-iii-projekt-pierwszej-polskiej-morskiej-farmy-wiatrowej/ (letzter Abruf: 27.03.2019).

805 Zur deutschen Rechtslage vgl. ausführlich: Teil 3 B.III.1.e.bb.

806 So beispielsweise eine *Benachrichtigung über die Baufertigstellung*, vgl. dazu ausführlich: Teil 3 B.III.2.a.ff.(4).

ausweislich der Regelung gem. Art. 2 SRÜ haben die jeweiligen Küstenstaaten im Küstenmeer und in der Anschlusszone[807] die absolute Souveränität. Aufgrund dessen gelangen die umweltrechtlichen Bestimmungen des UÖUG im polnischen Küstenmeer sowie in der Anschlusszone unmittelbar zur Anwendung. Für die AWZ enthält die Vorschrift des Art. 19 MVerwG eine entsprechende Erstreckungsklausel, nach der die umweltrechtlichen Vorschriften ebenfalls in der AWZ anzuwenden sind. Somit finden die polnischen Umweltvorschriften sowohl im Küstenmeer als auch in der AWZ entsprechende Geltung.

(2) Sachlicher Anwendungsbereich

(a) Gesetzeswortlaut

Des Weiteren ist fraglich, ob für die Verlegung von Übertragungsnetzleitungen im Offshore-Bereich überhaupt eine Entscheidung über Umweltbedingungen nach Maßgabe von Art. 71 Abs. 2 UÖUG erforderlich ist. Denn wie bereits dargestellt, ist eine Entscheidung über Umweltbedingungen nur bei Vorhaben einzuholen, die sich „stets wesentlich" (erste Gruppe) oder „möglicherweise" (zweite Gruppe) auf die Umwelt auswirken können. Insofern werden diese Begriffe in der Ministerverordnung über Vorhaben mit Umweltauswirkungen näher konkretisiert. Ausweislich § 2 Abs. 1 Nr. 6 der Verordnung zählen zu Vorhaben der ersten Gruppe demnach zwar Elektrizitätsleitungen von mehr als 220 kV und einer Länge von nicht kürzer als 15 Kilometern[808]. Damit würde der Anwendungsbereich der Vorschrift auf den ersten Blick auch Übertragungsnetzleitungen im Offshore-Bereich umfassen. Der engere Wortlaut des § 2 Abs. 1 Nr. 6 der Verordnung zeigt aber auch, dass unter Elektrizitätsleitungen nur *„Freileitungen"* (poln. *napowietrzne linie elektroenergetyczne*) subsumiert werden. Da Übertragungsnetzleitungen im Offshore-Bereich jedoch als Unterwasserkabel[809] unter oder zumindest auf dem Meeresgrund und damit nicht als Freileitung verlegt werden, dürften diese nach dem Wortlaut der Norm nicht von dem Anwendungsbereich der Vorschrift des § 2 Abs. 1 Nr. 6 der Verordnung umfasst werden. Bedauerlicherweise scheint sich die polnische Jurisprudenz offensichtlich auch mit dieser Rechtsfrage noch nicht auseinandergesetzt zu haben. Damit kann festgehalten werden, dass sich aus dem engen Gesetzeswortlaut zunächst keine derartige Verpflichtung zur

807 Zur Definition der Begriffe „Küstenmeer" und „Anschlusszone" vgl. ausführlich: Teil 3 B.III.2.c.dd.(3).

808 Dazu ausführlich: Teil 3 B.III.2.a.bb.(2).

809 Wie bereits dargestellt (vgl. dazu: Teil 3 B.III.1.e.bb.(4)), findet für die Verlegung von grenzüberschreitenden *Transit-Unterwasserkabel* nach der deutschen Rechtsordnung das BBergG entsprechend Anwendung. Dagegen sehen weder das polnische *Bergbaugesetz* (poln. *Prawo geologiczne i górnicze*) noch andere Vorschriften etwaige spezialgesetzliche Regelungen für die Verlegung von Unterwasserkabeln vor.

Einholung einer entsprechenden Entscheidung über Umweltbedingungen und der damit verbundenen UVP i. S. d. Art. 59 Abs. 1 UÖUG für die Verlegung von Übertragungsnetzleitungen im Offshore-Bereich ableiten lässt.

(b) Behördliche Praxis

Dieses Ergebnis wäre allerdings völlig absurd, weil der Meeresumwelt angesichts der vielfältigen maritimen Lebensarten kein geringerer Schutz gebührt als der Umwelt an Land. Somit ist nicht ersichtlich, weshalb zwischen Übertragungsfreileitungen an Land und Unterwasserkabeln auf dem Meeresboden unterschieden werden sollte. Daher muss in diesem Zusammenhang auch die Vorschrift gem. § 2 Abs. 1 Nr. 5 der Verordnung berücksichtigt werden. Hiernach werden Offshore-Windparks mit einer Größe von mehr als 100 MW grundsätzlich als Vorhaben subsumiert, die sich stets wesentlich auf die Umwelt auswirken können, weshalb für deren Errichtung eine entsprechende Entscheidung nach Art. 71 Abs. 2 UÖUG erforderlich ist. Da Offshore-Windparks allerdings ebenso an das Übertragungsnetz angeschlossen werden müssen, umfasst der Antrag auf Erteilung der Entscheidung über Umweltbedingungen im Zusammenhang mit der Errichtung der Offshore-Windparks gleichzeitig auch die damit verbundene Übertragungsnetzinfrastruktur. Daher wird im Rahmen dessen in der Regel auch über den Verlauf der für den Anschluss erforderlichen Übertragungsnetzleitungen entschieden. Dies zeigt die Entscheidung über Umweltbedingungen für den ersten noch zu errichtenden polnischen Offshore-Windpark „Bałtyk Środkowy III“ vom 7. Juli 2016. Diese enthält ebenfalls Festlegungen zu der für den Anschluss des Windparks erforderlichen Übertragungsnetzinfrastruktur[810].

(c) Zwischenergebnis

Somit kann festgehalten werden, dass die polnische Rechtsordnung für die separate Verlegung von Unterwasserkabeln expressis verbis kein gesondertes umweltrechtliches Genehmigungsverfahren vorsieht. Nach der aktuellen behördlichen Praxis inkludiert die Entscheidung über Umweltbedingungen des zu errichtenden und anzuschließenden Offshore-Windparks jedoch regelmäßig auch die zum Anschluss des Windparks erforderlichen Netzleitungen. Daher wird in der Entscheidung über Umweltbedingungen im Zusammenhang mit der Errichtung des Windparks gleichzeitig auch über die Zulässigkeit der Offshore-Anbindungsleitungen entschieden.

---

810 Die Entscheidung über Umweltbedingungen ist abrufbar unter URL: http://gdansk.rdos.gov.pl/files/aktualnosci/60057/Tresc_decyzji_srodowiskowej_dla_morskiej_farmy_wiatrowej_Baltyk_Srodkowy_III.pdf (letzter Abruf: 07.05.2018).

(3) Verfahren

Zuständig für die Entscheidung über Umweltbedingungen im Offshore-Bereich ist – genau wie im Rahmen des Übertragungsnetzausbaus an Land – der regionale Direktor für Umweltschutz, vgl. Art. 75 Abs. 1 Nr. 1c) UÖUG. Dies gilt gem. Art. 75 Abs. 7 auch bei Vorhaben, die sich sowohl im Offshore-Bereich als auch an Land befinden, wobei die Bedingungen des Vorhabens mit dem Direktor des Meeresamtes abzustimmen[811] sind, vgl. Art. 77 Abs. 1 Nr. 1 UÖUG. Dabei erfolgt die Abstimmung gem. Art. 77 Abs. 3 UÖUG im Wege eines Beschlusses[812]. Im Übrigen gelten die vorstehenden Ausführungen im Zusammenhang mit der Entscheidung über Umweltbedingungen, so dass diesbezüglich darauf verwiesen werden kann[813].

dd. Entscheidung über die Standortfestlegung Offshore

Fraglich ist, ob die Verlegung der Übertragungsnetzleitungen im Offshore-Bereich ebenfalls einer standortfestlegenden Entscheidung bedarf und bejahendenfalls nach welchen Vorschriften sich diese richtet. Zur Beantwortung dieser Frage muss zunächst die rechtsdogmatische Einordnung der maritimen Standortfestlegung in der polnischen Rechtsordnung näher betrachtet werden.

(1) Rechtsdogmatische Einordnung

(a) Einleitung

Die gesetzliche Systematik im Bereich der Standortfestlegung von Offshore-Übertragungsnetzleitungen unterscheidet sich grundlegend von der Standortfestlegung für eine Investition zu Gemeinwohlzwecken an Land nach Maßgabe der Vorschriften gem. RPG. Denn die Zulässigkeit einer Standortfestlegung für eine Übertragungsnetzleitung an Land richtet sich ausweislich des Wortlautes des Art. 50 Abs. 1 RPG zunächst grundsätzlich nach den Festlegungen im Bebauungsplan i. S. d. Art. 14 RPG. Darin heißt es übersetzt: „Die Standortfestlegung für eine Investition zu Gemeinwohlzwecken richtet sich nach dem Bebauungsplan (…)". Erst wenn eine solche Festlegung nicht getroffen worden ist, wird die fachplanerische Zulässigkeit des Bauvorhabens nach Maßgabe der Entscheidung über die Standortfestlegung gem. Art. 50 Abs. 1 RPG bestimmt[814]. Daher wird das Verfahren zur Erteilung einer entsprechenden Entscheidung über die

811 Der vorliegende Begriff der „Abstimmung" ist nicht zu verwechseln mit dem gleichen im Rahmen des Art. 16 Abs. 13 EnR verwendeten Begriff. Zu dieser Problematik vgl. ausführlich: Teil 3 B.II.2.c.dd. Zum Rechtscharakter der „Abstimmung" in der polnischen Rechtsordnung vgl.: Teil 3 B.III.2.a.bb.(3)(c)(cc).

812 Zum Rechtscharakter eines „Beschlusses" in der polnischen Rechtsordnung vgl.: Teil 3 B.III.2.a.bb.(3)(c)(cc).

813 Dazu ausführlich: Teil 3 B.III.2.a.bb(3).

814 Dazu ausführlich: Teil 3 B.III.2.a.cc.(1).

Standortfestlegung i. S. d. RPG von der Gesetzessystematik her erst in Art. 50 ff. geregelt und damit erst nach dem Verfahren zur Aufstellung von Bebauungsplänen gem. Art. 9 ff. und auch nach dem Verfahren zur Aufstellung von Raumordnungs- und Raumbewirtschaftungsplänen der Woiwodschaft gem. Art. 38 ff. RPG. Dies ist im Offshore-Bereich jedoch anders.

Denn wie bereits im Rahmen der Raumplanung Offshore dargelegt wurde, wird die Aufstellung der maritimen Raumordnungs- und Raumbewirtschaftungspläne in den Vorschriften der Art. 37a ff. MVerwG geregelt[815]. Die maritimen Raumordnungs- und Raumbewirtschaftungspläne sind aufgrund ihrer fachplanerischen Zielsetzung mit den Bebauungsplänen an Land vergleichbar. Die Standortfestlegung von Vorhaben im Offshore-Bereich wird nach der gesetzlichen Systematik jedoch bereits ab Art. 23 ff. (konkret in Art. 26 oder 27) geregelt und damit noch vor den maritimen raumordnungs- und raumplanungsrechtlichen Vorschriften gem. Art. 37a ff. MVerwG. Darüber hinaus beinhaltet der Gesetzeswortlaut der Vorschriften ab Art. 23 ff. MVerwG keine mit der Vorschrift des Art. 50 Abs. 1 RPG vergleichbare Formulierung. Aufgrund dieser Gesetzessystematik und dem Wortlautvergleich mit Art. 50 Abs. 1 RPG muss folgerichtig der Schluss gezogen werden, dass die Standortfestlegung von Übertragungsnetzleitungen im Offshore-Bereich einem anderen gesetzlichen Planungsmechanismus folgt als an Land. Fraglich ist nun, wie dieser Planungsmechanismus gesetzlich ausgestaltet ist.

(b) Eigene Auffassung

Die Klärung dieser Frage gestaltet sich schwierig, da es keine einschlägige Kommentierung zum MVerwG gibt und auch keine juristische Literatur gefunden werden konnte, die sich mit dieser Problematik auseinandergesetzt zu haben scheint. Dass diese Problematik in der Jurisprudenz offensichtlich noch nicht behandelt wurde, mag wohl ebenfalls darauf zurückzuführen sein, dass in Polen bisher noch kein Offshore-Windpark mit einer entsprechenden Offshore-Netzinfrastruktur errichtet[816] und diese rechtliche Problemstellung damit noch nicht „akut" wurde. Dennoch ist es nötig, diese Fragestellung näher zu beleuchten. Insofern dürfte eine Genehmigung über die Standortfestlegung für Übertragungsnetzleitungen im Offshore-Bereich gem. Art. 26 oder Art. 27 MVerwG nicht erst dann einzuholen sein, wenn in den maritimen Raumordnungs- und Raumbewirtschaftungsplänen gem. Art. 37a ff. MVerwG keine entsprechende Festlegung getroffen worden ist, sondern immer, wenn in dem jeweiligen Meeresbereich eine Übertragungsnetzleitung verlegt werden soll. Hierfür spricht neben der Gesetzessystematik auch der Wortlaut des Art. 37a Abs. 1 MVerwG selbst. Danach müssen die maritimen Raumordnungs- und Raumbewirtschaftungspläne die Genehmigungen i. S. d. Art. 26 und Art. 27 MVerwG berücksichtigen. Aufgrund

815 Dazu ausführlich: Teil 3 B.II.2.d.bb.
816 Dazu ausführlich: Teil 3 B.III.2.a.dd.

dessen ist ebenfalls der Schluss zu ziehen, dass die maritimen Raumordnungs- und Raumbewirtschaftungspläne (auch) auf Basis dieser Genehmigungen und Abstimmungen entwickelt werden und nicht umgekehrt die Grundlage für diese bilden[817].

(c) Zwischenergebnis

Folglich ist damit festzuhalten, dass für die Verlegung von Übertragungsnetzleitungen im Offshore-Bereich stets eine Genehmigung über die Standortfestlegung erforderlich ist, unabhängig davon, ob für den betreffenden Bereich ein maritimer Raumordnungs- und Raumbewirtschaftungsplan erlassen wurde oder auch nicht.

(2) Systematische Abgrenzung

Dies vorausgeschickt ist nun fraglich, welche Regelungen für die Genehmigung der Standortfestlegung von Offshore-Übertragungsleitungen[818] zur Anwendung gelangen. Anders als an Land richtet sich die Standortfestlegung von Übertragungsnetzleitungen im Offshore-Bereich nicht nach den allgemeinen Regelungen der Art. 50 ff. RPG, sondern nach den speziellen maritimen Vorschriften der Art. 26 oder Art. 27 MVerwG. Insoweit ist in der Vorschrift des Art. 26 Abs. 1 MVerwG normiert, dass für die Verlegung und Wartungsbedingungen von Kabeln und Pipelines in den *Inneren Gewässern* und im *Küstenmeer* eine entsprechende *Genehmigung über die Standortfestlegung und Wartungsbedingungen von Kabeln und Pipelines* (poln. *pozwolenie ustalające lokalizację i warunki utrzymania kabli lub rurociągów*) einzuholen ist. Hierbei handelt es sich um eine administrative Entscheidung[819].

Für die Standortfestlegung von Kabeln und Pipelines in der *AWZ* ist dagegen die Vorschrift des Art. 27 Abs. 1 MVerwG einschlägig. Ausweislich Satz 1 dieser Regelung müssen die Verlegung und die Wartungsarbeiten mit dem zuständigen Organ lediglich abgestimmt[820] werden. Der Wortlaut dieser Norm ist allerdings irreführend. Denn im Satz 2 wird sodann klargestellt, dass das zuständige Organ

---

817 In diesem Regelungsregime ist ebenfalls eine Parallele zu der deutschen Rechtsordnung im Bereich der Offshore-Bedarfsplanung erkennbar. Denn auch nach den deutschen Rechtsvorschriften wird dem O-NEP der BFO vorangestellt, welcher u. a. räumliche Festlegungen von Clustern für Windparks beinhaltet. Diese Festlegungen müssen sodann in dem O-NEP berücksichtigt werden. Dazu ausführlich: Teil 3 B.II.1.b.dd.(2)(a).

818 Nachfolgend „Entscheidung über die Standortfestlegung Offshore“ genannt.

819 Zum Rechtscharakter einer „Entscheidung“ in der polnischen Rechtsordnung vgl.: Fn. 476.

820 Der vorliegende Begriff der „Abstimmung“ ist nicht zu verwechseln mit dem gleichen im Rahmen des Art. 16 Abs. 13 EnR verwendeten Begriff. Zu dieser Problematik vgl. ausführlich: Teil 3 B.II.2.c.dd. Zum Rechtscharakter der „Abstimmung“ in der polnischen Rechtsordnung vgl.: Teil 3 B.III.2.a.bb.(3)(c)(cc).

in diesen Angelegenheiten ebenfalls im Wege einer administrativen Entscheidung zu beschließen hat. Daher ergeben sich hinsichtlich der Rechtsqualität und -wirkung beider Entscheidungen keine Unterschiede.

(3) Sachlicher Anwendungsbereich

Maßgeblich für die Abgrenzung des Anwendungsbereichs der jeweiligen Vorschrift ist mithin die Frage, in welchem Meeresgebiet die Übertragungsnetzleitung verlegt werden soll. Wie bereits dargelegt wurde, umfasst der polnische Meeresbereich die inneren Gewässer (Art. 4), das Küstenmeer (Art. 5) sowie die Ausschließliche Wirtschaftszone (AWZ) (Art. 14 ff. MVerwG), so dass diesbezüglich auf die vorstehenden Ausführungen verwiesen werden kann[821]. Daneben hat der polnische Gesetzgeber ebenfalls eine sog. *Anschlusszone* bestimmt. Bei der Anschlusszone handelt es sich gem. Art. 13a MVerwG um eine an das Küstenmeer angrenzende Zone, dessen Grenze sich nicht weiter als 24 Seemeilen von der Basislinie des Küstenmeeres erstreckt, vgl. Art. 33 Abs. 2 SRÜ. Allerdings ist die Anschlusszone kein räumliches Gebiet im engeren Sinne, das zwischen dem Küstenmeer und der AWZ liegt. Die Anschlusszone legt vielmehr einen räumlichen Bereich fest, in dem der Küstenstaat nach Maßgabe der Vorschrift des Art. 33 Abs. 1 SRÜ eine bestimmte Kontrolle ausüben darf, um beispielsweise Verstöße gegen Zoll- oder Steuergesetze ahnden zu können. Dies wird in der Vorschrift des Art. 13b MVerwG näher geregelt.

(4) Zwischenergebnis

Obwohl die Entscheidung über die Standortfestlegung Offshore für die AWZ nach der gesetzlichen Systematik eigenständig in der Vorschrift des Art. 27 Abs. 1 geregelt ist, wird in Bezug auf die weiteren formellen und materiellen Anforderungen ausweislich Art. 27 Abs. 1a auf die Regelungen im Zusammenhang mit der Entscheidung über die Standortfestlegung Offshore für die Inneren Gewässer und das Küstenmeer nach Art. 26 Abs. 5, 6, 8 und Art. 23 Abs. 2a, 3 bis 5, 6e sowie 6f MVerwG verwiesen. Auch im Rahmen der Entscheidung über die Standortfestlegung Offshore für die Inneren Gewässer und das Küstenmeer wird ausweislich Art. 26 Abs. 4 ebenfalls auf die Vorschriften der Art. 23 Abs. 1c, 2a sowie 3 bis 5 MVerwG verwiesen. Damit finden in beiden Genehmigungsverfahren (fast) die gleichen Regelungen Anwendung, so dass in diesem Zusammenhang nachfolgend eine gemeinsame Betrachtung einer Entscheidung über die Standortfestlegung für die AWZ sowie für die Inneren Gewässer respektive das Küstenmeer unter Hervorhebung der jeweiligen Unterschiede als sachgerecht erscheint.

---

821 Dazu ausführlich: Teil 3 B.II.2.d.bb.(2).

(5) Formell-rechtliche Anforderungen

(a) Verfahren

Wie üblich beginnen beide Verfahren mit dem Antrag des Investors. Der Inhalt des Antrags und die beizufügenden Unterlagen werden für beide Entscheidungen in Art. 27a Abs. 1 i. V. m. Abs. 3 MVerwG näher bestimmt. Dabei ist der Antrag in neunfacher Ausfertigung einzureichen, vgl. Art. 27a Abs. 3 i. V. m. Abs. 2b MVerwG. Zuständig für die Erteilung der Entscheidung für die Inneren Gewässer und das Küstenmeer ist der jeweilige Direktor des Meeresamtes, in dessen Zuständigkeitsbereich sich die Übertragungsnetzleitung räumlich befindet. Für den Fall, dass das Netzausbauvorhaben in den Zuständigkeitsbereich mehrerer Direktoren fällt, ist gem. Art. 26 Abs. 4 i. V. m. Art. 23 Abs. 1c MVerwG derjenige Direktor des Meeresamtes zuständig, auf dessen Gebiet sich der längste Teil der Übertragungsnetzleitung befindet. Abweichend davon ist für die Standortfestlegung von Leitungen in der AWZ gem. Art. 27 Abs. 1 MVerwG der Minister für maritime Wirtschaft zuständig.

(b) Beteiligung

Auch hinsichtlich der Behördenbeteiligung ergibt sich zwischen den beiden Genehmigungsverfahren nur ein marginaler Unterschied. Dieser besteht lediglich in der zusätzlichen Beteiligung des Ministers für Bau, Planung und Raumentwicklung sowie Wohnungsbau bei der Entscheidung nach Maßgabe des Art. 26 Abs. 1 MVerwG. Im Rahmen dessen stimmen sich beide Organe insbesondere über die Vereinbarkeit des Netzausbauvorhabens mit den Festlegungen im KFRL[822] ab, vgl. Art. 26 Abs. 2 MVerwG. Sollte das Netzausbauvorhaben ebenfalls über Land verlaufen, so ist auch eine Stellungnahme des hiervon räumlich betroffenen Gemeindevorstehers, Bürgermeisters oder des Stadtpräsidenten einzuholen, vgl. Art. 26 Abs. 3 MVerwG. Im Übrigen werden in beiden Verfahren die Minister für: Energie, Wirtschaft, Kultur und für den Schutz des nationalen Erbes, Fischerei, Umwelt, Wasserwirtschaft, innere Angelegenheiten sowie Verteidigung beteiligt, vgl. Art. 26 Abs. 2 und Art. 27 Abs. 1 MVerwG. Diese können innerhalb einer Frist von 90 Tagen eine Stellungnahme zum Ausbauvorhaben abgeben. Das Ergebnis der Stellungnahmen ist für das in der Hauptsache zuständige Organ allerdings nicht bindend[823]. Bei nicht fristgerechter Stellungnahme wird die Zustimmung des zu beteiligenden Organes fingiert, vgl. Art. 26 Abs. 4 und Art. 27 Abs. 1a i. V. m. Art. 23 Abs. 2a MVerwG.

---

822 Zum „KFRL“ vgl. ausführlich: Teil 3 B.II.2.c.cc.(2)(a).

823 Zum Rechtscharakter der „Stellungnahme“ in der polnischen Rechtsordnung vgl.: Teil 3 B.II.2.c.bb.(3)(e).

Eine allgemeine Öffentlichkeitsbeteiligung findet im Rahmen der beiden maritimen Genehmigungsverfahren zur Standortfestlegung der Offshore-Leitungen – ebenso wie bei der Entscheidung über die Standortfestlegung an Land – nicht statt.

(6) Materiell-rechtliche Anforderungen

Die materiell-rechtlichen Anforderungen werden durch die gesetzliche Verweisung in Art. 27a Abs. 3 auf die Vorschrift des Art. 27a Abs. 2 MVerwG für beide Genehmigungsverfahren in gleicher Weise sehr umfangreich geregelt. Danach müssen u. a. eine technische Projektbeschreibung (Nr. 2), eine Umweltinformation für das Planungsgebiet (Nr. 4) sowie eine Beschreibung der durch das Vorhaben möglicherweise entstehenden maritimen Umweltauswirkungen (Nr. 5) vorgelegt werden. Daneben sind noch weitere Dokumente und Unterlagen beizubringen. Eine enumerative Aufzählung der beizubringenden Dokumente und Unterlagen würde vorliegend keinen Mehrwert bringen, so dass diesbezüglich auf die Vorschrift in Art. 27a Abs. 2 MVerwG verwiesen wird.

(7) Ergebnis

Die Entscheidungen über Standortfestlegung Offshore nach Maßgabe des Art. 26 Abs. 1 und Art. 27 Abs. 1 bestimmen inhaltlich die Bedingungen für die Nutzung des Meeresgebietes und gewähren dem Investor folglich das Recht, dieses Gebiet im Rahmen der hoheitlichen Entscheidung nutzen zu dürfen, vgl. Art. 27b Abs. 3 MVerwG. Diese werden in zeitlicher Hinsicht zunächst für einen Zeitraum von 35 Jahren erteilt (vgl. Art. 26 Abs. 5 und Art. 27 Abs. 1a) und können um weitere 20 Jahre verlängert werden, vgl. Art. 26 Abs. 8 und Art. 27 Abs. 1a MVerwG. Sollte nicht innerhalb eines Zeitraumes von 10 Jahren mit der Verlegung oder nicht innerhalb von 15 Jahren mit der Nutzung der Leitungen begonnen worden sein, so wird die Genehmigung widerrufen, vgl. Art. 26 Abs. 6 und Art. 27 Abs. 1a) MVerwG. Bei der Berechnung dieser Fristen wird auf den Eintritt der Bestandkraft der Genehmigung abgestellt.

ee. Wasserrechtliche Erlaubnis Offshore

(1) Einführung

Die Beantwortung der Frage, ob für die Errichtung der Offshore-Netzinfrastruktur ebenfalls eine wasserrechtliche Erlaubnis in Form einer wasserrechtlichen Genehmigung oder einer wasserrechtlichen Benachrichtigung nach Maßgabe der Vorschriften der Art. 388 ff. WasserG erforderlich ist, ist nicht ganz einfach. Problematisch sind dabei mehrere Faktoren. Zum einen scheint sich die polnische Jurisprudenz bisher ebenfalls nicht ernsthaft mit dieser Frage auseinandergesetzt zu haben. Auch dies mag womöglich damit begründet sein, dass in Polen bisher noch kein Offshore-Windpark mit einer entsprechenden Netzinfrastruktur errichtet wurde[824]. Daher gab es bislang auch kein ersichtliches Bedürfnis, sich mit dieser Fragestellung zu beschäftigen. Zum anderen wurde das bisherige wasserrechtliche Regelungsregime mit der Novelle im Jahr 2018[825] grundlegend geändert. Daher kann zur Beantwortung der Eingangsfrage noch nicht auf einschlägige juristische Kommentierung zurückgegriffen werden, weil die im Bereich des neuen WasserG bisher vorhandene Literatur noch nicht besonders umfangreich ist (Stand: Dezember 2018)[826]. Aufgrund dessen müssen zur Beantwortung der Eingangsfrage eigene Überlegungen angestellt werden.

(2) Geltungsbereich

Dies vorausgeschickt müsste zunächst wohl geklärt werden, in welchem Meeresbereich und auf welche Art und Weise das Netzausbauvorhaben realisiert werden soll. Denn obwohl die wasserrechtlichen Bestimmungen ausweislich der Vorschrift gem. Art. 3 und Art. 4 WasserG im Bereich der Inneren Gewässer und des Küstenmeeres zunächst unmittelbar zur Anwendung gelangen, enthält die Vorschrift nach Art. 6 WasserG diesbezüglich einen besonderen Ausnahmetatbestand. Danach sind die wasserrechtlichen Vorschriften nicht auf den Bereich von *Inneren Gewässern* und auf das *Küstenmeer* anwendbar, soweit die *Wassernutzung einschließlich des Meeresbodens* in diesen Gewässern durch die Vorschriften i. S. d. MVerwG geregelt wurde. Insoweit verdrängen die Vorschriften des MVerwG als lex specialis die allgemeinen Regelungen i. S. d. WasserG[827]. Die Vorschriften nach Maßgabe des WasserG sind im Bereich der AWZ dagegen nur dann anwendbar, soweit dies im Gesetz ausdrücklich vorgesehen ist, vgl. Art. 5 WasserG.

(a) Begriffsdefinition

Fraglich ist daher, wie die Begriffe „Innere Gewässer“, „Küstenmeer“ und „AWZ“ i. S. d. wasserrechtlichen Vorschriften definiert werden. Hinsichtlich des Begriffes „Innere Gewässer“ wird ausweislich der Vorschrift des Art. 16 Nr. 29 WasserG auf die gesetzliche Definition in Art. 4 MVerwG verwiesen, so dass vorliegend auf die vorherigen Ausführungen zurückgegriffen werden kann[828]. Im Gegensatz dazu wird der Begriff des „Küstenmeeres“ in den Vorschriften i. S. d. WasserG nicht weiter gesetzlich definiert. Allerdings wird ausweislich der Gesetzesbegründung zum WasserG auch hinsichtlich der Definition dieses Begriffes auf

---

824 Dazu ausführlich: Teil 3 B.II.2.d.aa.

825 Zur Novellierung des WasserG vgl.: Fn. 722.

826 Die juristische Literatur zum neuen WasserG beschränkt sich überwiegend auf die Ausführungen von *Rakoczy, Wassergesetz* und *Cybulska et al., Neues Wassergesetz*. Diese beinhaltet keine Ausführungen, aus denen die Eingangsfrage beantwortet werden könnte.

827 *Rakoczy*, Wassergesetz, S. 44 f.

828 Dazu ausführlich: Teil 3 B.II.2.d. bb.(2).

die Vorschriften des MVerwG Bezug genommen[829]. Daher ist davon auszugehen, dass es sich hierbei lediglich um ein redaktionelles Versehen handelt, zumal auch hinsichtlich der Definition des Begriffes „AWZ“ auf die Vorschrift des Art. 15 MVerwG verwiesen wird, vgl. Art. 16 Nr. 72 WasserG. Damit kann als Zwischenergebnis festgehalten werden, dass für die wasserrechtliche Bestimmung der Begriffe „Innere Gewässer“, „Küstenmeer“ und „AWZ“ auf die Definition nach Maßgabe des MVerwG zurückgegriffen werden kann.

(b) Wassernutzung

Fraglich ist des Weiteren, ob die Verlegung der Netzinfrastruktur im Offshore-Bereich eine „Wassernutzung“ i. S. d. MVerwG darstellt, wodurch die wasserrechtlichen Bestimmungen ausweislich Art. 6 WasserG verdrängt würden. In den Vorschriften des WasserG wird jedoch nicht weiter geregelt, wie der abstrakte Begriff der Wassernutzung (einschließlich des Meeresbodens) zu verstehen ist[830]. Gleiches gilt für das MVerwG selbst. Allerdings wird in der Vorschrift des Art. 26 Abs. 1 MVerwG für die „Verlegung“ von Kabeln in den Inneren Gewässern und im Küstenmeer eine entsprechende Genehmigungspflicht nach Maßgabe des MVerwG normiert[831]. Stellt man nun auf den reinen Wortlaut dieser Vorschrift ab, so könnte daraus geschlussfolgert werden, dass die Verlegung von Netzkabeln als eine Art der Wassernutzung i. S. d. MVerwG zu qualifizieren wäre, was dazu führen würde, dass die wasserrechtlichen Vorschriften und damit die wasserrechtliche Erlaubnis durch die spezielle Vorschrift des Art. 26 Abs. 1 MVerwG verdrängt würden, vgl. Art. 6 WasserG. Vor dem Hintergrund der gesetzlichen Systematik der meeresrechtlichen Vorschriften erscheint dies allerdings als nicht sachgerecht.

Denn der Inhalt der Genehmigung nach Maßgabe von Art. 26 Abs. 1 wird in der Vorschrift des Art. 27b Abs. 3 MVerwG näher konkretisiert. Nach dem Wortlaut dieser Vorschrift werden in der Genehmigung im Zusammenhang mit der Verlegung der Kabel nach Maßgabe von Art. 26 Abs. 1 MVerwG nur „die Bedingungen der Nutzung des von der Genehmigung umfassten Gebietes (...)“ geregelt, und diese „gewähren das Recht zur Nutzung dieses Gebietes im Rahmen der Genehmigung“ (poln. *Pozwolenia, o których mowa w (...) art. 26 ust.1 (...) określają warunki korzystania z obszaru objętego pozwoleniem (...) i dają (...) prawo korzystania z tego obszaru zgodnie z warunkami określonymi w tym pozwoleniu (...)*). Angesichts dieses Gesetzeswortlautes und der Systematik der Genehmigung des Art. 26 Abs. 1 MVerwG im Kontext einer räumlichen

829 Vgl. dazu: Sejm Druk Nr. 1529 cz.2, S. 28, URL: http://orka.sejm.gov.pl/Druki8ka.nsf/0/DCAACAA3CB59BFDCC125811C0039FBB5/%24File/1529-cz.%20II.pdf (letzter Abruf: 08.05.2018).

830 *Rakoczy*, Wassergesetz, S. 56.

831 Dazu ausführlich: Teil 3 B.III.2.c.dd.(1).

Festlegung des Standortes für maritime Leitungen liegt es nahe, dass unter der Begrifflichkeit „Bedingungen der Nutzung" nach Maßgabe der meeresrechtlichen Vorschriften nur die standortbezogene Festlegung des räumlichen Verlaufs der Offshore-Kabel gemeint sein kann. Folgerichtig kann nicht davon ausgegangen werden, dass im Rahmen der Genehmigung nach Maßgabe von Art. 26 Abs. 1 MVerwG auch die Nutzung des Meeresbodens durch Förderung etwaiger Materialien wie Sand bzw. Kies oder das Schneiden von Meerespflanzen mitumfasst wird. Aber gerade dies dürfte bei Verlegung von Offshore-Kabel der Regelfall sein.

(c) Zwischenergebnis

Aus diesem Grund kann die Verlegung von Offshore-Kabeln nicht unter dem Begriff der Wassernutzung einschließlich des Meeresbodens i. S. d. Art. 6 MVerwG subsumiert werden. Folglich dürften die wasserrechtlichen Vorschriften nach Maßgabe des WasserG im Zusammenhang mit der Verlegung von Offshore-Kabeln nicht durch die Genehmigung gem. Art. 26 Abs. 1 MVerwG verdrängt werden, weil damit regelmäßig die Förderung von Kies und Sand sowie das Schneiden von Unterwasserpflanzen einhergeht. Derartige Handlungen können gem. Art. 27b Abs. 3 nicht vom Inhalt der Genehmigung nach Art. 26 Abs. 1 MVerwG mitumfasst sein. Somit kann die Vorschrift gem. Art. 6 WasserG vorliegend keine Anwendung finden. Folglich ist der Ausnahmetatbestand des Art. 6 nicht erfüllt, so dass sich die Errichtung der Offshore-Netzinfrastruktur in den Inneren Gewässern und im Küstenmeer ausweislich Art. 3 und Art. 4 WasserG unmittelbar nach den wasserrechtlichen Vorschriften richtet. Das Gegenteil dürfte nur dann der Fall sein, wenn bei der Verlegung der Offshore-Kabel kein Sand bzw. Kies abgetragen und keine Meerespflanzen geschnitten werden würden. Dies ist allerdings kaum vorstellbar.

(3) Wasserrechtliche Genehmigung Offshore

(a) Sachlicher Anwendungsbereich

Auf dieser Basis wäre als nächstes zu klären, ob die Förderung von Sand bzw. Kies oder das Schneiden von Meerespflanzen überhaupt genehmigungspflichtig ist. Eine solche Genehmigungspflicht könnte sich aus Art. 388 Abs. 1 Nr. 1 i. V. m. Art. 389 Nr. 2 WasserG ergeben. Demnach bedarf die „spezielle Verwendung von Wasser" gem. Art. 389 Nr. 2 WasserG einer wasserrechtlichen Genehmigung. Diese unbestimmte Rechtsbegrifflichkeit wird in Art. 34 WasserG näher konkretisiert. Gem. Art. 34 Nr. 8 WasserG werden hiervon die Förderung von Sand, Kies und anderen Materialien sowie das Abschneiden von Meerespflanzen u. a. im Bereich der Inneren Gewässer und des Küstenmeeres umfasst. Folglich bedarf die mit der Verlegung von Offshore-Kabeln regelmäßig einhergehende Förderung von Sand und Kies sowie das Abschneiden von Meerespflanzen einer wasserrechtlichen Genehmigung nach Maßgabe von Art. 388 Abs. 1 Nr. 1 i. V. m. Art. 389 Nr. 2 WasserG.

Dies gilt allerdings nicht für die Verlegung von Leitungen in der AWZ. Denn gem. Art. 5 sind die Vorschriften nach Maßgabe des WasserG für den Bereich der AWZ ebenfalls nur dann anzuwenden, soweit dies im Gesetz ausdrücklich vorgesehen ist. Der Bereich der AWZ wird vom Wortlaut der Norm des Art. 34 Nr. 8 WasserG jedoch nicht mitumfasst. Daher fehlt es in diesem Zusammenhang an einer entsprechenden Erstreckungsklausel, so dass für eine Verlegung von Leitungen in der AWZ gänzlich keine wasserrechtliche Erlaubnis einzuholen ist.

(b) Formell- und materiell-rechtliche Anforderungen

Hinsichtlich der formell- und materiell-rechtlichen Voraussetzungen der wasserrechtlichen Genehmigung im Zusammenhang mit der Förderung von Sand bzw. Kies oder dem Schneiden von Meerespflanzen im Bereich der Inneren Gewässer und des Küstenmeeres ergeben sich keine wesentlichen Besonderheiten, so dass auf die vorstehenden Ausführungen zur wasserrechtlichen Genehmigung im Onshore-Bereich verwiesen werden kann[832].

ff. Baurecht Offshore

(1) Einführung

Die Errichtung von Offshore-Windparks ist nach der polnischen Rechtsordnung innerhalb der Inneren Gewässer und des Küstenmeeres verboten, vgl. Art. 23 Abs. 1a MVerwG. Daher kommt deren Bau ausschließlich nur innerhalb der AWZ in Betracht, da die Ostsee aufgrund ihrer geringen räumlichen Ausdehnung keinen Bereich der Hohe See aufweist, in dem etwaige Windparks errichtet werden könnten. Daraus ergibt sich zwangsläufig folgende rechtliche Konsequenz: Insoweit muss zwischen Leitungen unterschieden werden, welche zur Anbindung der Offshore-Windparks dienen, und solchen Leitungen, welche als grenzüberschreitende Transit-Unterwasserkabel[833] verlegt werden. Denn wie die nachstehenden Ausführungen sogleich noch zeigen werden, erfolgt die Verlegung der beiden Leitungsarten nach unterschiedlichen baurechtlichen Regelungsregimes.

(2) Geltungsbereich

Da auch die baurechtlichen Vorschriften über die Vorschrift gem. Art. 2 SRÜ im Bereich des Küstenmeeres unmittelbar zur Anwendung gelangen, ist nun

---

832 Dazu ausführlich: Teil 3 B.III.2.a.dd.(5)(a) und (b).

833 Zum grenzüberschreitenden Transit-Unterwasserkabel zwischen Polen und Schweden vgl. auch: Teil 3 C.I.2.b.gg.(1).

fraglich, wie sich dies im Bereich der AWZ verhält[834]. Zur Beantwortung dieser Frage ist auch vorliegend darauf abzustellen, ob die Anwendung der jeweiligen Rechtsmaterie durch eine entsprechende Erstreckungsklausel geregelt wird. Eine derartige Erstreckung wird in der Vorschrift des Art. 22 MVerwG geregelt, so dass die Regelungen nach Maßgabe des BauG ebenfalls in der AWZ zur Anwendung gelangen.

(3) Sachlicher Anwendungsbereich

Auch im Zusammenhang mit der Errichtung der Offshore-Leitungen muss zunächst geklärt werden, ob diese zu den genehmigungsbedürftigen oder genehmigungsfreien Bauvorhaben subsumiert werden. Denn nur erstere bedürfen einer vorherigen Baugenehmigung nach Maßgabe von Art. 28 Abs. 1 BauG. Die Genehmigungsfreiheit eines Bauvorhabens wird nach dem Tatbestandskatalog gem. Art. 29 BauG bestimmt. Wie bereits im Rahmen des baurechtlichen Genehmigungsverfahrens im Onshore-Bereich kurz angerissen wurde[835], muss dagegen im Offshore-Bereich zwischen allgemeinen Übertragungsleitungen unterschieden werden, welche als Transit-Unterwasserkabel für den Transport von Elektrizität im allgemeinen Stromnetz dienen, und Leitungen, welche zur Anbindung eines Offshore-Windparks an das Übertragungsnetz an Land benötigt werden. Erstere werden aufgrund ihrer Spannung von mehr als 1 kV nicht bei den genehmigungsfreien Bauvorhaben i. S. d. Art. 29 Abs. 1 Nr. 19a) a) eingeordnet. Fraglich ist, wie es sich dagegen mit den Anbindungsleitungen von Offshore-Windparks verhält. Denn nach der baurechtlichen Vorschrift gem. Art. 29 Abs. 1 Nr. 20 BauG sind (elektrische) „Anschlüsse" (poln. *przyłączy*) grundsätzlich genehmigungsfrei. Insoweit ist zu prüfen, ob auch Anbindungsleitungen von Offshore-Windparks unter dem Begriff der genehmigungsfreien „Anschlüsse" i. S. d. vorgenannten Regelung subsumiert werden können.

Das polnische BauG lässt allerdings völlig offen, wie der Begriff des „Anschlusses" auszulegen ist[836]. In der juristischen Literatur wird bei der Bestimmung dieser Begrifflichkeit daher auf andere spezialgesetzliche Regelungen abgestellt, im Rahmen derer der Begriff des „Anschlusses" ebenfalls verwendet wird. Problematisch ist dabei jedoch, dass der Begriff des „Anschlusses" teils in unterschiedlicher Art und Weise genutzt wird. Gleichwohl haben alle spezialgesetzlichen Definitionen miteinander gemein, dass unter dem Begriff des „Anschlusses" ein Element verstanden wird, das zwei getrennte Einheiten in Zukunft miteinander verbindet oder, wenn das Grundstück unbebaut ist, miteinander verbinden soll[837].

834 Zur Anwendung der umweltrechtlichen Vorschriften im Bereich des polnischen Küstenmeeres und der AWZ, vgl. Teil 3 B.III.2.c.cc.(1).

835 Dazu ausführlich: Teil 3 B.III.2.ee.(2).

836 *Kosicki* in: Wierzbowski/Plucińska-Filipowicz, BauG, Art. 29a, Rn. 4.

837 *Kosicki* (vorige Fn).

Dies zugrunde gelegt dürften Offshore-Leitungen ebenfalls unter dem Begriff der (elektrischen) „Anschlüsse" subsumiert werden, weil sie den Offshore-Windpark an das allgemeine Stromnetz an Land anbinden und damit zwei getrennte Einheiten miteinander verbinden.

(4) Zwischenergebnis

Folglich kann damit festgehalten werden, dass die Verlegung von Transit-Unterwasserkabel für die Übertragung von Elektrizität im allgemeinen Stromnetz grundsätzlich einer Baugenehmigung gem. Art. 28 Abs. 1 BauG bedarf. Die Verlegung von Offshore-Leitungen zur Anbindung der noch zu errichtenden Offshore-Windparks an das allgemeine Stromnetz an Land ist dagegen genehmigungsfrei. Nichtsdestotrotz sehen die polnischen Vorschriften gem. BauG auch für die Errichtung genehmigungsfreier Bauvorhaben besondere Regelungen vor, vgl. Art. 29a ff. BauG. Demnach bedürfen genehmigungsfreie Bauvorhaben in der Regel einer *baurechtlichen Benachrichtigung* (poln. *zgłoszenie budowlane*) nach Maßgabe von Art. 30 BauG. Für „Anschlüsse" i. S. d. vorstehenden Ausführungen gilt jedoch eine weitere Besonderheit: Deren Errichtung ist ausweislich der Vorschrift des Art. 29a Abs. 1 BauG auch ohne eine baurechtliche Benachrichtigung zulässig[838]. Diesbezüglich muss der Investor nur einen Lageplan auf der Kopie der aktuellen Karte erstellen, welche die geodätischen und kartografischen Ressourcen des Staates beinhaltet, vgl. Art. 29a Abs. 1 BauG. Der Investor hat allerdings auch die Möglichkeit, für die Errichtung der Offshore-Anbindungsleitungen eine sog. *baurechtliche Benachrichtigung* einzuholen, vgl. Art. 29a Abs. 3 BauG. Da sich die baurechtliche Benachrichtigung nicht wesentlich von der Benachrichtigung über die Baufertigstellung[839] oder von der wasserrechtlichen Benachrichtigung[840] unterscheidet, wird nachfolgend nur in der gebotenen Kürze auf die baurechtliche Benachrichtigung eingegangen.

(5) Baurechtliche Benachrichtigung

Zuständig im Rahmen der baurechtlichen Benachrichtigung ist gem. Art. 30 Abs. 1 i. V. m. Art. 82 Abs. 2 BauG der Bürgermeister bzw. der Gemeindevorsteher (poln. *starosta*). In der Benachrichtigung müssen die Art, der Umfang und die Ausführung des Bauvorhabens konkretisiert und bei Bedarf etwaige Skizzen und Zeichnungen beigefügt werden, vgl. Art. 30 Abs. 2 BauG. Mit dem Bauvorhaben kann begonnen werden, sofern nicht innerhalb einer Frist von 21 Tagen im Wege einer administrativen Entscheidung widersprochen wird, vgl. Art. 30 Abs. 5 BauG.

---

838 *Kosicki* in: Wierzbowski/Plucińska-Filipowicz, BauG, Art. 29a, Rn. 5.
839 Zur *Benachrichtigung über die Baufertigstellung* vgl. ausführlich: Teil 3 B.III.2.a.ff.(4).
840 Zur *wasserrechtlichen Benachrichtigung* vgl. ausführlich: Teil 3 B.III.2.a.dd.(6).

(6) Baugenehmigung

Das Verfahren zur Einholung der erforderlichen Baugenehmigung für die Verlegung von Transit-Unterwasserkabel – oder von Offshore-Anbindungsleitungen, sofern dies beantragt wird – unterscheidet sich im Vergleich zum Baugenehmigungsverfahren im Onshore-Bereich allerdings nur in wenigen Punkten. Insoweit richtet sich das Baugenehmigungsverfahren in beiden Fällen nach Maßgabe der Vorschriften gem. Art. 28 Abs. 1 ff. BauG. Einer dieser Unterschiede liegt in der sachlichen Zuständigkeit. Demnach ist nicht der Landrat, sondern der Woiwode sachlich zuständig, vgl. Art. 82 Abs. 3 Nr. 1 BauG. Zudem muss dem Bauantrag die Genehmigung nach Art. 26 oder die Abstimmungsentscheidung nach Art. 27 MVerwG beigefügt werden, vgl. Art. 33 Abs. 2 Nr. 3a BauG. Des Weiteren muss eine Personenidentität zwischen dem Bauantragssteller und dem Antragssteller nach Maßgabe der Art. 26 und Art. 27 MVerwG bestehen, vgl. Art. 32 Abs. 4 Nr. 1a BauG. Ferner muss der eingereichte Projektentwurf den Anforderungen der Genehmigung und der Abstimmungsentscheidung gem. Art. 26 und Art. 27 MVerwG entsprechen, vgl. Art. 34 Abs. 1 BauGB. Sofern die formellen und materiellen Tatbestandsvoraussetzungen erfüllt sind, hat der Übertragungsnetzbetreiber einen Anspruch auf Erteilung der Baugenehmigung.

gg. Nutzungsgenehmigung vs. Benachrichtigung über die Baufertigstellung

Hinsichtlich der Einholung einer Nutzungsgenehmigung bzw. Benachrichtigung über die Baufertigstellung der Übertragungsnetzleitungen nach Maßgabe der Vorschriften gem. Art. 54 ff. BauG ergeben sich für den Offshore-Bereich keine Besonderheiten, so dass diesbezüglich ebenfalls auf die vorstehenden Ausführungen verwiesen werden kann[841].

---

841 Dazu ausführlich: Teil 3 B.III.2.a.ff.

C. Rechtliche Bewertung

I. Kritische Würdigung

1. Systematik der gesetzlichen Netzausbauplanung

a. Rechtslage in Deutschland

aa. Bundesbedarfsplanung i. S. d. EnWG/BBPlG

(1) Struktur der Öffentlichkeitsbeteiligung

(a) Allgemein

Die deutschen Vorschriften im Bereich der Netzausbauplanung nach Maßgabe des EnWG/BBPlG stellen keinen geeigneten Regelungsmechanismus für die Netzausbaubeschleunigung dar. Ein Grund dafür liegt in der Prozedur der Bundesbedarfsplanung selbst. Denn der Bedarfsplanungsprozess wird ausweislich der deutschen Regelungen in drei Planungsabschnitte gegliedert. Im ersten Planungsabschnitt wird durch die Übertragungsnetzbetreiber zunächst ein Szenariorahmen erstellt. Der Szenariorahmen bildet sodann die Grundlage für den NEP Strom, der im zweiten Teilabschnitt des Planungsprozesses durch die Regulierungsbehörde bestätigt wird. Im Anschluss daran wird der bestätigte NEP Strom im Wege eines parlamentarischen Gesetzes verabschiedet. Auch wenn diese Planungsabschnitte nur einen Auszug aus dem gesamten Netzausbauplanungsprozess darstellen, weisen sie eigene prozedurale Verfahrensregelungen auf. Diese sehen u. a. in zwei von drei Planungsabschnitten, mithin bei der Erstellung des Szenariorahmens sowie bei der Erstellung des NEP Strom, eine breite Öffentlichkeitsbeteiligung vor, im Rahmen derer der Beteiligtenkreis nicht weiter eingeschränkt wird. Dabei kommt verschärfend hinzu, dass im Rahmen der Erstellung des NEP Strom sogar eine doppelte Öffentlichkeitsbeteiligung innerhalb eines einzigen Planungsabschnittes stattfindet. Folglich werden im Rahmen des gesamten Bedarfsplanungsprozesses drei (!) öffentliche Konsultationen durchgeführt. Dies BNetzA spricht dabei von „iterativen Diskussionsprozessen“[842].

Insofern kann nicht bestritten werden, dass sich größere Infrastrukturprojekte, wie auch der Übertragungsnetzausbau, erfahrungsgemäß nicht gegen den Widerstand der Bürger vor Ort realisieren lassen[843]. Das zeigt insbesondere der anhaltende Bürgerprotest gegen das Übertragungsnetzausbauvorhaben

842 *Schneider*, EnWZ 2013, 339 (341).
843 *Schneider*, EnWZ 2013, 339.

„SuedLink"[844], welches sich sogar in der Gründung eines „Bundesverbandes der Bürgerinitiativen gegen SuedLink"[845] manifestiert hat. Auch die Erfahrungen aus anderen umstrittenen Großprojekten, wie dem Bahnprojekt „Stuttgart 21"[846], zeigen anschaulich die Notwendigkeit zur frühzeitigen Einbindung der Öffentlichkeit im Rahmen von Zulassungsverfahren[847]. Eine umfangreiche Beteiligungsmöglichkeit kann sich allerdings auch negativ auf das Infrastrukturvorhaben auswirken[848]. Dies kann insbesondere dann der Fall sein, wenn sich der Bürgerprotest nicht gegen das eigentliche Zulassungsverfahren, sondern – wie das Beispiel „Stuttgart 21" gezeigt hatte – vielmehr gegen die Sinnhaftigkeit des Projektes und ihren Repräsentanten richtet[849]. Aus diesem Grund kann eine mehrfache Öffentlichkeitsbeteiligung im Rahmen der Netzausbauplanung durchaus dazu führen, dass die für die Umsetzung der Energiewende notwendigen Netzleitungen nicht rechtzeitig realisiert werden können und zwar nur deshalb nicht, weil der Bürgerprotest gegen den eigentlichen Verlauf der Trassenrouten bereits im vorgelagerten Netzausbauplanungsprozess in Aktionismus verfällt. Wie sonst ist die Gründung des soeben erwähnten „Bundesverbandes der Bürgerinitiativen gegen SuedLink" zu werten? Nun denn, diese Frage kann vorliegend dahinstehen.

(b) Beschränkung der Öffentlichkeitsbeteiligung

Interessanter ist vielmehr die Frage, wie mit der Öffentlichkeitsbeteiligung im Rahmen der Bundesbedarfsplanung umzugehen ist. Diese Fragestellung wird in der Literatur kontrovers diskutiert[850]. Einen sehr interessanten Ansatz liefert dabei *Stracke* in seiner Inauguraldissertation. Dieser setzt sich darin mit dem Thema der Öffentlichkeitsbeteiligung im Übertragungsnetzausbau intensiv auseinander. *Stracke* kommt dabei zutreffend zu dem Ergebnis, dass gleich drei Beteiligungen im Rahmen der vorgelagerten Bedarfsplanung überambitioniert sind[851].

---

844 Vgl. dazu: *Conrad von Meding* in: „Südlink-Protest in Hannover wächst", Pressebericht in der HAZ vom 25.02.2019, abrufbar unter URL: https://www.haz.de/Hannover/Aus-der-Stadt/Suedlink-in-Hannover-Protest-gegen-Gleichstromtrasse-waechst (letzter Abruf: 25.07.2019).

845 Vgl. dazu URL: http://bundesverband-gegen-suedlink.de/ (letzter Abruf: 25.07.2019).

846 Das Verkehrsprojekt „Stuttgart 21" hat auch in der Jurisprudenz zu einem kontroversen Diskurs über die Frage nach der Notwendigkeit einer (frühzeitigen) Öffentlichkeitsbeteiligung ausgelöst. vgl. dazu ausführlich: *Kallerhoff/Fellenberg* in: Stelkens/Bonk/Sachs, VwVfG, § 25, Rn. 64, m. w. N.

847 *Schink*, DVBl. 2011, 1377 (1385); *Ziekow*, NJW-Beil. 2012, 91 (92).

848 *Hertel/Munding*, NJW 2012, 2622 (2625); *Frenz*, DVBl. 2012, 811 (815); *Lippert*, ZUR 2013, 203 (210 f.) m.w.N; *Posser* in: Kment, EnWG, § 12a, Rn. 11.

849 *Frenz*, DVBl. 2012, 811 (814).

850 Zu den jeweiligen Standpunkten in der Literatur vgl. zusammenfassend: *Stracke*, Öffentlichkeitsbeteiligung im Übertragungsnetzausbau, S. 210 f. m.w.N.

851 *Stracke*, Öffentlichkeitsbeteiligung im Übertragungsnetzausbau, S. 212.

Daher tendiert *Stracke* dazu, die Öffentlichkeitsbeteiligung auf das Verfahren im Zusammenhang mit der Bestätigung des NEP Strom durch die BNetzA, mithin auf die zweite Konsultation[852], zu beschränken. Dabei erachtet er die Beschränkung der öffentlichen Konsultation auf den „betroffenen" Adressatenkreis (vgl. § 12c Abs. 3 S. 5 EnWG) in der Praxis ebenfalls als kaum durchführbar, weshalb nach seinem Dafürhalten eine breite Öffentlichkeitsbeteiligung im Rahmen dieser Konsultation den Zuspruch verdiene[853]. Dem ist vollumfänglich zuzustimmen. Die überzeugenden Ausführungen von *Stracke* zur Beschränkung der Öffentlichkeitsbeteiligung im Rahmen der nationalen Netzausbauplanung können gleichwohl noch mit einem weiteren unionsrechtlichen Argument, das bei seinen Überlegungen offensichtlich keine hinreichende Berücksichtigung gefunden hat[854], flankiert werden.

(c) Eigene Auffassung

Denn die inhaltlichen Tragweiten der deutschen Netzentwicklungsplanung gehen auf die Vorschrift gem. Art. 22 der Elektrizitätsbinnenmarktrichtlinie 2009/72/EG zurück[855]. Ausweislich Art. 22 Abs. 4 S. 1 der Richtlinie 2009/72/EG ist die *Regulierungsbehörde* dazu verpflichtet, *offene und transparente Konsultationen zum zehnjährigen Netzentwicklungsplan mit allen tatsächlichen und potenziellen Netzbenutzern* durchzuführen. Obwohl aus dem Richtlinienwortlaut durch den Begriff „Konsultationen" geschlussfolgert werden könnte, dass im Rahmen des Netzentwicklungsplanungsprozesses eine mehrfache Öffentlichkeitsbeteiligung durchzuführen ist, zeigt ein Vergleich zwischen der englischen und polnischen Ausgabe der vorgenannten Richtlinienvorschrift, dass dies gerade nicht vorgesehen ist. Danach heißt es ausweislich Art. 22 Abs. 4 S. 1 wie folgt: „*The regulatory authority shall* ***consult*** *all actual or potential system users on (...)*" (engl.) sowie „*Organ regulacyjny* ***konsultuje się*** *w sprawie dziesięcioletniego planu rozwoju sieci ze wszystkimi obecnymi lub potencjalnymi użytkownikami system (...)*"[856] (poln.). Insoweit ist der Richtlinienwortlaut der englischen[857] und polnischen[858] Ausgabe

852 Dazu ausführlich: Teil 3 B.II.1.a.aa.(2)(b)(ee).

853 *Stracke*, Öffentlichkeitsbeteiligung im Übertragungsnetzausbau, S. 212.

854 *Stracke* berücksichtigt bei seiner Betrachtung lediglich die TEN-E-Verordnung.

855 Vgl. dazu: *Bourwieg* in: Britz/Hellermann/Hermes, EnWG, § 12a, Rn. 5; *Kober* in: Danner/Theobald, EnR, Vorbem. zu §§ 12a bis 12g EnWG, Rn. 7; *Heimann* in: Steinbach/Franke, EnWG, § 12a, Rn. 4 und 12b, Rn. 3.

856 Hervorhebungen des Autors.

857 Die englische Ausgabe der Richtlinie 2009/72/EG ist abrufbar unter URL: https://eur-lex.europa.eu/legal-content/EN/TXT/PDF/?uri=CELEX:32009L0072&from=DE (letzter Abruf: 26.07.2019).

858 Die polnische Ausgabe der Richtlinie 2009/72/EG ist abrufbar unter URL: https://eur-lex.europa.eu/legal-content/PL/TXT/PDF/?uri=CELEX:32009L0072&from=DE (letzter Abruf: 26.07.2019).

in Singular gehalten und sieht demnach keine Verpflichtung zu einer mehrfachen Beteiligung der Öffentlichkeit im Rahmen des Netzausbauplanungsprozesses vor. Aus diesem Grund liegt der Schluss nahe, dass im Rahmen der Netzausbauplanung nur eine einzige öffentliche Konsultation ausreichend ist. Damit kann festgehalten werden, dass eine mehrfache Öffentlichkeitsbeteiligung, wie es im deutschen Bedarfsplanungsprozess gem. §§ 12a bis 12c EnWG vorgesehen ist, ausweislich der für die Netzausbauplanung maßgeblichen Richtlinie 2009/72/EG aus rechtlicher Sicht nicht erforderlich ist.

Ferner normiert die Vorschrift gem. Art. 22 Abs. 4 S. 1, dass die Konsultation durch die „Regulierungsbehörde" durchzuführen ist. Folglich ist daraus zu schließen, dass die nationalen Vorschriften zwingend sicherstellen müssen, dass eine Konsultation durch die Regulierungsbehörde und nicht durch den Übertragungsnetzbetreiber durchgeführt wird[859]. Da weder der Szenariorahmen noch der erste Entwurf des NEP Strom durch die Regulierungsbehörde, sondern nur durch die Übertragungsnetzbetreiber zur öffentlichen Konsultation gestellt werden, wäre es vor dem Hintergrund der Richtlinie 2009/72/EG europarechtlich nicht zu beanstanden, wenn die Öffentlichkeitsbeteiligung auf die zweite Konsultation beschränkt bliebe, weil sie ausweislich der deutschen Vorschrift gem. § 12c Abs. 3 S. 1 EnWG nur im Rahmen dieses Verfahrensstadiums durch die Regulierungsbehörde durchgeführt wird.

(d) Resümee

Folglich wäre eine Einschränkung der dreifachen Öffentlichkeitsbeteiligung im Rahmen des Bundesbedarfsplanungsprozesses nach Maßgabe der Vorschriften gem. §§ 12a bis 12c auf eine einzige öffentliche Konsultation und zwar auf das Stadium der Prüfung des NEP Strom durch die BNetzA (vgl. § 12c Abs. 1 S. 1 i. V. m. Abs. 3 EnWG) nicht nur mit der Richtlinie 2009/72/EG vereinbar, sondern könnte darüber hinaus zur Beschleunigung der gesamten Bundesbedarfsplanung führen und damit einen wichtigen Beitrag zur schnelleren Umsetzung der Energiewende leisten. Allerdings sollte der Adressatenkreis im Rahmen dieses Beteiligungsverfahrens nicht auf die betroffenen Kreise beschränkt werden (vgl. § 12c Abs. 3 S. 5 EnWG), sondern vielmehr „jedermann" die Möglichkeit erhalten, an dem Prozess der Netzentwicklungsplanung teilzuhaben, da eine Unterscheidung des Adressatenkreises angesichts der hochstufigen Planung in der Praxis kaum durchführbar sein dürfte[860].

Eine breite Öffentlichkeitsbeteiligung bereits im Rahmen des Verfahrens im Zusammenhang mit der Erstellung des Szenariorahmens durch die

---

859 Diese Problematik stellt sich auch im Zusammenhang mit den polnischen Vorschriften im Bereich der Netzausbauplanung, vgl. dazu ausführlich: Teil 3 B.II.2.c.bb.(3)(c).

860 *Stracke*, Öffentlichkeitsbeteiligung im Übertragungsnetzausbau, S. 212.

Übertragungsnetzbetreiber wäre vor dem Hintergrund des Gesetzeswortlautes gem. Art. 22 Abs. 4 S. 1 der Richtlinie 2009/72/EG, welcher die Durchführung der Konsultation durch die Regulierungsbehörde fordert, ohnehin europarechtlich bedenklich und auch in der Praxis wohl nur wenig sinnvoll. Insofern ist nicht nachvollziehbar, welchen inhaltlichen Mehrwert die möglicherweise im Rahmen dieses Verfahrensstadium durch die Bürgerinnen und Bürger sowie durch die Umweltvereinigungen erhobenen Einwendungen und Stellungnahmen für den Inhalt des Szenariorahmens haben sollten. Schließlich dürfte diesem Beteiligtenkreis in der Regel ohnehin die erforderliche Fachexpertise fehlen, um die materiellen Erfordernisse, die an den Szenariorahmen gestellt werden, beurteilen zu können.

Des Weiteren würde eine Verpflichtung zur Durchführung einer Öffentlichkeitsbeteiligung im Rahmen der Erstellung des Szenariorahmens der Struktur der Netzbetreiberlandschaft in Deutschland und der damit einhergehenden gesetzlichen Zielsetzung der Teilung des Verfahrens zur Erstellung eines vorgelagerten Szenariorahmens und des eigentlichen NEP Strom nicht gerecht. Denn im Gegensatz zu vielen anderen europäischen Ländern (wie z. B. auch Polen) ist das Übertragungsnetz in Deutschland in vier Regelzonen aufgeteilt und wird somit durch unterschiedliche Privatunternehmen betrieben. Damit wird durch die deutschen Regelungen zur Erstellung eines gemeinsamen Szenariorahmens sichergestellt, dass eine Fehlplanung vermieden wird, die sich durch eine individuelle Planung[861] oder womöglich auch durch fehlgeleitete unternehmerische Interessen des jeweiligen Übertragungsnetzbetreibers ergeben kann. Dadurch wird eine koordinierte und gemeinsame Netzausbauplanung aller deutschen Übertragungsnetzbetreiber gewährleistet[862]. Eine öffentliche Konsultation bei der Erstellung des Szenariorahmens wäre vor diesem Hintergrund daher nicht notwendig.

(2) Bundesfachplanung

(a) Problem

Trotz der vorstehenden Kritik für die Regelungen im Zusammenhang mit der gesetzlichen Bundesbedarfsplanung auf der ersten Stufe dürfte sich die Bundesfachplanung (zweite Stufe) für einen beschleunigten Übertragungsnetzausbau durchaus als nützlich erweisen. Dies liegt neben der Möglichkeit zur Durchführung eines vereinfachten Verfahrens insbesondere auch an der Rechtswirkung der bundesfachplanerischen Entscheidung. Denn diese ist für das nachgelagerte Planfeststellungsverfahren rechtsverbindlich. Angesichts dieser Bindungswirkung der bundesfachplanerischen Festlegungen sowie der Tatsache, dass gegen

861 *Kober* in: Danner/Theobald, EnR, Vorbem. zu §§ 12a bis 12g EnWG, Rn. 8.
862 Wie vorige Fn (Rn. 5).

diese keine Rechtsbehelfe zulässig sind, stellt sich allerdings die berechtigte Frage, wie die BNetzA mit Fällen zu verfahren hat, bei denen die öffentlichen oder privaten Belange während der nachgelagerten Planfeststellung gegenüber den bereits vorher im Rahmen der Bundesfachplanung festgelegten Trassenkorridoren derart überwiegen, dass eine Modifizierung dieser Trassenführung erforderlich erscheint.

Dies wird in der Literatur kontrovers diskutiert. Nach einer Auffassung soll die Entscheidung der BNetzA über den Trassenkorridor strikt verbindlich sein, weshalb im nachgelagerten Planfeststellungsverfahrens nicht mehr von dem festgelegten Trassenkorridor abgewichen werden darf[863]. Nach der wohl vermittelnden Auffassung soll die Festlegung des Trassenkorridors für die Planfeststellungsbehörde ebenfalls verbindlich, jedoch eine Ausnahme allenfalls bei geringfügigen Abweichungen anzuerkennen sein, weil die Bundesfachplanung nicht „parzellenscharf" sei[864]. Wann die Abweichung allerdings als „geringfügig" angesehen werden kann, lässt diese Auffassung offen. Nach einer dritten Auffassung soll die bundesfachplanerische Entscheidung für die Planfeststellungsbehörde zwar ebenfalls bindend sein, überwiegende Belange können aber in der planfeststellungsrechtlichen Abwägungsentscheidung zu einer Veränderung des Trassenkorridors führen[865].

(b) Stellungnahme

Die erstgenannte Auffassung verdient den Vorzug. Insoweit ist der Wortlaut des Gesetzes klar und lässt keine einschränkende Auslegung zu. Insofern lautet § 15 Abs. 1 S. 1 NABEG wie folgt: *„Die Entscheidung nach § 12 ist für die Planfeststellungsverfahren nach §§ 18 ff. verbindlich."*[866] Durch die Formulierung „ist (…) verbindlich" wird deutlich, dass die Entscheidung der BNetzA im Bundesfachplanungsverfahren nicht zur Disposition der nachgelagerten Planfeststellungsbehörde gestellt werden darf. Andernfalls hätte der Gesetzgeber folgende

863 *Keienburg* in: Danner/Theobald, EnR, NABEG, § 18, Rn. 21.

864 *Appel* in: BerlKommEnR, NABEG, § 15, Rn. 5.

865 *Moench/Ruttloff*, NVwZ 2011, 1040 (1043); *Naujoks* in: BerlKommEnR, § 18 NABEG, Rn. 51; wohl auch: *Calliess/Dross*, JZ 2012, 1002 (1007) in der Fußnote 47, wonach es heißt: *„Ausweislich der Gesetzesbegründung kann bei bestehenden Konfliktlagen der Trassenkorridor verändert werden, BT-Drs. 17/6073, S. 19"*. Hierbei ist allerdings anzumerken, dass die zitierte Passage auf Seite 19 der Gesetzesbegründung nicht zu finden ist. Eine entsprechende Passage findet sich vielmehr auf Seite 23 der Gesetzesbegründung zum § 3 NABEG und betrifft demnach vielmehr die Möglichkeit zur Abweichung bei der Festlegung der üblichen Breite des Trassenkorridors von 500 bis 1.000 Meter bei Konfliktlagen im Rahmen der *Bundesfachplanung* und nicht im Planfeststellungsverfahren nach §§ 18 ff. NABEG. Insoweit ist diese Passage in einem völlig anderen Kontext zu lesen.

866 Hervorhebung des Autors.

Formulierung wählen können bzw. müssen: „*Die Entscheidung nach § 12 soll für die Planfeststellungsverfahren nach §§ 18 ff. verbindlich sein.*" Durch eine *Soll-Vorschrift* wäre klargestellt, dass die Entscheidung über den Trassenkorridor zwar verbindlich ist, aber in besonderen Ausnahmefällen – so beispielsweise bei überwiegenden Belangen im nachgelagerten Planfeststellungsverfahren – davon abgewichen werden darf[867]. Ließe man nun eine Änderung des Trassenkorridors im Rahmen des Planfeststellungsverfahrens zu, so würde das gesamte Bundesfachplanungsverfahren ab absurdum geführt werden, weil die in diesem Rahmen festgestellte Raum- und Umweltverträglichkeit des Vorhabens durch die nachgelagerte Planfeststellungsbehörde wieder in Zweifel gezogen werden könnte. Der damit einhergehende Prüfungsmehraufwand dürfte dem mit dem NABEG verfolgten Ziel eines beschleunigten Netzausbaus zuwiderlaufen und jedenfalls auch aus Gründen der Verfahrensökonomie abzulehnen sein. Darüber hinaus würde sich auch die Sinnhaftigkeit eines speziell abgestuften Planungsverfahrens i. S. d. NABEG nicht erschließen, zumal zu fragen wäre, weshalb statt der Bundesfachplanung nicht gleich ein Raumordnungsverfahren, das für die Planfeststellung gerade nicht bindend ist, durchgeführt wird.

(c) Resümee

Daher ist die Entscheidung der BNetzA im Bundesfachplanungsverfahren gem. § 12 i. V. m. § 15 Abs. 1 S. 1 NABEG als strikt verbindlich anzusehen, so dass Abweichungen von den festgelegten Trassenkorridoren im Planfeststellungsverfahren keinesfalls mehr möglich sind. Dies dürfte sich für die Beschleunigung des Übertragungsnetzausbaus und damit unmittelbar für die Umsetzung der Energiewende in Deutschland als nützlich erweisen.

bb. Bundesbedarfsplanung Offshore

(1) Koordination

Der deutsche Gesetzgeber hat mit den gesetzlichen Vorschriften zur Offshore-Netzentwicklungsplanung gem. §§ 17a ff. EnWG die richtigen Weichen für eine bessere „Verzahnung" der Netzausbauplanung an Land sowie auf See gestellt. Dies folgt insbesondere daraus, dass im Rahmen des O-NEP (Offshore) auch die Festlegungen des NEP Strom (Onshore) berücksichtigt werden müssen. Aus Gründen einer besseren Koordination sieht die gesetzliche Vorschrift des § 17a Abs. 1 S. 1 EnWG daher vor, dass bereits im Rahmen der Erstellung des BFO ein Einvernehmen zwischen dem hierfür originär zuständigen BSH und der BNetzA hergestellt wird. Eine von der Auffassung der BNetzA abweichende Entscheidung des BSH ist damit nicht möglich. Dieses prozedurale Abstimmungserfordernis dürfte

867 Zur Bedeutung von *Soll-Vorschriften* im Verwaltungsrecht vgl. oben, Fn. 262.

sich für die Umsetzung der Energiewende durchaus als positiv erweisen, weil dadurch beide Netzausbausysteme besser aufeinander abgestimmt werden. Dies erscheint nur sachgerecht, weil die in den Offshore-Windparks erzeugte Elektrizität über die Offshore-Leitungen in das Übertragungsnetz an Land abtransportiert und diese schließlich an die Verteilernetze weiter übertragen werden muss. Dazu bedarf es einer gemeinsamen und aufeinander abgestimmten Netzausbauplanung an Land und auf See, die nur durch eine gemeinsame Zusammenarbeit der jeweils für die Netzausbauplanung originär zuständigen Behörden BNetzA und BSH sichergestellt werden kann.

(2) Öffentlichkeitsbeteiligung

(a) Bundesfachplan Offshore (BFO)

Trotz der vorstehenden Ausführungen dürften alle übrigen Regelungen im Bereich der Offshore-Netzentwicklungsplanung im Großen und Ganzen dennoch nicht wesentlich zur Beschleunigung des Netzausbaus im Offshore-Bereich beitragen. Dies liegt insbesondere in der gesetzlichen Systematik der beiden Netzausbauplanungssysteme. Denn bei dem BFO handelt es sich um eine raumordnerische Entscheidung, die nicht nur strukturelle Elemente des Raumordnungsverfahrens beinhaltet, sondern nahezu wörtlich mit den für das Raumordnungsverfahren geltenden Prüfungsvorgaben übereinstimmt[868]. Aus diesem Grund wird das im Rahmen der Netzausbauplanung an Land auf der zweiten Stufe stehende Bundesfachplanungs- respektive Raumordnungsverfahren bei der Netzausbauplanung auf See lediglich auf die erste Stufe vorgezogen. Das prozedurale Verfahren des Offshore-Netzausbauplanungsprozesses bleibt im Ergebnis allerdings beinahe das gleiche, so dass in diesem Zusammenhang kaum spürbare Beschleunigungselemente für die Praxis zu erkennen sind.

Auf den ersten Blick fällt in diesem Zusammenhang ebenfalls positiv auf, dass die Behörden- und Öffentlichkeitsbeteiligung im Rahmen des Entwurfs des BFO auf die „betroffene" Öffentlichkeit sowie ausschließlich auf Behörden beschränkt wird, deren Aufgabenbereich berührt wird[869]. Eine Beschränkung der Öffentlichkeit im Rahmen der mit dem BFO vergleichbaren Bundesfachplanung respektive Raumordnungsverfahren findet dagegen nicht statt. Folglich könnte diese Regelung im Vergleich zur Netzausbauplanung im Onshore-Bereich auf den ersten Blick durchaus im Stande sein, den Offshore-Netzausbauplanungsprozess zu beschleunigen, da durch eine enge Beschränkung des Beteiligtenkreises in der Regel mit sachdienlichen Einwendungen und Stellungnahmen der vom Vorhaben tatsächlich betroffenen Personen zu rechnen ist, so dass sachfremde Erwägungen, beispielsweise von etwaigen „Protestbürgern", bereits im Vorfeld

868 *Schink* in: Kment, EnWG, § 17a, Rn. 44.
869 Dazu ausführlich: Teil 3 B.II.1.b.dd.(1)(b).

ausgesondert werden können. Gleichwohl ist hierbei zu berücksichtigen, dass eine Einschränkung des Beteiligtenkreises auf die „betroffene" Öffentlichkeit in der Praxis kaum gelingen dürfte[870]. Aus diesem Grund ist ebenfalls davon auszugehen, dass das BSH im Zweifel alle Einwendungen und Stellungnahmen prüfen wird, um sich nicht den Einwand der formellen Rechtswidrigkeit des BFO aussetzen zu müssen. Eine vollständige Prüfung aller Einwendungen und Stellungnahmen dürfte allerdings nicht nur personelle Kapazitäten der Behörde binden, sondern auch einige Zeit in Anspruch nehmen. Dies dürfte wiede-rum zu einer Verfahrensverzögerung führen.

(b) Offshore-Netzentwicklungsplan (O-NEP)

Auch die deutschen Regelungen zur Öffentlichkeitsbeteiligung im Rahmen der Erstellung des eigentlichen O-NEP dürften sich für die Beschleunigung des Ausbaus der Offshore-Netzinfrastruktur als hinderlich erweisen. Denn durch die gesetzliche Verweisung gem. § 17b Abs. 4 und § 17c Abs. 1 S. 2 finden in diesem Zusammenhang die für die Netzausbauplanung an Land geltenden Vorschriften gem. § 12b Abs. 3 bis Abs. 5 sowie § 12c EnWG entsprechend Anwendung. Aus diesem Grund sieht das Gesetz für die Offshore-Netzentwicklungsplanung keine abweichenden Regelungen vor[871]. Demnach wird auch der O-NEP zu einer zweifachen öffentlichen Konsultation gestellt und zwar einmal im Entwurfsstadium (erste Konsultation gem. § 12b Abs. 3 S. 1)[872] und einmal vor seiner Bestätigung durch die BNetzA (zweite Konsultation gem. § 12c Abs. 3 S. 1 EnWG)[873]. Vor dem Hintergrund der Verfahrensbeschleunigung und angesichts des Wortlauts der unionsrechtlichen Vorschrift gem. Art. 22 Abs. 4 S. 1 der Richtlinie 2009/72/EG wäre auch hier eine Beschränkung der Öffentlichkeitsbeteiligung auf die durch die BNetzA durchzuführende zweite Konsultation des O-NEP wünschenswert. Diesbezüglich kann daher auf die vorstehenden Ausführungen vollumfänglich verwiesen werden[874].

cc. Bedarfsplanung i. S. d. EnLAG

Die Komplexität bzw. die Unterschiede zwischen den Regelungen nach Maßgabe des EnLAG und BBPlG sind nicht nur aus Sicht eines verständigen Betrachters, sondern auch aus der Sicht eines Juristen kaum mehr nachzuvollziehen. Dies

870 Zu einem vergleichbaren Ergebnis gelangt auch *Stracke*, der eine Beschränkung der Öffentlichkeitsbeteiligung auf den „betroffenen" Adressatenkreis im Rahmen der Erstellung des NEP (§ 12c Abs. 3 EnWG) in der Praxis ebenfalls als kaum durchführbar erachtet, vgl. dazu: Teil 3 C.I.1.a.aa.(1)(a).

871 *Schink* in: Kment, EnWG, § 17b, Rn. 16.

872 Dazu ausführlich: Teil 3 B.II.1.a.aa.(2)(b)(aa).

873 Dazu ausführlich: Teil 3 B.II.1.a.aa.(2)(b)(ee).

874 Dazu ausführlich: Teil 3 C.I.1.a.aa.(1).

wird mitunter auch durch die fast gleiche Bezeichnung der Anhänge zum jeweiligen Gesetz verschärft. Daher muss stets mit großer Sorgfalt beachtet werden, ob im Rahmen der gesetzlichen Netzausbauplanung der Begriff „Bedarfsplan" (= EnLAG) oder „*Bundes*bedarfsplan" (= BBPlG) verwendet wird. Denn die nachgelagerte Planfeststellung der in dem jeweiligen Anhang ausgewiesenen Leitungen richtet sich entweder nach den Vorschriften gem. §§ 43 ff. EnWG (= Bedarfsplan) oder nach NABEG (= *Bundes*bedarfsplan).

Angesichts der Tatsache, dass das BBPlG bereits vor mehr als 5 Jahre in Kraft getreten ist, stellt sich die berechtigte Frage, weshalb der deutsche Gesetzgeber diese gesetzliche Komplexität noch nicht entschärft hat. Denn schließlich werden auch bei den im Bedarfsplan nach EnLAG ausgewiesenen Leitungen genau wie bei den Leitungen nach Maßgabe des *Bundes*bedarfsplans (BBPlG) die energiewirtschaftliche Notwendigkeit und der vordringliche Bedarf gesetzlich festgestellt. Darüber hinaus handelt es sich bei 14 der im Bedarfsplan gem. Anlage zu § 1 Abs. 1 EnLAG aufgenommenen 22 Elektrizitätsleitungen[875] ebenfalls entweder um länderübergreifende oder um grenzüberschreitende Höchstspannungsleitungen[876]. Aufgrund dessen bestehen nach der gesetzlichen Definition zwischen den meisten Leitungen i. S. d. EnLAG und des BBPlG ohnehin keine sachlichen Unterschiede. Daher wäre es nur konsequent, wenn auch die im Bedarfsplan (EnLAG) ausgewiesenen Leitungen als länderübergreifende bzw. grenzüberschreitende Höchstspannungsleitungen i. S. d. *Bundes*bedarfsplans (BBPlG) ausgewiesen würden, was zur Folge hätte, dass sie vom Anwendungsbereich des NABEG umfasst würden und damit an dessen Beschleunigungswirkung partizipieren könnten[877]. In diesem Fall würde die raumordnerische Prüfung im nachgelagerten

875 Für die ursprünglich im Bedarfsplan gem. Nr. 22 und Nr. 24 aufgenommenen Leitungen ist die energiewirtschaftliche Notwendigkeit und der vordringliche Bedarf aus Sicht der Übertragungsnetzbetreiber zwischenzeitlich entfallen, vgl. URL: https://www.netzausbau.de/leitungsvorhaben/enlag/22/de.html?cms_vhTab=1 und https://www.netzausbau.de/leitungsvorhaben/enlag/24/de.html?cms_vhTab=1 (letzter Abruf: 01.06.2017).

876 Folgende der im Bedarfsplan genannten Leitungen verlaufen planerisch zwischen mehreren Bundesländern oder verbinden einen Nachbarstaat (Stand 31.05.2017), vgl. auch URL: https://www.netzausbau.de/leitungsvorhaben/enlag/01/de.html?cms_vhTab=1 (letzter Abruf: 31.05.2017): Nr. 1 (Niedersachen/Schleswig-Holstein), gleichzeitig Grenzleitung mit Dänemark (Kassø); Nr. 2 (Niedersachsen/Nordrhein-Westfalen); Nr. 3 Grenzleitung mit Polen (Krajnik); Nr. 4 (Sachsen-Anhalt/Thüringen/Bayern); Nr. 5 (Niedersachsen/Nordrhein-Westfalen); Nr. 6 (Niedersachsen/Hessen); Nr. 9 (Schleswig-Holstein/Mecklenburg-Vorpommern); Nr. 12 Grenzleitung mit Polen (Baczyna); Nr. 13 Grenzleitung mit Niederlande (Doetinchem); Nr. 15 (Nordrhein-Westfalen/Rheinland-Pfalz); Nr. 16 (Niedersachsen/Nordrhein-Westfalen); Nr. 18 (Niedersachsen/Nordrhein-Westfalen); Nr. 19 (Nordrhein-Westfalen/Rheinland-Pfalz); Nr. 20 (Rheinland-Pfalz/Hessen).

877 So im Ergebnis auch: *Schmitz/Jornitz*, NVwZ 2012, 332 (334).

Planfeststellungsverfahren durch die Festlegungen, welche im Rahmen der Bundesfachplanung gem. §§ 4 ff. NABEG getroffen wurden, entfallen[878]. Auch dies würde sich positiv auf die Netzausbaubeschleunigung auswirken. Jedenfalls sind auch die Leitungen nach EnLAG für das Gelingen der Energiewende dringend notwendig, da für diese andernfalls nicht die energiewirtschaftliche Notwendigkeit und der vordringliche Bedarf gem. § 1 Abs. 2 S. 2 EnLAG gesetzlich festgestellt worden wären. Doch der deutsche Gesetzgeber hat sich bisher dagegen entschieden, die im EnLAG ausgewiesen Leitungen auch in den Anwendungsbereich des NABEG zu überführen. Insofern stellt sich die berechtigte Frage, weshalb diese Leitungen (noch) nicht in den Anwendungsbereich des NABEG überführt wurden, wenn sie doch (angeblich) für die Umsetzung der Energiewende so notwendig sind.

Die Erklärung für diese Entscheidung dürfte wohl darin begründet sein, dass zum Zeitpunkt des Inkrafttretens des NABEG im Jahr 2011 mit der Planung der meisten im EnLAG ausgewiesenen Leitungen durch die Landesbehörden bereits begonnen worden war. Insoweit wäre es nicht im Sinne der Netzausbaubeschleunigung (gewesen), wenn die durch Landesbehörden begonnene Planung von Leitungen i. S. d. EnLAG abgebrochen und durch die BNetzA als zuständige Behörde nach dem NABEG von neuem angefangen worden wäre[879]. Dieses Argument vermag allerding nicht zu überzeugen. Insoweit kann dem entgegengehalten werden, dass zum Zeitpunkt des Inkrafttretens des NABEG die Planung von sechs Vorhaben noch nicht gestartet hatte[880]. In Anbetracht der Tatsache, dass das EnLAG ohnehin keine nennenswerte beschleunigende Wirkung entfaltet hatte[881], wäre es nur sachgerecht gewesen, zumindest die noch nicht geplanten Vorhaben in den Anwendungsbereich des NABEG durch entsprechende Kennzeichnung im *Bundes*bedarfsplan i. S. d. BBPlG zu überführen[882] und die Regelungen gem. EnLAG mit Beendigung der bereits angefangenen Planungsverfahren außer Kraft treten zu lassen. Hierdurch hätte die gesetzliche Komplexität – zumindest an dieser Stelle – spürbar entschärft werden können. Dies würde sich für die Umsetzung der Energiewende und des damit einhergehenden Netzausbaus als positiv erweisen, weil dadurch ein verlässlicher und vor allem nachvollziehbarer Rechtsrahmen geschaffen würde. Solange dies allerdings noch nicht geschehen

---

878 Zur Rechtswirkung der *Bundesfachplanung* vgl. ausführlich: Teil 3 B.II.1.a.bb.(g).

879 So im Ergebnis: *Wolfshohl/Wiesendahl* in: de Witt/Scheuten, NABEG, § 2, Rn. 4.

880 *Schmitz/Jornitz*, NVwZ 2012, 332 (334).

881 *Ohms/Weiss* in: BerlKomnEnR, Vorbem. EnLAG, Rn. 14. In diesem Zusammenhang vgl. auch BNetzA, Monitoringbericht 2011, S. 7, URL: https://www.bundesnetzagentur.de/SharedDocs/Downloads/DE/Allgemeines/Bundesnetzagentur/Publikationen/Berichte/2011/MonitoringBericht2011.pdf?__blob=publicationFile (letzter Abruf: 02.06.2017).

882 So auch: *Schmitz/Jornitz*, NVwZ 2012, 334.

ist, dürfte die Ausweisung der energiewirtschaftlichen Notwendigkeit und des vordringlichen Ausbaubedarf für die Leitungen i. S. d. EnLAG (vgl. § 1 Abs. 2) mehr als zu Recht bezweifelt werden.

b. Rechtslage in Polen

aa. Übertragungsnetzentwicklungsplan (ÜNEP)

(1) Gesetzliche Struktur

Die polnischen Regelungen zur Netzausbauplanung im Onshore-Bereich wirken vom gesetzlichen Aufbau her unübersichtlich. Dies liegt insbesondere in der Tatsache begründet, dass die vollständige polnische Netzausbauplanung mit Art. 16 EnR in einer einzigen Vorschrift mit insgesamt 22 Absätzen geregelt wird. Dabei beinhaltet die Vorschrift gem. Art. 16 EnR nicht nur Netzausbauplanungsregelungen für den Übertragungsnetzbetreiber, sondern auch Regelungen im Bereich der Netzausbauplanung von Gas- und Elektrizitätsverteilernetzen[883]. Dadurch fällt es schwer, die für die jeweilige Netzausbauplanung einschlägigen Regelungen zu filtern und voneinander abzugrenzen. Aus diesem Grund wäre eine bessere gesetzliche Strukturierung der Vorschriften zur Netzausbauplanung im Bereich des Übertragungsnetzes sowie des Gas- und Elektrizitätsverteilernetzes wünschenswert. Dazu könnten die für die Gas- und Elektrizitätsverteilernetzbetreiber einschlägigen Vorschriften in einem weiteren Artikel separiert werden. Dadurch könnte eine bessere gesetzliche Transparenz im Bereich der gesamten Netzausbauplanung geschaffen und damit der Verfahrensablauf erleichtert werden. Dies könnte wiederum einen positiven Effekt für die Beschleunigung des Übertragungsnetzaufbaus haben.

(2) Vereinbarkeit mit Unionsrecht

Auch die formell-rechtlichen Anforderungen im Zusammenhang mit der Erstellung des ÜNEP wecken erhebliche Zweifel an der konformen Umsetzung der europäischen Regelungen in das polnische Recht. In diesem Zusammenhang ist die polnische Regelung zur Konsultation des ÜNEP-Entwurfes mit „interessierten Parteien" besonders hervorzuheben. Zwar greift der polnische Gesetzgeber dabei auf die gleiche Formulierung zurück, wie sie auch in der europäischen Richtlinie 2009/72/EG deckungsgleich verwendet wird. Allerdings hat der europäische Gesetzgeber den unbestimmten Begriff der „interessierten Parteien" nicht weiter definiert. Insoweit hätte der polnische Gesetzgeber diese unbestimmte Begrifflichkeit durch entsprechende Regelungen klarstellen müssen. In diesem Zusammenhang hätten auch weitergehende europäische Vorschriften, wie beispielsweise die der Richtlinie 2001/42/EG, eine Berücksichtigung

883 Dazu ausführlich: Teil 3 B.II.2.c.bb.(1).

finden müssen. Dieses Zusammenspiel der europäischen Vorschriften hat der polnische Gesetzgeber offenkundig verkannt. Stattdessen hat der polnische Gesetzgeber dem Übertragungsnetzbetreiber die Auslegung dieser unbestimmten Begrifflichkeit überlassen, was zur Folge hat, dass der Beteiligtenkreis im Rahmen der Konsultation des ÜNEP-Entwurfs aufgrund einer fehlerhaften Gesetzesauslegung durch den Übertragungsnetzbetreiber europarechtswidrig beschränkt wird.

Zwar dürfte der Ausschluss der allgemeinen Öffentlichkeit einschließlich von Umweltvereinigungen an der Konsultation des ÜNEP im Stande sein, das Bedarfsplanungsverfahren zu beschleunigen, weil der Umfang von möglichen Einwendungen damit beschränkt bleibt. Nichtsdestotrotz dürfen „praktische" Erwägungen keineswegs etwaigen gesetzlichen Bestimmungen vorgehen. Daher haben sich alle Mitgliedsstaaten an europäische Vorgaben zu halten, auch wenn diese aus Sicht der Praxis zu einer Verfahrensverzögerung führen könnten. Im Übrigen wird ebenfalls verkannt, dass die Beteiligung der allgemeinen Öffentlichkeit sowie von Umweltvereinigungen im Rahmen der Netzausbauplanung den Vorteil haben kann, dass begründete Einwendungen der allgemeinen Öffentlichkeit bereits im Vorfeld herausgearbeitet und bewertet werden könnten. Dies könnte wiederum die öffentliche Akzeptanz für den Übertragungsnetzausbau stärken und sich damit positiv auf die Beschleunigung der Genehmigung der tatsächlichen Netzausbauvorhaben auswirken.

(3) Rechtliche Einordnung der Netzausbauplanung

Doch gerade die Unvereinbarkeit einer Vielzahl von formell-rechtlichen Anforderungen bei der Erstellung des ÜNEP mit europäischem Recht zeigt ein grundlegendes Problemverständnis des polnischen Gesetzgebers für die Netzausbauplanung. Denn bei der polnischen Netzausbauplanung handelt es sich offensichtlich nur um einen Prozess, durch welchen die unternehmerische Entwicklung des Übertragungsnetzbetreibers mittels einer besseren öffentlichen Steuerung von Investitionskosten koordiniert werden soll[884]. Diese Tatsache dürfte folglich auch die Erklärung dafür liefern, weshalb im Rahmen der polnischen Netzausbauplanung weder eine SUP durchgeführt noch der ÜNEP-Entwurf durch die Regulierungsbehörde[885] zur Konsultation gestellt wird, obwohl die europäischen Vorgaben diesbezüglich unmissverständlich sind[886]. Durch eine derartige Verlagerung der Verantwortlichkeit bei der Netzausbauplanung auf den

---

884 Dazu ausführlich: Teil 3 B.II.2.b.

885 Zur unionsrechtlichen Unvereinbarkeit der Konsultation des ÜNEP-Entwurfs durch den polnischen ÜNB anstatt durch die Regulierungsbehörde vgl. ausführlich: Teil 3 B.II.2.c.bb.(3)(c).

886 Auch aus diesem Grund kann die Rechtsauffassung in der polnischen Literatur, wonach der ÜNEP im Wege einer hoheitlichen *Entscheidung* erlassen werde (vgl. dazu: Teil 3 B.II.2.c.dd.(1)), schlichtweg nicht zutreffend sein.

Übertragungsnetzbetreiber entzieht sich der polnische Staat seiner hoheitlichen Verantwortung. Schließlich ist der Ausbau des Übertragungsnetzes für die Versorgungssicherheit unabdingbar. Dazu bedarf es allerdings einer staatlich kontrollierten Netzausbauplanung. Denn die Sicherheit der Energieversorgung ist ein Kernelement der öffentlichen Sicherheit (vgl. Erwägungsgrund 25 der Richtlinie 2009/72/EG). Sie darf deshalb nicht der Verantwortung eines privatrechtlich organisierten Unternehmens überlassen werden, auch wenn der Anteilseigner dieses Unternehmens – wie im vorliegenden Fall – ausschließlich der Staat selbst ist[887]. Daher kann auch nur durch eine unternehmensfremde staatliche Kontrolle im Rahmen der Netzausbauplanung ausreichend sichergestellt werden, dass der Übertragungsnetzausbau ausschließlich zum Zwecke der tatsächlich erforderlichen Versorgungssicherheit erfolgt und nicht durch eine unternehmerisch orientierte Gewinnerzielungsabsicht beeinflusst wird. Aus diesem Grund muss der polnische Staat eine stärkere Verantwortung im Rahmen der Netzausbauplanung übernehmen. Ob diese Forderung bei den staatlichen Entscheidungsträgern in Polen tatsächlich auch Gehör finden wird, darf gegenwärtig (noch) bezweifelt werden, da sich ersichtlich weder die juristische Literatur noch die Rechtsprechung mit dieser Thematik bisher auseinandergesetzt haben. Insoweit scheint die polnische Rechtswissenschaft für diese Rechtsproblematik offensichtlich noch nicht hinreichend sensibilisiert zu sein. Die weitere Entwicklung bleibt diesbezüglich daher mit Spannung abzuwarten.

bb. Raumplanung Offshore

(1) Rechtsrahmen

Die Flächen für den Ausbau von Onshore-Windparks sind auf die windreichen Regionen räumlich stark begrenzt. Daher ist eine Energiewende ohne den Ausbau von Windparks in den stetig windreichen Offshore-Gebieten nicht wegzudenken. Dazu bedarf es allerdings auch einer Netzinfrastruktur, die es ermöglicht, den in den Offshore-Windparks erzeugten Strom in das Übertragungsnetz an Land einzuspeisen. Zu diesem Zwecke ist eine aufeinander abgestimmte Netzausbauplanung sowohl im Onshore- als auch im Offshore-Bereich zwingend notwendig, weil dadurch der Ausbau des gesamten Übertragungsnetzes sowohl an Land als auch auf See besser koordiniert und gesteuert werden kann. Die polnische Rechtsordnung sieht aber gerade kein spezialgesetzliches Instrument für die Netzausbauplanung im Offshore-Bereich vor, was sich für die Umsetzung einer potentiellen Energiewende in Polen damit als überaus hinderlich erweisen dürfte. Denn mangels einer entsprechenden Netzentwicklungsplanung im

887 Der alleiniger Anteilseigner des Übertragungsnetzbetreibers PSE S.A ist der polnische Staat, vgl. dazu: § 5 des Gesellschaftsvertrages von PSE S.A., abrufbar unter URL: https://www.pse.pl/o-nas/informacje-podstawowe/-/asset_publisher/EFBSztkNCME8/content/statut-spol-1 (letzter Abruf: 27.06.2019).

Offshore-Bereich kann der Bedarf der Onshore-Netzkapazität zur Einspeisung und Abtransport der aus den Offshore-Windparks erzeugten Elektrizität in das Übertragungsnetz an Land nicht hinreichend berücksichtigt und geplant werden. Dem kann gegenwärtig allerdings (noch) entgegengehalten werden, dass in Polen bisher kein Offshore-Windpark errichtet wurde und aus diesem Grund auch kein Bedarf für eine derartige Netzbedarfsplanung besteht[888]. Mit der Errichtung des ersten Offshore-Windparks „Bałtyk Środkowy III“[889] wird sich diese Situation mittelfristig allerdings ändern. Daher wird es über kurz oder lang unumgänglich sein, einen entsprechenden Rechtsrahmen für eine Offshore-Bedarfsplanung respektive einem Offshore-Netzentwicklungsplan zu schaffen.

(2) Beteiligung

Dabei ist nicht zwingend vorausgesetzt, dass die polnischen Regelungen im Bereich einer etwaigen Offshore-Netzausbauplanung dem gleichen Rechtsprinzip wie an Land folgen müssen. Schließlich unterscheidet sich auch die gesetzliche Systematik der deutschen Offshore-Bedarfsplanung von der Netzausbauplanung an Land. Da das polnische MVerwG bereits einschlägige Regelungen im Bereich der maritimen Raumplanung aufweist, könnte insofern auch in Erwägung gezogen werden, einen Teil dieser Regelungen als Ausgangspunkt für eine potentielle Offshore-Netzausbauplanung heranzuziehen. Gleichwohl ist bei einer unreflektierten Übertragung dieser Regelungen auf eine Bedarfsplanung im Offshore-Bereich größte Vorsicht geboten. Denn bei genauerer Betrachtung dürften sich die polnischen Vorschriften im Bereich der maritimen Raumplanung für eine potentielle Offshore-Netzausbauplanung als nicht passend erweisen. Als Beispiel dafür sind die Verfahrensvorschriften im Zusammenhang mit der Erstellung der maritimen Raumordnungs- und Raumbewirtschaftungspläne zu nennen. Diese heben sich durch eine umfangreiche Beteiligung zahlreicher Minister besonders hervor[890]. In diesem Kontext findet eine Beteiligung des Energieministers allerdings nicht statt. Diese Tatsache ist überaus befremdlich, da die Erzeugung von Offshore-Energie erfahrungsgemäß einen wesentlichen Teil der maritimen Raumplanung einnehmen dürfte und durch die bevorstehende Errichtung des ersten Offshore-Windparks bereits der erste Grundstein für die Notwendigkeit der Beteiligung des Energieministers gelegt wurde. Aus diesem Grund sind Regelungen unabdingbar, nach denen der Energieminister nicht nur im Zusammenhang mit einer potentiellen Netzausbauplanung, sondern bereits gegenwärtig im Rahmen der Erstellung der maritimen Raumordnungs- und Raumbewirtschaftungspläne zu beteiligen ist. Nur so kann sichergestellt werden, dass die Elektrizitätsversorgungssicherheit eine ausreichende Berücksichtigung findet.

---

888 Dazu ausführlich: Teil 3 B.II.2.d.aa.
889 Dazu ausführlich: Teil 3 B.III.2.c.aa.
890 Dazu ausführlich: Teil 3 B.II.2.d.bb.(3)(a).

Im Zusammenhang mit der Beteiligung der jeweiligen Minister sollte darüber hinaus noch folgendes berücksichtigt werden: Ein derart umfangreicher administrativer Abstimmungsprozess könnte sich für die Beschleunigung des Ausbaus der Offshore-Netzinfrastruktur allerdings auch nachteilig auswirken. Denn die Aufstellung der maritimen Raumordnungs- und Raumbewirtschaftungspläne setzt nach den aktuellen gesetzlichen Bestimmungen die Herstellung eines umfangreichen Einvernehmens zwischen den beteiligten Ministern voraus. Anders als bei einer Stellungnahme, bei der es sich lediglich um eine reine Faktenbewertung handelt, so dass die Ausgangsbehörde bei ihrer Entscheidung davon auch abweichen kann[891], setzt das Einvernehmen – genau wie in Deutschland[892] – eine übereinstimmende Willenserklärung und damit einen Konsens zwischen den beteiligten Ministern voraus[893]. Angesichts einer Vielzahl der am Abstimmungsprozess beteiligten Minister könnte sich eine einheitliche Meinungsbildung als schwierig erweisen. Dies könnte wiederum zur Verzögerung bei der Netzausbauplanung führen. Aus diesem Grund wären im Rahmen der potentiellen Offshore-Bedarfsplanung gesetzliche Bestimmungen zielführend, durch welche der gesamte ministeriale Abstimmungsprozesses „verschlankt" und damit der gesamte Netzausbauprozesses im Offshore-Bereich beschleunigt werden könnte. Auch diese Überlegungen sollten im Rahmen von möglichen Regelungen im Zusammenhang mit der polnischen Netzausbauplanung für den Offshore-Bereich hinreichend gewürdigt werden.

(3) Resümee

Vor dem Hintergrund einer besseren Koordination des Übertragungsnetzausbaus im Offshore-Bereich bleibt daher mit großer Spannung abzuwarten, ob der polnische Gesetzgeber nach deutschem Vorbild künftig ebenfalls spezialgesetzliche Vorschriften zu einer maritimen Netzausbauplanung von Übertragungsnetzleitungen erlassen wird und vor allem, ob die gegenwärtig bestehenden Verfahrensvorschriften im Zusammenhang mit der Aufstellung der maritimen Raumordnungs- und Raumbewirtschaftungspläne auch auf eine etwaige Offshore-Bedarfsplanung übertragen werden. Eine Vereinfachung dieser Verfahrensvorschriften könnte jedenfalls dabei helfen, den Übertragungsnetzausbau im Offshore-Bereich zu beschleunigen und dadurch die Weichen für eine mögliche Energiewende auch in Polen zu stellen.

---

891 Zum Rechtscharakter der „Stellungnahme" in der polnischen Rechtsordnung vgl.: Teil 3 B.II.2.c.bb.(3)(e).

892 Zum Rechtscharakter des „Einvernehmens" in der deutschen Rechtsordnung vgl.: Teil 3 B.III.1.c.cc.(2)(b)(cc).

893 *Paluszkiewicz*, Einvernehmen, S. 239 ff., URL: http://cejsh.icm.edu.pl/cejsh/element/bwmeta1.element.ojs-doi-10_21697_zp_2010_10_2_11/c/1019-1046.pdf (letzter Abruf: 14.03.2018).

2. Systematik der Zulassung von Netzausbauvorhaben

a. Rechtslage in Deutschland

aa. Planfeststellungsverfahren gem. NABEG

(1) Gesetzliche Struktur

Ob das Planfeststellungsverfahren nach Maßgabe des NABEG nach dem gesetzlichen Willen dazu im Stande ist, den im Zuge der Energiewende benötigten Ausbau des Übertragungsnetzes zu beschleunigen, darf mit Recht bezweifelt werden. Denn die Regelungen scheinen in diesem Zusammenhang widersprüchlich zu sein. Ein Beispiel dafür stellt die Differenzierung in dem Anwendungsbereich des NABEG dar. Denn ausweislich § 2 Abs. 1 NABEG gilt dieses Gesetz nur für die Errichtung oder Änderung von „länderübergreifenden oder grenzüberschreitenden Höchstspannungsleitungen" und „Anbindungsleitungen von den Offshore-Windpark-Umspannwerken zu den Netzverknüpfungspunkten an Land". Diese Leitungen werden im *Bundes*bedarfsplan mit dem Buchstaben A1/A2 oder C gekennzeichnet, vgl. § 2 Abs. 1 und 3 BBPlG. Insoweit werden für diese Leitungen die energiewirtschaftliche Notwendigkeit und der vordringliche Netzausbaubedarf gesetzlich festgestellt, vgl. § 1 Abs. 1 BBPlG. Eine energiewirtschaftliche Notwendigkeit und der vordringliche Netzausbaubedarf werden ausweislich § 1 Abs. 1 EnLAG allerdings auch für Leitungen gesetzlich ausgewiesen, die in den Bedarfsplan i. S. d. EnLAG aufgenommen wurden. Deren Planfeststellung richtet sich jedoch nach den allgemeinen energiewirtschaftlichen Vorschriften gem. §§ 43 ff. EnWG, wodurch es beim Ausbau der dringend erforderlichen Netzinfrastruktur zur Verzögerung kommen dürfte. Dies ist bereits der erste gesetzliche Widerspruch. Denn wären die Leitungen i. S. d. EnLAG tatsächlich energiewirtschaftlich notwendig und für den Netzausbaubedarf erforderlich, so hätten auch diese Leitungen im BBPlG ausgewiesen werden müssen, wodurch sie vom Anwendungsbereich des NABEG umfasst worden wären und damit an dem gesetzlichen Beschleunigungseffekt hätten partizipieren können. Dies hat der Gesetzgeber allerdings nicht für erforderlich gehalten.

Diese gesetzliche Inkonsequenz setzt sich auch bei allen übrigen Vorhaben fort, die im *Bundes*bedarfsplan nicht als länderübergreifende oder grenzüberschreitende Höchstspannungsleitungen und Anbindungsleitungen mit den entsprechenden Buchstaben A1/A2 und C i. S. d. § 2 Abs. 1 NABEG gekennzeichnet wurden. Dies sind Vorhaben, die mit dem Buchstaben E und F gekennzeichnet wurden und als Erdkabel zu errichten sind, sowie Vorhaben für Hochtemperaturleiterseile (Buchstabe D) und Pilotprojekte für eine verlustarme Übertragung (Buchstabe B), vgl. § 2 Abs. 2, Abs. 4 bis 6 BBPlG. Auch für diese Vorhaben werden ausweislich § 1 Abs. 1 BBPlG die energiewirtschaftliche Notwendigkeit und der vordringliche Ausbaubedarf gesetzlich festgestellt. Nichtsdestotrotz werden diese Vorhaben aufgrund des klaren Wortlautes gem. § 2 Abs. 1 vom

Anwendungsbereich des NABEG ausgenommen[894]. Wenn aber das NABEG die Beschleunigung des Netzausbaus zum Ziel hat, jedoch von seinem Anwendungsbereich Leitungen, für welche ebenfalls eine energiewirtschaftliche Notwendigkeit und der vordringliche Ausbaubedarf gesetzlich festgestellt wurden, ausgenommen werden, so muss daraus zwangsläufig der Schluss gezogen werden, dass für diese Leitungen trotz ihrer Ausweisung im *Bundes*bedarfsplan nach Maßgabe des BBPlG gerade keine energiewirtschaftliche Notwendigkeit und auch kein vordringlicher Ausbaubedarf gegeben sein kann. Andernfalls müssten diese Leitungen ebenfalls vom Anwendungsbereich des NABEG und seinen Beschleunigungseffekt umfasst werden.

Unterstellt, die im *Bundes*bedarfsplan i. S. d. BBPlG ausgewiesenen Vorhaben, die nicht vom Anwendungsbereich des NABEG umfasst werden, seien tatsächlich energiewirtschaftlich notwendig, so wäre es nur konsequent, wenn diese Vorhaben im Bedarfsplan i. S. d. EnLAG ausgewiesen werden würden. Dadurch würde auch für diese Vorhaben eine Planrechtfertigung begründet und gleichzeitig die gesetzliche Komplexität entschärft. Denn die Planfeststellung dieser Vorhaben erfolgt aus dem Umkehrschluss der Regelung gem. § 2 Abs. 1 NABEG trotz ihrer Ausweisung im *Bundes*bedarfsplan (BBPlG) ohnehin nur nach den energiewirtschaftlichen Vorschriften der §§ 43 ff. EnWG. Da sich auch die Planfeststellung der im Bedarfsplan i. S. d. EnLAG ausgewiesenen Vorhaben ebenfalls nach den energiewirtschaftlichen Vorschriften richtet, würde eine derartige Ausweisung aller Vorhaben im Bedarfsplan mit Ausnahme der Vorhaben, die tatsächlich nach Maßgabe des NABEG errichtet werden sollen, für eine klare gesetzliche Struktur sorgen. Eine derartige Klarstellung hat der deutsche Gesetzgeber bisher allerdings unterlassen.

(2) Rechtswirkung

Darüber hinaus muss vor dem Hintergrund des Netzausbauerfordernisses auch die formelle Konzentrationswirkung des Planfeststellungsbeschlusses kritisch hinterfragt werden. Diese scheint auf den ersten Blick für den Ausbau der Netzinfrastruktur zwar dienlich zu sein, weil dadurch – mit Ausnahme der wasserrechtlichen Erlaubnis respektive Bewilligung – andere behördliche Entscheidungen, insbesondere öffentlich-rechtliche Genehmigungen, Verleihungen, Erlaubnisse, Bewilligungen sowie Zustimmungen ersetzt werden. Gleichwohl kommt dem Planfeststellungsbeschluss keine materiell-rechtliche Konzentrationswirkung zu. Daher muss die Planfeststellungsbehörde das jeweilige materielle Recht im selben Maße beachten, wie dies der ansonsten zuständigen Behörde obgelegen hätte[895]. Dies führt unweigerlich dazu, dass die Bewertung beispielsweise von umweltrechtlichen Fragestellungen im Zusammenhang mit

894 *Wolfshohl/Scheuten* in: de Witt/Scheuten, NABEG, § 2, Rn. 16.
895 *Hagmann* in: Landmann/Rohmer, UmweltR, UVPG, § 22, Rn. 23.

dem Netzausbauvorhaben durch die BNetzA als funktionell zuständige Behörde nach Maßgabe der jeweiligen umweltrechtlichen Vorschriften zu erfolgen hat[896]. Diesbezüglich darf allerdings bezweifelt werden, dass die BNetzA für die Bewertung derartiger Fragestellungen überhaupt die erforderliche (umweltrechtliche) Fachkompetenz aufweist. Aufgrund dessen ist nicht gänzlich auszuschließen, dass derartige für die BNetzA dem Grunde nach sachfremde Themengebiete im Rahmen der durchzuführenden Abwägungsentscheidung eine unzureichende oder falsche Berücksichtigung finden könnten. Dadurch besteht ein erhöhtes rechtliches Risiko, dass sich der Planfeststellungsbeschluss als rechtswidrig erweisen könnte, weshalb das gesamte Planfeststellungsverfahren womöglich erneut durchgeführt werden müsste. Dies könnte wiederum zu einer erheblichen Netzausbauverzögerung führen.

(3) Zuständigkeit

Daher stellt sich ebenfalls die Frage, ob eine Zuständigkeitsverlagerung auf die BNetzA bei Planfeststellungsverfahren von Leitungsvorhaben, die nach Maßgabe des NABEG errichtet werden, rechtlich überhaupt zulässig bzw. auch sinnvoll ist. Dies zugrunde gelegt muss geklärt werden, ob eine Planfeststellung von Übertragungsleitungen vom originären Aufgabenkanon der BNetzA gedeckt ist.

(a) Entstehungshistorie

Zur Beantwortung dieser Frage ist zunächst auf die gesetzliche Entstehungshistorie der BNetzA abzustellen. Insofern handelt es sich bei der BNetzA rechtshistorisch um eine auf der Grundlage des TKG 1996 zum 1. Januar 1998 errichtete „Regulierungsbehörde für Post und Telekommunikation", welche durch § 1 BNAG mit Wirkung ab dem 8. Juli 2005 in „Bundesnetzagentur für Elektrizität, Gas, Telekommunikation, Post und Eisenbahnen" (kurz: *BNetzA*) umbenannt und zusätzlich mit den Aufgaben auf dem Gebiet des Rechts der leitungsgebundenen Versorgung mit Elektrizität und Gas, einschließlich des Rechts der erneuerbaren Energien im Strombereich ausgestattet wurde[897], vgl. § 2 Abs. 1 Nr. 1 BNAG. Dabei nimmt die BNetzA im Rahmen dieses Tätigkeitsgebietes die ihr durch das Gesetz oder aufgrund eines Gesetzes zugewiesenen Aufgaben wahr, vgl. § 2 Abs. 2 BNAG. Zu diesen Aufgaben gehören ausweislich der Gesetzesbegründung zum BNAG die Entflechtung und Regulierung des Netzbetriebs der Übertragungsnetzbetreiber und der Verteilernetzbetreiber[898]. Zentrale Aufgabe der BNetzA ist demnach eine sektorenspezifische Regulierung der Netzwirtschaft[899]. Dass von

896 Dazu ausführlich: Teil 3 B.III.1.c.cc.(2)(a).
897 *Hermes* in: Britz/Hellermann/Hermes, EnWG, § 59, Rn. 4.
898 Vgl. BT-Drucks. 15/3917, S. 93; BR-Drucks. 613/04, S. 75 ff.
899 *Angenendt/Gramlich/Pawlik*, LKV 2006, 49 (50 ff.); *Hermes* in: Britz/Hellermann/Hermes, EnWG, § 59, Rn. 4.

diesem Aufgabengebiet auch die Planfeststellung von Übertragungsleitungen und damit inzident die Beurteilung umweltrechtlicher Fragestellungen umfasst sein soll, hat der Gesetzgeber im Rahmen der originären Aufgabenzuweisung nach BNAG nicht geregelt (und offensichtlich wohl auch nicht regeln wollen).

(b) Gesetzliche Aufgabenzuweisung

Vor diesem Hintergrund ist fraglich, wie die in § 1 PlfZV geregelte Aufgabenzuweisung an die BNetzA für Planfeststellungsverfahren von Ausbauvorhaben nach Maßgabe des NABEG[900] rechtlich einzuordnen ist. Zur Begründung dieser Aufgabenzuweisung führt der Gesetzgeber unter Bezugnahme auf die Vorschrift gem. Art. 8 Abs. 1 der TEN-E-Verordnung[901] wie folgt aus[902]:

> *„Nach Artikel 8 Absatz 1 der TEN-E-Verordnung werden die Mitgliedstaaten zur Benennung einer nationalen Behörde („one-stop-shop"), verpflichtet, die für die Betreuung der Projekte von gemeinsamem europäischen Interesse verantwortlich ist,* ***von der Antragstellung bis zur finalen Genehmigung.****"*[903]

Eine derart weite Auslegung ist mit dem Wortlaut der Vorschrift gem. Art. 8 Abs. 1 TEN-E-Verordnung allerdings nicht vereinbar. Denn darin heißt es vielmehr:

> *„Bis zum 16. November 2013 benennt jeder Mitgliedstaat eine zuständige nationale Behörde, die für die* ***Erleichterung und Koordinierung des Genehmigungsverfahrens*** *für Vorhaben von gemeinsamem Interesse verantwortlich ist."*[904]

Insoweit normiert der europäische Gesetzgeber lediglich eine Verpflichtung zur Benennung einer nationalen Behörde, welche für die „Erleichterung und Koordinierung des Genehmigungsverfahrens" verantwortlich sein soll. Dass auch das gesamte Genehmigungsverfahren „von der Antragstellung bis zur finalen Genehmigung" bei dieser Behörde liegen soll, gibt der europäische Rechtsrahmen folglich nicht her. Damit scheint der deutsche Gesetzgeber mit der Zuständigkeitsverlagerung im Rahmen des Planfeststellungsverfahrens nach Maßgabe des NABEG auf die BNetzA „übers Ziel geschossen" zu sein.

Dem Gesetzgeber ist allerdings dahingehend zuzustimmen, dass die Planfeststellung von Übertragungsleitungen durch eine einzige Behörde im Wege eines „one-stop-shop"-Verfahrens sachdienlich ist, weil dadurch der Ausbau der Netzinfrastruktur beschleunigt werden kann. Daher wäre die Übertragung der Zuständigkeit für Planfeststellungsverfahren nach Maßgabe des NABEG auf eine einzige Landesfachbehörde nicht sinnvoll, weil es sich bei den vom sachlichen

900 Dazu ausführlich: Teil 3 B.III.1.c.aa.(2).
901 Zur TEN-E-Verordnung vgl.: Teil 3 A.I.
902 Vgl. BR-Drucks. 333/13, S. 4.
903 Hervorhebung des Autors.
904 Hervorhebung des Autors.

Anwendungsbereich des NABEG umfassten Leitungen gem. § 2 Abs. 1 NABEG um länderübergreifende oder grenzüberschreitende Höchstspannungsleitungen handelt, welche insoweit durch mehrere Bundesländer verlaufen, so dass dadurch für deren Planfeststellung mehrere Landesbehörden zuständig wären. Dies würde zu einem erhöhten Informations- und Abstimmungsaufwand zwischen den Landesbehörden führen, was sich für einen zügigen Netzausbau als hinderlich erweisen könnte. Daher wäre eine Konzentration der institutionellen und funktionellen Zuständigkeitszuweisung im Zusammenhang mit der Planfeststellung von Ausbauvorhaben nach Maßgabe des NABEG bei der BNetzA nur aus Gründen der rechtlichen Praktikabilität vorzuziehen. Eine auf europäische Vorschriften beruhende Rechtfertigung für diese Zuständigkeitszuweisung lässt sich entgegen der deutschen Gesetzesbegründung dagegen nicht entnehmen.

(c) Eigener Lösungsansatz

Dabei könnten die vorstehenden Bedenken hinsichtlich der gesamten Zuständigkeitsverlagerung bei Planfeststellungsverfahren i. S. d. NABEG auf die BNetzA allerdings dadurch ausgeräumt werden, wenn geregelt werden würde, dass bestimmte Fachthemen, für welche die BNetzA nicht die erforderliche Fachexpertise inne hat, von der formellen Konzentrationswirkung des Planfeststellungsbeschlusses i. S. v. § 24 NABEG ausgenommen würden. Dies wäre aus rechtlicher Sicht unbedenklich. Denn die formelle Konzentrationswirkung des Planfeststellungsbeschlusses i. S. d. § 75 Abs. 1 S. 1 Hs. 2 VwVfG entsteht rechtssystematisch nur dann, wenn sie ausdrücklich gesetzlich vorgesehen ist[905]. Daher können bestimmte Genehmigungen von der Konzentrationswirkung des Planfeststellungsbeschlusses ausgenommen werden. Als Beispiel für ein derartiges Regelungskonstrukt könnten die obigen Ausführungen im Zusammenhang mit der wasserrechtlichen Genehmigung[906] herangezogen werden. Insoweit könnten beispielsweise Ausnahmeerteilungen bei Beeinträchtigungen der Erhaltungsziele der Schutzgebiete „Natura 2000" (§ 34 Abs. 3 BNatSchG) oder bei prioritären FFH-Lebensraumtypen (§ 34 Abs. 4 BNatSchG)[907] von der formellen Konzentrationswirkung ausgenommen werden. In diesem Fall müssten derartige Genehmigung im Rahmen des Planfeststellungsverfahrens zusätzlich durch die BNetzA erlassen werden. Dazu wäre allerdings ein Benehmen[908] mit der originär zuständigen (Landes-)Umwelt- bzw. Naturschutzbehörde herzustellen. Aufgrund der fachlichen Expertise im Bereich der ihnen originär zugewiesenen Aufgaben des Umwelt- und Naturschutzes könnten diese Behörden die

905 *Gierke/Paul* in: Danner/Theobald, EnR, AtG, § 9b, Rn. 11.
906 Zur *wasserrechtlichen Genehmigung* vgl. ausführlich: Teil 3 B.III.1.c.cc.(2)(b).
907 Dazu ausführlich: Teil 3 B.III.1.c.bb.(2)(a)(bb).
908 Zum rechtlichen Unterschied zwischen einem *Einvernehmen* und einem *Benehmen* vgl. ausführlich: Teil 3 B.III.1.c.cc.(2)(b)(cc).

für die Entscheidung heranzuziehenden materiell-rechtlichen Anforderungen viel sachnäher bewerten, als dies bei der BNetzA der Fall sein dürfte. Zwar wäre die BNetzA aufgrund der Herstellung des Benehmens nicht an die Entscheidung dieser Behörden gebunden. Angesichts der Fach- und Sachnähe dieser Behörden dürfte eine Abweichung durch die BNetzA gleichwohl nur beim Vorliegen von formellen Mängeln oder evidenten Rechtsfehlern in Betracht kommen. Damit würde die rechtliche Gefahr der Anfechtbarkeit der gesamten Planfeststellungsentscheidung minimiert, wodurch wiederum der Netzausbau beschleunigt werden könnte.

bb. Planfeststellungsverfahren gem. §§ 43 ff. EnWG

(1) Gesetzliche Struktur

Die deutschen Regelungen im Bereich des energiewirtschaftlichen Planfeststellungsverfahrens gem. §§ 43 ff. EnWG von Leitungsvorhaben, welche im Bedarfsplan i. S. d. EnLAG ausgewiesen sind, weisen einen gesetzlichen Wertungswiderspruch auf und dürften sich für einen beschleunigten Übertragungsnetzausbau insoweit als hinderlich erweisen. Denn ausweislich der Vorschrift gem. § 1 Abs. 2 EnLAG sind die energiewirtschaftliche Notwendigkeit und der vordringliche Ausbaubedarf dieser Leitungen bereits gesetzlich festgelegt. Zum Zwecke der Beschleunigung von energiewirtschaftlich notwendigen und vordringlich zu errichtenden Leitungsausbauvorhaben wurde mit den Vorschriften gem. § 1 Abs. 1 BBPlG i. V. m. §§ 18 ff. NABEG ein besonderes Planfeststellungsverfahren geregelt. Leitungsausbauvorhaben i. S. d. EnLAG werden allerdings nicht nach dem „schnelleren" Verfahren i. S. d. §§ 18 ff. NABEG planfestgestellt. Wenn aber die Leitungen gem. EnLAG tatsächlich energiewirtschaftlich notwendig und vordringlich sein sollten, so stellt sich die berechtigte Frage, weshalb sie nicht ebenfalls nach Maßgabe des beschleunigten Verfahrens gem. NABEG planfestgestellt werden. Dieser Unterschied kann wohl nur durch die gesetzliche Systematik im Zusammenhang mit der Durchführung eines im Rahmen von Planfeststellungsverfahren gem. § 73 VwVfG stets erforderlichen Anhörungsverfahrens erklärt werden. Dazu enthalten sowohl das energiewirtschaftliche als auch das Planfeststellungsverfahren gem. NABEG speziell-gesetzliche Regelungen, welche sich erheblich voneinander unterscheiden.

Denn anders als beim Planfeststellungverfahren nach Maßgabe des NABEG wird dem energiewirtschaftlichen Anhörungsverfahren gem. § 43a EnWG keine entsprechende Antragskonferenz vorangestellt, in der Gegenstand, Umfang und die Methode der Unterlagen für die UVP erörtert sowie der Untersuchungsrahmen für die Planfeststellung bestimmt werden[909]. Die mangelnde gesetzliche Verpflichtung zur Durchführung einer Antragskonferenz bei

909 Dazu ausführlich: Teil 3 B.III.1.d.cc.(2).

planfeststellungsbedürftigen Höchstspannungsleitungen i. S. d. §§ 43 ff. EnWG dürfte dabei wohl darauf zurückzuführen sein, dass für deren Errichtung sowie ihren Betrieb und Änderung eine UVP nicht zwingend vorgeschrieben ist. Insoweit besteht eine UVP-Pflicht gem. § 3b Abs. 1 UVPG i. V. m. Ziffer 19.1.1. der Anlage 1 zum UVPG nur bei Hochspannungsfreileitungen von 220 kV oder mehr mit einer Länge von mehr als 15 Kilometer. Im Gegensatz zu den länderübergreifenden oder grenzüberschreitenden Leitungen sowie den Offshore-Anbindungsleitungen i. S. d. NABEG weisen nicht alle planfeststellungsbedürftigen Höchstspannungsleitungen gem. §§ 43 ff. EnWG eine Länge von 15 Kilometern auf. So hatte beispielsweise das als Nr. 7 im Bedarfsplan gem. EnLAG ausgewiesene und nunmehr fertiggestellte 380-kV-Leitungsvorhaben zwischen Bergkamen und Gersteinwerk nur eine Länge von 8 Kilometern[910], weshalb in diesem Fall keine UVP erforderlich gewesen ist. Gleiches gilt z.B. auch für das geplante 380-kV-Vorhaben nach Nr. 8 des Bedarfsplans nach EnLAG zwischen Kriftel und Eschborn mit einer Länge von ca. 10 Kilometern[911]. Auch bei diesem Vorhaben ist mangels der gem. Ziffer 19.1.1. der Anlage 1 zum UVPG erforderlichen Länge von 15 Kilometern die Durchführung einer UVP entbehrlich. Diese Beispiele zeigen, dass nicht bei allen nach §§ 43 ff. EnWG planfeststellungsbedürftigen Übertragungsnetzleitungen eine UVP durchzuführen ist. Daher wäre es aus rechtlicher Sicht überflüssig, wenn ausnahmslos alle Leitungsvorhaben gem. EnLAG nach den besonderen Vorschriften des NABEG unter Durchführung einer vorherigen Antragskonferenz, im Rahmen derer der Gegenstand, Umfang und die Methode der Unterlagen für die UVP zu erörtern wären, planfestgestellt würden.

Diese Überlegungen zugrunde gelegt wäre es im Umkehrschluss allerdings nur sachgerecht, wenn alle Leitungsausbauvorhaben, die im Bedarfsplan i. S. d. EnLAG ausgewiesen werden und eine entsprechende Länge von mehr als 15 Kilometern aufweisen, stets nach den verfahrensbeschleunigenden Regelungen gem. NABEG und nicht nach Maßgabe der §§ 43 ff. EnWG planfestgestellt würden. Denn bei diesen Leitungsausbauvorhaben ist ohnehin eine UVP durchzuführen, weshalb die vorherige Durchführung einer Antragskonferenz sinnvoll erscheint. Dadurch könnte die gesamte gesetzliche Komplexität bei der Planfeststellung von Leitungen, bei denen die energiewirtschaftliche Notwendigkeit und der vordringliche Ausbaubedarf gesetzlich festgestellt wurden, entschärft und nebenbei auch der Netzausbau beschleunigt werden. Voraussetzung ist allerdings, dass die Vorschriften gem. NABEG überhaupt eine beschleunigende Wirkung für den Netzausbau entfalten. Ob dies tatsächlich zutreffend ist, wird sich in der Praxis mittelfristig noch zeigen müssen. Angesichts der bisher wohl als schleppend

910 Vgl.: BNetzA unter URL: https://www.netzausbau.de/leitungsvorhaben/enlag/07/de.html?cms_vhTab=1 (letzter Abruf: 30.07.2017), Stand 07/2017.

911 Vgl.: BNetzA (vorige Fn.).

zu bezeichnenden Netzausbaufortschritte von Leitungen, die nach Maßgabe des NABEG planfestgestellt werden, darf dies jedoch ernsthaft bezweifelt werden[912].

(2) Auslage von Planunterlagen

Ferner weisen auch die verfahrensrechtlichen Planfeststellungsvorschriften nach Maßgabe der §§ 43 ff. EnWG erhebliche Mängel auf, die sich für den Übertragungsnetzausbau als hinderlich erweisen könnten. Denn im energiewirtschaftlichen Planfeststellungsverfahren existiert keine einheitliche Regelung, in welcher Form die Bekanntmachung über die Auslegung der Planunterlagen zu erfolgen hat. Da sich die Bekanntmachung nach den Normen des jeweiligen Landes- und Ortsrechts richtet[913], kann dies dazu führen, dass es bei länder- bzw. gemeindeübergreifenden Leitungsausbauvorhaben zu unterschiedlichen Regelungen in den betroffenen Bundesländern sowie Gemeinden kommen kann. Aus diesem Grund ist zu befürchten, dass eine öffentliche Akzeptanz für den Netzausbau im Bereich der vom Anwendungsbereich der §§ 43 ff. EnWG umfassten Übertragungsnetzleitungen nicht sichergestellt werden kann, weil die von dem Planvorhaben womöglich betroffenen Bürgerinnen und Bürger durch das unterschiedlich ausgeprägte Landes- und Ortsrecht über den bevorstehenden Netzausbau nur unzureichend oder gar erst nach Ablauf der Einwendungsfrist informiert werden könnten. Hierdurch kann es zur Verzögerung im Netzausbau kommen, weil etwaige Einwendungen, die im Rahmen des Anhörungsverfahrens nicht vorgebracht werden konnten, angesichts der aktuellen Rechtsprechung des EuGH zur Präklusion von Einwendungen im Anhörungsverfahren[914] auch nach Ablauf der Einwendungsfrist im Rahmen eines verwaltungsrechtlichen Klageverfahrens von den Betroffenen weiterhin geltend gemacht werden könnten. Dadurch würde sich der Netzausbau nur unnötig verzögern. Dies könnte allerdings verhindert werden, wenn die Bekanntmachung über die Netzausbauvorhaben in den jeweiligen Gemeinden nach den gleichen Landes- und Ortsvorschriften erfolgen würde. In diesem Fall würden alle Betroffenen die gleiche Möglichkeit erhalten, ihre Einwendungen bereits im Anhörungsverfahren vorzutragen. Dadurch könnten diese Einwendungen in der Planfeststellungsentscheidung hinreichend berücksichtigt werden, wodurch die Akzeptanz für den Übertragungsnetzausbau in der Öffentlichkeit gesteigert werden könnte. Daher wäre auch im Rahmen des energiewirtschaftlichen Planfeststellungsverfahrens eine der Vorschrift nach § 22 Abs. 3 S. 2 NABEG nachgebildete Regelung wünschenswert, welche den Umfang der Bekanntmachung über die Auslegung der Planunterlagen in einer transparenten und hinreichend bestimmbaren Art und Weise regelt.

---

912 Zu den bisherigen Netzausbaufortschritten vgl.: Teil 3 B.III.1.d.aa.
913 Dazu ausführlich: Teil 3 B.III.1.d.cc.(3)(c).
914 Dazu ausführlich: Teil 3 B.III.1.c.aa.(4)(d).

(3) Zuständigkeit

Auch die Regelungen im Zusammenhang mit der behördlichen Zuständigkeitszuweisung im Bereich des energiewirtschaftlichen Planfeststellungsverfahrens dürften sich für einen beschleunigten Übertragungsnetzausbau als hinderlich erweisen. Denn die meisten im Bedarfsplan gem. EnLAG aufgenommenen und damit i. S. d. §§ 43 ff. EnWG planfeststellungsbedürftigen Übertragungsnetzleitungen verlaufen durch mehrere Bundesländer[915]. Aufgrund dessen sind nach der gesetzlichen Bestimmung für ein (und im Ergebnis dasselbe) Leitungsausbauvorhaben die durch das jeweilige Landesrecht bestimmten Planfeststellungsbehörden örtlich zuständig. Dies führt zwangsläufig zu einem erhöhten Abstimmungsaufwand zwischen den verschiedenen Planfeststellungsbehörden, was ebenfalls ein Grund dafür sein dürfte, weshalb zumindest im Bereich der 380-kV-Leitungen gem. EnLAG bisher keine nennenswerte Netzausbaubeschleunigung zu verzeichnen ist[916]. Vor diesem Hintergrund wäre die Bündelung der Zuständigkeit für ein Leitungsausbauvorhaben, das durch mehrere Bundesländer verläuft, bei einer einzigen Landesplanfeststellungsbehörde wünschenswert. Dadurch könnte der Abstimmungsaufwand zwischen den Planfeststellungsbehörden minimiert und somit der Netzausbau beschleunigt werden.

Ob dies aus (landes)verfassungsrechtlicher Sicht überhaupt zulässig wäre, soll vorliegend nicht weiter thematisiert werden. Gleichwohl zeigen die polnischen Vorschriften, wie eine solche Zuständigkeitszuweisung geregelt werden könnte. Denn bei Netzausbauvorhaben, welche sich über mehrere Woiwodschaften – ähnlich wie Bundesländer in Deutschland – erstrecken, wird die örtliche Zuständigkeit bei demjenigen Woiwoden begründet, in dessen Gebiet sich der längste Teil des Ausbauvorhabens befindet[917]. Eine ähnliche Regelung gilt für den Fall, dass ein Leitungsausbauvorhaben mehrere Gemeindegebiete durchquert. In diesem Fall ist derjenige Gemeindevorsteher, Bürgermeister oder Stadtpräsident örtlich zuständig, auf dessen Gemeindegebiet sich der größte Teil des Investitionsvorhabens befindet[918]. Diese Vorschriften zugrunde gelegt, könnten zwischen den Bundesländern ebenfalls Regelungen getroffen werden, wonach diejenige Landesplanfeststellungsbehörde örtlich zuständig wäre, auf dessen Landesgebiet sich der längste Abschnitt des Netzausbauvorhabens befindet.

---

915 Zu den Übertragungsnetzleitungen, die durch mehrere Bundesländer verlaufen, vgl. oben, Fn. 876.
916 Dazu ausführlich: Teil 2 A.IV.
917 Dazu ausführlich: Teil 3 B.III.2.b.cc.(5)(a).
918 Dazu ausführlich: Teil 3 B.III.2.a.cc.(4)(a).

(4) Planfeststellungsantrag

(a) Problem

Im Zusammenhang mit dem energiewirtschaftlichen Planfeststellungsverfahren zeigt sich darüber hinaus noch ein weiterer gesetzlicher Wertungswiderspruch, der ebenfalls ernsthafte Zweifel dahingehend weckt, ob die im Bedarfsplan i. S. d. EnLAG ausgewiesenen Leitungsvorhaben tatsächlich energiewirtschaftlich erforderlich sind und deren Ausbau ebenso vordringlich ist. Denn im Vergleich zu den Vorschriften gem. NABEG (vgl. § 12 Abs. 2 S. 4) enthält das energiewirtschaftliche Planfeststellungsverfahren nach Maßgabe der §§ 43 ff. EnWG keine Regelung, wonach der Vorhabenträger innerhalb einer zu bestimmenden Frist dazu verpflichtet werden kann, einen Planstellungsantrag zu stellen. Dies verwundert, da gerade für die im Bedarfsplan nach EnLAG ausgewiesenen 380-kV-Leitungen – genau wie bei den vom Anwendungsbereich des NABEG umfassten länderübergreifenden oder grenzüberschreitenden Höchstspannungsleitungen und Offshore-Anbindungsleitungen – die energiewirtschaftliche Notwendigkeit und der vordringliche Bedarf gesetzlich festgestellt wurden, vgl. § 1 Abs. 2 S. 2 EnLAG, § 12e Abs. 4 S. 1 EnWG i. V. m. § 1 Abs. 1 BBPlG. Wenn gleichwohl die Übertragungsnetzbetreiber von Gesetzes wegen mangels entsprechender Regelungen nicht zum Ausbau dieser (angeblich) so dringend benötigten Leitungen verpflichtet werden können, so muss „ketzerisch" die Frage erlaubt sein, ob diese Leitungen aus energiewirtschaftlicher Sicht überhaupt erforderlich sind. Denn das Fehlen einer entsprechenden gesetzlichen Regelung zur Antragstellung im Rahmen des energiewirtschaftlichen Planfeststellungsverfahrens könnte schließlich dazu führen, dass diese Leitungsvorhaben nicht oder nicht rechtzeitig errichtet werden. In solchen Fällen liegt die Vermutung nahe, dass derartige Leitungen energiewirtschaftlich schlichtweg nicht notwendig sind. Ansonsten hätte der Gesetzgeber auch bei der energiewirtschaftlichen Planfeststellung von Leitungen gem. Bedarfsplan (EnLAG) eine mit der Vorschrift gem. § 12 Abs. 2 S. 4 NABEG vergleichbare Regelung treffen können, es sei denn, eine solche Verpflichtung zur Antragstellung auf Durchführung des energiewirtschaftlichen Planfeststellungsverfahrens könnte sich bereits aus anderweitigen Vorschriften im EnWG ableiten lassen. Fraglich ist daher, welche Rechtsgrundlage hierfür herangezogen werden könnte.

(b) Verpflichtung zur Gewährleistung der Versorgungssicherheit

Eine solche Verpflichtung könnte sich womöglich aus § 12 Abs. 3 S. 1 i. V. m. § 11 Abs. 1 S. 1 EnWG ergeben. Danach sind die Übertragungsnetzbetreiber verpflichtet, dauerhaft die Fähigkeit des Netzes sicherzustellen, die Nachfrage nach Übertragung von Elektrizität zu befriedigen und insbesondere durch entsprechende Übertragungskapazität und Zuverlässigkeit des Netzes zur Versorgungssicherheit beizutragen. Dies kann nur durch einen entsprechenden Übertragungsnetzausbau gewährleistet werden. Dazu müssen zwangsläufig neue Übertragungsnetzleitungen errichtet werden, wozu wiederum ein Planfeststellungsverfahren nach §§ 43 ff. EnWG und damit ein entsprechender Planfeststellungsantrag erforderlich ist. Es wäre allerdings zu weit hergeholt, sofern man aus dieser Vorschrift eine entsprechende Verpflichtung zur Antragsstellung auf Durchführung des Planfeststellungsverfahrens ableiten wollte. Schließlich soll nach dem gesetzgeberischen Willen im Zusammenhang mit der Vorschrift des § 12 Abs. 3 EnWG die unternehmerische Eigenverantwortlichkeit für Investitionsentscheidungen der Netzbetreiber nach wirtschaftlichen Kriterien unberührt bleiben[919]. Würde man nun aus der Vorschrift des § 12 Abs. 3 S. 1 EnWG ebenfalls eine Verpflichtung zur Stellung eines Planfeststellungsantrags durch die Übertragungsnetzbetreiber ableiten wollen, so würde man deren unternehmerische Entscheidungsfreiheit zur Durchführung der Investition in die Netzausbaumaßnahme ohne einen *Rechtfertigungsgrund* beschränken.

(c) Verpflichtung zur Durchführung einer Netzinvestition

Allerdings könnte sich ein solcher Rechtfertigungsgrund aus § 65 Abs. 2a EnWG ergeben. Diese Vorschrift normiert die Befugnis der BNetzA, den Transportnetzbetreiber[920] zur Durchführung einer Investition zu verpflichten, die nach dem NEP in den folgenden drei Jahren nach Eintritt der Verbindlichkeit nach § 12c Abs. 4 S. 1 EnWG durchgeführt werden musste, sofern er diese Investition aus anderen als zwingenden, von ihm nicht zu beeinflussenden Gründen nicht durchgeführt hat. Fraglich ist daher, ob sich eine mit der Vorschrift nach § 12 Abs. 2 S. 4 NABEG vergleichbare Regelung, wonach die Übertragungsnetzbetreiber zur Stellung eines energiewirtschaftlichen Planfeststellungsantrags verpflichtet werden können, zumindest durch ein Zusammenspiel der Vorschriften gem. § 12 Abs. 3 S. 1, § 11 Abs. 1 S. 1 i. V. m. § 65 Abs. 2a EnWG ableiten lässt. Dies dürfte nicht nur zu sehr gekünstelt sein, sondern auch im systematischen Widerspruch zu den gesetzlichen Vorschriften stehen. Schließlich handelt es sich bei der Regelung des § 65 Abs. 2a EnWG um eine Sanktionsvorschrift, nach welcher der Transportnetzbetreiber zunächst auf der ersten Eskalationsstufe unter Fristsetzung aufgefordert wird, die Investition durchzuführen. Im Falle des fruchtlosen Fristablaufs kann die betreffende Investition sodann auf der zweiten Eskalationsstufe durch ein Ausschreibungsverfahren anderweitig vergeben werden[921] (vgl. § 65 Abs. 2a S. 2 EnWG). Die Möglichkeit zur anderweitigen Vergabe der Investition zeigt bereits, dass die Vorschrift des § 65 Abs. 2a EnWG gerade keine bindende Verpflichtung zur Stellung eines Planfeststellungsantrags durch den für die Netzausbaumaßnahme zuständigen Übertragungsnetzbetreiber beinhaltet.

---

919 Vgl. BT-Drucks. 15/3917, S. 56.
920 Zum Begriff des „Transportnetzbetreibers“ vgl. § 3 Nr. 31c. EnWG.
921 Vgl. BT-Drucks. 17/6072, S. 92.

(d) Resümee

Folglich ist festzuhalten, dass die Übertragungsnetzbetreiber im Rahmen des energiewirtschaftlichen Planfeststellungsverfahrens nach Maßgabe der §§ 43 ff. EnWG nicht zur Stellung eines Planfeststellungsantrages verpflichtet werden können, obwohl bei den im Bedarfsplan ausgewiesenen 380-kV-Leitungen sowie bei den übrigen im *Bundes*bedarfsplan nach BBPlG normierten Höchstspannungsleitungen die gleiche energiewirtschaftliche Notwendigkeit und der vordringliche Bedarf wie bei Leitungen, die vom Anwendungsbereich des NABEG umfasst werden, festgestellt wurden. Diese Tatsache dürfte sich nicht nur für die Beschleunigung des Übertragungsnetzausbaus als nachteilig erweisen, sondern auch die energiewirtschaftliche Notwendigkeit und den vordringlichen Ausbaubedarf dieser Leitungen ernsthaft in Frage stellen. Dem Gesetzgeber ist daher dringend anzuraten, diesbezüglich Abhilfe zu schaffen.

cc. Planfeststellung Offshore

Wie die obigen Ausführungen gezeigt haben[922], ist die Gesetzesmaterie im Zusammenhang mit der Planfeststellung von Übertragungsnetzleitungen im Offshore-Bereich kaum mehr zu durchdringen. So hat der Gesetzgeber für ein und denselben Regelungsgegenstand abweichende Regelungsmechanismen geschaffen, im Zuge von deren Anwendbarkeit jeweils nach dem Zeitpunkt der Inbetriebnahme der Offshore-Anbindungsleitungen und nach der gesetzlichen Bedarfsfeststellung i. S. v. § 12e Abs. 4 EnWG i. V. m. § 1 Abs. 1 BBPlG unterschieden wird. Eine derartige Differenzierung führt zu einer weitgehenden Unübersichtlichkeit der gesetzlichen Regelungen, wodurch die gesamte gesetzliche Komplexität im Bereich der Planfeststellung von Offshore-Übertragungsnetzleitungen nur unnötig verschärft wird. Insoweit ist nicht nachvollziehbar, weshalb für die Planfeststellung von Offshore-Übertragungsnetzleitungen im Vergleich zum Onshore-Bereich überhaupt abweichende Regelungen erforderlich sein sollen. Schließlich hätte der deutsche Gesetzgeber das energiewirtschaftliche Planfeststellungsverfahren gem. §§ 43 ff. EnWG respektive das besondere Planfeststellungsverfahren nach Maßgabe der §§ 18 ff. NABEG durch eine entsprechende Erstreckungsklausel auch auf die Planfeststellung im gesamten Offshore-Bereich ausweiten können. Dadurch würde die gesetzliche Komplexität im Bereich der Planfeststellung von Übertragungsnetzleitungen entschärft und dementsprechend eine bessere gesetzliche Transparenz geschaffen werden. Dies könnte sich wiederum positiv auf die Beschleunigung des Übertragungsnetzausbaus auswirken.

922 Dazu ausführlich: Teil 3 B.III.1.e.

b. Rechtslage in Polen

aa. Entscheidung über Umweltbedingungen / UVP

(1) Gesetzliche Struktur

Die polnische Rechtslage im Bereich der umweltrechtlichen Prüfung mag aus deutscher Sicht rechtsdogmatisch fraglich erscheinen, weil sich beide Rechtsordnungen in diesem Bereich gänzlich voneinander unterscheiden. Denn die UVP ist nach der deutschen Rechtsordnung ein unselbständiger Teil von verwaltungsbehördlichen Verfahren, die der Entscheidung über die Zulässigkeit von Vorhaben dienen, vgl. § 2 Abs. 1 UVPG. Im Gegensatz dazu stellt die UVP in der polnischen Rechtsordnung ein selbständiges behördliches Verfahren dar, deren Ergebnis letztlich ebenfalls in der Hauptentscheidung zu berücksichtigen ist. Doch die polnische Rechtslage im Zusammenhang mit der Ausgestaltung der UVP als selbständiges Verfahren ist aus europarechtlicher Sicht keineswegs bedenklich. Denn den Nationalstaaten steht es nach europäischem Recht grundsätzlich frei, die UVP als einen unselbständigen Teil des Genehmigungsverfahrens oder als ein selbständiges Verfahren zu regeln. Insoweit sieht die Vorschrift gem. Art. 2 Abs. 2 der *Richtlinie 2011/92/EU über die Umweltverträglichkeitsprüfung bei bestimmten öffentlichen und privaten Projekten* vor, dass eine UVP in den Mitgliedsstaaten „im Rahmen der bestehenden Verfahren zur Genehmigung der Projekte“ (erste Variante) oder, falls solche nicht bestehen, „im Rahmen anderer Verfahren oder der Verfahren, die einzuführen sind, um den Zielen dieser Richtlinie zu entsprechen“ (zweite Variante), durchgeführt werden *kann*. Damit hat der europäische Gesetzgeber den Nationalstaaten durch die Formulierung „kann“ eine Entscheidungsbefugnis hinsichtlich der Ausgestaltung der UVP im nationalen Recht eingeräumt. Dies zugrunde gelegt hat sich Polen für die Ausgestaltung der UVP als selbstständiges Verfahren und damit für die zweite Variante entschieden.

(2) Öffentlichkeitsbeteiligung

Die Ausgestaltung der UVP als selbstständiges Verfahren außerhalb des Hauptverfahrens hat jedoch eine praktische Schwäche, welche sich auch auf den Übertragungsnetzausbau negativ auswirken könnte. Insoweit wird sowohl im Rahmen der UVP als auch bei der Entscheidung über Umweltbedingungen im Ergebnis über den gleichen Lebenssachverhalt entschieden. Denn in beiden Verfahren werden die Auswirkungen des Vorhabens auf die Umwelt näher betrachtet. Daher leuchtet es nicht ein, weshalb im Ergebnis für den gleichen Lebenssachverhalt auch eine doppelte Öffentlichkeitsbeteiligung durchgeführt wird, bei der mit hinreichender Wahrscheinlichkeit zu erwarten ist, dass sich die Einwendungen der Öffentlichkeit ohnehin nicht wesentlich voneinander unterscheiden dürften. Schließlich geht es bei beiden Verfahren um die gleiche Frage, nämlich um die Vereinbarkeit des Vorhabens mit den Umweltbelangen.

(a) Einschränkung

Aus diesem Grund erscheint es völlig ausreichend, wenn die Öffentlichkeit einmal die Möglichkeit erhält, sich zum Projekt zu äußern und ihre umwelt- und naturschutzrechtlichen Bedenken vorzutragen. Eine doppelte Öffentlichkeitsbeteiligung erscheint aus rechtlichen und praktischen Gründen nicht erforderlich zu sein. Denn nach den deutschen Erfahrungen nimmt der Übertragungsnetzausbau einen besonderen Stellenwert in der politischen wie auch in der öffentlichen Diskussion ein. Das zeigt eindringlich das politische „Gezanke" innerhalb der staatlichen Entscheidungsträger zum Vorrang der Erdverkabelung und auch das enorme öffentliche Interesse im Zusammenhang mit der Bedarfsplanung, im Rahmen derer zum NEP Strom 2024 und zum O-NEP 2024 insgesamt 34.211 Stellungnahmen von insgesamt 39.093 Konsultationsteilnehmern eingegangen sind[923]. Auch der Streit um den Ausbau der Trassenleitung zwischen Plewiska – Kromolice[924] zeigt, dass das Thema des Übertragungsnetzausbaus längst auch in Polen einen wichtigen Stellenwert einnimmt. In Anbetracht des ohnehin bereits aktuell bestehenden Netzausbaubedarfs in Polen[925] ist ebenfalls davon auszugehen, dass die dortigen Diskussionen zum Übertragungsnetzausbau weiter an Gewicht gewinnen werden. Aufgrund dessen könnte eine doppelte Öffentlichkeitsbeteiligung dazu führen, dass in beiden Verfahren, mithin im Rahmen der Entscheidung über Umweltbedingungen sowie im Rahmen des UVP-Verfahrens, gleichzeitig dieselben Einwendungen und Stellungnahmen eingebracht werden könnten. Da beide Verfahrens unabhängig voneinander durchgeführt werden und keines der Verfahren das andere suspendiert, müssten diese Einwendungen und Stellungnahmen zunächst einmal durch den für beide Verfahren zuständigen regionalen Direktor für Umweltschutz gesichtet und ausgewertet werden. Geht man nun von einer vergleichbaren Menge an Einwendungen und Stellungnahmen wie in Deutschland aus, könnte dies zu einer Überlastung des Organs und damit zu einer nicht hinnehmbaren Netzausbauverzögerung führen. Die Annahme, dass die öffentliche Beteiligung samt den damit verbundenen Einwendungen auch in Polen sehr umfangreich ausfallen dürfte, ist nicht so abwegig. Denn in Anbetracht der Tatsache, dass nach der polnischen Rechtsordnung eine breite öffentliche Beteiligung im Rahmen der gesetzlichen Netzausbauplanung nicht vorgesehen ist[926], ist damit zu rechnen, dass die Öffentlichkeit ein großes Interesse an der Nachholung etwaiger Einwendungen im Zusammenhang mit

923 Dazu ausführlich: Teil 2 A.IV.
924 Dazu ausführlich: Teil 2 B.V.
925 Dazu ausführlich: Teil 2 B.IV.
926 Dazu ausführlich: Teil 3 B.II.2.c.bb.(3).

der Netzausbauplanung haben dürfte. Dafür bietet die öffentliche Beteiligung im Rahmen der UVP und der Entscheidung über Umweltbedingungen eine sehr gute Möglichkeit.

Eine doppelte Öffentlichkeitsbeteiligung könnte neben den vorstehend beschriebenen negativen Auswirkungen auf die Verwaltungspraxis auch zu einem gesetzlichen Wertungswiderspruch führen. Denn nach der polnischen Rechtsordnung ist über das Antragsverfahren grundsätzlich innerhalb eines Kalendermonats zu entscheiden, es sei denn, die Angelegenheit ist komplex. In diesem Fall ist die Angelegenheit innerhalb von zwei Kalendermonaten abzuschließen, vgl. Art. 35 § 3 PVerwVfG[927]. Zwar ist diese Regelung im Stande, den Netzausbau zu beschleunigen, weil sie auch im Rahmen der anderen noch einzuholenden Einzelentscheidungen[928] Anwendung findet, so dass das gesamte administrative Genehmigungsverfahren im Zusammenhang mit Netzausbauvorhaben verkürzt werden kann. Diese Vorschrift könnte allerdings dann ad absurdum geführt werden, wenn im Rahmen der beiden Öffentlichkeitsbeteiligung derart viele Stellungnahmen eingehen, dass diese dazu führen würden, dass das Organ nicht innerhalb dieser gesetzlichen Frist von (höchstens) zwei Kalendermonaten über das Antragsverfahren entscheidenkann.

(b) Rechtssystematische Vereinbarkeit

Aus diesen Gründen sowie vor dem Hintergrund eines mit der potentiellen Energiewende in Polen einhergehenden Bedürfnisses für einen beschleunigten Netzausbau erscheint insofern nur eine einmalige Beteiligung der Öffentlichkeit *entweder* im Rahmen der Durchführung der UVP *oder* im Rahmen der Entscheidung über Umweltbedingungen als sinnvoll. Eine solche gesetzliche Beschränkung dürfte auch aus rechtssystematischer Sicht mit den polnischen Vorschriften im UÖUG problemlos vereinbar sein. Denn ausweislich Art. 4 UÖUG hat jeder das Recht, sich über die Umwelt und deren Erhaltung zu informieren. Zu diesem Zweck sind die Behörden gem. Art. 8 Abs. 1 verpflichtet, jedem den Zugang zu diesen Informationen zu gewähren und eine Möglichkeit einzuräumen, Einwendungen zu erheben und Stellungnahmen abzugeben, vgl. Art. 29 UÖUG. Das Gesetz regelt allerdings nicht explizit, in welchem Verfahren die Informationen zu gewähren sind und die öffentliche Beteiligung durchzuführen ist, um dieser gesetzlichen Verpflichtung zu genügen. Aus rechtssystematischer Sicht wäre es daher gleichgültig, ob die Umweltinformationen der Öffentlichkeit während der Beteiligung im Rahmen der UVP oder im Rahmen der Entscheidung über Umweltbedingungen gewährt und ihr insoweit die Möglichkeit zur Erhebung

927 Gem. Art 35§ 3 PVerwVfG muss auch das Widerspruchsverfahren innerhalb eines Monats abgeschlossen werden. Auch dies dürfte sich positiv auf die Beschleunigung des Übertragungsnetzausbaus auswirken.

928 Zu den Einzelentscheidungen vgl.: Teil 3 B.III.2.a.

von Einwendungen und Stellungnahmen eingeräumt werden würden. Schließlich befassen sich beide Verfahren mit dem gleichen Lebenssachverhalt, nämlich mit der Klärung der Frage, ob das Vorhaben mit den Umweltbelangen vereinbar ist. Damit würde der gesetzlichen Verpflichtung zum Zugang zu Umweltinformationen und zur Beteiligung der Öffentlichkeit bei Umweltentscheidungen genüge getan.

(c) Vereinbarkeit mit Unionsrecht

Eine Beschränkung der Öffentlichkeitsbeteiligung auf eines der gegenständlichen Verfahren dürfte auch vor dem Hintergrund der europäischen Vorschriften gem. der o. g. *Richtlinie 2011/92/EU über die Umweltverträglichkeitsprüfung bei bestimmten öffentlichen und privaten Projekten* nicht zu beanstanden sein. Denn ausweislich Art. 6 Abs. 4 der Richtlinie 2011/92/EU muss die betroffene Öffentlichkeit frühzeitig und in einer effektiven Weise die Möglichkeit erhalten, sich an den „umweltbezogenen Entscheidungsverfahren gem. Artikel 2 Absatz 2“ zu beteiligen und sich dazu äußern zu dürfen. Wie soeben dargestellt wurde[929], werden unter den Entscheidungsverfahren i. S. d. Art. 2 Abs. 2 der Richtlinie entweder das Umweltgenehmigungsverfahren, vorliegend also die Entscheidung über Umweltbedingungen gem. Art. 71 ff. UÖUG, oder ein UVP-Verfahren subsumiert. Daher lässt auch der europäische Gesetzgeber nach dem Wortlaut der Norm offen, in welchem der beiden Verfahren eine entsprechende Öffentlichkeitsbeteiligung durchzuführen ist. Nichts anderes ergibt sich auch aus dem Telos der Richtlinie 2011/92/EU. Denn Sinn und Zweck der Beteiligung der Öffentlichkeit ist ausweislich des 16. Erwägungsgrundes die Schaffung eines nachvollziehbaren und transparenteren Entscheidungsprozesses in Umweltfragen, durch welchen das Bewusstsein der Öffentlichkeit für Umweltbelange gesteigert werden soll. Damit ist es bezogen auf die polnischen Vorschriften nach Maßgabe des UÖUG aus unionsrechtlicher Sicht völlig unerheblich, in welchem der beiden Verfahren die Öffentlichkeit zu beteiligen wäre, weil sich der Prüfungsgegenstand in beiden Verfahren mit den Umweltauswirkungen des Vorhabens befasst und damit gerade der gleiche ist.

(d) Übertragbarkeit

Genau darin liegt aber der Unterschied zu der deutschen Rechtsordnung, weshalb dort ein Ausschluss der Beteiligung der Öffentlichkeit im Rahmen der UVP gem. § 18 UVPG nicht in Betracht käme. Denn anders als in Polen ist die UVP nach deutschem Recht in dem Planfeststellungsprozess integriert. Zwar findet auch im Planfeststellungsverfahren eine weitere Öffentlichkeits- bzw. Betroffenenbeteiligung statt[930]. Das Planfeststellungsverfahren befasst

---

929 Dazu ausführlich: Teil 3 C.I.2.b.aa.(1).
930 Dazu ausführlich: Teil 3 B.III.1.c.aa.(4)(d) und Teil 3 B.III.1.d.cc.(3).

sich im Gegensatz zu der Entscheidung über Umweltbedingungen allerdings nicht ausschließlich mit der umweltrechtlichen Vereinbarkeit des Vorhabens, so dass im Rahmen der Öffentlichkeitsbeteiligung innerhalb des Planfeststellungsverfahrens auch andere Einwendungen ohne umweltrechtlichen Bezug eingebracht werden können. Würde man nun die Beteiligung der Öffentlichkeit im Rahmen der UVP ausschließen und die Öffentlichkeit auf die Beteiligung im Rahmen des Planfeststellungsverfahrens verweisen, so könnte dies dem Telos der Richtlinie 2011/92/EU zuwiderlaufen, weil der Öffentlichkeit die Möglichkeit genommen werden würde, sich an einem speziellen „umweltbezogenen Entscheidungsverfahren" i. S. d. Art. 2 Abs. 2 der Richtlinie zu beteiligen. Dadurch könnte das öffentliche Bewusstsein für die Umweltbelange schwinden.

(e) Resümee

Zusammenfassend kann damit folgendes festgehalten werden: Eine Beschränkung der öffentlichen Beteiligung im Rahmen des Genehmigungsverfahren zur Erteilung der Entscheidung über Umweltbedingungen oder im Rahmen des UVP-Verfahrens erscheint aus verwaltungspraktischen Erwägungen als sinnvoll, da ein doppeltes Einbringen derselben Einwendungen respektive Stellungnahme in beiden Verfahren vermieden und der Übertragungsnetzausbau dadurch beschleunigt werden könnte. Eine derartige Beschränkung wäre sowohl mit polnischem Recht als auch mit unionsrechtlichen Umweltvorschriften vereinbar. Gleichgültig ist dabei, ob die Beteiligung der Öffentlichkeit entweder auf das Genehmigungsverfahren zur Erteilung der Entscheidung über Umweltbedingungen oder auf das UVP-Verfahren beschränkt werden würde. Rechtlich wäre beides zulässig.

bb. Entscheidung über die Standortfestlegung

(1) Verfahrensbeteiligung

Die aktuellen Regelungen im Zusammenhang mit der Entscheidung über die Standortfestlegung scheinen auf den ersten Blick viele Aspekte zu berücksichtigen, die sich auf die Beschleunigung des Übertragungsnetzausbaus und damit auf die Umsetzung einer potentiellen Energiewende in Polen positiv auswirken könnten. Dabei ist an erster Stelle die Beschränkung des Adressatenkreises im Rahmen der Verfahrensbeteiligung zu nennen, bei der nur die vom Netzausbauvorhaben tatsächlich Betroffenen beteiligt werden („Partei")[931]. Eine „breite" Öffentlichkeitsbeteiligung, wie sie z. B. im Rahmen der Entscheidung über Umweltbedingungen und der UVP vorgesehen ist, wonach auch Nichtbetroffene („jeder") die Möglichkeit erhalten, Stellungnahmen abzugeben und

931 Dazu ausführlich: Teil 3 B.III.2.a.cc.(4)(c).

Einwendungen zu erheben, findet insoweit nicht statt. Dies erscheint unter dem Aspekt der Verfahrenserleichterung und damit in Bezug auf die Beschleunigung von Infrastrukturinvestitionen durchaus als gerechtfertigt.

Dennoch bestehen aufgrund der gesetzlichen Systematik rechtliche Bedenken gegen eine solche Beschränkung. Denn mit der Entscheidung über die Standortfestlegung wird im Falle einer fehlenden Festlegung im Bebauungsplan über die fachplanerische Zulässigkeit von Investitionsvorhaben entschieden. Im Rahmen der Aufstellung des Bebauungsplanes findet gem. Art. 17 Nr. 11 allerdings eine „allgemeine" Öffentlichkeitsbeteiligung statt, in der „jeder" Einwendungen erheben kann, vgl. Art. 18 Abs. 1 RPG. Eine rechtliche oder faktische Betroffenheit der von den Festsetzungen im Bebauungsplan berührten Beteiligten wird damit nicht vorausgesetzt. Da die Entscheidung über die Standortfestlegung damit dogmatisch als ein rechtliches „Ersatzinstrument" für den fehlenden oder lückenhaften Bebauungsplan angesehen werden kann, erscheint es auch nur folgerichtig, die Beteiligung im Einklang mit den Vorschriften im Zusammenhang mit der Aufstellung des Bebauungsplanes auch im Rahmen der Entscheidung über die Standortfestlegung nicht nur an die Betroffenheit der Beteiligten zu knüpfen, sondern eine allgemeine Öffentlichkeitsbeteiligung zuzulassen. Dem kann auch nicht entgegengehalten werden, dass dies zu einer Verfahrensverzögerung führen würde. Denn gem. Art. 17 Nr. 12 ist über die Einwendungen im Rahmen der Aufstellung des Bebauungsplanes innerhalb einer Frist von nicht länger als 21 Tage nach Ablauf der Einlegungsfrist, die gem. Art. 17 Abs. 11 RPG einen Zeitraum von 14 Tage ab Beendigung der Auslegung des Bebauungsplanes beträgt, zu entscheiden. Unter Anwendung dieser Vorschriften dürfte eine breite Öffentlichkeitsbeteiligung insoweit kaum merklich zu einer Verfahrensverzögerung führen. Eine solche breite Beteiligung wäre auch unter dem gesellschaftlichen Aspekt von Vorteil, weil dadurch die öffentliche Akzeptanz für das Investitionsvorhaben gesteigert werden könnte. Dass eine solche Akzeptanz einen wesentlichen Teilaspekt von Großinvestitionsvorhaben ausmacht, zeigen bereits heute die erheblichen Widerstände gegen den Übertragungsnetzausbau sowohl in Deutschland als auch in Polen[932].

(2) Sanktionsinstrument

(a) Problem

Die polnischen Vorschriften im Zusammenhang mit der Entscheidung über die Standortfestlegung beinhalten darüber hinaus noch ein weiteres Regelungsinstrument, welches sich für die Beschleunigung des Übertragungsnetzausbaus als nützlich erweisen könnte. Denn im Erteilungsverfahren werden ausweislich der

932 Zum Widerstand gegen den Übertragungsnetzausbau sowohl in Deutschland als auch Polen vgl. u. a.: Teil 2 A.IV., Teil 2 B.V. und Teil 3 C.I.1.a.aa.(1).

Vorschriften der Art. 50 ff. RPG keine entsprechenden Vorgaben hinsichtlich der Frage getroffen, in welchem Zeitraum über den Antrag des Vorhabenträgers zu entscheiden ist. Daher sind auch diesbezüglich die im polnischen Verwaltungsverfahrensgesetz normierten Vorschriften zur Verfahrensbeschleunigung gem. Art. 35 ff. PVerwVfG anzuwenden[933]. Folglich ist über den Antrag auf Erteilung der Entscheidung über die Standortfestlegung spätestens innerhalb von zwei Monaten zu entscheiden, vgl. Art. 35 § 3 PVerwVfG. Im Rahmen der Entscheidung über die Standortfestlegung wird die Nichteinhaltung dieser gesetzlichen Vorgabe sogar mit einer Sanktionsstrafe belegt. Denn ausweislich Art. 51 Abs. 2 RPG wird im Falle der „Nichterteilung der Entscheidung" (poln. *„niewydania (...) decyzji"*) innerhalb einer Frist von 65 Tagen ab Antragsstellung gegen den für die Erteilung der Entscheidung zuständigen Gemeindevorsteher, den Bürgermeister oder den Stadtpräsidenten ein Ordnungsgeld in Höhe von täglich 500 PLN (ca. 117 EUR[934]) festgesetzt. Das Ordnungsgeld fließt dem Staatshaushalt zu. Die Festsetzung obliegt dem Woiwoden, vgl. Art. 51 Abs. 2a RPG. Trotz dieses in der Praxis für die Beschleunigung von Infrastrukturvorhaben durchaus nützlichen Effektes wird angesichts der Formulierung „Nichterteilung der Entscheidung" in der polnischen Literatur allerdings kontrovers diskutiert, wie dieser gesetzliche Wortlaut der Norm überhaupt auszulegen ist[935].

(b) Untätigkeit des Organs

Nach einer Auffassung sollen von der Vorschrift gem. Art. 51 Abs. 2 RPG nur die Fälle umfasst sein, bei denen das Organ untätig geblieben ist[936]. Als Begründung dafür können insbesondere der Sinn und Zweck des Gesetzes herangezogen werden. Denn das öffentliche Baurecht wird in Polen als Investitionsrecht verstanden[937]. Vor diesem Hintergrund sollen mit der Vorschrift des Art. 51 Abs. 2 RPG die Rechte von Investoren geschützt werden. Zudem dient diese Sanktionsvorschrift der behördlichen Kontrolle durch das übergeordnete Organ[938].

(c) Negative Entscheidung

Nach einer anderen Literaturmeinung soll die Vorschrift des Art. 51 Abs. 2 RPG nicht nur die Fälle der Untätigkeit des Organs umfassen, sondern auch die Fälle,

---

933 Dazu auch: Teil 3 C.I.2.b.aa.(2)(a).

934 Umrechnungskurs zum 08.06.2018.

935 *Grossmann*, Entscheidung über die Standortfestlegung, S. 189 ff.

936 *Despot-Mładanowicz* in: Wierzbowski/Plucińska-Filipowicz, RPG, Art. 51, Rn. 4.

937 *Dombert/Harder*, LKV 2002, 159 (160).

938 *Sokołowska* in: „65 dni na wydanie decyzji ws. ustalenia lokalizacji inwestycji celu publicznego", 25.04.2014, URL: http://www.budownictwo.abc.com.pl/czytaj/-/artykul/65-dni-na-wydanie-decyzji-ws-ustalenia-lokalizacji-inwestycji-celu-publicznego (letzter Abruf: 21.04.2018).

in denen sogar eine negative Entscheidung erlassen oder das Verfahren eingestellt wurde[939]. Diese Auffassung stellt ebenfalls auf den Sinn und Zweck des Gesetzes ab, interpretiert diesen allerdings viel weiter als die erstgenannte Literaturansicht. Nach der hier vorliegenden Ansicht soll durch die Vorschrift des Art. 51 Abs. 2 RPG eine effektive und effiziente Durchführung der Standortbestimmung von Investitionsvorhaben sichergestellt werden. Diese werde jedoch durch eine negative Entscheidung gerade vereitelt. Auch sei die mit der Vorschrift verfolgte Kontrolle nur unzureichend gewährleistet. Denn Investitionsvorhaben von landesweiter oder woiwodschaftsbezogener Bedeutung können den örtlichen Interessen der Gemeinde widersprechen. Da die Gemeinde allerdings auch für die Erteilung der Entscheidung über die Standortfestlegung bei überregionalen Investitionsvorhaben zuständig ist (vgl. Art. 51 Abs. 1 RPG), könnte sich dieser Widerspruch in einer Ablehnung des Antrags äußern[940].

(d) Stellungnahme

Es ist zwar zutreffend, dass die Vorschrift des Art. 51 Abs. 2 RPG aufgrund ihres diffizilen Wortlautes in Frage gestellt werden kann. Insoweit wäre ein klarer gesetzlicher Wortlaut wünschenswert, der beispielsweise durch folgende Formulierung sichergestellt werden könnte: *„W przypadku bezczynności przez właściwy organ (...)“* (deutsch: *Im Falle der Untätigkeit durch das zuständige Organ (...)*). Die zweitgenannte Auffassung geht jedoch zu weit und ist daher abzulehnen. Denn diese Auffassung würde dazu führen, dass das Organ die Entscheidung über die Standortfestlegung vor dem Hintergrund der Sicherung des Investitionsvorhabens auch dann erteilen muss, wenn dessen formelle und materielle Tatbestandsvoraussetzungen nicht erfüllt sind. Dies würde aber der Vorschrift des Art. 56 RPG widersprechen, welche insoweit den gebundenen Charakter der Entscheidung über die Standortfestlegung widerspiegelt[941]. Denn danach ist der Erlass einer negativen Entscheidung untersagt, sofern das Investitionsvorhaben den gesetzlichen Bestimmungen entspricht. Ferner steht dem Investor gem. Art. 53 Abs. 6 RPG i. V. m. Art. 16 § 1, Art. 127 § 2 PVerwVfG ohnehin ein Widerspruchsrecht zum nächsthöheren Organ zu, so dass seine Rechte auch bei einer negativen Entscheidung gewahrt bleiben. Folglich ist für eine derart weite Auslegung des Art. 51 Abs. 2 RPG kein Platz. Aus diesen Gründen verdient die erstgenannte Auffassung den Vorzug, so dass die Zahlung des Ordnungsgeldes nur bei Untätigkeit des Organs gerechtfertigt ist.

939 *Kostka/Hyla*, RPG, Art. 51, Rn. 3.
940 *Grossmann*, Entscheidung über die Standortfestlegung, S. 189 ff.
941 *Knopp/Zgolak*, WiRO 2013, 97 (100).

(3) Strukturelle Problematik

Die Entscheidung über die Standortfestlegung hat allerdings auch ihre Nachteile, da sie die Eigenheiten des Elektrizitätsleitungsausbaus nicht hinreichend berücksichtigt[942]. Denn in der Regel verlaufen Elektrizitätsleitungen über mehrere Gemeindegebiete hinweg. Daher stellen derartige Netzausbauvorhaben den Investor dann vor erhebliche rechtliche Herausforderungen, wenn nur eine Gemeinde einen Bebauungsplan erlassen hat. In diesem Fall kommen nämlich zwei unterschiedliche Planungsmechanismen zum Tragen[943]. Denn in diesem Fall wäre das Netzausbauvorhaben in der Gemeinde, die einen Bebauungsplan erlassen hat, nur dann zulässig, wenn es den Festlegungen im Bebauungsplan entsprechen würde, vgl. Art. 50 Abs. 1 i. V. m. Art. 14 Abs. 1, Art. 4 Abs. 1 RPG. In der anderen Gemeinde, die keinen Bebauungsplan erlassen hat, würden dagegen das gesonderte Verfahren zur Erteilung einer Entscheidung über die Standortfestlegung nach Maßgabe der Vorschriften gem. Art. 50 ff. RPG zur Anwendung gelangen. Sollte daher der Bebauungsplan keine Elektrizitätsleitungen zulassen und sollte die angrenzende Gemeinde, die keinen entsprechenden Bebauungsplan erlassen hat, für dasselbe Netzausbauvorhaben eine positive Entscheidung über die Standortfestlegung für ihr Gemeindegebiet erteilen, so würde dies dazu führen, dass nur der positiv beschiedene Teil der Elektrizitätsleitung bis zu der Gemeindegrenze errichtet werden darf. Der andere Teil des Netzausbauvorhabens darf dagegen nicht gebaut werden, weil er nicht mit den Festlegungen im Bebauungsplan vereinbar wäre. Diese gesetzliche Systematik führt nicht nur zu einem völlig absurden Ergebnis, sondern dürfte sich ebenfalls negativ auf den Übertragungsnetzausbau auswirken.

(4) Grundstückssicherung

Ein weiterer Nachteil der Entscheidung über die Standortfestlegung ist, dass diese noch kein Recht an dem zu bebauenden Grundstück selbst begründet. Daher ist der Übertragungsnetzbetreiber darauf angewiesen, sich die für den Netzausbau erforderlichen Grundstücke auf vertraglichem oder auf dinglichem Wege zu sichern. Die dingliche Grundstückssicherung hat allerdings erhebliche Auswirkungen auf das Baugenehmigungsverfahren, das sich unmittelbar an die Entscheidung über die Standortfestlegung anschließt. Denn im Rahmen des Baugenehmigungsverfahrens muss der Investor zwingend einen Nachweis über die Verfügungsberechtigung zur Bebauung des Grundstücks vorlegen (vgl. Art 33 Abs. 2 Nr. 2 BauG)[944]. Dies kann beispielsweise durch die Einräumung einer Leitungsdienstbarkeit geschehen. Doch die Verfahren hinsichtlich der dinglichen Grundstückssicherung im Wege der Einräumung einer

942 *Knopp/Zgolak*, WiRO 2013, 97 (101).
943 *Knopp/Zgolak* (wie vorige Fn).
944 Dazu ausführlich: Teil 3 B.III.2.a.ee.(4).

Leitungsdienstbarkeit sind mitunter sehr langwierig. Dies ist insbesondere auf die polnischen Vorschriften zurückzuführen, wonach dem betroffenen Grundstückseigentümer bei der gerichtlichen Bestellung der Leitungsdienstbarkeit ein Vergütungsanspruch eingeräumt wird[945]. In diesem Zusammenhang hat der polnische Gesetzgeber allerdings keine weiteren Regelungen zur Bemessung der Vergütungshöhe getroffen. Daher kommt es diesbezüglich in der Praxis immer wieder zu langwierigen Streitigkeiten zwischen den Beteiligten[946]. Vor dem Hintergrund der Beschleunigung des Übertragungsnetzausbaus wäre es daher sinnvoll, wenn die polnische Gesetzeslage dahingehend modifiziert werden würde, dass die Entscheidung über die Standortfestlegung gleichzeitig als „deklaratorischer Nachweis" über die Verfügungsberechtigung zur Bebauung des Grundstücks i. S. d. Art 33 Abs. 2 Nr. 2 BauG anerkannt würde. In diesem Fall könnte das Baugenehmigungsverfahren nahtlos an die Entscheidung über die Standortfestlegung anknüpfen, ohne dass der Übertragungsnetzbetreiber die langwierigen gerichtlichen Entscheidungen über die Vergütungshöhe für die Einräumung der Leitungsdienstbarkeit abwarten müsste.

Ein solcher deklaratorischer Nachweis würde nicht automatisch ein Verfügungsrecht an dem Grundstück selbst einräumen[947]. Diesbezüglich wäre der Übertragungsnetzbetreiber weitehrhin dazu verpflichtet, sich die betroffenen Grundstücks auf vertraglichem oder dinglichem Wege zu sichern. Der Vorteil eines deklaratorischen Nachweises wäre aber, dass mit dem nachgelagerten Baugenehmigungsverfahren noch vor oder zumindest parallel zu der Grundstückssicherung begonnen werden könnte. Denn sollte sich im Rahmen des Baugenehmigungsverfahrens herausstellen, dass noch weitere Erklärungen oder Unterlagen erforderlich sind, so könnte der Übertragungsnetzbetreiber diese Dokumente noch während des laufenden Verfahrens im Zusammenhang mit der Grundstückssicherung beibringen, wodurch beide Verfahren gleichzeitig oder zumindest in zeitlicher Nähe abgeschlossen werden könnten. Dadurch würde der gesamte Investitionsprozess beschleunigt. Die Baugenehmigung könnte sodann mit einer Nebenbestimmung i. S. d. Art. 107 § 2 PVerwVfG versehen werden, ausweislich jener mit dem Ausbauvorhaben erst dann begonnen werden darf, wenn sich der Übertragungsnetzbetreiber rechtskräftig die erforderlichen Rechte an dem zu bebauenden Grundstück gesichert hat.

945 Dazu ausführlich: Teil 3 B.III.2.a.bb.

946 *Balwicka-Szczyrba/Lisiewicz*, IR 2015, 154 (155).

947 Ein derartiger Regelungsinhalt ist in der polnischen Rechtsordnung nicht gänzlich unüblich. Insoweit stellt beispielsweise auch die Vorschrift gem. Art. 393 Abs. 4 WasserG klar, dass die wasserrechtliche Genehmigung noch kein Recht an dem Grundstück selbst begründet.

cc. Wasserrechtliche Erlaubnis

(1) Gesetzliche Struktur

Mit der Novelle des WasserG im Jahr 2018 scheint es dem polnischen Gesetzgeber auf den ersten Blick durchaus gelungen zu sein, ein Regelwerk zu implementieren, welches sich auf den Übertragungsnetzausbau positiv auswirken könnte. Denn die wasserrechtliche Benachrichtigung ist ein überaus nützliches Rechtsinstrument, welches das wasserrechtliche Verfahren im Bereich des Übertragungsnetzausbaus beschleunigen kann. Dies liegt insbesondere darin begründet, dass mit dem Netzausbauvorhaben bereits nach Ablauf von 30 Tagen seit der Anzeige des Übertragungsnetzbetreibers begonnen werden darf, sofern das zuständige Organ dem Vorhaben nicht innerhalb einer überaus kurzen Frist von sieben Tagen widersprochen hat. Auch die im Vergleich zu der wasserrechtlichen Genehmigung geringeren formellen und materiellen Verfahrensanforderungen der wasserrechtlichen Benachrichtigung dürften sich auf die Beschleunigung des Übertragungsnetzausbaus positiv auswirken, weil dadurch die gesamte wasserrechtliche Verfahrenskomplexität reduziert wird.

Doch der erste Eindruck täuscht. Denn bei einer genaueren Analyse der polnischen Regelungen zum WasserG ist festzustellen, dass sich diese für den beschleunigten Ausbau einiger Netzleitungsabschnitte auch als hinderlich erweisen dürften. Wie bereits dargelegt, bedürfen Elektrizitätsfreileitungen, welche u. a. Binnenwasserstraßen überqueren, stets der wasserrechtlichen Genehmigung. Die Binnenwasserstraßen werden in der Ministerverordnung über Binnenwasserstraßen näher bestimmt[948]. Welche Binnenwasserstraßen in der Ministerverordnung ausgewiesen wurden, zeigt die linke der beiden nachstehenden *Abbildungen*[949]. Die rechte der beiden nachstehenden *Abbildungen* zeigt dagegen eine Karte des bis zum Jahr 2025 in Polen geplanten Übertragungsnetzausbaus[950].

Werden beide Karten nun übereinandergelegt (nachstehende *Abbildung 8*), so wird deutlich, dass die geplanten Netzausbauvorhaben in einem größeren Umfang auch die ausgewiesenen Binnenwasserstraßen durchqueren werden, weshalb für diese Netzausbauabschnitte statt einer einfachen wasserrechtlichen Benachrichtigung eine wasserrechtliche Genehmigung einzuholen sein wird.

Doch die Einholung einer wasserrechtlichen Genehmigung dürfte den Übertragungsnetzausbau durch ihre komplexen formell- und materiell-rechtlichen Anforderungen im Vergleich zu der einfachen wasserrechtlichen Benachrichtigung allerdings eher verzögern. Denn neben dem materiellen Erfordernis des

---

948 Dazu ausführlich: Teil 3 B.III.2.a.dd.(3).

949 *Abbildung 7*: Die Karte für Binnenwasserstraßen ist abrufbar unter: https://www.tawernaskipperow.pl/czytelnia/poradniki/szkola-zeglarstwa-4winds-przepisy-zeglugi-srodladowej-wprowadzenie/3936 (letzter Abruf: 15.03.2019).

950 Dazu ausführlich: Teil 2 B.IV sowie *Abbildung 4*.

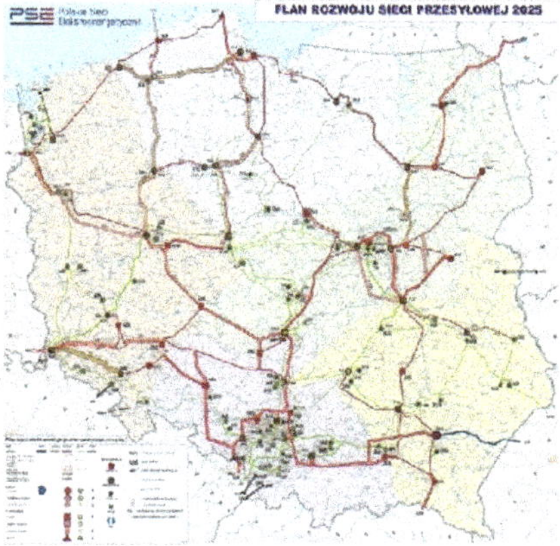

Abbildung 7 (links): *Durch Ministerverordnung ausgewiesenen Binnenwasserstraßen i. S. d. polnischen Wassergesetzes*

Abbildung 8: *Vergleich der Abbildung 4 und Abbildung 7*

Beibringens eines aufwendigen wasserrechtlichen Gutachtens ergeben sich im Zusammenhang mit der wasserrechtlichen Genehmigung auch bei den formellrechtlichen Anforderungen weitere Besonderheiten, die gegenwärtig weder von Gesetzes wegen noch von der Rechtsprechung geklärt sind. Im Vordergrund steht dabei der bisher gesetzlich nicht geklärte Kreis der Verfahrensbeteiligten. Denn die Beteiligung am wasserrechtlichen Genehmigungsverfahren ist ausweislich des Gesetzeswortlauts für Rechtsträger, die von der bestimmungsgemäßen Wassernutzung betroffen sind, sowie für Rechtsträger, auf die sich der geplante Bau der Wasseranlagen auswirken wird, eröffnet[951]. Diese Rechtsbegriffe werden im Gesetz allerdings nicht weiter definiert, so dass das zuständige Organ nunmehr selbständig darüber zu entscheiden haben wird, wer überhaupt unter dem Beteiligtenkreis subsumiert werden kann. Die Bestimmung des Beteiligtenkreises wird für die Behörde sicherlich nicht nur mit mehr Arbeitsaufwand verbunden sein, sondern auch zwangsläufig zu weiteren Streitigkeiten führen und zwar dann, wenn einer der Beteiligten, der nach seiner Auffassung am Genehmigungsverfahren hätte beteiligt werden müssen, ausgelassen wird[952]. Aus Gründen der Verfahrensökonomie wäre es daher angebracht, wenn der polnische Gesetzgeber diesbezüglich einen klareren Wortlaut, beispielsweise durch die Verweisung auf die verwaltungsrechtliche Vorschrift in Art. 28 ff. PVerwVfG, wählen würde. Schließlich wird in diesen Vorschriften die Beteiligung am verwaltungsrechtlichen Verfahren näher bestimmt. Eine solche Konkretisierung würde allen am wasserrechtlichen Genehmigungsverfahren beteiligten Akteuren mehr Rechtssicherheit geben und etwaigen Rechtsstreitigkeiten im Zusammenhang mit der Beteiligungsfrage bereits im Vorfeld den Boden entziehen. Dadurch könnte der Übertragungsnetzausbau beschleunigt werden.

(2) Resümee

Damit kann festgehalten werden, dass es dem polnischen Gesetzgeber – trotz guter rechtlicher Ansätze – leider nicht gänzlich gelungen ist, mit der Novelle des WasserG im Jahr 2018 ein Regelwerk zu etablieren, das im Stande gewesen wäre, den Übertragungsnetzausbau aus wasserrechtlicher Sicht zu beschleunigen. Insoweit ist zu erwarten, dass die gegenwärtigen wasserrechtlichen Genehmigungsverfahren den Übertragungsnetzausbau aus den genannten Gründen vielmehr ausbremsen werden. Allerdings könnte dies auch vermieden werden. Hierfür hat der polnische Gesetzgeber mit der Vorschrift des Art. 428 WasserG selbst eine geeignete Regelung getroffen. Diese Vorschrift sieht insoweit vor, dass die erteilte Entscheidung über Umweltbedingungen bei Vorhaben, die sich nach Maßgabe des UÖUG „stets wesentlich“ auf die Umwelt auswirken können, eine

951 Dazu ausführlich: Teil 3 B.III.2.a.dd.(5)(a)(bb).
952 *Hebda* in: „Wann Sie eine wasserrechtliche Genehmigung nach den neuen Vorschriften benötigen“ (wie Fn. 742).

wasserrechtliche Bewertung i. S. d. Art. 425 WasserG ersetzt. Obwohl sich Übertragungsnetzausbauvorhaben stets wesentlich auf die Umwelt auswirken[953], dürfte die Vorschrift des Art. 428 WasserG auf diese Vorhaben nichtsdestotrotz keine Anwendung finden, weil diese Vorhaben nicht vom Anwendungsbereich der wasserrechtlichen Bewertung gem. Art. 425 ff. WasserG umfasst sind[954]. Dies gilt erst recht für Netzausbauvorhaben, für die eine wasserrechtliche Genehmigung einzuholen ist. Vor dem Hintergrund der wasserrechtlichen Verfahrensbeschleunigung wäre daher eine mit der Vorschrift des Art. 428 WasserG vergleichbare Regelung, wonach die Erteilung einer Entscheidung über Umweltbedingungen eine andere Genehmigung ersetzt, auch im Zusammenhang mit der Erteilung einer wasserrechtlichen Genehmigung im Bereich des Übertragungsnetzausbaus nicht nur zweckdienlich, sondern auch geboten.

Denn ausweislich Art. 77 Abs. 1 Nr. 4 UÖUG findet auch im Rahmen der vorgezogenen Entscheidung über Umweltbedingungen zwischen dem dafür zuständigen Organ und dem für die Erteilung der wasserrechtlichen Erlaubnis (als Oberbegriff[955]) zuständigen Organ eine Abstimmung über das Vorhaben statt. Aus diesem Grund erscheint die Erteilung einer separaten wasserrechtlichen Genehmigung nicht zwingend erforderlich zu sein, weil bereits im Rahmen der Entscheidung über Umweltbedingungen inzident über die wasserrechtliche Vereinbarkeit des Vorhabens durch das für die Erteilung der wasserrechtlichen Genehmigung originär zuständige Fachorgan entschieden wird. In diesem Zusammenhang wäre allerdings zu beachten, dass dem in der wasserrechtlichen Angelegenheit zuständigen Organ im Rahmen der umweltrechtlichen Abstimmung keine weitere rechtliche Möglichkeit eingeräumt wird, bei einer etwaigen Nichtberücksichtigung seiner wasserrechtlichen Einschätzung in geeigneter Weise zu reagieren. Dies wird durch die Vorschrift gem. Art. 77 Abs. 7 UÖUG klargestellt, wonach eine Beschwerdemöglichkeit dieses Organs gem. Art. 106 § 5 PVerwVfG ausgeschlossen wird. Diese Regelung wäre insoweit gesetzlich zu korrigieren, da nur das für die wasserrechtliche Angelegenheit zuständige Organ die erforderliche Expertise hat, um den Sachverhalt unter Berücksichtigung der wasserrechtlichen Belange rechtsfehlerfrei beurteilen zu können. Da in diesem Zusammenhang gerade keine weitere wasserrechtliche Entscheidung erlassen werden würde, sollte die Einschätzung des für die wasserrechtliche Angelegenheit zuständigen Organs gegenüber dem für die Entscheidung über Umweltbedingungen zuständigen Organ daher rechtsbindend sein, so dass bei einer negativen wasserrechtlichen Einschätzung gleichzeitig der Erlass einer Entscheidung über Umweltbedingungen zu versagen wäre. Durch ein derartiges Regelungskonstrukt könnte das Beschleunigungspotential für den Übertragungsnetzausbau – sowie im Übrigen auch für alle anderen wichtigen Infrastrukturprojekte, welche eine wasserrechtliche Genehmigung bedürfen – gesteigert werden.

953 Dazu ausführlich: Teil 3 B.III.2.a.bb(2).
954 Dazu ausführlich: Teil 3 B.III.2.a.dd.(3).
955 Zum Oberbegriff der „wasserrechtlichen Erlaubnis“ vgl.: Teil 3 B.III.2.a.dd.(2).

dd. Baugenehmigung

(1) Beteiligtenkreis

Mit den Vorschriften im Bereich des Baugenehmigungsrechts scheint der polnische Gesetzgeber bereits gegenwärtig ein Regelungswerk geschaffen zu haben, das sich ebenfalls positiv auf die Beschleunigung des Übertragungsnetzausbaus auswirken dürfte. Dabei kann das Baugenehmigungsrecht insbesondere in formell-rechtlicher Hinsicht überzeugen. Denn anders als beim wasserrechtlichen Genehmigungsverfahren, im Rahmen dessen der Beteiligtenkreis durch die unbestimmte und damit auslegungsbedürftige Definition des „Rechtsträgers (...)" gesetzlich nicht näher konkretisiert wird[956], wird der im Baugenehmigungsverfahren beteiligte Personenkreis durch eine enumerative Aufzählung abschließend auf Grundstückseigentümer, Nießbraucher sowie Grundstücksverwalter eingegrenzt. Dadurch können Streitigkeiten zwischen der Behörde und anderen vermeintlichen Beteiligten, die nach ihrer Auffassung am Genehmigungsverfahren hätten beteiligt werden müssen, bereits im Vorfeld ausgeschlossen werden. Ebenfalls positiv hervorzuheben ist, dass keine weitere Öffentlichkeitsbeteiligung mehr stattfindet, sofern diese bereits im Rahmen der Entscheidung über Umweltbedingungen respektive im UVP-Verfahren durchgeführt wurde.

(2) Sanktionsinstrument

Darüber hinaus sieht das polnische Baugenehmigungsverfahren noch eine weitere gesetzliche Besonderheit vor, welche sich für die Beschleunigung des Übertragungsnetzausbaus ebenfalls als nützlich erweisen dürfte. Denn der polnische Gesetzgeber hat – genau wie bei der Entscheidung über die Standortfestlegung[957] – auch im Rahmen des Baugenehmigungsverfahrens mit der Regelung gem. Art. 35 Abs. 6 Nr. 1 BauG eine sich gegen das zuständige Organ richtende Sanktionsvorschrift erlassen. Folglich wird das zuständige Organ im Falle seiner Untätigkeit nach Ablauf einer Frist von 65 Tagen seit Antragsstellung auch nach dieser Vorschrift zur Zahlung eines Ordnungsgeldes in Höhe von täglich 500 PLN (ca. 117 EUR[958]) verpflichtet[959]. Dadurch wird das zuständige Organ zu einer zügigen Bearbeitung der Baugenehmigungsanträge angehalten, wodurch eine überlange baugenehmigungsrechtliche Verfahrensdauer im Bereich des Übertragungsnetzausbaus vermieden werden kann.

---

956 Dazu ausführlich: Teil 3 B.III.2.a.dd.(5)(a)(bb).

957 Zum Sanktionsinstrument im Zusammenhang mit dem Verfahren auf Erteilung einer *Entscheidung über die Standortfestlegung* vgl.: Teil 3 C.I.2.b.bb.(2).

958 Umrechnungskurs zum 08.06.2018.

959 Das Ordnungsgeld fließt ebenfalls dem Staatshaushalt zu. Zuständig für die Verhängung des Ordnungsgeldes ist das höhere Organ, mithin der Woiwode, vgl. Art. 35 Abs. 6 i. V. m. Art. 82 Abs. 3 BauG.

ee. Nutzungsgenehmigung vs. Benachrichtigung über die Baufertigstellung

(1) Behördliche Widerspruchsmöglichkeit

Die Tatsache, dass mit der Inbetriebnahme der jeweiligen Netzabschnitte bereits innerhalb von 14 Tagen ab der Benachrichtigung über die Baufertigstellung begonnen werden darf, scheint auf den ersten Blick für die Beschleunigung des Übertragungsnetzausbaus durchaus nützlich zu sein, weil die Einholung der Nutzungsgenehmigung im Vergleich dazu ein behördliches Verfahren in Gang setzt und dieses üblicherweise einen längeren Zeitraum einnimmt. Bei genauerer Betrachtung ist die Benachrichtigung über die Baufertigstellung allerdings mit einem erheblichen Nachteil behaftet, welcher sich für den Übertragungsnetzausbau als hinderlich erweisen könnte. Denn im Rahmen der Benachrichtigung über die Baufertigstellung werden nach dem Wortlaut des Gesetzes die zum Widerspruch des Organs berechtigenden Gründe – anders als bei der wasserrechtlichen Benachrichtigung[960] – nicht näher bestimmt. Daher wurden für derartige Widerspruchsgründe durch die Rechtsprechung und Literatur einige Fallbeispiele gebildet[961], die mangels einer gesetzlichen Klarstellung allerdings nicht als abschließend betrachtet werden dürfen. Dadurch kann das zuständige Organ einen – womöglich auch auf sachfremde Erwägungen[962] – gestützten Widerspruch erheben, wozu es zur Verzögerung im Netzausbau kommen kann.

(2) Resümee

Vor diesem Hintergrund wäre dem Übertragungsnetzbetreiber dringend anzuraten, eine Nutzungsgenehmigung zu beantragen, statt nur das zuständige Organ über die Baufertigstellung zu benachrichtigen. Denn durch die Erteilung der Nutzungsgenehmigung würde die Rechtmäßigkeit der Inbetriebnahme bestätigt, so dass die Nutzungsgenehmigung nur zu versagen wäre, wenn die formell- und materiell-rechtlichen Anforderungen nicht erfüllt wären. Diese sind jedoch gesetzlich fixiert, so dass sachfremde Erwägungsgründe oder eine persönliche Abneigung des Organs gegen die Leitungstrasse nicht zur Versagung der Nutzungsgenehmigung führen dürfen. Eine Möglichkeit zur Beantragung einer Nutzungsgenehmigung wird dem Investor insofern in Art. 55 Abs. 2 BauG ausdrücklich eingeräumt. Hierbei wäre ebenfalls positiv anzumerken, dass sich dieses Genehmigungsverfahren ohnehin kaum merklich auf den zeitlichen Ablauf der Inbetriebnahme der

960 Zu den Widerspruchsgründen im Rahmen der *wasserrechtlichen Benachrichtigung* ausführlich: Teil 3 B.III.2.a.dd.(6)(c).

961 *Wincenciak* in: Wierzbowski/Plucińska-Filipowicz, BauG, Art. 54, Rn. 2.

962 Beispielsweise bei einem aus persönlichen Gründen bewogenen Widerstand gegen das Netzausbauvorhaben.

fertiggestellten Leitungsabschnitte auswirken dürfte, weil das Verwaltungsverfahren nach polnischem Recht gem. Art. 35 § 3 PVerwVfG in der Regel innerhalb eines Monats abzuschließen ist. Da der Übertragungsnetzbetreiber bei einer Benachrichtigung über die Baufertigstellung ebenfalls einen Zeitraum von 14 Tagen ab der Einreichung bei der Behörde abwarten muss, dürfte sich durch die Beantragung der Nutzungsgenehmigung im Vergleich zu der Benachrichtigung über die Baufertigstellung im günstigsten Fall folglich nur eine zeitliche Differenz von ca. zwei Wochen ergeben. In Anbetracht der mit der Benachrichtigung über die Baufertigstellung einhergehenden rechtlichen Unsicherheiten wäre dies vor dem Hintergrund eines beschleunigten Übertragungsnetzausbaus absolut hinnehmbar.

ff. Sondergesetz Übertragungsnetz

Mit den Vorschriften des SÜN scheint dem polnischen Gesetzgeber ein sehr vielversprechendes Regelungskonstrukt gelungen zu sein, das im Stande ist, den Übertragungsnetzausbau erheblich zu beschleunigen. Denn die Vorschriften des SÜN beinhalten neben verfahrensbeschleunigenden Regelungen auch einige grundstücks- und rechtssichernde Maßnahmen, die im Vergleich zu den Genehmigungsverfahren nach Maßgabe der Vorschriften des RPG und BauG gerade nicht vorgesehen sind[963].

(1) Sanktionsinstrument

(a) Inhalt und Struktur

Ein verfahrensbeschleunigendes Regelungsinstrument stellt dabei die Sanktionsvorschrift im Art. 6 Abs. 1 SÜN dar. Diese Vorschrift sieht zum Zwecke einer maximalen Verfahrensbeschleunigung[964] – ähnlich wie die Vorschrift des Art. 51 Abs. 2 RPG – die Verhängung eines Ordnungsgeldes gegen den Woiwoden vor, sofern die Entscheidung über die Standortfestlegung Übertragungsnetz nicht innerhalb einer Frist von einem Monat ab Antragsstellung erlassen wird. Im Vergleich zu der Entscheidung über die Standortfestlegung, im Rahmen derer das Ordnungsgeld erst nach Ablauf von 65 Tagen verhängt wird, wird das Ordnungsgeld damit bereits nach ca. der Hälfte der Zeit fällig. Auch ist die Höhe des Ordnungsgeldes mit 1.000 PLN (ca. 234 EUR[965]) doppelt so hoch wie bei der gewöhnlichen Entscheidung über die Standortfestlegung. Gleiches gilt auch im Rahmen der Erteilung einer Baugenehmigung für die im SÜN ausgewiesenen Leitungstrassen. Insoweit findet auch in diesem Zusammenhang die Sanktionsvorschrift des Art. 6 SÜN entsprechend Anwendung, vgl. Art. 13 Abs. 4 SÜN. Im Vergleich dazu sieht das „gewöhnliche“ Baugenehmigungsverfahren eine

963 Dazu ausführlich: Teil 3 B.III.2.a.cc.(6) und Teil 3 C.I.2.b.bb.(4).
964 *Łubecki* (Fn. 783), S. 10.
965 Umrechnungskurs zum 08.06.2018.

derartige Regelung nicht vor. Folglich dürften diese Sanktionsregelungen eine gute Grundlage für die Beschleunigung der Baugenehmigungsverfahren im Bereich der speziellen Übertragungsleitungen setzen.

(b) Zwischenergebnis

Bedauerlicherweise ist der polnische Gesetzgeber hierbei allerdings auch inkonsequent. Denn im Genehmigungsverfahren hinsichtlich der Entscheidung über Umweltbedingungen, mithin dem Genehmigungsverfahren, welches aufgrund der umfangreichen Behörden- und Öffentlichkeitsbeteiligung[966] in der Praxis wohl am längsten dauern dürfte, ist eine derartige Sanktionsregelung nicht vorgesehen. Diesbezüglich hat der polnische Gesetzgeber eine andere rechtliche Regelung getroffen, welche allerdings bei weitem nicht den gleichen Erfolg wie die Zahlung eines Ordnungsgeldes verspricht. Insoweit hat der polnische Gesetzgeber durch die Vorschrift des Art. 14 Abs. 3 SÜN klargestellt, dass über den Antrag auf Erteilung der Entscheidung über Umweltbedingungen innerhalb eines Zeitraumes von einem Monat ab Antragsstellung zu entscheiden ist. Bei dieser Klarstellung handelt es sich ohnehin um die im Gesetz gem. Art. 35 § 3 PVerwVfG geregelte Vorgabe, wonach das Verfahren in der Regel innerhalb einer Frist von einem Monat abzuschließen ist. Allerdings ist in der Vorschrift des Art. 35 § 3 PVerwVfG auch geregelt, dass bei schwierigen Sachverhalten innerhalb von 2 Monaten entschieden werden kann. Aufgrund der Klarstellung gem. Art. 14 Abs. 3 SÜN ist jedoch davon auszugehen, dass bei den im Anhang zum SÜN genannten Übertragungsnetzleitungen eine abweichende Möglichkeit zum Abschluss des Verfahrens auf Erteilung der Entscheidung über Umweltbedingungen innerhalb einer Frist von 2 Monaten damit nicht besteht. Diese Vorschrift ist vor dem Hintergrund der Netzausbaubeschleunigung zwar zu begrüßen. Im Vergleich zu den soeben genannten Sanktionsvorschriften wird in der Regelung des Art. 14 Abs. 3 SÜN allerdings keine Rechtsfolge für die Fälle bestimmt, bei denen nicht innerhalb eines Monats fristgerecht entschieden wurde. Angesichts der gesetzlichen Klarstellung und vor dem Hintergrund der Verfahrensbeschleunigung wäre es daher nur konsequent gewesen, wenn der polnische Gesetzgeber die Sanktionsvorschrift in Art. 6 SÜN ebenfalls auf das Genehmigungsverfahren zur Erteilung der Entscheidung über Umweltbedingungen für die speziellen Übertragungsleitungen erstreckt hätte. Mangels einer entsprechenden Verweisung ist dies jedoch nicht geschehen.

---

966 Zur Behörden- und Öffentlichkeitsbeteiligung im Rahmen der *Entscheidung über Umweltbedingungen* vgl. ausführlich: Teil 3 B.III.2.a.bb.(3)(b) und (c).

(2) Verkürzung der Rechtsschutzverfahren

(a) Widerspruchsverfahren

Eine weitere verfahrensbeschleunigende Maßnahme stellt die zeitliche Verkürzung der Rechtsschutzmöglichkeiten dar. Denn gegen die Entscheidungen gem. SÜN kann ein Widerspruch nur innerhalb einer Frist von 7 Tagen ab Zustellung (bzw. 14 Tage im Falle der öffentlichen Bekanntmachung) erhoben werden, vgl. Art. 25 Abs. 2 SÜN. Damit wird die gem. Art. 129 § 2 PVerwVfG geregelte „übliche" Widerspruchsfrist von 14 Tagen ab Zustellung um die Hälfte der Zeit verkürzt. Des Weiteren enthält die Vorschrift des Art. 25 Abs. 4 SÜN eine von den allgemeinen verwaltungsrechtlichen Regelungen abweichende Frist für die Widerspruchsentscheidung. Danach hat die Widerspruchsbehörde über den Widerspruch innerhalb einer Frist von 14 Tagen zu entscheiden. Im Rahmen des allgemeinen verwaltungsrechtlichen Widerspruchsverfahrens beträgt die Frist für die Widerspruchsentscheidung gem. Art. 140 i. V. m. Art. 35 § 3 PVerwVfG dagegen einen Monat, es sei denn, die Angelegenheit ist kompliziert. In diesem Fall kann die Widerspruchsbehörde sogar innerhalb von zwei Monaten entscheiden. Damit wird im Zusammenhang mit den Vorschriften gem. SÜN ebenfalls die behördliche Frist zur Widerspruchsentscheidung mindestens um die Hälfte der regulären Zeit verkürzt.

(b) Klageverfahren

Darüber hinaus ergeben sich gem. Art. 26 Abs. 1 Nr. 2 SÜN weitere abweichende Fristen auch hinsichtlich des an das Widerspruchsverfahren anknüpfenden Klageweges. Danach hat das erstinstanzliche Gericht innerhalb einer Frist von 30 Tagen ab Eingang über die Klage zu entscheiden. Dies ist im Vergleich zu den allgemeinen verwaltungsgerichtlichen Vorschriften eine Besonderheit. Insofern ist auch in der Vorschrift des Art. 141 § 1 GVerfVG geregelt, dass die Begründung des verwaltungsgerichtlichen Urteils innerhalb von 14 Tagen ab Urteilsverkündung zu erfolgen hat. In welchem Zeitraum das verwaltungsgerichtliche Verfahren jedoch abzuschließen ist, wird in den Vorschriften des GVerfVG allerdings nicht geregelt. Gleiches gilt für die gegen das erstinstanzliche Urteil zulässige Kassationsklage. Auch hier enthält die Vorschrift des Art. 26 Abs. 2 SÜN eine Vorgabe hinsichtlich des Zeitraums, in dem über die sog. Kassationsklage zu entscheiden ist. Dieser beträgt zwei Monate. Eine derartige Regelung lässt sich den allgemeinen Vorschriften des GVerfVG ebenfalls nicht entnehmen.

(c) Zwischenergebnis

Damit wird im Vergleich zu den allgemeinen verwaltungsrechtlichen und verwaltungsgerichtlichen Vorschriften aufgrund dieser kurzen Fristen das gesamte Genehmigungs- und Rechtsschutzverfahren der im SÜN ausgewiesenen Übertragungsnetzleitungen erheblich verkürzt.

(3) Bestandsschutz

Vor dem Hintergrund eines beschleunigten Netzausbaus verdient auch die Vorschrift des Art. 27 Abs. 2 SÜN eine besondere Erwähnung. Danach kann die Entscheidung über die Standortfestlegung Übertragungsnetz gerichtlich nicht mehr aufgehoben werden, wenn seit dem Beginn der Bauarbeiten bereits 14 Tagen vergangen sind. Dies gilt auch dann, wenn sich diese Genehmigung womöglich als rechtswidrig herausstellen sollte. Gleiches trifft gem. Art. 27 Abs. 5 SÜN auch für die Baugenehmigung sowie für die Entscheidung über Umweltbedingungen zu. Auch wenn der Übertragungsnetzausbau durch diese Regelung in der Praxis beschleunigt werden dürfte, weckt diese Vorschrift erhebliche Zweifel an ihrer Gesetzeskonformität, weil damit offenkundig die gerichtliche Kontrolle ausgehöhlt und das Bauvorhaben trotz einer möglichen Rechtswidrigkeit quasi legitimiert wird. Dadurch wird der Investitionsschutz über die Judikative gestellt.

Dies erscheint jedoch nicht sachgerecht. Denn angesichts der soeben dargestellten kurzen Fristen wäre für das gesamte Widerspruchsverfahren nur ein Zeitraum von 21 Tagen – respektive 28 Tagen im Falle einer öffentlichen Bekanntmachung – einzuplanen. Zudem müssten für das Klageverfahren in erster Instanz ein Zeitraum von 30 Tagen und für das Klageverfahren in der zweiten Instanz ein Zeitraum von weiteren zwei Monaten eingeplant werden. Damit würde der gesamte Rechtsweg durch alle möglichen Instanzen nicht länger als 4 Monate dauern. Selbstverständlich müssten hierbei noch die Zustellungszeiten für die Schriftstücke hinzugerechnet werden. Trotzdem ist die Dauer des gesamten Rechtsschutzweges im Zusammenhang mit der Entscheidung über Standortfestlegung Übertragungsnetz gem. Art. 25 f. SÜN im Vergleich zu den üblichen behördlichen und gerichtlichen Verfahrensdauern immer noch sehr kurz. Daher sind auch keine ersichtlichen Gründe dafür erkennbar, weshalb es dem Übertragungsnetzbetreiber nicht zugemutet werden könnte, das gesamte Rechtsschutzverfahren zunächst abzuwarten und erst im Anschluss daran mit den Bauarbeiten zu beginnen. Sollte der Übertragungsnetzbetreiber mit den Bauarbeiten dagegen bereits begonnen haben, ohne jedoch die behördlichen bzw. gerichtlichen Entscheidungen abgewartet zu haben, so ist dies seiner unternehmerischen Risikosphäre zuzurechnen. In diesem Fall muss er mit den Rechtsfolgen seines rechtswidrigen Handelns rechnen und die Verpflichtung zum Rückbau bzw. zur Zahlung einer etwaigen Entschädigung für die unrechtmäßige Inanspruchnahme der jeweiligen Grundstücke hinnehmen.

(4) Grundstückssicherung

(a) Verfügungsentzug bei Verfahrenseröffnung

Die Entscheidung über die Standortfestlegung Übertragungsnetz weist im Vergleich zu den allgemeinen Vorschriften nach Maßgabe von RPG weitere wesentliche Vorteile auf, durch welche die dingliche Rechtslage im Bereich der Grundstückssicherung erheblich vereinfacht wird. Denn die Nutzung und die Verfügungen über die vom Netzausbauvorhaben betroffenen Grundstücke werden bereits mit dem Zugang der Benachrichtigung über die Eröffnung des Antragsverfahrens erheblich eingeschränkt. Hierdurch wird der Regelungszweck der Entscheidung über die Standortfestlegung Übertragungsnetz, welcher auf die Sicherung der für den Übertragungsnetzausbau benötigten Grundstücke abzielt, ganz deutlich. Diese dinglichen Beschränkungen werden in der Vorschrift des Art. 7 Abs. 2 SÜN näher konkretisiert. Danach werden staatliche Grundstücke oder Grundstücke der lokalen Selbstverwaltung mit dem Tag der Information über die Eröffnung des Antragsverfahrens auf die Erteilung der Entscheidung über die Standortfestlegung Übertragungsnetz weiteren Verfügungen i. S. d. GBI von Gesetzes wegen entzogen, vgl. Art. 7 Abs. 2 Nr. 1 SÜN. Hierzu gehören gem. Art. 13 Abs. 1 GBI insbesondere der Verkauf, die Vermietung sowie die Belastung der Grundstücke mit dinglichen Rechten. Die Vornahme derartiger Rechtsgeschäfte ist damit nichtig, vgl. Art. 7 Abs. 5 SÜN.

(b) Verfügungsentzug bei Eintritt der Bestandskraft

Ein weiteres dingliches Sicherungsmittel wird in der Vorschrift des Art. 19 Abs. 1 i. V. m. Abs. 2 SÜN geregelt. Diese Regelung verdient ebenfalls besondere Beachtung. Demnach wird durch die Entscheidung über die Standortfestlegung Übertragungsnetz die Teilung des Grundstückseigentums in den für den Trassenverlauf festgelegten Gebietslinien rechtsverbindlich bestätigt. Die von den Gebietslinien markierten und für den Trassenverlauf besicherten Grundstücke gehen mit Eintritt der Bestandkraft der Entscheidung über die Standortfestlegung Übertragungsnetz in das Staatseigentum über, vgl. Art. 19 Abs. 3 SÜN. Diese Teilung wird sodann in das Grundbuch eingetragen, vgl. Art. 12 SÜN. Mit der Bestandskraft der Entscheidung über die Standortfestlegung Übertragungsnetz erlöschen ebenfalls etwaige dingliche Rechte, wie beispielsweise der Nießbrauch, vgl. Art. 19 Abs. 4 und Abs. 5 SÜN. Die in das Staatseigentum übergegangenen Grundstücke dürfen weder verkauft noch vermietet oder anderweitig mit dinglichen Rechten belastet werden. Sie werden jeglichen Verfügungen i. S. d. Art. 13 ff. GBI entzogen, vgl. Art. 19 Abs. 9 SÜN. Gleichzeitig erhält der Investor am Tag der Erteilung der gegenständlichen Entscheidung das Recht, die besicherten Grundstücke zu Bauzwecken zu nutzen, wobei er mit der Errichtung der Übertragungsnetzleitungen erst nach Eintritt der Bestandskraft der Entscheidung beginnen darf, vgl. Art. 19 Abs. 6 SÜN. Mit dem Eintritt der Bestandskraft der Entscheidung über die Standortfestlegung Übertragungsnetz erhält der Investor kraft Gesetzes ein dauerhaftes Nießbrauchsrecht an dem Grundstück sowie ein Eigentumsrecht an den sich auf dem Grundstück befindenden Gebäuden und an anderen mit dem Boden fest verbundenen Gegenständen, vgl. Art. 23 Abs. 1 SÜN. Die Einräumung dieser Rechte erfolgt durch den Woiwoden im Wege einer administrativen Entscheidung. Im Gegenzug steht den von der Enteignung betroffenen Grundstückseigentümern respektive den dinglichen Verfügungsberechtigten ein Anspruch auf Entschädigung zu, vgl. Art. 19 Abs. 7 SÜN. Die Höhe der Entschädigung wird gem. Art. 21 Abs. 1 SÜN zwischen dem Woiwoden und dem Betroffenen ausgehandelt. Sollte innerhalb einer Frist von zwei Monaten ab dem Tag, an dem die Entscheidung bestandskräftig geworden ist, keine Einigung über die Höhe der Entschädigung erzielt werden können, so wird diese vom Woiwoden durch eine Entscheidung einseitig festgelegt, vgl. Art. 21 Abs. 2 SÜN. Dabei wird auch die Berechnungsmethode zur Bestimmung der Entschädigungshöhe in der Vorschrift konkret geregelt, vgl. Art. 21 Abs. 3 ff. SÜN.

(c) Zwischenergebnis

Diese vorstehend skizzierte Regelungsmaterie im Zusammenhang mit der dinglichen Besicherung der vom Trassenverlauf umfassten Grundstücke ist im Bereich des Übertragungsnetzausbaus aus Sicht der polnischen Rechtsordnung bahnbrechend, weil auf diese Weise die im Rahmen des allgemeinen Genehmigungsverfahrens nach Maßgabe der Vorschriften der Art. 50 ff. RPG entstehenden Rechtsprobleme und -unklarheiten[967] beseitigt werden. Denn damit wird die Entscheidung über die Standortfestlegung Übertragungsnetz in einem einzigen Verfahrensgang mit einem ergänzenden Enteignungsakt kombiniert, wodurch das rechtliche Erfordernis einer dinglichen Grundstückssicherung auf sehr schnelle und verfahrenseffiziente Weise gelöst wird. Dies liegt insbesondere an der festen Zeitvorgabe von zwei Monaten zur gemeinsamen Einigung hinsichtlich der Entschädigungshöhe sowie an der in diesem Zusammenhang konkret geregelten Berechnungsmethode. Dadurch werden insbesondere die langwierigen Streitigkeiten im Zusammenhang mit der Einräumung der Leitungsdienstbarkeiten[968] gelöst. Bedauerlicherweise ist der Anwendungsbereich dieser Vorschriften sachlich nicht nur auf die im SÜN ausgewiesenen Leitungen, sondern auch in zeitlicher Hinsicht bis Ende 2025 beschränkt. Angesichts eines mit einer potentiellen Energiewende vermehrt einhergehenden Netzausbaubedarfs wären eine Erweiterung der sachlichen und eine Verlängerung der zeitlichen Beschränkung dieser Regelungswerke wünschenswert.

(5) Veränderungssperre

Schließlich beinhalten die Regelungen gem. SÜN im Vergleich zu den allgemeinen Genehmigungsvorschriften nach Maßgabe des RPG und BauG noch weitere Maßnahmen, durch welche verhindert werden soll, dass durch die Bestandskraft einer anderweitigen womöglich in Widerspruch zu der Entscheidung über die Standortfestlegung Übertragungsnetz stehenden Entscheidung eine ungünstige Faktenlage geschaffen wird. Vor diesem Hintergrund ist geregelt, dass mit Eintritt der Bestandskraft der Entscheidung über die Standortfestlegung Übertragungsnetz

---

967 Dazu ausführlich: Teil 3 C.I.2.b.bb.(4).
968 Wie vorige Fn.

keine andere Baugenehmigung für das betroffene Grundstück mehr erteilt werden darf. Zudem werden laufende Baugenehmigungsverfahren ausgesetzt, vgl. Art. 7 Abs. 2 Nr. 2 SÜN. Letzteres gilt auch für Verfahren auf die Erteilung einer Entscheidung über Baubedingungen[969] sowie einer Entscheidung über die Standortfestlegung nach Maßgabe der Art. 50 ff. RPG, vgl. Art. 7 Abs. 2 Nr. 3 SÜN. Da der Übertragungsnetzbetreiber gem. Art. 33 SÜN grundsätzlich zwischen den Planungsmechanismen gem. Art. 4 ff. SÜN und Art. 50 ff. RPG wählen kann[970], gilt die vorgenannte Beschränkung nach Art. 7 Abs. 2 Nr. 2 und Nr. 3 daher nicht für seine Anträge auf Erteilung der entsprechenden Genehmigungen, vgl. Art. 7 Abs. 3SÜN.

(6) Resümee

Mit der integrierten dinglichen Grundstückssicherung sowie der zeitlichen Festlegung der Höchstdauer des Genehmigungs- und Rechtsschutzverfahrens ist dem polnischen Gesetzgeber damit ein echtes Regelungswerk gelungen, das den Übertragungsnetzausbau in der Praxis mit großer Sicherheit beschleunigen wird. Doch gerade letzteres erscheint verfassungsrechtlich nicht unproblematisch zu sein, weil durch die Vorgabe, in welchem Zeitraum der Richter über die Klage respektive Kassationsklage zu entschieden hat, ein potentieller Eingriff in die gem. Art. 178 Abs. 1 PV verfassungsrechtlich garantierte richterliche Unabhängigkeit nicht ganz von der Hand zu weisen ist. Die Klärung dieser Frage würde allerdings den Rahmen dieser Arbeit sprengen. Die weitere Entwicklung in dieser Sache bleibt daher mit großer Spannung abzuwarten.

gg. Übertragungsnetzausbau Offshore

(1) Entscheidung über Umweltbedingungen Offshore

Die Verwaltungspraxis der polnischen Behörden scheint insoweit konsequent zu sein, wenn bei der Entscheidung über Umweltbedingungen hinsichtlich der Offshore-Windparks gleichzeitig auch über die dafür notwendigen Offshore-Übertragungsleitungen entschieden wird. Damit wird eine „Zersplitterung" des Genehmigungsverfahrens vermieden, wodurch die Errichtung der Offshore-Windparks beschleunigt werden kann. Andernfalls müssten sowohl für die Verlegung der Offshore-Leitungen als auch für den Offshore-Windpark selbst eine UVP durchgeführt sowie eine entsprechende Entscheidung über die Standortfestlegung Offshore eingeholt werden. Dies wäre allerdings völlig absurd. Insoweit sprechen keine vernünftigen Gründe dafür, dass die maritimen Umweltauswirkungen sowohl durch die Errichtung der Offshore-Windparks als auch durch die dafür erforderliche Offshore-Netzinfrastruktur nicht in einem einzigen

969 Zur Abgrenzung zwischen der *Entscheidung über die Standortfestlegung* und *Entscheidung über Baubedingungen* vgl.: Teil 3 B.III.2.a.cc.(2).

970 Dazu ausführlich: Teil 3 B.III.2.b.cc.(3).

Genehmigungsverfahren betrachtet werden sollten. Dabei wird allerdings ein entscheidender Punkt nicht berücksichtigt:

Denn wie das Beispiel des grenzüberschreitenden Transit-Unterwasserkabels „SewPol Interconnector“[971] zwischen Polen und Schweden zeigt, werden Offshore-Leitungen nicht zwingend nur als Annex im Zusammenhang mit der Errichtung der Offshore-Windparks genutzt. Da für die Verlegung von Offshore-Leitungen nach dem Wortlaut des Gesetzes kein umweltrechtliches Genehmigungsverfahren vorgesehen ist, besteht in diesem Zusammenhang offenkundig eine Regelungslücke. Diese sollte durch entsprechende Vorschriften geschlossen werden.

(2) Entscheidung über die Standortfestlegung Offshore

(a) Gesetzliche Struktur

(aa) Genehmigungssystem

Das Regelungsregime zur Standortfestlegung von Übertragungsnetzleitungen im Offshore-Bereich hat – ähnlich wie die Standortfestlegung von Investitionen zu Gemeinwohlzwecken an Land – einen entscheidenden Nachteil. Denn die Errichtung von Windparks ist auch nach polnischer Rechtsordnung innerhalb von Inneren Gewässern und im Küstenmeer verboten, vgl. Art. 23 Abs. 1a MVerwG. Daher kommt nur eine Errichtung in der AWZ in Betracht. Um diese Windparks an das polnische Übertragungsnetz an Land jedoch anschließen zu können, müssen demnach Übertragungsnetzleitungen durch die AWZ, durch das Küstenmeer (sowie ggfs. durch Innere Gewässer) und über Land bis zum entsprechenden Anschlusspunkt verlegt werden. Dadurch kommen unterschiedliche Regelungsmechanismen zur Anwendung. Demnach muss der Standort der Übertragungsleitungen in der AWZ zunächst mit dem Minister für maritime Wirtschaft abgestimmt werden. Im Anschluss daran wird der endgültige Standort im Wege einer administrativen Entscheidung nach Maßgabe von Art. 27 MVerwG beschlossen (erste Genehmigung). Für die Standortfestlegung im Bereich des Küstenmeeres (bzw. im Bereich von Inneren Gewässern) ist darüber hinaus eine Genehmigung gem. Art. 26 MVerwG erforderlich (zweite Genehmigung). Die Standortfestlegung an Land bis zum Anschlusspunkt richtet sich dagegen grundsätzlich nach der Festlegung im Bebauungsplan. Sollte im Bebauungsplan keine Festlegung für die Übertragungsnetzleitung getroffen worden sein oder für den Fall, dass überhaupt kein Bebauungsplan erlassen worden ist, so ist das Netzausbauvorhaben nur dann zulässig, wenn hierfür eine zusätzliche Entscheidung über die Standortfestlegung für eine

971 Vgl. dazu URL: https://www.4coffshore.com/windfarms/interconnector-swepol-icid56.html (letzter Abruf: 31.03.2019).

Investition zu Gemeinwohlzwecken gem. Art. 50 Abs. 1 RPG eingeholt wurde[972] (dritte Genehmigung). Dies wird dann verkompliziert, wenn die Übertragungsnetzleitung ein weiteres Gemeindegebiet überqueren muss. In diesem Fall muss auch für dieses Gemeindegebiet eine weitere Entscheidung über die Standortfestlegung nach Maßgabe von Art. 50 Abs. 1 RPG eingeholt werden (vierte Genehmigung). Damit sind für ein und dasselbe Netzausbauvorhaben mindestens drei (respektive vier) verschiedene Genehmigungen erforderlich, für welche ebenfalls unterschiedliche Organe sachlich und örtlich zuständig sind. Ein solches Vorgehen stellt nicht nur für den Investor eine große rechtliche Hürde dar, sondern ist mit einem gesunden Rechtsempfinden kaum mehr zu vereinbaren.

(bb) Eigener Lösungsansatz

Dieses Problem scheint aus rechtlicher Sicht jedoch nicht unlösbar zu sein und könnte beispielsweise dadurch entschärft werden, dass für die Verlegung der Leitungen sowohl in der AWZ als auch im Küstenmeer respektive in den Inneren Gewässern nur eine einzige Entscheidung über die Standortfestlegung Offshore erlassen werden würde. Dies wäre aus rechtlicher Sicht wohl unproblematisch, weil im Rahmen der Entscheidung über die Standortfestlegung Offshore für die AWZ gem. Art. 27 Abs. 1a ohnehin auf die Regelungen hinsichtlich der Entscheidung für das Küstenmeer bzw. die Inneren Gewässer nach Maßgabe von Art. 26 MVerwG verwiesen wird, so dass sich beide Entscheidungen im Großen und Ganzen damit nur in der behördlichen Zuständigkeit unterscheiden. Denn wie die obigen Ausführungen gezeigt haben[973], sind die Behördenbeteiligung sowie die formell- und materiell-rechtlichen Anforderungen in beiden Genehmigungsverfahren gleich. Aufgrund der wohl besseren sachlichen Kompetenz sollte daher die Zuständigkeit für eine derartige Gesamtgenehmigung dem jeweiligen Direktor des Meeresamtes übertragen werden. Dabei könnte dem Minister für maritime Wirtschaft eine entsprechende Verfahrensbeteiligung durch die Abgabe einer Stellungnahme eingeräumt werden. Da eine Stellungnahme für das zuständige Organ nach der polnischen Rechtsordnung allerdings nicht bindend ist[974], könnte alternativ ebenfalls geregelt werden, dass die Standortfestlegung der Leitungen mit dem Minister für maritime Wirtschaft abzustimmen ist. Denn die Abstimmung ist von der Regelungswirkung her weitergehend als eine Stellungnahme[975], sodass die rechtlichen Interessen des Ministers für maritime Wirtschaft damit ausreichend berücksichtigt würden.

---

972 Zur *Entscheidung über die Standortfestlegung* vgl. ausführlich: Teil 3 B.III.2.a.cc.
973 Dazu ausführlich: Teil 3 B.III.2.c.dd.(4).
974 Zum Rechtscharakter der „Stellungnahme“ in der polnischen Rechtsordnung vgl.: Teil 3 B.II.2.c.bb.(3)(e).
975 Zum Rechtscharakter der „Abstimmung“ in der polnischen Rechtsordnung vgl.: Teil 3 B.III.2.a.bb.(3)(c)(cc).

(b) Behördenbeteiligung

Des Weiteren zeigt sich im Zusammenhang mit der 90-tägigen Frist zur Abgabe einer Stellungnahme durch das zu beteiligende Organ ganz deutlich, dass die vorausgehend so oft zitierte Vorschrift Art. 35 § 3 PVerwVfG, wonach behördliche Angelegenheiten in der Regel innerhalb eines Kalendermonats (respektive innerhalb von zwei Monaten bei schwierigen Sachverhalten) abzuschließen sind, in der Praxis wohl nur Makulatur ist. Denn es ist in Wirklichkeit ausgeschlossen, dass behördliche Verfahren innerhalb eines Monats (bzw. innerhalb von zwei Monaten) abgeschlossen werden können, wenn bereits für die Abgabe einer Stellungnahme eines anderen Organes eine Frist von 90 Tagen eingeräumt wird. Vor dem Hintergrund der Netzausbaubeschleunigung wäre es daher angebracht, die 90-tägige Frist auf höchstens einen Monat zu beschränken, so dass dem für den Erlass der Entscheidung zuständigen Organ insofern noch ein Monat übrigbliebe, um das Verfahren innerhalb eines Zeitraums von zwei Monaten abzuschließen. Damit würde die mit der Vorschrift des Art. 35 § 3 PVerwVfG einhergehende Regelungsabsicht zur Beendigung des Verfahrens (bei schwierigen Sachverhalten) innerhalb von insgesamt nur zwei Monaten beachtet.

(c) Sanktionsinstrument

Ein weiterer Nachteil der maritimen Regelungen im Bereich der Standortfestlegung nach Maßgabe der Art. 26 ff. MVerwG ist ebenfalls die Tatsache, dass im Rahmen dieses Genehmigungsverfahrens keine mit Art. 51 Abs. 2 RPG bzw. Art 6 Abs. 1 SÜN vergleichbare Sanktionsvorschrift vorgesehen ist, nach der bei Überschreiten einer Verfahrensdauer von mehr als 65 Tagen bzw. einem Monat die Zahlung eines Ordnungsgeldes fällig wird. Die möglicherweise langen Verfahrensdauern bei Vorhaben im Offshore-Bereich könnten daher mitunter auch eine Erklärung dafür sein, dass in Polen bisher noch kein Windpark und damit keine entsprechende Netzinfrastruktur errichtet wurde. Daher könnte eine vergleichbare Sanktionsvorschrift im Bereich der maritimen Standortfestlegung ein nützliches Instrument sein, um den Ausbau der Offshore-Netzinfrastruktur zu beschleunigen.

(3) Wasserrechtliche Erlaubnis Offshore

Wie die vorstehenden Ausführungen gezeigt haben, ist die Rechtslage im Bereich der Anwendung der wasserrechtlichen Vorschriften im Zusammenhang mit der Verlegung von Offshore-Leitungen überaus unklar und damit an vielen Stellen auslegungsbedürftig. Aus diesem Grund wäre eine gesetzliche Klarstellung wünschenswert. Durch eine derartige Klarstellung würde nicht nur eine gesetzliche Rechtssicherheit geschaffen, sondern auch ein Anreiz für den Investitionsprozess im Offshore-Bereich gesetzt. Dadurch könnte der Ausbau der für die Offshore-Windparks benötigten Netzinfrastruktur beschleunigt und damit ein wesentlicher Beitrag zur Umsetzung einer potentiellen Energiewende in Polen geleistet werden.

(4) Baugenehmigung Offshore / Baurechtliche Benachrichtigung

Die Befreiung von der baurechtlichen Benachrichtigung und von der Einholung einer Baugenehmigung für Anbindungsleitungen von Offshore-Windparks ist ein probates Mittel, um die für eine potentielle Energiewende benötigten EE-Anlagen noch schneller und effizienter an das Übertragungsnetz anbinden zu können. Obwohl sich diese Befreiung aus rechtlicher Sicht damit ebenfalls positiv auf die Beschleunigung des Ausbaus der Netzinfrastruktur auswirken wird, dürfte sie den Investor dennoch vor eine schwierige Entscheidung stellen. Denn der Investor muss sich bereits vorab gründlich überlegen, ob er die Offshore-Anbindungsleitungen mit oder ohne eine vorherige baurechtliche Benachrichtigung errichten will. Dabei muss der Investor die Vor- und Nachteile gegeneinander abwägen, was sich mitunter als sehr schwierig erweisen kann. Die Errichtung ohne eine vorherige Benachrichtigung des zuständigen Organs hat für den Investor auf der einen Seite den Vorteil, dass zügig mit dem tatsächlichen Ausbau der Anbindungsleitungen begonnen werden kann, ohne dass weitere Dokumente sowie Unterlagen beigebracht werden müssen. Dadurch kann der interne Aufwand des Investors für die Erstellung von Genehmigungsunterlagen reduziert werden.

Auf der anderen Seite ist die Errichtung ohne eine vorherige Benachrichtigung mit einer großen Rechtsunsicherheit verbunden. Denn die stillschweigende Zustimmung des zuständigen Organs im Rahmen der baurechtlichen Benachrichtigung führt – genau wie bei der Benachrichtigung über die Baufertigstellung[976] oder der wasserrechtlichen Benachrichtigung[977] – dazu, dass das Recht des Investors, mit der Errichtung des Bauvorhabens zu beginnen, unmittelbar kraft Gesetzes entsteht[978]. Dadurch kann das Bauvorhaben in der Regel nicht mehr nachträglich gestoppt werden. Dies erscheint auch sachgerecht, weil dem Organ durch die baurechtliche Benachrichtigung die Möglichkeit eingeräumt wird, sich mit dem Bauvorhaben vertraut zu machen und dieses auf etwaige Bauverstöße vorab zu kontrollieren (auch wenn das Ergebnis nicht in einer administrativen Entscheidung festgehalten wird).

Sollte der Investor mit der Errichtung der Offshore-Anbindungsleitungen dagegen ohne eine vorherige Benachrichtigung beginnen, so ist nicht auszuschließen, dass das Vorhaben während der Bauphase womöglich noch gestoppt werden könnte, beispielsweise wenn die Behörde nachträglich feststellt, dass bestimmte Bauschutzvorschriften nicht eingehalten werden. Die Vorteile einer vorherigen Benachrichtigung des zuständigen Organs dürften damit bei Weitem überwiegen. Aus diesem Grund ist dem Investor dringend anzuraten, mit der Errichtung von Offshore-Anbindungsleitungen nur nach einer vorherigen baurechtlichen Benachrichtigung i. S. d. Art. 30 BauG zu beginnen.

---

976 Zur *Benachrichtigung über die Baufertigstellung* vgl. ausführlich: Teil 3 B.III.2.a.ff.(4).
977 Zur *wasserrechtlichen Benachrichtigung* vgl. ausführlich: Teil 3 B.III.2.a.dd.(6).
978 *Kosicki* in: Wierzbowski/Plucińska-Filipowicz, BauG, Art. 30, Rn. 3.

II. Rechtsvergleichende Zusammenfassung

1. Gesetzliche Netzausbauplanung

a. Rechtssystem

Die Bedarfsplanung und der Ausbau des Übertragungsnetzes an Land folgen in beiden Ländern nach einem völlig unterschiedlichen Rechtssystem. Beide Rechtsordnungen haben jedoch gemeinsam, dass der eigentlichen Zulassung der Leitungsvorhaben eine Netzausbauplanung vorgeschaltet wird, welche die Grundlage für den Übertragungsnetzausbau bildet. Die nationalen Vorschriften zur Bedarfsplanung dienen dabei der Umsetzung von europäischen Richtlinienvorgaben ins nationale Recht. Hierbei wurden die nationalen Vorschriften an die rechtlichen und länderspezifischen Besonderheiten des jeweiligen Nationalstaates angepasst.

Demnach wird die Netzausbauplanung nach deutschem Recht in zwei Planungsstufen unterteilt. Im ersten Teil des Bedarfsplanungsprozesses sind die vier deutschen Übertragungsnetzbetreiber dazu verpflichtet, zunächst einen gemeinsamen Szenariorahmen zu erstellen. Dieser umfasst drei Szenarien (Prognosen), im Rahmen derer die Entwicklung, die Erzeugung und der Verbrauch von Elektrizität für einen Prognosezeitraum von u. a. 10 bis 15 Jahren berücksichtigt werden. Der Szenariorahmen wird durch einen hoheitlichen Verwaltungsakt bestätigt. Dabei wird der gesamte Verfahrensablauf stringent durch das Gesetz geregelt. Die Szenarien bilden sodann die Grundlage für die Erstellung des sich daran anschließenden Netzentwicklungsplanes.

Das polnische Recht sieht hingegen kein derartiges Verfahren zur Erstellung eines getrennten Szenariorahmens vor. Dieser gesetzliche Unterschied dürfte auch damit zu erklären sein, dass nach polnischem Recht nur ein Übertragungsnetzbetreiber ausgewiesen wurde, wodurch der Übertragungsnetzausbau ausschließlich im Verantwortungsbereich dieses einzigen Unternehmens liegt. In Deutschland hingegen gibt es vier Übertragungsnetzbetreiber. Daher wird das Übertragungsnetz in Deutschland rechtlich in vier Regelzonen getrennt, für die der jeweilige Übertragungsnetzbetreiber verantwortlich ist. Da der Übertragungsnetzausbau jedoch regelzonenübergreifend und damit nicht nur auf eine Regelzone beschränkt ist, müssen die deutschen Übertragungsnetzbetreiber zunächst eine gemeinsame Basis für den Netzentwicklungsplan schaffen. Diese Basis stellt der von den Übertragungsnetzbetreibern gemeinsam erarbeitete Szenariorahmen dar, der im Wege eines rechtsverbindlichen Verwaltungsaktes bestätigt wird. Dadurch werden die Übertragungsnetzbetreiber gleichermaßen dazu verpflichtet, diesen Szenariorahmen bei der gemeinsamen Erstellung des sich daran anschließenden Netzentwicklungsplanes zugrunde zu legen. Da in Polen nur ein einziger Übertragungsnetzbetreiber für die Erstellung des Netzentwicklungsplanes verantwortlich ist, ist eine derartige Abstimmung folglich nicht notwendig. Somit spiegeln die deutschen Vorschriften im Zusammenhang mit der Erstellung eines gemeinsamen Szenariorahmens nur die länderspezifischen Besonderheiten wider.

Ein derartiger Unterschied bei der gesetzlichen Ausgestaltung nationaler Vorschriften ist europarechtlich unbedenklich. Denn die europäischen Vorgaben im Bereich der Netzentwicklungsplanung werden insbesondere im Rahmen der Richtlinie 2009/72/EG geregelt. Zwar wird ausweislich dieser Richtlinie nicht zwischen einem selbständigen Verfahren zur Erstellung eines Szenariorahmens und dem eigentlichen Verfahren zur Erstellung des Netzentwicklungsplanes unterschieden. Allerdings ist eine europäische Richtlinie für jeden Mitgliedstaat, an den sie gerichtet wird, nur hinsichtlich des zu erreichenden Ziels verbindlich, vgl. Art. 288 Abs. 3 AEUV. Da bei der Erstellung des Netzentwicklungsplanes gem. Art. 22 der Richtlinie 2009/72/EG lediglich eine Prognose für einen 10-jährigen Netzentwicklungsplan gefordert wird, sind die Nationalstaaten bei der Wahl der Form und der Mittel im Rahmen der Erstellung dieser Prognose grundsätzlich frei. Daher ist es auch rechtlich unbedenklich, dass nach deutscher Rechtsordnung mehrere Prognosen – dabei u. a. für einen Zeitraum von 10 bis 15 Jahren – erstellt werden, während nach polnischem Recht nur eine Prognose für einen Zeitraum von 10 Jahren verfasst wird. Denn damit wird der in Art. 22 der Richtlinie 2009/72/EG geforderte Prognosezeitraum von 10 Jahren sowohl in den deutschen als auch in den polnischen Rechtsvorschriften berücksichtigt.

Auch die Netzausbauplanung von Übertragungsnetzleitungen im Offshore-Bereich folgt in beiden Ländern einem völlig unterschiedlichen Rechtssystem. Während die Netzausbauplanung von Übertragungsnetzleitungen Offshore in den deutschen Vorschriften zum O-NEP respektive zum vorgelagerten BFO eingehend geregelt wird, sieht die polnische Rechtsordnung zumindest gegenwärtig noch keine konkrete Netzausbauplanung im Offshore-Bereich vor. Das ist wohl damit zu erklären, dass sich der erste Offshore-Windpark aktuell noch im Genehmigungsprozess befindet. Demnach scheint die Netzausbauplanung einer Übertragungsnetzinfrastruktur zur Anbindung etwaiger Offshore-Windparks aus Sicht des polnischen Gesetzgebers gegenwärtig offensichtlich noch nicht erforderlich zu sein. Angesichts der klimapolitischen Ziele der Europäischen Union und des Ausbaupotentials der polnischen Offshore-Windenergie dürfte sich dieser Umstand in naher Zukunft jedoch grundlegend ändern. Diesbezüglich wurden mit den Regelungen im Zusammenhang mit der Erstellung von maritimen Raumordnungs- und Raumbewirtschaftungsplänen daher auch die ersten gesetzlichen Weichen gestellt.

b. Rechtscharakter

Ein weiterer Unterschied zwischen den beiden Rechtsordnungen ergibt sich aus dem unterschiedlichen Rechtscharakter der Netzausbauplanung und der damit verfolgten Zielrichtung. Denn der Netzentwicklungsplan dient nach deutschem Recht als Grundlage für den *Bundes*bedarfsplan. Mit der Verabschiedung des *Bundes*bedarfsplanes durch das Parlament werden die „energiewirtschaftliche

Notwendigkeit“ und der „vordringliche Bedarf zur Gewährleistung eines sicheren und zuverlässigen Netzbetriebs“ für den Ausbau der im Plan konkretisierten Übertragungsnetzleitung gesetzlich festgestellt. Daneben sieht die deutsche Rechtsordnung mit dem Bedarfsplan i. S. d. EnLAG ein weiteres Rechtsinstrument im Bereich des Übertragungsnetzausbaus vor. Durch die Ausweisung der Übertragungsnetzleitungen im Bedarfsplan werden ebenfalls für deren Ausbau die „energiewirtschaftliche Notwendigkeit“ und der „vordringliche Bedarf zur Gewährleistung eines sicheren und zuverlässigen Netzbetriebs“ festgestellt. Die gesetzliche Feststellung der „energiewirtschaftlichen Notwendigkeit“ und des „vordringlichen Bedarfs zur Gewährleistung eines sicheren und zuverlässigen Netzbetriebs“ hat für das nachgelagerte Planfeststellungverfahren eine erhebliche rechtliche Konsequenz. Denn nach der deutschen Rechtslage muss im Rahmen des Planfeststellungsverfahrens für das Bauvorhaben grundsätzlich eine Planrechtfertigung positiv festgestellt werden. Durch die Ausweisung der „energiewirtschaftlichen Notwendigkeit“ und des „vordringlichen Bedarfs zur Gewährleistung eines sicheren und zuverlässigen Netzbetriebs“ wird die geforderte Planrechtfertigung kraft Gesetzes festgestellt und kann nicht mehr in Frage gestellt werden. Dies gilt allerdings nur für Übertragungsnetzleitungen, die im *Bundes*bedarfsplan (EnWG/BBPlG) und im Bedarfsplan (EnLAG) ausgewiesen wurden. Für alle übrigen Übertragungsnetzausbauvorhaben muss eine Planrechtfertigung gesondert nachgewiesen werden. Sinn und Zweck der Netzausbauplanung nach deutschem Recht ist damit die gesetzliche Begründung der Planrechtfertigung für das Planfeststellungsverfahren, wodurch das Zulassungsverfahren im Bereich des Übertragungsnetzausbaus beschleunigt werden soll.

Dies ist nach polnischem Recht ganz anders. Denn im polnischen Genehmigungsverfahren wird eine vergleichbare Planrechtfertigung nicht vorausgesetzt. Daher zielt das polnische Netzausbauplanungsverfahren auch nicht darauf ab, einen etwaigen vordringlichen Ausbaubedarf oder eine energiewirtschaftliche Notwendigkeit festzustellen. Aus diesen Gründen endet der polnische Netzausbauplanungsprozess auch nicht mit der Verabschiedung eines parlamentarischen Gesetzes, das eine bestimmte Rechtswirkung gegenüber dem Genehmigungsverfahren entfalten könnte. Die polnische Netzausbauplanung zielt vielmehr auf die Überwachung der unternehmerischen Tätigkeit des Übertragungsnetzbetreibers ab. Dadurch sollen die Netzausbaukosten staatlich gesteuert und somit auf ein Minimum reduziert werden. Folglich handelt es sich bei der polnischen Netzausbauplanung um ein regulatorisches Überwachungsinstrument, das im Vergleich zur deutschen Rechtsordnung keine Rechtswirkung nach außen entfaltet und demnach auch eine völlig andere Zielrichtung verfolgt.

2. Zulassung von Netzausbauvorhaben

a. Anwendungsbereich

Obwohl sich die übergeordnete Netzausbauplanung nach beiden Rechtsordnungen in der gesetzlichen Zielrichtung und in ihrem Rechtscharakter unterscheidet, lässt sich im Vergleich dazu bei den nationalen Regelungen im Bereich des Zulassungssystems von Netzausbauvorhaben in beiden Ländern eine gewisse Parallele ziehen. Insofern wird nach deutscher Rechtslage zwischen verschiedenen Leitungsvorhaben differenziert, was dazu führt, dass die Leitungen entweder nach Maßgabe der allgemeinen Vorschriften gem. §§ 43 ff. EnWG oder nach Maßgabe des speziellen NABEG planfestgestellt werden. Letzteres soll zur Beschleunigung des Netzausbaus verhelfen.

Auch das polnische Recht sieht ein vergleichbares „zweigliedriges" Genehmigungssystem im Bereich des Übertragungsnetzausbaus vor, im Rahmen dessen ebenfalls unterschiedliche Gesetze zur Anwendung gelangen. Insoweit wurde mit dem SÜN ein Rechtinstrument geschaffen, das von der rechtlichen Zielsetzung mit den Vorschriften des NABEG vergleichbar ist. Danach soll ebenfalls das Genehmigungsverfahren im Zusammenhang mit dem Ausbau des Übertragungsnetzes beschleunigt werden. Obwohl dies im polnischen Gesetz nicht ausdrücklich geregelt wird, finden die speziellen Vorschriften gem. SÜN auch auf einige aus dem Netzentwicklungsplan abgestimmte Netzausbauvorhaben Anwendung. Das lässt sich aus der Gesetzesbegründung zum SÜN sowie aus einem Abgleich mit den Festlegungen im ÜNEP entnehmen. Dabei werden diese Netzausbauvorhaben in einer Anlage zum SÜN näher konkretisiert. Auch hierbei kann eine Ähnlichkeit zu den Vorschriften des BBPlG gezogen werden. Insoweit werden die im Netzentwicklungsplan bestätigten Übertragungsnetzausbauvorhaben ebenfalls in der Anlage zum BBPlG ausgewiesen, so dass sich das Genehmigungsverfahren im Zusammenhang mit dem Ausbau von länderübergreifenden sowie grenzüberschreitenden Höchstspannungsleitungen und Offshore-Anbindungsleitungen nach den speziellen Vorschriften des NABEG richtet. Die in der Anlage zum SÜN ausgewiesenen Übertragungsnetzausbauvorhaben werden ebenfalls in drei Gruppen unterteilt. Zu der ersten und zweiten Gruppe gehören ebenso Grenzverbindungsleitungen zwischen Polen und den Nachbarstaaten Deutschland, Tschechien und Litauen. Die dritte Gruppe bilden dagegen Übertragungsnetzleitungen, die – genau wie Offshore-Anbindungsleitungen nach deutschem Recht – für die Anbindung von Offshore-Windenergieanlagen an das Übertragungsnetz benötigt werden. Damit scheinen beide Rechtsordnungen zumindest nach dem Regelungswerk im Bereich von speziellen Vorschriften zur Beschleunigung des Übertragungsnetzausbaus miteinander vergleichbar zu sein.

b. Gesetzessystematik

Trotz dieser vermeintlichen Gemeinsamkeit unterscheiden sich die nationalen Regelungen i. S. d. NABEG und SÜN nach inhaltlichen Gesichtspunkten grundlegend voneinander. Denn die Rechtslage im Bereich der Zulassung der Netzausbauvorhaben ist – unabhängig von der Frage nach der Anwendbarkeit der allgemeinen oder der speziell für den Übertragungsnetzausbau konzipierten Vorschriften – in beiden Ländern völlig gegensätzlich. Insoweit ist nach der deutschen Rechtsordnung für die Genehmigung im Bereich des Übertragungsnetzausbaus ein Planfeststellungsverfahren vorgesehen, welches mit der Erteilung eines Planfeststellungsbeschlusses beendet wird. Mit dem Planfeststellungsbeschluss werden sämtliche für das Netzausbauvorhaben erforderlichen behördlichen Genehmigungen (mit Ausnahme einer wasserrechtlichen Erlaubnis oder Bewilligung) ersetzt. Dadurch entfaltet der Planfeststellungsbeschluss eine formelle Konzentrationswirkung mit der Folge, dass alle im Zusammenhang mit dem Netzausbauvorhaben verbundenen Entscheidungsthemen auf die dafür zuständige Planfeststellungsbehörde verlagert werden. In diesem Rahmen wird nach deutschem Recht im Bereich des Übertragungsnetzausbaus zwischen zwei unterschiedlichen Planfeststellungsverfahren differenziert. Insoweit werden Übertragungsnetzleitungen grundsätzlich nach den energiewirtschaftlichen Vorschriften der §§ 43 ff. EnWG planfestgestellt. Die Planfeststellung von länderübergreifenden sowie grenzüberschneidenden Höchstspannungsleitungen und Offshore-Anbindungsleitungen richtet sich dagegen nach den besonderen Vorschriften des NABEG, wodurch der Übertragungsnetzausbau beschleunigt werden soll. Ein Unterschied zwischen den beiden Planfeststellungsverfahren hinsichtlich der Rechtswirkung besteht allerdings nicht.

Das polnische Genehmigungssystem im Bereich des Übertragungsnetzausbaus folgt dagegen einem völlig anderen Weg, da nach der polnischen Rechtsordnung für Bauvorhaben – gleichgültig welcher Art – kein vergleichbares Planfeststellungsverfahren mit einer damit verbundenen formellen Konzentrationswirkung vorgesehen ist. Insoweit müssen für das Netzausbauvorhaben nach polnischem Recht daher bis zu fünf Einzelgenehmigungen eingeholt werden. Dies gilt grundsätzlich auch für die Errichtung der speziell in der Anlage zum SÜN ausgewiesenen Netzausbauvorhaben. Für den Fall, dass durch die Ausbaumaßnahme ein Gewässer betroffen ist, bedarf es darüber hinaus einer zusätzlichen wasserrechtlichen Entscheidung in Form einer wasserrechtlichen Erlaubnis oder einer wasserrechtlichen Benachrichtigung. In dieser Hinsicht ähnelt das polnische Rechtssystem den deutschen Regelungen, die für Netzausbauvorhaben, welche sich auf ein Gewässer auswirken können, ebenfalls eine wasserrechtliche Erlaubnis bzw. Bewilligung vorsehen.

c. Gestuftes Genehmigungssystem

Die Einholung der polnischen Einzelgenehmigungen basiert dabei auf einem gestuften System. Danach steht auf der ersten Stufe die Entscheidung über Umweltbedingungen. Darin werden konkrete Umweltanforderungen an das Netzausbauvorhaben gestellt, welche für die Realisierung der Ausbaumaßnahme unerlässlich sind. Mit dem Antrag auf Erteilung der Entscheidung über Umweltbedingungen wird gleichzeitig ein UVP-Verfahren eingeleitet. Im Gegensatz zum deutschen Recht handelt es sich bei der polnischen UVP allerdings um ein rechtlich selbständiges Verfahren, dessen Ergebnis im Rahmen der Entscheidung über Umweltbedingungen zu berücksichtigen ist. Das Ergebnis der UVP hat allerdings keine materielle Bindungswirkung gegenüber der Entscheidung über

Umweltbedingungen, so dass das für die Entscheidung über Umweltbedingungen zuständige Organ von dem Ergebnis aus dem UVP-Verfahren grundsätzlich auch abweichen kann. Da der regionale Direktor für Umweltschutz jedoch in beiden Verfahren sachlich zuständig ist, dürfte es in der Praxis kaum vorkommen, dass die Entscheidung über Umweltbedingungen zu einem anderen Ergebnis gelangt als im UVP-Verfahren. Die rechtliche Selbstständigkeit beider Verfahren führt allerdings auch dazu, dass sowohl im Rahmen der Entscheidung über Umweltbedingungen als auch im UVP-Verfahren je selbständige Öffentlichkeitsbeteiligungen durchzuführen sind. Ähnliche Regelungen bestehen jedoch auch nach deutschem Recht im Bereich des Netzausbaus nach Maßgabe des NABEG, da danach sowohl im Rahmen der Festlegung der Trassenkorridor i. S. d. Bundesfachplanung als auch im Rahmen der nachgelagerten Planfeststellung eine Öffentlichkeitsbeteiligung bzw. ein Anhörungsverfahren durchgeführt wird.

Im Anschluss an die Erteilung der Entscheidung über Umweltbedingungen ist eine Entscheidung über die Standortfestlegung für eine Investition zu Gemeinwohlzwecken einzuholen. Hierbei handelt es sich um die Standortfestlegung des Netzausbauvorhabens im Gemeindegebiet, sofern im Bebauungsplan keine entsprechenden Festlegungen vorgesehen sind. Dies betrifft allerdings die meisten Fälle, da die Gemeinden nach polnischem Recht – im Gegensatz zur deutschen Rechtsordnung – nicht zur Aufstellung von Bauleitplänen verpflichtet sind. Aus diesem Grund haben auch nur die wenigsten polnischen Gemeinden entsprechende Bebauungspläne erlassen. Die Entscheidung über die Standortfestlegung begründet allerdings noch kein Recht an dem Grundstück selbst, auf dem das Netzausbauvorhaben errichtet werden soll. Daher ist der Übertragungsnetzbetreiber zusätzlich dazu angehalten, die betroffenen Grundstücke rechtlich zu sichern. Diesbezüglich stehen dem Übertragungsnetzbetreiber – ähnlich wie nach deutschem Recht – sowohl schuldrechtliche als auch dingliche Sicherungsmittel zur Verfügung, wobei der polnische Gesetzgeber mit der sog. „Leitungsdienstbarkeit" im Bereich des Netzausbaus ein besonderes Rechtsinstitut geschaffen hat, durch welche das Versorgungsunternehmen berechtigt wird, das Grundstück in der vereinbarten Art und Weise zu nutzen.

Auf der dritten Stufe ist sodann eine Baugenehmigung einzuholen. Dabei ist das Ergebnis der Entscheidung über die Standortfestlegung für die Baugenehmigung bindend. Schließlich ist das zuständige Organ nach der Beendigung der Baumaßnahmen und damit am Ende des gesamten Investitionsprozesses über die Inbetriebnahme der Übertragungsnetzleitung zu benachrichtigen. Sollte mit der Inbetriebnahme der Leitung hingegen noch vor deren Fertigstellung begonnen werden, so muss stattdessen eine Nutzungsgenehmigung eingeholt werden.

d. Zuständigkeiten

Anders als nach deutscher Rechtsordnung, wonach die Zuständigkeit im Rahmen des Genehmigungsverfahrens bei einer einzigen Planfeststellungsbehörde konzentriert wird, sind für die Erteilung der Einzelgenehmigungen nach der polnischen Rechtslage unterschiedliche Organe zuständig. Dennoch muss die Annahme, dass es aufgrund der unterschiedlichen Zuständigkeitsverteilung im Vergleich zum deutschen Planfeststellungsverfahren zu einer erheblichen zeitlichen Verzögerung im Genehmigungsprozess kommen könnte, relativiert werden. Denn anders als nach deutschem Recht sind die polnischen Behörden von Gesetzes wegen dazu angehalten, die Angelegenheit innerhalb eines Monats abzuschließen, es sei denn, die Angelegenheit gestaltet sich sehr schwierig. In diesem Fall ist über die Angelegenheit innerhalb von zwei Monaten zu entscheiden. Dies gewährleistet, dass eine überlange Verfahrensdauer vermieden wird. Zu diesem Zwecke sieht die polnische Rechtslage im Zusammenhang mit der Erteilung der Entscheidung über die Standortfestlegung gem. Art. 51 Abs. 2 RPG zudem noch eine weitere – nach deutschem Recht völlig undenkbare – Sanktionsvorschrift vor, nach der das zuständige Organ zur Zahlung eines Ordnungsgeldes verpflichtet wird, sofern nicht innerhalb einer Frist von 65 Tagen über den Antrag des Investors entschieden wird. Daher spricht vieles dafür, dass das gesamte polnische Genehmigungsverfahren zeitlich in etwa dem deutschen Planfeststellungsverfahren entsprechen dürfte.

e. Sondergesetzliches Genehmigungssystem

Das Genehmigungsverfahren für die in der Anlage zum SÜN genannten Übertragungsnetzausbauvorhaben richtet sich nach dem gleichen allgemeinen Rechtsprinzip. Im Rahmen dessen sind ebenfalls bis zu fünf Einzelgenehmigungen einzuholen, wobei das Verfahren hierzu in den spezialgesetzlichen Vorschriften gem. SÜN näher geregelt wird. Wesentliche Unterschiede zu den allgemeinen Vorschriften ergeben sich demnach aus der Zuweisung der Kompetenz für die Erteilung der Entscheidung über die Standortfestlegung Übertragungsnetz und für die Erteilung der Baugenehmigung beim Woiwoden. Hintergrund dessen ist, dass das Genehmigungsverfahren – ähnlich wie nach deutschem Recht – in „einer Hand" gebündelt werden soll. Ein weiterer Unterschied besteht in der Verkürzung der o. g. Sanktionsfrist und der damit verbundenen Zahlung eines Ordnungsgeldes im Bereich der Entscheidung über die Standortfestlegung Übertragungsnetz auf einen Monat sowie in der Übertragbarkeit dieser Sanktionsvorschrift auf das Verfahren zur Erteilung einer Baugenehmigung. Darüber hinaus wird das Rechtsschutzverfahren durch die Vorgabe konkreter Zeiträume, im Rahmen derer das Beschwerde- und die Klageverfahren abgeschlossen werden müssen, erheblich verkürzt. Dadurch soll für den Investor in kürzester Zeit Rechtssicherheit geschaffen werden. Diese Regelung spiegelt den in Polen bestehenden Grundsatz wider, wonach öffentliches Baurecht offensichtlich als überaus schutzwürdiges Investitionsrecht verstanden wird. Vor diesem Hintergrund ist in den Vorschriften i. S. d. SÜN ebenfalls geregelt, dass die Entscheidung über die Standortfestlegung Übertragungsnetz sowie die Baugenehmigung und die Entscheidung über Umweltbedingungen gerichtlich nicht mehr aufgehoben werden können, wenn seit dem Beginn der Bauarbeiten bereits 14 Tagen vergangen sind.

Der entscheidende Unterschied zwischen dem allgemeinen und dem speziellen Genehmigungsverfahren nach Maßgabe der Vorschriften gem. SÜN und den allgemeinen Regelungen des RPG besteht jedoch in dem Regelungsmechanismus der Entscheidung über die Standortfestlegung. Denn im Gegensatz zu den allgemeinen Vorschriften gem. RPG wird durch die Entscheidung über die Standortfestlegung Übertragungsnetz nach Maßgabe des SÜN gleichzeitig auch ein Recht an dem Grundstück selbst begründet, so dass das Grundstück nicht mehr zusätzlich besichert werden muss. Insoweit erhält der Übertragungsnetzbetreiber mit dem Tag der Erteilung der Entscheidung über die Standortfestlegung Übertragungsnetz das Recht, die von der Baumaßnahme betroffenen Grundstücke zu Bauzwecken zu nutzen. Diese Grundstücke gehen schließlich mit dem Eintritt der Bestandskraft der Entscheidung über die Standortfestlegung Übertragungsnetz gegen eine Entschädigung der Grundstückseigentümer in das Staatseigentum über und werden jeglichen anderweitigen Verfügungen entzogen. Der Übertragungsnetzbetreiber erhält an diesen Grundstücken kraft Gesetzes gleichzeitig ein dauerhaftes Nießbrauchsrecht sowie ein Eigentumsrecht an den sich dort befindenden Gebäuden und an anderen mit dem Boden fest verbundenen Gegenständen.

f. Genehmigungssystem Offshore

Auch im Bereich der Errichtung der Offshore-Netzinfrastruktur unterscheiden sich beide Rechtsordnungen grundlegend voneinander. Insoweit ist die deutsche Planfeststellung von Offshore-Übertragungsnetzleitungen rechtlich überaus kompliziert. Sie unterscheidet zwischen Offshore-Anbindungsleitungen, Transit-Unterwasserkabel, Übertragungsnetzleitungen zur Anbindung von Offshore-Windparks innerhalb der AWZ und auf Hoher See sowie zwischen Übertragungsnetzleitungen von Erzeugungsanlagen aus Wasser und Strömungen. Im Rahmen dessen wird ferner nach dem Zeitpunkt der Inbetriebnahme der Leitung differenziert. Ausgehend davon finden für die Planfeststellung der jeweiligen Leitung auch unterschiedliche Gesetzesvorschriften Anwendung. Ein Durchblick über die gesetzlichen Bestimmungen ist in diesem Bereich nur schwer möglich.

Die polnischen Genehmigungsvorschriften im Bereich der Zulassung von Offshore-Netzleitungen sind dagegen klar strukturiert und folgen dem gleichen Rechtsprinzip, welches dem Netzausbau an Land zugrunde liegt. Dies führt dazu, dass für den Ausbau der Offshore-Übertragungsnetzleitungen die gleichen Genehmigungen eingeholt werden müssen, die auch im Bereich des Übertragungsnetzausbaus an Land erforderlich sind. Eine Besonderheit gilt jedoch hinsichtlich der Erteilung einer Entscheidung über die Standortfestlegung. Diesbezüglich sieht das polnische Gesetz für den Offshore-Bereich die Einholung einer Genehmigung bzw. Abstimmung i. S. v. Art. 26 ff. MVerwG vor. Diese Genehmigungsarten richten sich dabei grundsätzlich nach der örtlichen Lage des Netzausbauvorhabens. Dennoch unterscheiden sich sowohl das Verfahren an Land als auch im Meeresbereich in ihrem Planungsmechanismus grundlegend voneinander. Denn die Zulässigkeit des Ausbaus von Übertragungsnetzleitungen an Land ergibt sich aus den Festlegungen im Bebauungsplan. Sofern keine derartigen Festlegungen im Bebauungsplan getroffen wurden, kann das Netzausbauvorhaben nur realisiert werden, wenn hierfür eine vorherige Entscheidung über die Standortfestlegung für eine Investition zu Gemeinwohlzwecken eingeholt wurde. Zwar können in den maritimen Raumordnungs- und Raumbewirtschaftungsplänen ebenfalls Festlegungen zu Offshore-Übertragungsnetzleitungen getroffen werden. Im Gegensatz zu den Regelungen, wie sie im Bereich der Entscheidung über die Standortfestlegung an Land bestehen, ist die Einholung einer Entscheidung über die Standortfestlegung im Offshore-Bereich jedoch immer notwendig. Gleichgültig ist dabei, ob die maritimen Raumordnungs- und Raumbewirtschaftungspläne entsprechende Festlegungen vorsehen oder auch nicht. Dies ergibt sich aus dem Gesetzeswortlaut und der gesetzlichen Systematik. Hieraus kann der Schluss gezogen werden, dass die maritimen Raumordnungs- und Raumbewirtschaftungspläne aus den o. g. Genehmigungen und Abstimmungen entwickelt werden und nicht umgekehrt die Grundlage für die Zulässigkeit des Offshore-Netzausbauvorhabens bilden.

Teil 4: Ergebnisse

A. Gesetzliche Netzausbauplanung

(1) Die polnischen Vorschriften sind im Bereich der gesetzlichen Netzausbauplanung trotz vereinzelter Bedenken hinsichtlich ihrer Vereinbarkeit mit europäischem Recht[979] im Großen und Ganzen den deutschen Regelungen im Onshore-Bereich vorzuziehen. Dies liegt u.a. an dem unterschiedlichen Netzausbauplanungssystem. Denn das deutsche Netzausbauplanungssystem ist zweistufig aufgebaut. Auf der ersten Stufe steht die Bundesbedarfsplanung, gefolgt von der Bundesfachplanung (zweite Stufe), wobei diese nur bei Leitungsvorhaben zum Tragen kommt, die vom Anwendungsbereich des NABEG umfasst werden. Die Bedarfsplanung für alle anderen Leitungsausbauvorhaben, für die ebenfalls die energiewirtschaftliche Notwendigkeit und vordringlicher Ausbaubedarf festgestellt wurden, erfolgt nach den Vorschriften des EnLAG (erste Stufe). Deren Trassenkorridore werden dagegen im Wege eines Raumordnungsverfahrens (zweite Stufe) festgelegt. Dabei sind allerdings nur die bundesfachplanerischen Festlegungen für das nachgelagerte Planfeststellungsverfahren verbindlich. Insofern kann die Planfeststellungsbehörde im Zusammenhang mit den Leitungen i. S. d. EnLAG respektive alle sonstigen Leitungen von den Festlegungen der Raumordnungsbehörde auch abweichen. Bereits hier zeigt sich ein gesetzlicher Widerspruch, weshalb die deutschen Regelungen und dabei insbesondere die Trennung zwischen der Bundesbedarfsplanung (i. S. d. EnWG/BBPlG) und der Bedarfsplanung (i. S. d. EnLAG) im Rahmen des Netzausbauplanungssystems nicht zu überzeugen vermögen. Denn wenn die im EnLAG ausgewiesenen Leitungen tatsächlich energiewirtschaftlich notwendig und deren Ausbaubedarf vordringlich wären, dann ist nicht nachzuvollziehen, weshalb diese Leitungen nicht vom Anwendungsbereich des NABEG umfasst werden, was zur Folge hätte, dass die im Rahmen der Bundesfachplanung auf der zweiten Stufe des Netzausbauplanungsprozesses getroffenen fachplanerischen Festlegungen für die nachgelagerte Planfeststellungsbehörde als rechtsverbindlich anzusehen wären. Stattdessen kann die für die Planfeststellung der im EnLAG ausgewiesenen Leitungsvorhaben zuständige Planfeststellungsbehörde von den fachplanerischen Festlegungen der Raumordnungsbehörde des Landes auch abweichen, was zu einer Verfahrensverzögerung führen kann. Durch ein derart „verschachteltes“ Regelungsregime ist die deutsche Netzausbauplanung in ihrer gesetzlichen Komplexität kaum mehr zu überbieten.

---

979 Dazu ausführlich: Teil 3 B.II.2.c.bb.(3)(b); Teil 3 B.II.2.c.bb.(4); Teil 3 B.II.2.c.ee.

Im Vergleich dazu scheinen die polnischen Regelungen vorzugswürdig zu sein. Insofern wird im Rahmen der polnischen Netzausbauplanung nicht nach der Art der Leitung oder nach zwei unterschiedlichen Netzausbauplanungssystem unterschieden. Daher ist die polnische Rechtslage in diesem Bereich homogener. Insofern gibt es in Polen nur ein einziges Netzausbauplanungssystem, welches folglich auch keiner gestuften Planungshierarchie unterworfen und zudem auch nur in einer einzigen Zentralvorschrift (Art. 16 EnR) geregelt ist. Dadurch weist Polen in diesem Bereich einen klaren und strukturierten Rechtsrahmen auf, was sich für die Beschleunigung des Übertragungsnetzausbaus und damit für die Umsetzung einer potentiellen Energiewende in Polen als vorteilhaft erweisen kann.

(2) Denn etwaige raumordnungs- bzw. raumplanerischen Belange werden ausweislich der polnischen Rechtslage als eine materiell-rechtliche Anforderung im Rahmen der eigentlichen Netzausbauplanung berücksichtigt. Daher wird in Polen im Rahmen des gesamten Netzausbauplanungsprozesses auch nur eine einzige Öffentlichkeitsbeteiligung durchgeführt. Auch diese Tatsache dürfte sich für einen beschleunigten Übertragungsnetzausbau positiv auswirken, weil dadurch der gesamte polnische Netzausbauplanungsprozess im Vergleich zu Deutschland erheblich verkürzt wird. Denn die deutschen Vorschriften sehen dagegen eine viel umfangreichere Öffentlichkeitsbeteiligung sowohl auf der ersten als auch auf der zweiten Planungsstufe vor. Insoweit finden im Rahmen der Bundesbedarfsplanung nach Maßgabe der §§ 12a ff. EnWG (erste Stufe) gleich drei öffentliche Konsultationen statt, und zwar eine im Rahmen der Erstellung des Szenariorahmens und zwei im Zusammenhang mit der Erstellung sowie Bestätigung des NEP. Im Anschluss daran wird im Rahmen der Bundesfachplanung (zweite Stufe) eine weitere Öffentlichkeitsbeteiligung durchgeführt, es sei denn, die BNetzA führt die Bundesfachplanung im Wege eines vereinfachten Verfahrens durch. Darauf haben die Übertragungsnetzbetreiber allerdings keinen gesetzlichen Anspruch. Die Entscheidung darüber liegt insofern im Ermessen der Regulierungsbehörde. Folglich sind nach der deutschen Rechtslage im Rahmen des Netzausbauplanungsprozesses in der Regel gleich vier Öffentlichkeitsbeteiligungen durchzuführen. Auch wenn die Akzeptanzgewinnung für den Übertragungsnetzausbau eine wesentliche Grundlage bildet, scheint es der deutsche Gesetzgeber mit einer derart umfangreichen Beteiligungsmöglichkeit etwas „übertrieben" zu haben. Aufgrund dessen verdienen die polnischen Vorschriften im Hinblick auf die Anzahl der Beteiligungsmöglichkeiten im Zusammenhang mit dem Netzausbauplanungsprozess den Vorzug.

(3) Dies gilt allerdings nur hinsichtlich der Anzahl der Beteiligungsmöglichkeiten im Rahmen der Netzausbauplanung selbst. Insofern darf auch nicht verschwiegen werden, dass die polnischen Vorschriften zur inhaltlichen Ausgestaltung der Öffentlichkeitsbeteiligung mehr als nur erhebliche Zweifel an deren Vereinbarkeit mit dem Unionsrecht wecken. Denn ausweislich

der polnischen Rechtslage wird bei der einzig stattfindenden öffentlichen Konsultation im Rahmen des gesamten Netzausbauplanungsprozesses der Beteiligtenkreis auf lediglich „interessierte Parteien" beschränkt. Nicht nur, dass der polnische Gesetzgeber hierbei weder näher definiert hat, welcher Adressatenkreis unter diesem Begriff zu fassen ist, sehen die polnischen Vorschriften in diesem Zusammenhang sogar auch noch vor, dass die öffentliche Konsultation nicht durch die polnische Regulierungsbehörde URE, sondern durch den Übertragungsnetzbetreiber selbst durchgeführt wird. Eine derartige Regelung ist mit dem Wortlaut der europäischen Richtlinie 2009/72/EG (bzw. Richtlinie (EU) 2019/944), welche insofern gem. Art. 22 Abs. 4 (respektive Art. 51 Abs. 4 der Richtlinie (EU) 2019/944) die Durchführung einer öffentlichen Konsultation zum Netzentwicklungsplan durch die Regulierungsbehörde fordert, nicht zu vereinbaren.

(4) Gleiches gilt für die Beschränkung des Beteiligtenkreises auf die „interessierten Parteien". Zwar ist dem polnischen Gesetzgeber diesbezüglich zugute zu halten, dass die Konsultation nach dem Wortlaut des Art. 22 Abs. 4 der Richtlinie 2009/72/EG (respektive Art. 51 Abs. 4 der Richtlinie (EU) 2019/944) mit den „tatsächlichen und potenziellen Netzbenutzern" durchzuführen ist, was zunächst für eine Beschränkung des Beteiligtenkreises sprechen würde. Allerdings scheint der polnische Gesetzgeber in diesem Zusammenhang offensichtlich das Zusammenspiel zwischen den europäischen Umweltvorschriften und der Netzausbauplanung verkannt zu haben. Denn die Beschränkung des Adressatenkreises auf die tatsächlichen und potentiellen Übertragungsnetznutzer unter Ausschluss eines weitergehenden Personenkreises sowie von Umweltschutzvereinigungen, die ein allgemeines Interesse an dem Verfahren haben, dürfte gegen die europäische Vorschrift nach Art. 6 Abs. 2 i. V. m. Abs. 4 Richtlinie 2001/42/EG verstoßen und damit unionsrechtswidrig sein. Dies gilt auch im Zusammenhang mit dem Erfordernis der Durchführung einer SUP, welche sich insofern ebenfalls aus den europäischen Umweltvorschriften ergibt. Auch diesbezüglich setzt sich die polnische Rechtslage offensichtlich in Widerspruch zu den europäischen Vorgaben, da eine SUP im Rahmen des Netzausbauplanungsprozesses nach polnischem Recht nicht vorgesehen ist.

(5) Damit besteht in Polen beim Thema der inhaltlichen Ausgestaltung der Öffentlichkeitsbeteiligung sowie beim Erfordernis der Durchführung einer SUP noch erheblicher Änderungsbedarf. Dass eine Akzeptanzgewinnung bei großen Infrastrukturprojekten eine entscheidende Rolle spielt, zeigen die in Deutschland insbesondere beim Bau des umstrittenen Bahnprojektes „Stuttgart 21" gemachten (negativen) Erfahrungen. Dennoch muss der polnische Gesetzgeber nicht befürchten, dass eine breite Öffentlichkeitsbeteiligung, im Rahmen derer auch Umweltvereinigungen sowie alle weiteren Personen ohne etwaige Ausnahmen teilnehmen dürfen, sowie die Durchführung einer SUP den Übertragungsnetzausbau ausbremsen wird. Im Gegenteil. Eine

breite öffentliche Konsultation sowie die Durchführung einer SUP können bereits auf der ersten Planungsstufe zur Akzeptanzgewinnung beitragen, weil sie dabei helfen können, etwaige Konflikte, beispielsweise im Umweltbereich oder bei einer Kollision verschiedener Interessenlagen, frühzeitig zu erkennen, was sich für das nachgelagerte Genehmigungsverfahren wiederum positiv auswirken kann.

(6) Trotz der überwiegend positiven Regelungen zur Netzausbauplanung im Onshore-Bereich besteht bei der polnischen Offshore-Netzausbauplanung noch dringender Handlungsbedarf. Denn die polnische Rechtsordnung sieht gegenwärtig (noch) kein spezialgesetzliches Planungsinstrument für den Ausbau der Netzinfrastruktur im Offshore-Bereich vor. Eine potentielle Energiewende kann jedoch nur gelingen, wenn für den Anschluss der Offshore-Windenergieanlagen eine strukturierte und koordinierte Netzausbauplanung geschaffen wird. Das Bedürfnis nach einer Offshore-Netzausbauplanung wird sich aufgrund der klimapolitischen Ziele der Europäischen Union und des Ausbaupotentials der polnischen Offshore-Windenergie künftig ohnehin verschärfen. Aus diesem Grund wird es unumgänglich sein, dass in Polen ein Rechtsrahmen für eine Offshore-Netzausbauplanung geschaffen wird und zwar unabhängig von der Frage, ob Polen den Weg einer Energiewende nach deutschem Vorbild tatsächlich einschlagen wird. Daher kann der polnische Gesetzgeber an den deutschen Erfahrungen in diesem Bereich partizipieren und somit bekannte Fehler bei der gesetzlichen Ausgestaltung frühzeitig vermeiden.

B. Zulassung von Netzausbauvorhaben

(1) Aufgrund der gegenwärtigen Regelungen im Bereich der Zulassung von Netzausbauvorhaben weist Polen bereits heute ein geeignetes Rechtssystem auf, welches für die erfolgreiche Umsetzung einer potentiellen Energiewende notwendig wäre. Denn die polnischen Vorschriften sind im Hinblick auf die Beschleunigung des Übertragungsnetzausbaus im Vergleich zur deutschen Rechtsordnung in vielerlei Hinsicht vorzugswürdiger. Ein Rückgriff auf die deutschen Vorschriften im Zusammenhang mit der Umsetzung einer potentiellen Energiewende in Polen ist damit weder erforderlich noch rechtlich möglich. Denn die Genehmigung von Netzausbauvorhaben richtet sich in beiden Ländern nach einem völlig unterschiedlichen Rechtsmechanismus, der ohne weiteres nicht auf die eine oder andere Rechtsordnung übertragbar wäre. Denn während Netzausbauvorhaben in Deutschland im Wege einer Planfeststellung genehmigt werden, sind für Netzausbauvorhaben nach der polnischen Rechtsordnung stets vier bzw. fünf Einzelgenehmigungen im Rahmen eines gestuften Genehmigungssystems einzuholen. Ein Planfeststellungsverfahren – wie es in Deutschland üblich ist – ist der polnischen Rechtsordnung damit gänzlich fremd.

Gleichwohl wird auch nach der polnischen Rechtsordnung danach unterschieden, ob eine Übertragungsnetzleitung vordringlich auszubauen ist oder auch nicht. Für derartige Leitungen wurde mit dem SÜN, das vom Regelungscharakter am ehesten den deutschen Vorschriften im NABEG entspricht, ein neues Gesetz erlassen, welches besondere Regelungen im Zusammenhang mit der Entscheidung über die Standortfestlegung beinhaltet. Damit soll der Übertragungsnetzausbau beschleunigt werden. Gleichwohl bleibt das gesamte Einzelgenehmigungssystem dadurch unverändert. Folglich finden hinsichtlich der übrigen Einzelgenehmigungen weiterhin die allgemeinen Regelungen entsprechend Anwendung, wobei auch diese vereinzelt durch die Vorschriften gem. SÜN zum Zwecke der Netzausbaubeschleunigung ergänzt werden. Aus diesem Grund wird eine klare gesetzliche Struktur gewährleistet.

(2) Die deutsche Rechtsordnung ist in diesem Bereich dagegen viel komplexer und unübersichtlicher. Insoweit wird nach dem deutschen Rechtssystem zunächst danach unterschieden, um welche Leitungsart es sich bei dem Ausbauvorhaben handelt und ob für diese eine energiewirtschaftliche Notwendigkeit und der vordringliche Ausbaubedarf gesetzlich festgestellt wurden. Für besondere Leitungsvorhaben, mithin für den Ausbau von länderübergreifenden und grenzüberschreitenden Höchstspannungsleitungen sowie von Offshore-Anbindungsleitungen, sieht das Gesetz mit den Vorschriften des NABEG ein besonderes Planfeststellungsverfahren vor, während sich die Planfeststellung bei allen anderen Übertragungsnetzleitungen nach den energiewirtschaftlichen Vorschriften der §§ 43 ff. EnWG richtet. Folglich sieht die deutsche Rechtsordnung für einen und im Ergebnis denselben Regelungsgegenstand, nämlich den Ausbau von Übertragungsnetzleitungen, zwei unterschiedliche Planfeststellungsverfahren vor. Dabei verwirrt insbesondere die Tatsache, dass auch Leitungen, bei denen genau wie bei den länderübergreifenden und grenzüberschreitenden Höchstspannungsleitungen sowie bei Offshore-Anbindungsleitungen ebenfalls die energiewirtschaftliche Notwendigkeit und der vordringliche Ausbaubedarf von Gesetzes wegen festgestellt wurde, nicht nach den beschleunigenden Verfahren des NABEG, sondern nach dem allgemeinen energiewirtschaftlichen Verfahren planfestgestellt werden. Dies lässt ernsthafte Zweifel daran entstehen, ob die vom Anwendungsbereich des beschleunigenden NABEG ausgenommenen Leitungen tatsächlich energiewirtschaftlich notwendig und vordringlich sind.

(3) Aus diesen Gründen wirkt das polnische Rechtssystem trotz des Erfordernisses der Einholung von Einzelgenehmigungen im Vergleich zum deutschen Planfeststellungsverfahren in rechtlicher Hinsicht übersichtlicher und vor allem schlüssiger. Denn nach der polnischen Rechtsordnung finden für besonders vordringlich zu errichtende und in der Anlage zum SÜN genannte Leitungen die netzausbaubeschleunigenden Vorschriften gem. SÜN entsprechend Anwendung. Dabei wird im Vergleich zur deutschen Rechtsordnung nicht nach der Leitungsart, wie beispielsweise länderübergreifende oder grenzüberschreitende Höchstspannungsleitungen respektive

Offshore-Anbindungsleitungen, unterschieden. Dies ist nur konsequent. Denn wenn die Errichtung einer Leitung von Gesetzes wegen als energiewirtschaftlich erforderlich und als vordringlich anzusehen ist, dann darf es keine Rolle spielen, um welche Leitungsart es sich hierbei handelt. Maßgeblich muss dabei stets die gesetzliche Festlegung als solche sein.

(4) Die gesetzliche Komplexität bei der Planfeststellung von Übertragungsleitungen im Offshore-Bereich wird in Deutschland durch eine Ansammlung von speziellen Gesetzen nur unnötig verschärft. Im Rahmen dessen wird nach der deutschen Rechtsordnung zwischen verschiedenen Leitungsarten, nämlich zwischen Offshore-Anbindungsleitungen (im Küstenmeer), Anbindungsleitungen innerhalb der AWZ oder auch Unterwasserkabel i. S. d. BBergG, unterschieden und dabei auf den Zeitpunkt der Inbetriebnahme der jeweiligen Leitung abgestellt. Dies zugrunde gelegt finden auf die Errichtung der Offshore-Netzinfrastruktur in Deutschland unterschiedliche Gesetze Anwendung. Ein Überblick über die gesetzlichen Vorschriften ist in diesem Bereich daher kaum noch möglich. Auch dieser Aspekt dürfte die Übertragungsnetzbetreiber vor größere Herausforderungen stellen und sich damit negativ auf den Übertragungsnetzausbau im Offshore-Bereich auswirken. Die polnische Rechtsordnung im Bereich des Ausbaus der Offshore-Netzinfrastruktur folgt dagegen nach dem gleichen Rechtsprinzip wie am Land, wobei auch die polnischen Vorschriften an die besonderen maritimen Bedürfnisse angepasst sind. Diese Änderungen betreffen allerdings nur eine Entscheidung, nämlich die Entscheidung über die Standortfestlegung. Hierbei finden nicht die allgemeinen Vorschriften des RPG, sondern die besonderen Vorschriften des MVerwG eine Anwendung. Gleichwohl bleibt das gesamte Genehmigungssystem davon unberührt. Insoweit müssen für die Verlegung der Offshore-Leitungen weiterhin auch die anderen Einzelgenehmigungen eingeholt werden und zwar nach Maßgabe der auch für die Einholung der Einzelgenehmigung an Land geltenden Gesetze. Aus diesem Grund weist Polen im Vergleich zu Deutschland im Zusammenhang mit dem Ausbau der Offshore-Netzinfrastruktur einen Rechtsmechanismus auf, der im gesetzlichen Gleichlauf zum Ausbau der Netzinfrastruktur an Land steht. Auch diese Tatsachen dürften sich für die Umsetzung einer potentiellen Energiewende in Polen als überaus nützlich erweisen, da der Netzanschluss von Offshore-Windparks und der Abtransport der dort erzeugten Elektrizität mittels der Übertragungsnetzleitungen an Land für eine Energiewende unerlässlich sind. Ein zügiger Ausbau der Offshore-Netzinfrastruktur erfordert daher einen geordneten und vor allem überschaubaren Rechtsrahmen, der durch den Gleichlauf der polnischen Netzausbauvorschriften sowohl an Land als auch im Meer im Gegensatz zur deutschen Rechtsordnung insoweit gewährleistet wird.

(5) Die Einholung von Einzelgenehmigungen hat im Gegensatz zum Planfeststellungsverfahren überdies noch einen weiteren wesentlichen Vorteil. Denn die für den Netzausbau erforderlichen Einzelgenehmigungen

werden in Polen stets durch das institutionell zuständige Organ erlassen, welches auch die dafür notwendige rechtliche wie fachliche Expertise aufweist. Daher ist nach polnischem Recht beispielsweise im Zusammenhang mit umweltrechtlichen Fragestellungen der Direktor für Umweltschutz zuständig. Dagegen wird die Zuständigkeit im Rahmen der Planfeststellung (an Land) nach deutscher Rechtsordnung bei den Planfeststellungsbehörden respektive der BNetzA begründet. Letztere ist für die Planfeststellung der (aufgrund der gesetzlichen Ausweisung im *Bundes*bedarfsplan) für das Gelingen der Energiewende erforderlichen länderübergreifenden sowie grenzüberschreitenden Höchstspannungsleitungen sowie Offshore-Anbindungsleitungen sachlich zuständig. Ob die Aufgabenzuweisung der BNetzA zur Planfeststellung von Übertragungsnetzleitungen ihre Rechtfertigung im Gesetz findet und ob die BNetzA auf diesem Gebiet überhaupt die erforderliche Fachkompetenz besitzt, darf mehr als bezweifelt werden.

(6) Man könnte zwar zu der Annahme gelangen, dass die Einholung von Einzelgenehmigungen im Gegensatz zum Planfeststellungsverfahren und der damit einhergehenden formellen Konzentrationswirkung zu einer erheblichen Netzausbauverzögerung führen kann, weil dadurch mehrere Antragsverfahren bei unterschiedlichen Organen durchgeführt werden müssen. Damit könnte es zeitlich viel länger dauern, bis eine entsprechende Einzelgenehmigung erteilt und somit eine abschließende Rechtsgrundlage für das gesamte Netzausbauvorhaben geschaffen wird. Diese Annahme wäre jedoch verfehlt. Denn nach der polnischen Rechtsordnung müssen Verwaltungsverfahren innerhalb einer Frist von nicht mehr als einem Monat abgeschlossen werden, es sei denn, das Verfahren ist rechtlich kompliziert. In diesem Fall muss das Genehmigungsverfahren spätestens innerhalb von zwei Monaten abgeschlossen werden. Bei fünf Einzelgenehmigungen dürfte damit das gesamte polnische Genehmigungsverfahren für den jeweiligen Netzausbauabschnitt in der Regel nach fünf und spätestens nach zehn Monate abgeschlossen sein. Dadurch dürfte die Einholung von Einzelgenehmigungen zeitlich nicht wesentlich länger dauern als die Erteilung eines Planfeststellungsbeschlusses, zumal die deutsche Rechtsordnung diesbezüglich keine formellen Fristen vorgibt. Mangels einer vergleichbaren Regelung können in Deutschland damit keine Behörden zum Erlass eines Verwaltungsaktes innerhalb eines bestimmten Zeitrahmens verpflichtet werden. Davon abzugrenzen ist die in § 75 VwGO normierte Untätigkeitsklage. Danach kann auch nach der deutschen Rechtsordnung bei Untätigkeit der Behörde eine Klage auf Erlass eines Verwaltungsaktes erhoben werden. Voraussetzung ist dabei allerdings, dass über den Antrag innerhalb einer *angemessenen Frist* ohne unzureichenden Grund sachlich noch nicht entschieden wurde, vgl. § 75 S. 1 VwGO. Dabei darf die Klage nicht vor Ablauf von drei Monaten seit der Antragsstellung erhoben werden, vgl. § 75 S. 2 VwGO. Was jedoch als „angemessene Frist" angesehen

werden kann, richtet sich im Einzelfall nach der rechtlichen Komplexität und Reichweite der zu treffenden Entscheidung und der in tatsächlicher Hinsicht erforderlichen Sachverhaltsaufklärung[980]. Im Zuge der Sachverhaltsaufklärung kann es dazu kommen, dass die Planfeststellungsbehörde respektive BNetzA beispielsweise das Beibringen von weitergehenden Stellungnahmen oder Gutachten für erforderlich hält und zwar dann, wenn auf dem betroffenen Netzausbauabschnitt bedrohte Eidechsen oder Vogelarten entdeckt werden und die Auswirkungen des Netzausbauvorhabens auf diese Tierarten noch näher beleuchtet werden muss. Derartige Sachverhaltsaufklärungen können sich bisweilen Monate, wenn nicht sogar Jahre hinausziehen. Auch diese Tatsache dürfte für eine Beschleunigung des Übertragungsnetzausbaus nicht förderlich sein.

(7) Auch der Einwand, dass jede Einzelgenehmigung nach polnischem Recht einer separaten gerichtlichen Kontrolle unterliegt und es dadurch zu weiteren Verzögerungen beim Netzausbau kommen kann, wogegen bei der Planfeststellung des Netzausbauvorhabens nach deutschem Recht nur ein einziger Planfeststellungsbeschluss überprüft wird, vermag nicht zu überzeugen. Denn die netzausbaubeschleunigenden Vorschriften gem. SÜN beinhalten diesbezüglich eine Regelung, welche der deutschen Rechtsordnung gänzlich fremd und vor dem Hintergrund der auch durch die polnischen Verfassung garantierten richterlichen Unabhängigkeit nicht über jeden Zweifel erhaben ist. Insoweit sehen die polnischen Vorschriften hinsichtlich der als Anlage zu SÜN ausgewiesenen und vordringlich zu errichtenden Übertragungsnetzleitungen neben der zeitlichen Verkürzung des Widerspruchsverfahrens eine Regelung vor, wonach das erstinstanzliche Gericht verpflichtet wird, über die Klage innerhalb einer Frist von 30 Tagen verbindlich zu entscheiden. Gleiches gilt für die gegen das erstinstanzliche Urteil zulässige Kassationsklage, im Rahmen derer das Gericht innerhalb eines Zeitraumes von zwei Monaten zu entscheiden hat. Zwar ist nach deutschem Recht gem. § 50 Abs. 1 Nr. 6 VwGO bei Rechtsstreitigkeiten im Zusammenhang mit der Planfeststellung der im *Bundes*bedarfsplan ausgewiesenen Übertragungsnetzleitungen nur das Bundesverwaltungsgericht im ersten und letzten Rechtszug zuständig. Gleichwohl beträgt die bundesverwaltungsgerichtliche Verfahrensdauer bei Streitigkeiten über Infrastrukturvorhaben durchschnittlich mindestens 11 Monate[981]. Damit können sich die polnischen Vorschriften aufgrund der von Gesetzes wegen angeordneten zeitlichen Beschränkung des gerichtlichen Verfahrensablaufs auf insgesamt nur drei Monate im Vergleich zum (mindestens) dreifach so langen

---

980 *Brink* in: Posser/Wolff, VwGO, § 75, Rn. 8.

981 BVerwG, Pressemitteilung Nr. 20/2019 vom 06.03.2019, abrufbar unter URL: https://www.bverwg.de/pm/2019/20 (letzter Abruf: 13.06.2019).

Verfahren vor dem Bundesverwaltungsgericht positiv auf die Beschleunigung des Netzausbaus auswirken.

(8) Eine besondere Hervorhebung verdient auch die in Polen besonders geregelte und für den Netzausbau erforderliche dingliche Grundstückssicherung. Dafür wurde in der polnischen Rechtsordnung mit der Leitungsdienstbarkeit ein spezielles Rechtsinstitut entwickelt, welches sich für den Netzausbau ebenfalls positiv auswirken kann. Dabei wird die dingliche Grundstückssicherung für die vordringlich zu errichtenden Übertragungsnetzleitungen durch die Vorschriften gem. SÜN erheblich erweitert. Denn mit dem Eintritt der Bestandskraft der Entscheidung über die Standortfestlegung Übertragungsnetz im Zusammenhang mit den vordringlich zu errichtenden Leitungsausbauvorhaben gem. SÜN erhält der Investor gegen die Zahlung einer Entschädigung, deren Höhe durch Gesetz konkret geregelt wird, kraft Gesetzes ein dauerhaftes Nießbrauchsrecht an dem Grundstück sowie ein Eigentumsrecht an den sich auf dem Grundstück befindenden Gebäuden und an anderen mit dem Boden fest verbundenen Gegenständen. Die gesonderte Durchführung eines nach deutschem Recht gem. § 27 Abs. 2 NABEG i. V. m. § 45 EnWG erforderlichen Enteignungsverfahrens findet damit nicht statt. Auch dadurch können sich positive Effekte für die Netzausbaubeschleunigung und damit für die Umsetzung einer potentiellen Energiewende in Polen ergeben.

(9) Im Zusammenhang mit den vorstehenden Ausführungen darf allerdings auch nicht verschwiegen werden, dass der Übertragungsnetzausbau in Polen trotz derart beschleunigender Regelungen bisweilen ebenfalls nur zögerlich voranschreitet. Dies zeigt das Ausbaubeispiel der Leitungstrasse Plewiska – Kromolice, welches bereits seit 15 Jahren andauert. Insoweit haben auch die polnischen Vorschriften ihre Schwächen. Dies liegt mitunter an der gesetzlichen Systematik. Als Beispiel hierfür können die Entscheidung über Umweltbedingungen und das UVP-Verfahren genannt werden. Obwohl im Rahmen beider Verfahren im Ergebnis über denselben Lebenssachverhalt entschieden wird, nämlich über die Vereinbarkeit des Netzausbauvorhabens mit Natur- und Umweltschutzbelangen, werden diese nach der polnischen Gesetzessystematik als selbständige Verfahren qualifiziert. Daher werden an beide Verfahren separate formell- und materiell-rechtliche Anforderungen gestellt. Dies führt dazu, dass in beiden Verfahren jeweils eine eigene Öffentlichkeitsbeteiligung durchzuführen ist. Da beide Verfahren von dem Themengebiet her gleichgelagert sind, ist ohnehin nicht zu erwarten, dass sich die Einwendungen der Öffentlichkeit in diesen Verfahren wesentlich voneinander unterscheiden sollten. Vor dem Hintergrund der Netzausbaubeschleunigung wäre daher eine Beschränkung der Öffentlichkeitsbeteiligung entweder im Rahmen der Durchführung der UVP oder im Rahmen der Entscheidung über Umweltbedingungen wünschenswert.

(10) Obwohl sich die polnischen Regelungen zur Beteiligung der Öffentlichkeit im Rahmen der Zulassung von Übertragungsnetzausbauvorhaben in der Praxis mit hoher Wahrscheinlichkeit nicht verfahrensbeschleunigend

auswirken werden, verdienen sie im Vergleich zur deutschen Rechtsordnung zumindest aus rechtlicher Sicht nichtsdestotrotz den Vorzug. Denn die deutschen Vorschriften sehen im Zusammenhang mit der Planfeststellung der vom Anwendungsbereich des NABEG umfassten Leitungen im Ergebnis eine dreifache Öffentlichkeitsbeteiligung vor. Insoweit wird nach deutschem Recht unverzüglich nach der Eröffnung des Planfeststellungsverfahrens eine Antragskonferenz durchgeführt, im Rahmen derer der Umfang und die Methode der Unterlagen für den UVP-Bericht bestimmt werden, vgl. § 20 Abs. 1 NABEG. Dazu werden der Vorhabenträger, Vereinigungen sowie die Träger öffentlicher Belange geladen, vgl. § 20 Abs. 2 NABEG. Damit wird der Öffentlichkeit – auch wenn der Adressatenkreis auf die genannten Beteiligten zunächst noch beschränkt bleibt – die erstmalige Möglichkeit eingeräumt, Einwendungen gegen das Netzausbauvorhaben vorzubringen. Zwar wird damit noch nicht die „breite Öffentlichkeit" beteiligt. Allerdings kann jedermann seine Bedenken vorab bei den beteiligten Vereinigungen und Trägern öffentlicher Belange einspeisen und damit bei Vorbringen dieser Einwendungen im Rahmen der Antragskonferenz durch die beteiligten Adressaten zumindest mittelbar Einfluss auf das Netzausbauvorhaben nehmen. Sodann erfolgt bei der nachfolgenden UVP gem. § 18 Abs. 1 UVPG eine weitere Öffentlichkeitsbeteiligung, im Rahmen derer nun jedem die Möglichkeit eingeräumt wird, sich zu dem Vorhaben zu äußern. Im Anschluss daran führt die BNetzA im Rahmen des Anhörungsverfahrens die eigentliche Haupt-Öffentlichkeitsbeteiligung durch, vgl. § 22 NABEG. Eine derart häufige Beteiligung von potentiellen Einwendern kann dazu führen, dass stets die gleichen Einwendungen vorgetragen werden könnten. Dies kann wiederum zu einer behördlichen Überlastung führen und damit das gesamte Planfeststellungsverfahren von Netzausbauvorhaben verzögern. Diese Verfahrenssystematik verwundert, da aufgrund der gesetzlichen Ausweisung der energiewirtschaftlichen Notwendigkeit und des vordringlichen Ausbaubedarfs der Leitungen gem. NABEG grundsätzlich anzunehmen wäre, dass Regelungen geschaffen werden, die im Stande sind, das Planfeststellungsverfahren zu beschleunigen und nicht – wie vorliegend aufgezeigt – zu verzögern. Mit den vorgenannten Regelungen zur mehrfachen „Öffentlichkeitsbeteiligung" scheint der deutsche Gesetzgeber einer vermeintlichen Akzeptanzgewinnung für den Übertragungsnetzausbau mehr Bedeutung beizumessen als der Beschleunigung des Übertragungsnetzausbaus selbst.

(11) Bei genauerer Betrachtung wäre die Modifizierung der deutschen Rechtslage im Bereich der Öffentlichkeitsbeteiligung insbesondere bei Planfeststellungsverfahren gem. NABEG allerdings ohnehin nur eingeschränkt möglich. Schließlich ist bei der Planfeststellung von Hochspannungsfreileitungen von 220 kV oder mehr mit einer Länge von mehr als 15 Kilometer stets eine UVP durchzuführen, vgl. § 3b Abs. 1 UVPG i. V. m. Ziffer 19.1.1. der Anlage 1 zum UVPG. Ziel der UVP ist die Ermittlung der durch das

Vorhaben voraussichtlich zu erwartenden Auswirkungen auf die Umwelt[982]. Nicht berücksichtigt werden dabei anderweitige Rechtsgüter wie beispielsweise Eigentumsrechte der ebenfalls potentiell vom Vorhaben betroffenen Grundstückseigentümer. Diese können insoweit erst im Rahmen des nachgelagerten Anhörungsverfahrens gem. § 22 Abs. 6 NABEG geltend gemacht werden. Aufgrund dieser gesetzlichen Systematik wäre nach der deutschen Rechtsordnung als Mindestvorgabe ohnehin nur die Durchführung einer „doppelten" Öffentlichkeitsbeteiligung rechtlich möglich. Dabei ist allerdings zu berücksichtigen, dass Vereinigungen, deren Belange durch das Vorhaben berührt werden, darüber hinaus auch im Rahmen des Anhörungsverfahrens erneut die Möglichkeit erhalten, etwaige Einwendungen zu erheben (§ 22 Abs. 6 S. 2 i. V. m. S. 1 NABEG), soweit ein schutzwürdiges Interesse vorliegt. Als schutzwürdige Interessen kommen insbesondere solche Aspekte in Betracht, die von der Planfeststellungsbehörde als rechtlich relevantes Abwägungsmaterial in die Planfeststellungsentscheidung einbezogen werden müssen[983]. Insoweit könnten von den Umweltvereinigungen dieselben Einwendungen, welche bereits im UVP-Verfahren geltend gemacht, aber von der Behörde als unerheblich erachtet wurden, erneut im nachgelagerten Anhörungsverfahren erhoben werden[984]. Zwar dürften derartige Einwendungen von der Planfeststellungsbehörde in dem Anhörungsverfahren voraussichtlich ohnehin zurückgewiesen werden, da deren Unerheblichkeit bereits im UVP-Verfahren festgestellt wurde. Nichtsdestotrotz ist die Planfeststellungsbehörde gezwungen, derartige Einwendungen zunächst herauszufiltern, was sich dann als schwierig erweisen dürfte, wenn sie insgeheim unter dem Deckmantel neuen Vorbringens erhoben werden. Dies bindet unnötig personelle und zeitliche Kapazitäten der Planfeststellungsbehörde und dürfte nicht dem Sinn und Zweck der Netzausbaubeschleunigung entsprechen.

Aufgrund einer derart weitreichenden Beteiligung von Umweltvereinigung und -verbänden und der damit einhergehenden Möglichkeit zur Erhebung von Umwelteinwendungen ist dagegen kein Grund erkennbar, weshalb diese (sowie die Träger öffentlicher Belange) auch im Rahmen der Antragskonferenz, bei der Gegenstand, Umfang und Methoden der UVP-Unterlagen festgelegt werden, beteiligt werden müssten. Im Einklang mit der allgemeinen Vorschrift gem. § 15 Abs. 1 UVPG wäre es daher völlig ausreichend,

---

982 *Schmitz/Uibeleisen,* Netzausbau, Rn. 238.

983 *Wiesendahl* in: de Witt/Scheuten, NABEG, § 22, Rn. 60.

984 Davon abzugrenzen sind umweltrechtliche Einwendungen bei UVP-pflichtigen Planfeststellungsvorhaben, die im Rahmen des Anhörungsverfahrens verspätet vorgebracht werden. Zur (fehlenden) Präklusion derartiger Einwendungen vgl.: Teil 3 B.III.1.c.aa.(4)(d)(bb).

dass Inhalt, Umfang und Detailtiefe der Angaben, die der Vorhabenträger voraussichtlich in den UVP-Bericht aufnehmen muss, lediglich auch nur mit diesem beraten werden würden. Somit könnte der Abstimmungsaufwand minimiert und dadurch der Planfeststellungsprozess von Netzausbauvorhaben beschleunigt werden.

C. Fazit

Mit der politischen Entscheidung zur Errichtung der beiden Kernkraftwerke bis zum Jahr 2035 steht Polen nunmehr am Scheideweg bei der strategischen Ausrichtung der künftigen Elektrizitätsversorgung des Landes für die kommenden Dekaden. Die vorliegende Untersuchung hat jedoch aufgezeigt, dass eine potentielle Energiewende nach deutschem Vorbild unter Beachtung der bestehenden polnischen Rechtsvorschriften im Bereich des Übertragungsnetzausbaus bereits aus heutiger Sicht für Polen einen gangbaren Weg darstellen kann. Denn die polnischen Vorschriften zur Zulassung von Netzausbauvorhaben im Wege von Einzelgenehmigungen sind dem deutschen Planfeststellungsverfahren vorzuziehen, weil sie nicht nur homogener und klarer strukturiert sind, sondern auch dem gleichen Genehmigungsprinzip sowohl an Land als auch auf See folgen. Daher sind nach polnischem Recht im Bereich des Übertragungsnetzausbaus stets (fast) die gleichen Genehmigungen einzuholen und zwar unabhängig davon, ob das Netzausbauvorhaben im Rahmen der gesetzlichen Netzausbauplanung in dem ÜNEP ausgewiesen wurde oder auch nicht. Angesichts der unterschiedlichen Gesetzessystematik und -struktur im Bereich der Zulassung der Netzausbauvorhaben ist aus polnischer Sicht ein Rückgriff auf die deutschen Planfeststellungsvorschriften damit weder rechtlich möglich noch zweckdienlich.

Gleiches gilt auch hinsichtlich der polnischen Regelungen im Bereich der gesetzlichen Netzausbauplanung. Auch in diesem Bereich sind die deutschen Vorschriften nicht auf Polen übertragbar, da sich beide Rechtssysteme diesbezüglich völlig voneinander unterscheiden. Insofern sieht die deutsche Rechtslage mit der *Bundes*bedarfsplanung (i. S. d. EnWG/BBPlG) bzw. Bedarfsplanung (i. S. d. EnLAG) und der Bundesfachplanung bzw. Raumordnungsverfahren eine gestufte Planungshierarchie vor, die der polnischen Rechtsordnung gänzlich fremd ist. Gleichwohl besteht in Polen hinsichtlich einer richtlinienkonformen Umsetzung der europäischen Vorgaben zur Netzausbauplanung im Onshore-Bereich erheblicher Handlungsbedarf. Auch die Tatsache, dass nach polnischer Rechtslage kein spezialgesetzliches Planungsinstrument für den Offshore-Netzausbau vorgesehen ist, dürfte sich für eine potentielle Energiewende negativ auswirken. Sollte der polnische Gesetzgeber in diesen Bereichen jedoch nachbessern, so dürfte Polen eine solide Rechtslage aufweisen, die im Stande wäre, den Übertragungsnetzausbau zu beschleunigen.

Aus diesen Gründen muss und sollte Polen nicht den eingeschlagenen Weg der Kernenergienutzung gehen. Eine Energiewende erfordert sehr viel politischen Mut und Überzeugung. Doch um die Worte des chinesischen Philosophen *Laotse* zu zitieren:

„Eine Reise von tausend Meilen beginnt mit dem ersten Schritt.“[985]

985 URL: https://www.oai.de/de/component/content/article.html?id=818:eine-reise-von-tausend-meilen-beginnt-mit-dem-ersten-schritt (letzter Abruf: 01.06.2018).

Rechtsvorschriften

(Stand 31.12.2017)

International:

Seerechtsübereinkommen der Vereinten Nationen (kurz: *SRÜ*) vom 10.12.1982, BGBl. 1994 II, S. 1798.

Europäische Union:

Richtlinie 2009/147/EG des Europäischen Parlaments und des Rates vom 30.11.2009 *über die Erhaltung der wildlebenden Vogelarten* (kurz: *Vogelschutzrichtlinie*), ABl. L 20 vom 26.01.2010, S. 7;

Richtlinie 2009/72/EG des Europäischen Parlaments und des Rates vom 13.07.2009 *über gemeinsame Vorschriften für den Elektrizitätsbinnenmarkt* und zur Aufhebung der Richtlinie 2003/54/EG, ABl. L 211 vom 14.08.2009, S. 55;

Richtlinie (EU) 2019/944 des Europäischen Parlaments und des Rates vom 05.06.2019 mit gemeinsamen Vorschriften für den Elektrizitätsbinnenmarkt und zur Änderung der Richtlinie 2012/27/EU, ABl. L. 158 vom 14.06.2019, S. 125;

Richtlinie 2005/89/EG des Europäischen Parlaments und des Rates vom 18.01.2006 *über Maßnahmen zur Gewährleistung der Sicherheit der Elektrizitätsversorgung und von Infrastrukturinvestitionen*, ABl. L 33 vom 04.02.2006, S. 22;

Richtlinie 2001/42/EG des Europäischen Parlaments und des Rates vom 27.06.2001 *über die Prüfung der Umweltauswirkungen bestimmter Pläne und Programme*, ABl. L 197 vom 21.07.2001, S. 30;

Richtlinie 2011/92/EU des Europäischen Parlaments und des Rates vom 13.12.2011 *über die Umweltverträglichkeitsprüfung bei bestimmten öffentlichen und privaten Projekten*, ABl. L 26/1 vom 28.01.2012, S. 1;

Richtlinie 92/43/EWG des Rates vom 21.05.1992 *zur Erhaltung der natürlichen Lebensräume sowie der wildlebenden Tiere und Pflanzen* (kurz: *FFH-Richtlinie*), ABl. L 206 vom 22.07.1992, S. 7;

Richtlinie 2009/28/EG des Europäischen Parlaments und des Rates vom 23.04.*2009 zur Förderung der Nutzung von Energien aus erneuerbaren Quellen* und zur Änderung und anschließenden Aufhebung der Richtlinie 2001/77/EG und 2003/30/EG, ABl. L 140 vom 05.06.2009, S. 16;

Richtlinie (EU) 2018/844 des Europäischen Parlaments und des Rates vom 30.5.2018 *zur Änderung der RL 2010/13/EU über die Gesamtenergieeffizienz von Gebäuden und der RL 2012/27/EU über die Energieeffizienz*, ABl. L 156 vom 30.05.2018, S. 75;

Richtlinie 2014/89/EU des Europäischen Parlaments und des Rates vom 23.07.2014 *zur Schaffung eines Rahmens für die maritime Raumplanung*, ABl. L 257 vom 28.08.2014, S. 135;

Richtlinie (EU) 2018/2001 des Europäischen Parlaments und des Rates vom 11.12.2018 *zur Förderung der Nutzung von Energie aus erneuerbaren Quellen* (kurz: *EERL II*), ABl. L 328 vom 11.12.2018, S. 82;

Richtlinie (EU) 2018/2002 des Europäischen Parlaments und des Rates vom 11.12.2018 *zur Änderung der Richtlinie 2012/27/EU zur Energieeffizienz* (kurz: *EED*), ABl. L 328 vom 21.12.2918, S. 210;

Verordnung (EU) 2019/943 des Europäischen Parlaments und des Rates vom 05.06.2019 über den Elektrizitätsbinnenmarkt (kurz: *Elt-VO*), ABl. L 158 vom 14.06.2019, S. 54;

Verordnung (EU) Nr. 1301/2013 des Europäischen Parlaments und des Rates vom 17.12.2013 *über den Europäischen Fonds für regionale Entwicklung und mit besonderen Bestimmungen hinsichtlich des Ziels „Investitionen in Wachstum und Beschäftigung“* und zur Aufhebung der Verordnung (EG) Nr. 1080/2006, ABl. L 347 vom 20.12.2013, S. 289;

Verordnung (EG) Nr. 714/2009 des Europäischen Parlaments und des Rates vom 13.07.2009 *über die Netzzugangsbedingungen für den grenzüberschreitenden Stromhandel und zur Aufhebung der Verordnung* (EG) Nr. 1228/2003, ABl. L 211 vom 14.08.2009, S. 15;

Verordnung (EU) Nr. 347/2013 des Europäischen Parlaments und des Rates vom 17.04.2013 *zu Leitlinien für die transeuropäische Energieinfrastruktur* und zur Aufhebung der Entscheidung Nr. 1364/2006/EG und zur Änderung der Verordnungen (EG) Nr. 713/2009, (EG) Nr. 714/2009 und (EG) Nr. 715/2009 (sog. *TEN-E-Verordnung*), ABl. L 115 vom 25.04.2013, S. 39;

Verordnung (EU) Nr. 714/2010 der Kommission vom 9. August 2010 *zur Festlegung pauschaler Einfuhrwerte für die Bestimmung der für bestimmtes Obst und Gemüse geltenden Einfuhrpreise*, ABl. L 209 vom 10.08.2010, S. 16;

Verordnung (EU) 2018/1999 des Europäischen Parlaments und des Rates vom 11.12.2018 *über das Governance-System für die Energieunion und für den Klimaschutz* (kurz: *GovVO*), ABl. L 328 vom 21.12.2018, S. 1;

Vertrag über die Arbeitsweise der Europäischen Union (kurz: *AEUV*) vom 01.12.2009, ABl. EG Nr. C 115 vom 09.05.2008, S. 47.

Deutschland:

6. Allgemeine Vorschrift zum Bundes-Immissionsschutzgesetz (Technische Anleitung zum Schutz gegen Lärm) (kurz: *TA Lärm)* vom 26.08.1998, GMBl. Nr. 26/1998 S. 503;

Baugesetzbuch (kurz: *BauGB*) vom 23.06.1960, BGBl. I S. 341, mit weiteren Änderungen;

Bekanntmachung der Proklamation der Bundesregierung über die Ausweitung des deutschen Küstenmeeres (kurz: *KüstmProkBek*) vom 11. 11 1994, BGBl. I S. 3428;

Bundesberggesetz (kurz: *BBergG*) vom 13.08.1980, BGBl. I S. 1310, mit weiteren Änderungen;

Bundes-Immissionsschutzgesetz (kurz: *BImSchG*) neugefasst durch B. v. 17.05.2013, BGBl. I S. 1274, mit weiteren Änderungen;

Bundesnaturschutzgesetz (kurz: *BNatSchG*) vom 29.07.2009, BGBl. I S. 2542, mit weiteren Änderungen;

Bürgerliches Gesetzbuch (kurz: *BGB*) neugefasst durch B. v. 02.01.2002, BGBl. I S. 42, mit weiteren Änderungen;

Dreizehntes Gesetz zur Änderung des Atomgesetzes (kurz: *13. AtG-Novelle*) vom 31.07.2011, BGBl. I S. 1704;

Drittes Gesetz zur Neuregelung energiewirtschaftsrechtlicher Vorschriften (kurz: *3. EnWNG*) vom 20.12.2012, BGBl. I S. 2730, mit weiteren Änderungen;

Erstes Gesetz zur Änderung des Energieverbrauchskennzeichnungsgesetzes und zur Änderung weiterer Bestimmungen des Energiewirtschaftsrechts (kurz: *1. EnVKGuaÄndG*) vom 10.12.2015, BGBl. I S. 2194;

Gesetz für den Ausbau Erneuerbarer Energien – Erneuerbare-Energien-Gesetz 2017 (kurz: *EEG*), geändert durch Artikel 2 des Gesetzes vom 22.12.2016, BGBl. I, S. 3106;

Gesetz über den Bundesbedarfsplan (Bundesbedarfsplangesetz) (kurz: *BBPlG*) vom 23.07.2013, BGBl. I S. 2543, mit weiteren Änderungen;

Gesetz über die Bundesnetzagentur für Elektrizität, Gas, Telekommunikation, Post und Eisenbahn (kurz: *BNAG*) vom 07.07.2005, BGBl. I S. 1970, 2009, mit weiteren Änderungen;

Gesetz über die Elektrizitäts- und Gasversorgung (Energiewirtschaftsgesetz) (kurz: *EnWG*) vom 07.07.2005, BGBl. I, 1970, mit weiteren Änderungen;

Gesetz über die Umweltverträglichkeitsprüfung (kurz: *UVPG*), neugefasst durch B. v. 24.02.2010, BGBl. I S. 94, mit weiteren Änderungen;

Gesetz zum Ausbau von Energieleitungen (kurz: *EnLAG*) vom 21.08.2009, BGBl. I S. 2870, mit weiteren Änderungen;

Gesetzes zur Beschleunigung von Planungsvorhaben für Infrastrukturvorhaben (kurz: *Infrastrukturbeschleunigungsgesetz*) vom 09.12.2006, BGBl. I S. 2833, mit weiteren Änderungen;

Gesetzes zur Einführung von Ausschreibungen für Strom aus erneuerbaren Energien und zu weiteren Änderung des Rechts der erneuerbaren Energien (kurz: *EEAusG*) vom 18. Oktober 2016, BGBl. I. S. 2258;

Gesetz zur Entwicklung und Förderung der Windenergie auf See (kurz: *WindSeeG*) vom 13.10.2016, BGBl. I S. 2258, 2310, mit weiteren Änderungen;

Gesetz zur geordneten Beendigung der Kernenergienutzung zur gewerblichen Erzeugung von Elektrizität (kurz: *Atomgesetznovelle)* vom 22. April 2002, BGBl. I, S. 1351;

Gesetz zur Neuregelung des Rechts der Erneuerbaren Energien im Strombereich und zur Änderung damit zusammenhängender Vorschriften vom 25. Oktober 2008, BGBl. I. S. 2074, mit weiteren Änderungen;

Gesetz zur Neuregelung energiewirtschaftlicher Vorschriften vom 26. Juli 2011, BGBl. I, S. 1554;

Grundgesetz für die Bundesrepublik Deutschland (kurz: *GG*) vom 23.05.1949, BGBl. S. 1, mit weiteren Änderungen;

Netzausbaubeschleunigungsgesetz Übertragungsnetz (kurz: *NABEG*) vom 28.07.2011, BGBl. I S. 1690, mit weiteren Änderungen;

Niedersächsisches Gesetz über die Planfeststellung für Hochspannungsleitungen in der Erde (kurz: *Nds. ErdkabelG*) vom 13.12.2007, Nds. GVBl. 2007, 709, mit weiteren Änderungen;

Proklamation der Bundesrepublik Deutschland über die Errichtung einer ausschließlichen Wirtschaftszone der Bundesrepublik Deutschland in der Nordsee und in der Ostsee (kurz: *AWZProk*) vom 25.11.1994, BGBl. II S. 3770;

Raumordnungsgesetz (kurz: *ROG*) vom 22.12.2008, BGBl. I S. 2986, mit weiteren Änderungen;

Raumordnungsverfahren (kurz: *RoV*) vom 13.12.1990, BGBl. I S. 2766, mit weiteren Änderungen;

Seeanlagengesetz (kurz: *SeeAnlG*) vom 13.10.2016, BGBl. I S. 2258, 2348;

Strommarktgesetz (kurz: *StroMaG*) vom 26.07.2016, BGBl. I S. 1786;

Telekommunikationsgesetz (kurz: *TKG 1996*) vom 25.07.1996, BGBl. I. S. 1120, mit weiteren Änderungen;

Umwelt-Rechtsbehelfsgesetz (kurz: *UmwRG*) neugefasst durch B. v. 08.04.2013, BGBl. I S. 753, mit weiteren Änderungen;

Verordnung des Umweltministeriums über energiewirtschaftliche Zuständigkeiten (Baden-Württemberg) (kurz: *EnWGZuVO BW*) vom 03.01.2008, GBl. 2008, S. 47, mit weiteren Änderungen;

Verordnung über Anlagen seewärts der Begrenzung des deutschen Küstenmeeres (kurz: *SeeAnlV*) vom 23.01.1997, BGBl. I S. 57, Fassung gültig bis zum 31.12.2016;

Verordnung über die Raumordnung in der deutschen ausschließlichen Wirtschaftszone in der Nordsee (kurz: *AWZ Nordsee-ROV*) vom 21.09.2009, BGBl. I S. 3107, mit weiteren Änderungen;

Verordnung über die Raumordnung in der deutschen ausschließlichen Wirtschaftszone in der Ostsee (kurz: *AWZ Ostsee-ROV*) vom 10.12.2009, BGBl. I S. 3861, mit weiteren Änderungen;

Verordnung über die Zuweisung der Planfeststellung für länderübergreifende und grenzüberschreitende Höchstspannungsleitungen (kurz: *PlfZV*) vom 23.07.2013, BGBl. I S. 2582;

4. Verordnung zur Durchführung des Bundes-Immissionsschutzgesetzes (Verordnung über genehmigungsbedürftige Anlagen) (kurz: *4. BImSchV*), neugefasst durch B. v. 31.05.2017, BGBl. I S. 1440;

26. Verordnung zur Durchführung des Bundes-Immissionsschutzgesetzes (Verordnung über elektromagnetische Felder) (kurz: *26. BImSchV*) neugefasst durch B. v. 14.08.2013, BGBl. I S. 3266;

Verordnung zur Regelung des Verfahrens der Beschaffung einer Netzreserve sowie zur Regelung des Umgangs mit geplanten Stilllegungen von Energieerzeugungsanlagen zur Gewährleistung der Sicherheit und Zuverlässigkeit des Elektrizitätsversorgungssystems (kurz: *Reservekraftwerksverordnung*) vom 27.06.2013, BGBl. I S. 1947;

Verordnung zur Regelung von Zuständigkeiten auf dem Gebiet des Energiewirtschaftsrechts (Nordrhein-Westfalen) (kurz: *EnWGZuVO NRW*) vom 21.03. 1995, GV. NRW. S. 285, mit weiteren Änderungen;

Verwaltungsgerichtsordnung (kurz: *VwGO*), neugefasst durch B. v. 19.03.1991, BGBl. I S. 686, mit weiteren Änderungen;

Verwaltungsverfahrensgesetz (kurz: *VwVfG*), neugefasst durch B. v. 23.01.2003, BGBl. I S. 102, mit weiteren Änderungen;

Wasserhaushaltsgesetz (kurz: *WHG*) vom 31.07.2009, BGBl. I S. 2585, mit weiteren Änderungen.

Polen:

Baugesetz (kurz: *BauG*) (poln. *Ustawa z dnia 7 lipca 1994 t – Prawo budowlane*), Dz. U. z. 1994 r. nr. 89, poz. 414, mit weiteren Änderungen;

Bergbaugesetz (poln. *Ustawa z dnia 9 czerwca 2011 r. – Prawo geologiczne i górnicze*), Dz. U. z. 2011 r. nr. 163, poz. 981, mit weiteren Änderungen;

Energiepolitik Polens bis zum Jahr 2030 (poln. *Polityka energetyczna Polski do 2030 roku*), als Anhang zum Beschluss des Ministerrates (poln. *Uchwała*

Rady Ministrów) Nr. 202 v. 10.11.2009 (unveröffentlicht.), geändert durch den Beschluss des Ministerrates Nr. 157 v. 29.09.2010 (unveröffentlicht.);

Energierecht (kurz: *EnR*) (poln. *Prawo energetyczne*), Dz. U. z. 1997 r. nr. 54, poz. 348, mit weiteren Änderungen;

Energieversorgungssicherheit und Umwelt – ei Offshore-Anbindungsleitungen *ne Perspektive bis 2020* (kurz: *EUP 2020*) (poln. *Bezpieczeństwo Energetyczne i Środowisko – perspektywa do 2020 r.)*, als Anhang zum Beschluss des Ministerrates Nr. 58 vom 15.04.2014, M.P. z 2014, poz. 469;

Gesetz über die Bewirtschaftung von Immobilien (kurz: GBI) (poln. *Ustawa z dnia 21 sierpnia 1997 r. o gospodarce nieruchomościami*), Dz. U. 1997 r. Nr. 115, poz. 741, mit weiteren Änderungen;

Gesetzes über die Meeresgebiete der Republik Polen und die Meeresverwaltung (kurz: *Meeresverwaltungsgesetz* (*MVerwG*)) (poln. *Obwieszczenie Marszałka Sejmu Rzeczypospolitej Polskiej z dnia 2 grudnia 2016 r. w sprawie ogłoszenia jednolitego tekstu ustawy o obszarach morskich Rzeczypospolitej Polskiej i administracji morskiej)*, Dz. U. 2016 r., poz. 2145, mit weiteren Änderungen;

Gesetzes über die Leitlinien der Entwicklungspolitik (kurz: *Leitlinienentwicklungspolitikgesetz* (*LEpG*)) (poln. *Ustawa z dnia 6 grudnia 2006 r. o zasadach prowadzenia polityki rozwoju*), Dz. U. 2009 r. nr. 84, poz. 712;

Gesetz über die Selbstverwaltung der Woiwodschaft (poln. *Ustawa z dnia 5 czerwca 1998 r. o samorządzie województwa*), Dz. U. z. 2016 r., poz. 486;

Gesetz über die Raumplanung und Raumbewirtschaftung (kurz: *Raumplanungsgesetz (RPG)*) (poln. *Ustawa z dnia 27 marca 2003 r. o planowaniu i zagospodarowaniu przestrzennym*), Dz. U. z. 2016 r., poz. 778, mit weiteren Änderungen;

Gesetz über öffentliche Informationen (kurz: *Öffentlichkeitsinformationsgesetz (ÖInfoG)*) (poln. *Ustawa z dnia 6 września 2001 r. o dostępie do informacji publicznej*), Dz. U. z. 2001 r. nr. 112, poz. 1198, mit weiteren Änderungen;

Gesetz über öffentliche Straßen (poln. *Ustawa z dnia 21 marca 1985 r. o drogach publicznych*), Dz. U. z. 1985 nr. 14, poz. 60, mit weiteren Änderungen;

Gesetz über Verfahren vor Verwaltungsgerichten (kurz: *GVerfVG*) (poln. *Ustawa z dnia 30 sierpnia 2002 r. Prawo o postępowaniu przed sądami administracyjnymi*), Dz. U. 2002 r. nr. 153, poz. 1270, mit weiteren Änderungen;

Gesetz zur Vorbereitung und Realisierung von strategischen Investitionen im Bereich des Übertragungsnetzes (kurz: *Sondergesetz Übertragungsnetz (SÜN)*) (poln. *Ustawa z dnia 24 lipca 2015 r. o przygotowaniu i realizacji strategicznych inwestycji w zakresie sieci przesyłowych*), Dz. U. z. 2015 r., poz. 1265, mit weiteren Änderungen;

Konzept der Raumentwicklungspolitik des Landes (poln. *Koncepcja polityki przestrzennego zagospodarowania kraju*), veröffentlich. im Amtsblatt Monitor Polski am 26.07.2001, poz. 432, als Anhang zum Beschluss des Ministerrates Nr. 26 vom 26.07.2001;

Konzept über die Festlegungen der Raumbewirtschaftung der Woiwodschaft Pommern 2030 (poln. *ustalenia planu zagospodarowania przestrzennego województwa pomorskiego 2030*), (kurz: *KFRW Pommern 2030*) angenommen durch Beschluss des Rates der Woiwodschaft Pommern Nr. 318/XXXX/16 vom 29.12.2016;

Konzept über die Festlegungen der Raumbewirtschaftung des Landes bis 2030 (kurz: *KFRL 2030*) (poln. *ustalenia koncepcji przestrzennego zagospodarowania kraju 2030*), veröffentlich. im Amtsblatt Monitor Polski am 27.04.2012, poz. 252, als Anhang zum Beschluss des Ministerrates Mr. 239 vom 13.12.2011;

Ministerverordnung über Arten von Investitionen und Aktivitäten, die eine wasserrechtliche Bewertung erfordern (poln. *Rozporządzenie Ministra Gospodarki Morskiej i Żeglugi Śródlądowej z dnia 27 sierpnia 2019 r. w sprawie rodzajów inwestycji i działań, które wymagają uzyskania oceny wodnoprawnej*), Dz. U. 2019 r., poz. 1752;

Ministerverordnung über Binnenwasserstraßen (poln. *Rozporządzenie Rady Ministrów z dnia 07. Maja 2002 r. w sprawie klasyfikacji śródlądowych dróg wodnych*), Dz. U. 2002 r. nr. 77, poz. 695, mit weiteren Änderungen;

Ministerverordnung über Vorhaben mit Umweltauswirkungen (poln. *Rozporządzenie Rady Ministrów z dnia 9 listopada 2010 r. w sprawie przedsięwzięć mogących znacząco oddziaływać na środowisko*), Dz. U. 2010 r. nr. 213, poz. 1397, mit weiteren Änderungen;

Polnische Verfassung (kurz: *PV*) (poln. *Konstytucja Rzeczypospolitej Polskiej z dnia 2 kwietnia 1997 r.*), Dz. U. 1997 r. nr. 78, poz. 483, mit weiteren Änderungen;

Programm für polnische Kernenergie (poln. *Program polskiej energetyki jądrowej*), veröffentlich. im Amtsblatt Monitor Polski am 24.06.2014, poz. 502, als Anhang zum Beschluss des Ministerrates Nr. 15/2014 v. 28.01.2014;

Strategie Energiesicherheit und Umwelt – Perspektive bis zum Jahr 2020 (poln. *Strategia Bezpieczeństwo Energetyczne i Środowisko – perspektywa do 2020 r.*), veröffentlich. im Amtsblatt Monitor Polski am 16.04.2014, poz. 469, als Anhang zum Beschluss des Ministerrates Nr. 58/2014 vom 15.04.2014;

UEFA Euro 2012-Gesetz (poln. *Ustawa z dnia 7 września 2007 r. o przygotowaniu finałowego turnieju Mistrzostw Europy w Piłce Nożnej UEFA EURO 2012*), Dz. U. z. 2007 r. Nr. 173, poz. 1219, mit weiteren Änderungen; *Anhang zum UEFA Euro 2012-Gesetz* (poln. *Rozporządzenie Rady Ministrów z dnia 7 października 2007 r. w sprawie wykazu przedsięwzieć EURO 2012*), Dz. U. z. 2007 r. nr. 192, poz. 1385, mit weiteren Änderungen;

UEFA Euro 2012-Änderungsgesetz (poln. *Ustawa z dnia 31 sierpnia 2012 r. o zmianie ustawy o przygotowaniu finałowego turnieju Mistrzostw Europy w Piłce Nożnej UEFA EURO 2012*);

Umweltinformations-, Öffentlichkeitsbeteiligungs- und Umweltverträglichkeitsprüfungsgesetz (kurz: *UÖUG*) (poln. *Ustawa z dnia 3 października 2008 r. o udostępnianiu informacji o środowisku i jego ochronie, udziale społeczeństwa w ochronie środowiska oraz o ocenach oddziaływania na środowisko*), Dz. U. z. 2008 r. nr. 199, poz. 1227, mit weiteren Änderungen;

Umweltschutzgesetz (kurz: *UmwSchG*) (poln. *Ustawa z dnia 27 kwietnia 2001 r. Prawo ochrony środowiska*), Dz. U. 2001 r. nr. 62, poz. 627, mit weiteren Änderungen;

Verordnung des Umweltministers über Festlegungen von Installationen mit erheblichem Verschmutzungspotential für natürliche Elemente oder für die gesamte Umwelt (poln. *Rozporządzenie Ministra Środowiska z dnia 27 sierpnia 2014 r. w sprawie rodzajów instalacji mogących powodować znaczne zanieczyszczenie poszczególnych elementów przyrodniczych albo środowiska jako całości*), Dz. U. 2014 r., poz. 1169, mit weiteren Änderungen;

Verordnung über die maritimen Raumordnungs- und Raumbewirtschaftungspläne für die inneren Gewässer, das Küstenmeer und die Ausschließliche Wirtschaftszone (poln. *Rozporządzenie Ministra Gospodarki Morskiej i Żeglugi Śródlądowej oraz Ministra Infrastruktury i Budownictwa z dnia 17 maja 2017 r. w sprawie wymaganego zakresu planów zagospodarowania przestrzennego morskich wód wewnętrznych, morza terytorialnego i wyłącznej strefy ekonomicznej*), Dz. U. z. 2017 r., poz. 1025, mit weiteren Änderungen;

Verordnung zur Konkretisierung eines Musters für ein öffentlich zugängliches Datenverzeichnis über Informationsdokumente im Bereich von Umwelt und deren Schutz (poln. *Rozporządzenie Ministra z dnia 20 lutego 2001 r w sprawie określenia wzoru dostępnego wykazu danych o dokumentach zawierających informacje o środowisku i jego ochronie*), Dz. U. z. 2001 r. nr. 15, poz. 164;

Verwaltungsverfahrensgesetzt (kurz: *PVerwVfG*) (poln. *Ustawa z dnia 14 czerwca 1960 r. Kodeks postępowania administracyjnego*), Dz. U. z. 1960 r. nr. 30, poz. 168, mit weiteren Änderungen;

Wassergesetz (kurz: *WasserG*) (poln. *Ustawa z dnia 20 lipca 2017 r. Prawo wodne*), Dz. U. z. 2017 r., poz. 1566;

Zivilgesetzbuch (kurz: *ZGB*) (poln. *Ustawa z dnia 23 kwietnia 1964 r. Kodeks cywilny*), Dz. U. 1964 r. nr. 16, poz. 93, mit weiteren Änderungen;

Zivilprozessordnung (kurz: *PZPO*) (poln. Ustawa z dnia 17 listopada 1964 r. *Kodeks postępowania cywilnego*), Dz. U. z. 1964 r. nr. 43, poz. 296, mit weiteren Änderungen.

Literaturverzeichnis

Altenschmidt, Stefan: Die Versorgungssicherheit im Lichte des Verfassungsrechts, in: NvWZ 2015, S. 559 ff., zit.: *Altenschmidt*, NvWZ 2015, 559

Althaus, Marco: Schnelle Energiewende – bedroht durch Wutbürger und Umweltverbände? Protest, Beteiligung und politisches Risikopotential für Großprojekte im Kraftwerk- und Netzausbau, in: Wissenschaftliche Beiträge der Technischen Hochschule Wildau, 2012, S. 103 ff., zit.: *Althaus*, TH Wildau, Wiss. Beiträge 2012

Andruszkiewicz, Michał: Der Bau der vierspurigen Linie Plewiska – Kromolice; Fallstudie einer Netzinvestition in Polen. Kommentar eines Rechtsanwaltes (poln. *Budowa czterotorowej linji Plewiska – Kromolice; studium przypadku inwestycji liniowej w Polsce. Komentarz prawnika*), zit.: *Andruszkiewicz*, Bau der Linie Plewiska – Kromolice

Angenendt, Nicole / Gramlich, Ludwig / Pawlik, Steffen: Neue Regulierung der Strom- und Gasmärkte – Aufgaben und Organisation der Regulierungsbehörde(n), in: LKV 2006, S. 49 ff., zit.: *Angenendt/Gramlich/Pawlik*, LKV 2006, 49

Antweiler, Clemens: Bedarfsplanung für den Stromnetzausbau – Rechtsverstöße und Rechtsfolgen, in: NZBau 2013, S. 337 ff., zit.: *Antweiler*, NZBau 2013, 337

Attendorn, Thorsten: Die Belange des Klimaschutzes nach Fukushima und der Energiewende, in: NVwZ 2012, 1569 ff., zit.: *Attendorn*, NVwZ 2012, 1569

Ausfelder, Florian (et al.): Wechselwirkungen im Energiesystem, Mechanismen – Interaktionen – Beispiele; Analyse, Hrsg.: Akademie der Wissenschaften Leopoldina, acatech – Deutsche Akademie der Technikwissenschaften, Union der deutschen Akademien der Wissenschaften, München 2015, zit.: *Ausfelder* et al., Wechselwirkungen im Energiesystem

Bader, Johann / Ronellenfitsch, Michael: Beck´scher Online-Kommentar VwVfG, 34. Edition, München 2017, zit.: *Bearbeiter* in: BeckOK VwVfG

Badyda, Krzysztof / Lewandowski, Janusz: Die Entwicklungsbedingungen von Energie gewonnen aus Kohle in Polen (poln. *Uwarunkowania rozwoju w Polsce energetyki wykorzystującej węgiel*) in: Energetyka – Problemy energetyki i gospodarki paliwowo-energetycznej, Numer 3 (645) / Rocznik 61, zit.: *Badyda/Lewandowski*, Entwicklungsbedingungen

Baehr, Jerzy / Stawicki, Edward / Antczak, Jacek: Kommentar zum Energierecht (poln. *Prawo energetyczne, Komentarz*), Krakau 2003, zit.: *Bearbeiter* in: Baehr/Stawicki/Antczak, EnR

Balbach, Jan: Deutschlands Energiewende und Polens Einstieg in die Kernenergie, in: NVwZ 2014, S. 1638 f., zit.: *Balbach*, NVwZ 2014, 1638

Balwicka-Szczyrba, Małgorzata / Lisiewicz, Wojciech: Inanspruchnahme privaten und öffentlichen Eigentums durch Leitungsnetze – Rechtslage in Polen vor dem Hintergrund deutscher Regelungen (Teil 2), in: IR 2015, S. 154 ff., zit.: *Balwicka-Szczyrba/Lisiewicz*, IR 2015, 154

Battis, Ulrich / Ruttloff, Marc: Vom Moratorium zur Energiewende – und wieder zurück, in: NVwZ 2013, S. 817 ff., zit.: *Battis/Ruttloff*, NVwZ 2013, 817

Będowski-Kozioł, Michał: Die Entwicklungsplanung der Elektrizitäts- und Gasnetze – Beurteilung der gegenwärtigen Regularien und beabsichtigte Änderungen (poln. *Planowanie rozwoju sieci energetycznych i gazowych – ocena dotychczasowych regulacji i zamierzonych zmian*), in: Nowe Prawo Energetyczne, Hrsg.: Rudnicki, Maciej/ Sobieraj, Kamila, Lublin 2013, zit.: *Bearbeiter* in: Rudnicki/Sobieraj

Biskup, Katarzyna / Chruściel, Miłosz: Die Baugenehmigung – ausgewählte Aspekte (poln. *Pozwolenie na budowę – wybrane aspekty*), in: Studia z zakresu prawa, administracji i zarządnika UKW, 2014, S. 27 ff., zit.: *Biskup/Chruściel*, Baugenehmigung

Błażewski, Maciej: Die Reglementierung im Bauprozess (poln. *Reglementacja w procesie budowlanym*), in: „Rodzinna Europa": europejska myśl polityczno-prawna u progu XXI wieku. Hrsg.: Henryk Malewski, Paweł Fiktus, Maciej Marszał, Breslau 2015, S. 529 ff., zit.: *Błażewski*, Die Reglementierung im Bauprozess

Bornkamm, Joachim / Montag, Frank / Säcker, Franz Jürgen: Münchener Kommentar Europäisches und Deutsches Wettbewerbsrecht, Band 3, Vergaberecht I, 2. Aufl., München 2018, zit.: Bea*rbeiter* in: MüKo, GWB

Brzeski, Jan / Miklaszewski, Piotr: Nießbrauch in der Marktwirtschaft (poln. *Użytkowanie wieczyste w gospodarkach rynkowych*), ein Bericht für das Ministerium für Raumwirtschaft und Bauwesen, Krakauer Institut für Immobilien, Krakau 1996, zit.: *Brzeski/Miklaszewski*, Nießbrauch in der Marktwirtschaft

Britz, Gabriele / Hellermann, Johannes / Hermes, Georg: EnWG, Kommentar zum Energiewirtschaftsgesetz, 3. Aufl., München 2015, zit.: *Bearbeiter* in: Britz/Hellermann/Hermes, EnWG

Calliess Christian / Dross, Miriam: Neue Netze braucht das Land: Neukonzeption von Energiewirtschaftsgesetz und Netzausbaubeschleunigungs-gesetz (NABEG), in: JZ 2012, S. 1002 ff., zit.: *Calliess/Dross*, JZ 2012, 1002

Cehak, Maciej: Das Verfahren zur Entwicklung der polnischen maritimen Raumordnungs- und Raumbewirtschaftungspläne am Beispiel der Pläne für das Stettiner Haff und den Kamminer Bodden (poln. *Proces tworzenia planów zagospodarowania przestrzennego polskich obszarów morskich na przykładzie planów dla Zalewu Szczecińskiego i Zalewu Kamieńskiego*), zit.: *Cehak*, Maritime Raumordnungs- und Raumbewirtschaftungspläne

Chochowski, Krzysztof: Die Wassergenehmigung als rechtliches Mittel des Umweltschutzes (poln. *Pozwolenie wodnoprawne jako prawny instrument ochrony środowiska*), in: Prawne instrumenty ochrony środowiska, Hrsg.: Jeżyńska, Beata/

Kruk, Emil, Lublin 2016, zit.: Chochowski in: Jeżyńska/Kruk, Entscheidung über Umweltbedingungen

Cybulska, Agnieszka (et al): Das neue Wassergesetz (poln. Nowe Prawo wodne), Warschau 2017, zit. *Cybulska* et al., Neues Wassergesetz

Czarnecka, Marzena / Ogłódek, Tomasz: Kommentar zum Energierecht (poln. *Prawo energetyczne, Komentarz*), 2. Aufl., Warschau 2012, zit.: *Czarnecka/Ogłódek*, EnR

Czychowski, Manfred / Reinhardt, Michael: Wasserhaushaltsgesetz, Kommentar, 11. Aufl., München 2014, zit.: *Czychowski/Reinhardt*, WHG

Danner, Wolfgang / Theobald, Christian: Energierecht, Kommentar, Band 1, 90. Ergänzungslieferung, München 2016, Band 2, 99. Ergänzungslieferung, München 2018, Band 3, 90. Ergänzungslieferung, München, 2016, zit.: *Bearbeiter* in: Danner/Theobald, EnR

Däuper, Olaf / Michaels, Sascha / Ringwald, Roman: Die Zustimmungsbedürftigkeit einer Laufzeitverlängerung für den Betrieb von Kernkraftwerken nach Art. 87c GG, ZUR 2010, S. 451 ff., zit.: *Däuper/Michaels/Ringwald*, ZUR 2010, 451

de Witt, Siegfried / Scheuten, Frank-Jochen: Kommentar zum Netzausbaubeschleunigungsgesetz Übertragungsnetz (NABEG) mit Energieleitungsbaugesetz (EnLAG), 1. Aufl., München 2013, zit.: *Bearbeiter* in: de Witt/Scheuten, NABEG

Dębski, Bogusław (et al.): Landesbilanz der Emissionen SO2, NOx, CO, NH3, NMLZO, Feinstaub, Schwermetall I TZO in der Klassifikation SNAP und NFR, Basisbericht (poln. *Krajowy Bilans Emisji SO2, NOx, CO, NH3, NMLZO, pyłów, metali ciężkich I TZO w układzie klasyfikacji SNAP i NFR, Raport Podstawowy)*, erstellt von: Krajowy Ośrodek Bilansowania i Zarządzenia Emisjami (KOBiZE), Warzawa, Marzec 2015, zit.: *Dębski* et al., Landesbilanz

Dombert, Matthias / Harder, Hans-Christian: Die Strukturen des öffentlichen Baurechts in Polen, in: LKV 2002, S. 159 ff., zit.: *Dombert/Harder*, LKV 2002, 159

Dubiński, Łukasz: Vorbereitung und Realisierung von strategischen Investitionen im Bereich der Übertragungsnetze (rechtliche Analyse) (poln. *Przygotowywanie i realizacja strategicznych inwestycji w zakresie sieci przesyłowych (analiza prawna)*), in: Energetyka wyzwania prawno-instytucjonalne, Hrsg.: Minta, Magdalena/ Śledzik, Waldemar, Posen 2016, zit.: *Bearbeiter* in: Minta/ Śledzik

Ehlers, Peter: Das Planungs- und Zulassungsregime für Offshore-Windenergieanlagen in der deutschen Ausschließlichen Wirtschaftszone (AWZ) – anhand völkerrechtlicher, gemeinschaftsrechtlicher und innerstaatlicher Vorgaben, in: ZUR 2007, S. 166 ff., zit.: *Ehlers*, ZUR 2007, 166

Erbguth, Wilfried: Energiewende: großräumige Steuerung der Elektrizitätsversorgung zwischen Bund und Ländern, in: NVwZ 2012, S. 326 ff., zit.: *Erbguth*, NVwZ 2012, 326

Fähndrich, Falko: Geltung von EU-Recht für Offshore-Windparks in der AWZ, ein Rundbrief der Rechtsanwaltskanzlei Blanke Meier Evers, Bremen, Sonderausgabe

WINDFORCE 2012, zit.: *Fähndrich*, Geltung von EU-Recht für Offshore-Windparks in der AWZ

Feldmann, Peter v. / Groth, Klaus-Martin: Das neue polnische Baurecht, in: LKV 2004, S. 216 ff., zit.: *Feldmann/Groth*, LKV 2004, 216

Fest, Phillip: Der Netzausbau im Recht der Energiewende, in: NVwZ 2013, S. 824 ff., zit.: *Fest*, NVwZ 2013, 824

Ders. / Operhalsky, Benedikt: Der deutsche Netzausbau zwischen Energiewende und europäischem Energieinfrastrukturrecht, in: NVwZ 2014, S. 1190 ff., zit.: *Fest/Operhalsky*, NVwZ 2014, 1190

Florkiewicz, Ewa / Kawicki, Artur: Verwaltungsverfahren im Umweltinformations-, Öffentlichkeitsbeteiligungs- und Umweltverträglichkeitsprüfungsgesetz, (poln. *Postępowania administracyjne*), in: Zeszyty metoyczne Generalnej Dyrekcji Ochrony Środowiska, nr. 1, Warschau 2009, zit.: *Florkiewicz/Kawicki*, Verwaltungsverfahren

Franzius, Claudio: Das Recht der Energiewende, in: JuS 2018, S. 28 ff., zit.: *Franzius*, JuS 2018, 28

Frenz, Walter: Individuelle Klagebefugnis zwischen Bürgerprotest und Umweltverbandsklagen, in: DVBl. 2012, S. 811 ff., zit.: *Frenz*, DVBl. 2012, 811

Fürstenwerth, Daniel / Waldmann, Lars (et al.): Stromspeicher in der Energiewende – Untersuchung zum Bedarf an neuen Stromspeichern in Deutschland für den Erzeugungsausgleich, Systemdienstleistungen und im Verteilnetz; Analyse, Hrsg.: Agora Energiewende, Berlin 2014, zit.: *Fürstenwerth/Waldmann* et al., Stromspeicher in der Energiewende

Gabriel, Marc / Mertens, Susanne / Prieß, Hans-Joachim / Stein, Roland: Beck´scher Online-Kommentar Vergaberecht, 12. Edition, München 2019, zit.: *Bearbeiter* in: BeckOK Vergaberecht

Gętkowska, Anna: Der Investitionsprozess und die Umweltentscheidung am Beispiel des Baus einer Gasleitung (poln. *Proces inwestycyjny a decyzja środowiskowa na przykładzie budowy gazociągu*), in: Studencka konferencja naukowa nr. 3, WSPiA Rzeszowska Szkoła Wyższa, 2015, zit.: *Gętkowska*, Investitionsprozess und Umweltentscheidung

Giesberts, Ludger, Reinhardt, Michael: Beck´scher Online-Kommentar Umweltrecht, 43. Edition, München 2017, zit.: *Bearbeiter* in: BeckOK UmweltR

Gliniecki, Andrzej: Kommentar zum Baugesetz (poln. *Prawo budowlane – Komentarz*), 3. Aufl., Warschau 2016, zit.: *Bearbeiter* in: Gliniecki, BauG

Gniewek, Edward: Sachenrecht (poln. *Prawo rzeczowe*), System des Privatrechts, Tom 4, Kommentar, 3. Aufl., Warschau 2012, zit.: *Bearbeiter* in: Gniewek, SachenR,

Gramlich, Ludwig: „Sonst gehen bald die Lichter aus" – Rechtsfragen des Ausbaus von Hochspannungsnetzen im Lichte des Verfassungsrechts, in: LKV 2008, S. 530 ff., zit.: *Gramlich*, LKV 2008, 530

Grossmann, Tomasz: Das Verfahren in Sachen der Entscheidung über die Standortfestlegung einer Investition für öffentliche Zwecke (poln. *decyzja o ustaleniu lakalizacji inwestycji celu publicznego*), in: Ruch prawniczy, ekonomiczny i socjologiczny, Rok LXVII – zeszyt 4 – 2005, zit.: *Grossmann*, Entscheidung über die Standortfestlegung

Gutkowski, Bogdan / Sawicki, Jan: Polnische Meeresnetze – Konzeptuelle Annahmen eines Offshore-Übertragungsnetzes in den polnischen Meeresgebieten (poln. *Polskie Sieci Morskie – Założenia koncepcyjne przesyłowej podmorskiej sieci elektroenergetycznej w polskich obszarach morskich*), Danzig 2009, zit.: *Gutkowski/Sawicki, Polnische Meeresnetze*

Haak, Sandra: Vergaberecht in der Energiewende – Teil I, in: NZBau 2015, S. 11 ff., zit.: *Haak*, NZBau 2015, 11

Haucap, Justus / Pagel, Beatrice: Ausbau der Stromnetze im Rahmen der Energiewende: Effizienter netzausbau und effiziente Struktur der Netznutzungsentgelte, in: DICE Ordnungspolitische Perspektiven, No. 55, Düsseldorf Institute for Competition Economics (DICE), Düsseldorf 2014, zit.: *Haucap/Pagel*, DICE 2014

Heinrich, Andreas (et al.): Auf dem Weg zu einer gemeinsamen EU-Energiepolitik? Debatten über Energiesicherheit in Polen und Deutschland, Polen-Analysen Nr. 190, 01.11.2016, zit.: *Heinrich* et al., Auf dem Weg zu einer gemeinsamen EU-Energiepolitik?

Hertel, Wolfram / Munding, Christoph-David: „Frühe Öffentlichkeitsbeteiligung“ bei Planung von Großvorhaben, in: NJW 2012, S. 2622 ff., zit.: *Hertel/Munding*, NJW 2012, 2622

Hollinger, Raphael (et al.): Speicherstudie 2013 – Kurzgutachten zur Abschätzung und Einordnung energiewirtschaftlicher, ökonomischer und anderer Effekte bei Förderung von objektgebundenen elektrochemischen Speichern; Studie, Hrsg.: Fraunhofer-Institut für Solare Energiesysteme ISE in Freiburg, Januar 2013, zit.: *Hollinger* et al., Speicherstudie 2013

Holznagel, Bernd / Schütz, Raimund: Anreizregulierungsrecht, Energie – Bahn, Kommentar, 2. Aufl., München 2019, zit.: *Bearbeiter* in: Holznagel/Schütz, ARegR

Hoppe, Werner / Beckmann, Martin: Gesetz über die Umweltverträglichkeitsprüfung (UVPG), Kommentar, 4. Aufl., Köln 2012, zit.: *Bearbeiter* in: Hoppe/Beckmann, UVPG

Iławska,Felicja : Entscheidung, Entscheid, Klage (poln. *decyzja, postanowienie, skarga*), 2011, zit.: *Iławska*, Entscheidung

Janusz-Pawletta, Barbara: Völkerrechtliche Aspekte der Verlegung von Pipelines auf dem Grund der Ostsee (poln. *Prawo-Międzynarodowe Aspekty układania rurociągów na dnie Bałtyku*), in: Bezpieczeństwo narodowe I - 2006/1, zit.: *Janusz-Pawletta*, Aspekte der Verlegung von Pipelines

Jendrośka, Jerzy / Bar, Magdalena: Die Umweltverträglichkeitsprüfungen (poln. *Oceny oddziaływania na środowisko (OOŚ)*), Lehrmaterial, Lublin 2001, zit.: *Jendrośka/Bar*, UVP

Kałużny, Mirosław: Kommentar zum Wassergesetz (poln. *Prawo wodne – Komentarz*), 2. Aufl., Warschau 2016, zit.: *Kałużny*, in: Kałużny, WasserG

Karwowski, Paweł: Rechtsträger und Quellen des Verwaltungsrechts (poln.: *Podmioty i źródła prawa administracyjnego*), zit.: Karwowski, Rechtsträger und Quellen des Verwaltungsrechts

Kasztelewicz, Zbigniew / Ptak, Miranda: Das UVP-Verfahren im Tagebau im Lichte der neuen Regelungen mit besonderer Berücksichtigung der Natura-2000-Gebiete (poln. *Procedura oceny oddziaływania na środowisko w górnictwie odkrywkowym, w świetle nowych regulacji ze szczególnym uwzględnieniem specyfiki obszarów Natura 2000*), in: XIII Warsztaty Górnicze z cyklu„Zagrożenia naturalne wgórnictwie" Bogatynia–Świeradów Zdrój, 17.-19. April 2009, S. 60 ff., zit.: *Kasztelewicz/Ptak*, UVP-Verfahren

Kemfert, Claudia / Schäfer, Dorothea: Finanzierung der Energiewende in Zeiten großer Finanzmarktinstabilität, in:, DIW-Wochenbericht, Deutsches Institut für Wirtschaftsforschung (DIW), Berlin 2012, Vol. 79, Iss. 31, S. 3 ff., zit.: *Kemfert/Schäfer*, DIW Wochenbericht Nr. 31, 2012

Klinski, Stefan: Rechtliche Probleme der Zulassung von Windkraftanlagen in der ausschließlichen Wirtschaftszone (AWZ), Hrsg.: Umweltbundesamt, Berlin 2001, zit.: *Klinski*, Rechtliche Probleme in der AWZ

Kment, Martin: Energiewirtschaftsgesetz, Kommentar, 1. Aufl. Baden-Baden 2015, zit.: *Bearbeiter* in: Kment, EnWG

Ders.: Verbote der Energiewende in der Bundesrepublik Deutschland: das Netzausbaubeschleunigungsgesetz, in: RdE 2011, S. 341 ff., zit.: *Kment*, RdE 2011, 341

Ders.: Bundesfachplanung von Trassenkorridoren für Höchstspannungsleitungen, Grundlegende Regelungselemente des NABEG, in: NVwZ 2015, S. 617 ff., zit.: *Kment*, NVwZ 2015, 617

Knopp, Lothar / Zgolak, Monika: Ausbau der Energienetzstruktur in Polen, in: WiRO (Wirtschaft und Recht in Osteuropa) 2013, S. 97 ff., zit.: *Knopp/Zgolak*, Ausbau der Energienetzstruktur in Polen, WiRO 2013, 97

Köck, Wolfgang: Immissionsschutzrechtliche Aspekte des Ausbaus der Übertragungsleitungen für Strom, in: ZUR 2014, S. 131 ff., zit.: *Köck*, ZUR 2014, 131

Kopp, Ferdinand / Ramsauer, Ulrich: Verwaltungsverfahrensgesetz, Kommentar, 18. Aufl., München 2017, zit.: *Bearbeiter* in: Kopp/Ramsauer, VwVfG

Kosieradzka-Federczyk, Agata: Die Entscheidung über Umweltbedingungen sowie deren Machbarkeit und Umsetzung. Eine rechtliche Analyse (pol. Decyzje o środowiskowych uwarunkowaniach oraz ich wykonalność i wykonanie. Analiza prawna), in: Przegląd prawa ochrony środowiska, 2/2013, zit.: *Kosieradzka-Federczyk*, Entscheidung über Umweltbedingungen

Kostka, Zdzisław / Hyla, Jacek: Kommentar zum Gesetz über die Raumplanung und Raumbewirtschaftung (poln. *Ustawa o planowaniu i zagospodarowaniu przestrzennym – komentarz, przepisy wykonawcze*), Danzig 2004, zit.: *Kostka/ Hyla*, RPG,

Kraß, Guido: Der Sonderweg des Kernenergieausstiegs in Deutschland, in: Festschrift für Klaus-Peter Dolde zum 70. Geburtstag, Sonderdruck, München 2014, S. 223 ff., zit.: *Kraß* in: FS-Dolde

Krzywda, Katarzyna / Stelmaszyk-Świerczyńska, Anna: Die Raumentwicklungsplanung der polnischen Meeresgebiete (poln. *Zagospodarowanie przestrzenne polskich obszarów morskich*), in: Inżyneria Morska i Geotechnika, Heft 5, 2015, S. 807 ff., zit.: *Krzywda/Stelmaszyk-Świerczyńska*, IMiG 2015, S. 807

Kubicek, Herbert: „Mitreden" beim Netzausbau: Erwartungen, Wissenstand und Empfehlungen, in: BNetzA Wissensdialog 2013, Forum 2 Transparenz beim Netzausbau: Partizipation vs. Kommunikation, S. 57 ff., zit.: *Kubicek*, Wissenschaftsdialog 2013

Kümper, Boas: Das Verhältnis der Bundesfachplanung nach §§ 4 ff. NABEG zur Raumordnung der Länder, in: NVwZ 2014, S. 1409 ff., zit.: *Kümper*, NVwZ 2014, 1409

Ders.: Nochmals: Bundesfachplanung für Höchstspannungsleitungen und räumliche Gesamtplanung, in: NVwZ 2015, S. 1486 ff., zit.: *Kümper*, NVwZ 2015, 1486

Landmann, Robert von / Rohmer, Gustav: Umweltrecht, Kommentar, Band 1, 83. Ergänzungslieferung, München 2017 (WHG), Band 3, 83. Ergänzungslieferung, München 2017 (BImSchG), zit.: *Bearbeiter* in: Landmann/Rohmer, UmweltR

Lewinski v., Kai: Kalter Krieg und Ölpreisschock als Ideengeber für die Energiewende, in: EnWZ 2013, S. 439 ff., zit.: *Lewinski v.*, EnWZ 2013, 439

Lippert, André: Die Bedeutung der Öffentlichkeitsbeteiligung bei großen Infrastrukturvorhaben, in: ZUR 2013, S. 203 ff., zit.: *Lippert*, ZUR 2013, 203

Lippmann, Morton / Ito, Kazuhiko: Air Quality Guidelines, Global Update 2005 – Particulate matter, ozone, nitrogen dioxide and sulfur dioxide, Hrsg.: World Health Organization (WHO) Copenhagen 2006, zit.: *Bearbeiter* in: WHO – Air Quality Guidelines

Łatuszyńska, Małgorzata / Strulak-Wójcikiewicz, Roma: Rechtliche und methodische Aspekte der Umweltverträglichkeitsprüfung im Rahmen von Infrastrukturinvestitionen (poln. *Aspekty prawne i metodologiczne oceny oddziaływania na środowisko inwestycji w infrastrukturę transportu*), in: Oeconomia Coperacyjna, Nr. 3, Stettin 2013, S. 103 ff., zit.: *Łatuszyńska/Strulak-Wójcikiewicz*, Aspekte der UVP

Łubecki, Jacek: Die Realisierung strategischer Investitionen im Bereich des Übertragungsnetzes – oder: was und wem nützt das Sondergesetz Übertragung? (poln. Realizacja strategicznych inwestycji w zakresie sieci przesyłowych – czyli co i komu da specustawa przesyłowa?), in: Nowa Energia, Nr. 5–6/2015, S. 8 ff., zit.: *Łubecki*, Strategische Investitionen

Majerczyk, Jakub: Entscheidung und Entscheid im Verwaltungsverfahrensgesetz (poln. *Decyzja i postanowienia w KPA*), 2011, *Majerczyk*, Entscheidung und Entscheid

Malicka, Ewa: Entscheidungen auf der Grundlage des Wassergesetzes unter besonderer Berücksichtigung der wasserrechtlichen Genehmigung (poln. *Decyzje wydawane na podstawie prawa wodnego ze szczególnym uwzględnieniem pozwolenia wodnoprawnego*), in: Studium Prawa Europejskiego w Warszawie, zit.: *Malicka*, Wasserrechtliche Entscheidung

Mann, Thomas / Sennekamp, Christoph / Uechtritz, Michael: Verwaltungsverfahrensgesetz, Großkommentar, 1. Aufl., Baden-Baden 2014, zit. *Bearbeiter* in: Mann/Sennekamp/Uechtritz, VwVfG

Matys, Łukasz: Entscheidung über die Festlegungen von strategischen Investitionen im Bereich des Übertragungsnetzes – eine neue Art von Entscheidung im polnischen Rechtssystem (poln. *Decyzja o ustaleniu lokalizacji strategicznej inwestycji w zakresie sieci przesyłowych – nowy rodzaj decyzji w polskim systemie prawnym*), in: Nieruchomośći 4/2016, zit.: *Matys*, Entscheidung über strategische Investitionen

Maunz, Theodor / Dürig, Günter: Grundgesetz, Kommentar, Band VI, 79. Ergänzungslieferung, München 2016, zit.: *Bearbeiter* in: Maunz/Dürig, GG

Meyer, Melanie / Sène, Elhadj Abdoulaye: Das europäische Strommarktdesign nach Verabschiedung des „Winterpakets“, in: RdE 2019, S. 278 ff., zit.: *Meyer/Sène*, RdE 2019, 278

Moench, Christoph / Ruttloff, Marc: Netzausbau in Beschleunigung, in: NVwZ 2011, S. 1040 ff., zit.: *Moench/Ruttloff*, NVwZ 2011, 1040

Nowak, Maciej: Die Strategische Umweltverträglichkeitsprüfung als Umweltverwaltungsinstrument in ausgewählten polnischen Gemeinden (poln. *Strategiczna ocena oddziaływania na środowiski jako instrument zarządzania środowiskiem w wybranych polskich gminach*), in: Ekonomia i Środowisko, 1 (48), 2014, S. 124 ff., zit.: *Nowak*, Strategische Umweltverträglichkeitsprüfung

Ders.: Örtliche und überörtliche Bedeutung von Investitionen für öffentliche Zwecke (poln. *Lokalne i podlokalne znaczenie inwestycji celu publicznego*), in: Nieruchomośći 11/2015, zit.: *Nowak*, Örtliche und überörtliche Bedeutung von Investitionen

Ders.: Die Entscheidungen über Baubedingungen und Bewirtschaftung von Flächen – die wichtigsten rechtlichen Fragen (poln. *Decyzje o warunkach zabudowy i zagospodarowania terenu – najważniejsze zagadnienia prawne*), in: Nieruchomośći 06/2012, zit.: *Nowak*, Entscheidungen über Baubedingungen

Oschmann, Volker / Sösemann, Fabian: Erneuerbare Energien im deutschen und europäischen Recht – Ein Überblick, in: ZUR 2007, S. 1 ff., zit.: *Oschmann/Sösemann*, ZUR 2007, 1

Paluszkiewicz, Magdalena: Einvernehmen, Verträge sowie Dienstvereinbarungen oder arbeitsrechtliche Marktinstrumente auf der Grundlage des Gesetzes zur Förderung der Beschäftigung und der Arbeitsmarktinstitutionen – einige Anmerkungen *de lege ferenda* (poln. *Porozumienia, umowy oraz zlecenie usług lub instrumentów rynku pracy na gruncie ustawy o promocji zatrudnienia i instytucjach rynku pracy – kilka uwag de lege ferenda*) in: Zeszyty Prawnicze UKSW 10.2, Warszawa 2010, zit.: *Paluszkiewicz*, Einvernehmen

Pape, Carsten (et al.): Roadmap Speicher – Bestimmung des Speicherbedarfs in Deutschland im europäischen Kontext und Ableitung von technisch-ökonomischen sowie rechtlichen Handlungsempfehlungen für die Speicherförderung; Endbericht, Hrsg.: Fraunhofer-Institut für Windenergie und Energiesystemtechnik IWES – Kassel, Institut für Elektrische Anlagen und Energiewirtschaft, IAEW – Aachen, Stiftung Umweltenergierecht – Würzburg 2014, zit.: *Pape* et al., Roadmap Speicher

Pechan, Anna (et al.): Dimensionen für die Ausgestaltung der deutschen Energiewende, in: Projekt „de.zentral" des Bundesministerium für Bildung und Forschung im Rahmen der Sozial-Ökologische Forschung (SÖF) im Förderschwerpunkt „Umwelt- und gesellschaftsverträgliche Transformation des Energiesystems", Oldenburg 2014, zit.: *Pechan* et al., de.zentral 2014

Plichta, Adam: Die gesetzlichen Mittel zur Sicherung des Zugangs zu Immobilien zum Zwecke von Netzinvestitionen und der Gesetzesentwurf über Übertragungskorridore (poln. *Prawne sposoby zapewnienia dostępu do nieruchomości na potrzeby inwestycji liniowych, a projekt ustawy o korytarzach przesyłowych*) in: Zbadań nad prawem i administracją, Acta Erasmiana VII, Mirosław Sadowski, Wrocław 2014, zit.: *Plichta*, Übertragungskorridore

Posser, Herbert / Faßbender, Kurt: Praxishandbuch Netzplanung und Netzausbau – Die Infrastrukturplanung der Energiewende in Recht und Praxis, Berlin 2013, zit.: *Bearbeiter* in: Posser/Faßbender, Praxishandbuch Netzplanung und Netzausbau

Posser, Herbert / Wolff, Heinrich Amadeus: VwGO, Kommentar, 2. Aufl., München 2014, zit.: *Bearbeiter* in: Posser/Wolff, VwGO,

Proskin, Leszek: Die Entscheidung in Verwaltungsverfahren (poln. *Decyzja w postępowaniu administracyjnym*), in: Lehrhefte der Höheren Offiziersschule der Bodenstreitkräfte (poln. *Zeszyty Naukowe Wyższej Szkoły Oficerskiej Wojsk Lądowych*), Nr. 4 (162) 2011, zit.: Proskin, Der Beschluss in Verwaltungsverfahren

Purta, Marcin (et al.): Die Entwicklung der Offshore-Energie in Polen (poln. *Rozwój morskiej energetyki wiatrowej w Polsce*), Bericht des Unternehmens McKinsey &

Company Polen, Warschau 2016, *Purta* et al., Entwicklung der Offshore-Energie in Polen

Pyć, Dorota: Offshore-Windenergie: Entwicklungsperspektiven für Polen, in: WiRO 2010, S. 13 ff., zit.: *Pyć*, WiRO 2010, 13

Raad, Puya: Deutschlands Energiewende und Polens Einstieg in die Kernenergie?, in: NVwZ 2014, S. 1636 f., zit.: *Raad*, NVwZ, 2014, 1636

Rakoczy, Bartosz: Wassergesetz (poln. *Prawo wodne*), Warschau 2018, zit.: *Rakoczy*, Wassergesetz

Remy, Tom / Mbistrova, Ariola: Offshore Wind in Europe, Key trends and statistics 2017, Brussel 2018, zit.: *Remy/Mbistrova*, Offshore Wind in Europe

Reshöft, Jan / Schäfermeier, Andreas: Erneuerbare-Energien-Gesetz, Handkommentar, 4. Aufl., Baden-Baden 2014, zit.: *Bearbeiter* in: HK-EEG

Roon, Serafin von (et al.): Netzausbau in Deutschland – Wozu werden neue Stromnetze benötigt?, Hrsg.: Konrad-Adenauer-Stiftung e.V., Paderborn 2014, zit.: *Roon* et al, Netzausbau in Deutschland

Ruddat, Michael / Sonnberger, Marco: Wie die Bürgerinnen und Bürger ihre Rolle bei der Energiewende sehen, in: Energiewirtschaftliche Tagesfragen, Jahrgang 65. (2015), Heft 1/2, S. 121 ff., zit.: *Ruddat/Sonnberger*, et 2015, Heft 1/2

Rufin, Julia: Fortentwicklung des Rechts der Energiewirtschaft: für mehr Wettbewerb und eine nachhaltige Energieversorgung in Deutschland?, in: ZUR 2009, S. 66 ff., zit.: *Rufin*, ZUR 2009, 66

Ruge, Reinhard: Neues vom Netzausbau: Bundesbedarfsplangesetz, in: EnWZ 2013, S. 435 ff., zit.: *Ruge*, EnWZ 2013, 435

Rundel, Paul (et al.): Speicher für die Energiewende – Studie des Fraunhofer-Instituts für Umwelt-, Sicherheits- und Energietechnik UMSICHT; Studie, Hrsg.: Institutsteil Sulzbach-Rosenberg, September 2013, zit.: *Rundel* et al., Speicher für die Energiewende

Ruttloff, Marc / Teichgräber, Ute: Das Verfahren zur Stilllegung von Kernkraftwerken in Zeiten der Energiewende, in: NVwZ 2016, S. 1119, Zit.: *Ruttloff/Teichgräber*, NVwZ 2016, 1119

Säcker, Franz Jürgen: Berliner Kommentar zum Energierecht, Band 1, Halbband 1, 3. Aufl., Frankfurt am Main 2014, Band 1 Halbband 2, 3. Aufl., Frankfurt am Main 2014, Band 2, 3. Aufl., Frankfurt am Main 2014, zit.: *Bearbeiter* in: BerlKommEnR

Ders.: Gesetz für den Ausbau Erneuerbarer Energien, Erneuerbare-Energie-Gesetz – EEG 2014, Sonderband zu Band 2 des Berliner Kommentar zum Energierecht, 3. Aufl. Frankfurt am Main 2015, *zit.: Bearbeiter* in: BerlKommEnR, EEG 2014

Schalast, Christoph: Vorrang für den Klimaschutz: Der Umbau des Regelungsrahmens der Energieversorgung in Deutschland durch die Eckpunkte der

Bundesregierung für ein integriertes Energie- und Klimaprogramm, in: IR 2008, S. 34 ff., zit.: *Schalast*, IR 2008, 34

Schink, Alexander: Öffentlichkeitsbeteiligung – Beschleunigung – Akzeptanz, in: DVBl. 2011, S. 1377 ff., zit.: *Schink*, DVBl. 2011, 1377

Schirmer, Benjamin / Seiferth, Conrad: Energiewende und die Zulassung von Netzausbauprojekten, in: ZUR 2013, S. 515 ff., zit.: *Schirmer/Seiferth*, ZUR 2013, 515.

Schlesinger, Michael (et al.): Entwicklung der Energiemärkte – Energiereferenzprognose, Projekt Nr. 57/12, Studie im Auftrag des Bundesministeriums für Wirtschaft und Technologie, Berlin; Basel, Köln, Osnabrück, Juni 2014, zit.: *Schlesinger* et al., Entwicklung der Energiemärkte

Schmitz, Holger / Jornitz, Philipp: Regulierung des deutschen und europäischen Energienetzes: Der Bundesgesetzgeber setzt Maßstäbe für den kontinentalen Netzausbau, in: NVwZ 2012, S. 332 ff., zit.: *Schmitz/Jornitz*, NVwZ 2012, 332

Schmitz, Holger / Uibeleisen, Maximilian: Netzausbau, München 2016., zit.: *Schmitz/Uibeleisen*, Netzausbau

Schneider, Jens-Peter: Planungs- und Genehmigungsverfahren zum Ausbau des Stromübertragungsnetzes, in: EnWZ 2013, S. 339 ff., zit.: *Schneider*, EnWZ 2013, 339

Schoch, Friedrich / Schneider, Jens-Peter / Bier, Wolfgang: Verwaltungsgerichtsordnung, Kommentar, Band I, 28. Ergänzungslieferung, München 2015, zit.: *Bearbeiter* in: Schoch/Schneider/Bier, VwGO

Scholtka, Boris / Keller-Herder, Laurenz: Die Entwicklung des Energierechts im Jahr 2018, in: NJW 2019, 897 ff., zit.: *Scholtka/Keller-Herder*, NJW 2019, 897

Ders. / Martin, Jule: Die Entwicklung des Energierechts im Jahr 2016, in: NJW 2017, 932 ff., zit.: *Scholtka/Martin*, NJW 2017, 932

Ders. / Helmes, Sebastian: Energiewende 2011 – Schwerpunkte der Neuregelungen im Energiewirtschafts- und Energieumweltrecht, in: NJW 2011, S. 3185 ff., zit.: *Scholtka/Helmes*, NJW 2011, 3185

Schulz, Thomas / Gläsner, Michael: Offshore-Windenergieanlagen in der AWZ – Anwendbarkeit des deutschen Sachenrechts, in: EnWZ 2013, S. 163 ff., zit.: *Schulz/Gläsner*, EnWZ 2013, 163

Sieder, Frank / Zeitler, Herbert / Dahme, Heinz / Knopp, Günther-Michael: Wasserhaushaltsgesetz, Abwasserabgabengesetz, Kommentar, Band 1, 50. Ergänzungslieferung, München 2016, zit.: *Bearbeiter* in: Sieder/Zeitler/Dahme/Knopp, WHG

Sitsen, Michael: Möglichkeiten der Beschleunigung des Netzausbaus, in: NVwZ 2014, S. 1423 ff., zit.: *Sitsen*, NVwZ 2014, 1423

Spannowsky, Willy / Runkel, Peter / Goppel, Konrad: Raumordnungsgesetz (ROG), Kommentar, 1. Aufl., München 2010, zit.: *Bearbeiter* in: Spannowsky/Runkel/Goppel, ROG

Steinbach, Armin / Franke, Peter: Kommentar zum Netzausbau, 2. Aufl., Berlin 2017, zit.: *Bearbeiter* in: Steinbach/Franke

Stracke, Marius: Öffentlichkeitsbeteiligung im Übertragungsnetzausbau / Akzeptanzförderung als neues gesetzgeberisches Leitbild / Konzeptionelle Umsetzung und Defizite unter Berücksichtigung der TEN-E-Verordnung Nr. 347/2013, Schriften zum Umweltenergierecht, Band 23, 1. Aufl., Baden-Baden 2017, zit.: Stracke, Öffentlichkeitsbeteiligung im Übertragungsnetzausbau

Swora, Mariusz / Muras, Zdzisław: Kommentar zum Energierecht (poln. *Prawo energetyczne, Komentarz*), Tom II, Kommentar zum Art. 12–72, 2. Aufl., Warschau 2016, zit.: *Bearbeiter* in: Swora/ Muras, EnR

Theobald, Christian / Nill-Theobald, Christiane: Grundzüge des Energiewirtschaftsrechts, München 2013, zit.: *Theobald/Theobald*, Grundzüge EnWR

Turkowski, Sławomir: Kommentar zum Energierecht (poln. *Prawo Energetyczne, Komentarz do ustawy*), 1. Aufl., Warschau 2012, zit.: *Turkowski*, EnR

Voß, Alfred: Lebenszyklusanalyse ausgewählter Stromerzeugungstechniken, Arbeitsbericht, Stand 2005 aktualisiert 2007, zit.: *Voß*, Lebenszyklusanalyse ausgewählter Stromerzeugungstechniken

Walaszczyk, Radosław: Die Beilegung von Streitigkeiten in Energiesachen – Praktische Probleme (poln. *Rozstrzyganie sporów w prawie energetycznym – zagadnienia praktyczne*), zit.: *Walaszczyk*, Die Beilegung von Streitigkeiten in Energiesachen

Weber, Klaus: Creifelds kompakt, Rechtswörterbuch, 1. Edition, München 2019, zit.: *Bearbeiter* in: Creifelds kompakt,

Wierzbowski, Marek / Plucińska-Filipowicz, Alicja: Kommentar zum Gesetz über die Raumplanung und Raumbewirtschaftung (poln. *Ustawa o planowaniu i zagospodorowaniu przestrzennym – komentarz*), 2. Aufl., Warschau 2016, zit.: *Bearbeiter* in: Wierzbowski/Plucińska-Filipowicz, RPG

Dies.: Kommentar zum Baugesetz (poln. *Prawo budowlane – komentarz*), 3. Aufl., Warschau 2018, zit.: *Bearbeiter* in: Wierzbowski/Plucińska-Filipowicz, BauG

Winnefeld, Robert: Bilanz-Handbuch, 5. Aufl., München 2015, zit.: *Winnefeld*, Bilanz-HB,

Wójcik, Piotr: Die Entscheidung über Umweltbedingungen und die Umweltverträglichkeitsprüfung, Anwendungshilfe für Investoren (poln. *Decyzja o środowiskowych uwarunkowaniach oraz Ocena oddziaływania przedsięwzięci na środowisko, Poradnik dla inwestora*), zit.: *Wójcik*, Entscheidung über Umweltbedingungen

Wolf, Rainer: Rechtsprobleme der Anbindung von Offshore-Windenergieparks in der AWZ an das Netz, in: ZUR 2004 S. 65 ff., zit.: *Wolf*, ZUR 2004, 65

Worch, Astrid: 380-kV-Höchstspannungsleitung Wahle-Mecklar, in: Arbeitsberichte der Akademie für Raumforschung und Landesplanung (ARL) 25,

Raumordnungsverfahren, Grundlagen Beispiele, Empfehlungen, Hrsg.: Panebianco, Reitzig, Domhardt, Vallée, Hannover 2019, S. 100 ff., zit.: *Worch*, ARL 2019

Woś, Tadeusz / Knysniak-Molczyk, Hanna / Romańska, Marta: Gesetz über Verfahren vor den Verwaltungsgerichten, Kommentar (poln. *Prawo o postępowaniu przed sądami administracyjnymi, Komentarz*), 5. Aufl., Warschau 2012, zit.: *Bearbeiter* in: Woś/Knysniak-Molczyk/Romańska

Zamroch, Piotr: Sondergesetz Übertragung – Grundannahmen (poln. *Specustawa przesyłowa – podstawowe założenia*), in: Nowa Energia, Nr. 4/2015, S. 48 ff., zit.: *Zamroch*, Sondergesetz Übertragung

Zapolska, Karolina: Die Entscheidung über Umweltbedingungen. Eine Analyse anhand ausgewählter Beispiele der Rechtsprechung der Verwaltungsgerichte (poln. Decyzja o środowiskowych uwarunkowaniach realizacji przedsięwzięcia. Analiza na podstawie wybranych przykładów z orzecznictwa sądów administracyjnych), in: Prawne instrumenty ochrony środowiska, Hrsg.: Jeżyńska, Beata/ Kruk, Emil, Lublin 2016, zit.: *Bearbeiter* in: Jeżyńska/ Kruk, Umweltentscheidung

Ziekow, Jan: Neue Formen der Bürgerbeteiligung? Planung und Zulassung von Projekten in der parlamentarischen Demokratie, in: NJW-Beilage 2012, S. 91 ff., zit.: *Ziekow*, NJW-Beil. 2012, 91

www.ingramcontent.com/pod-product-compliance
Ingram Content Group UK Ltd.
Pitfield, Milton Keynes, MK11 3LW, UK
UKHW021921290926
8980IPUK00016B/1398